W0387613

Impressum

1. Auflage, Kirchheim unter Teck 2024

Text: Copyright © 2024 Martin Mendler, Armbruststr. 26/1, 73230 Kirchheim unter Teck

Umschlaggestaltung/Satz: Werbeagentur know-how, Herrenberg

Bildnachweis: Mendler/SPD-Landtagsfraktion Baden-Württemberg, außer Fionn Große, Foto Stoch Seite 14 und Landtag von Baden-Württemberg S. 498 oben und S. 502 unten sowie dpa S. 507 oben

Druck: epubli – ein Service der neopubli GmbH, Berlin

Über den Autor

Martin Mendler, geb. 1956, hat Politikwissenschaft und Germanistik in Tübingen studiert. Von 1983 bis 1989 war er am Institut für Politikwissenschaft der Universität Tübingen in der Abteilung Friedens- und Konfliktforschung beschäftigt (zahlreiche Publikationen zur Kriegsursachenforschung und Sicherheitspolitik im Ost-West-Verhältnis sowie Rezensionen u. a. über Bücher von Erhard Eppler, Peter Glotz, Joschka Fischer, Michael Zürn, Dieter Senghaas und Volker Rittberger). Von 1989 bis 1993 arbeitete er als Regionalgeschäftsführer des SPD-Landesverbands Baden-Württemberg für die Kreisverbände Esslingen und Göppingen. Seit 1993 war er Parlamentarischer Berater bei der SPD-Landtagsfraktion in Stuttgart, zuständig zunächst für Schulpolitik, dann für Presse- und Öffentlichkeitsarbeit. 2011 bis 2017 fungierte er als Pressesprecher der SPD-Landtagsfraktion, danach bis zu seinem altersbedingten Ausscheiden Ende 2022 als Parlamentarischer Berater für Wissenschaft, Forschung und Kunst. Im Ehrenamt war er von 1988 bis 2020 Vorsitzender der SPD Kirchheim/Teck. Er ist Träger der Willy-Brandt-Medaille, der höchsten Auszeichnung der Partei für Mitglieder.

*„Die Stimmung in der Fraktion ist gut.
Obwohl man sich seiner Verantwortung
durchaus bewusst ist,
kommt der Spaß nicht zu kurz.“*

Hörfunkkommentar des SDR
im September 1992

Inhaltsverzeichnis

Vorwort von Andreas Stoch

70 Jahre? Für die Sozialdemokratische Partei Deutschlands ist das nicht einmal die Hälfte ihrer Geschichte, die beim Erscheinen dieses Buches schon über 160 Jahre zurückreicht. Für die SPD im Landtag von Baden-Württemberg aber ist es die ganze Geschichte, von Anfang an, seit jener Versammlung, die den neuen Südweststaat erst aus der Taufe heben sollte. Die Geschichte der SPD im Landtag von Baden-Württemberg ist so alt wie der Landtag. So alt wie unser Land.

Es waren die Feiern zum 70-jährigen Bestehen der Landesverfassung und des Landtags, die auch die SPD dazu brachten, nicht die üblichen 75 Jahre für einen Rückblick in die eigene Geschichte abzuwarten. Und bei einem feierlichen Abend mit vielen Gästen im Landtag sollte der runde Geburtstag nicht bleiben. Geschichte kann man feiern – wenn sie einen Nutzen haben soll, muss man sie studieren und analysieren.

Martin Mendler hat das getan. Bald zwei Jahre lang und nicht nur mit höchstem Fleiß und Interesse, sondern eben auch enormer Sachkunde. Hier forschte ein jahrzehntelanger Mitarbeiter der SPD im Landtag, ein Mitglied der Fraktionsgeschäftsführung. Ein Insider.

Für uns alle war das ein Glücksfall. Und für Martin Mendler wurde es ein Glücksfall, eben diese 70 Jahre SPD-Geschichte aufzuarbeiten. Es sind „nur" 70 Jahre, doch es sind wahrhaft entscheidende

Jahrzehnte. Ohne die Brüche und Verwerfungen zweier Weltkriege und der Nazi-Diktatur. Es sind 70 Jahre ununterbrochener politischer Arbeit im Land und im Landtag, unter der bis heute gültigen Verfassung, im bis heute bekannten politischen System. Und umso beeindruckender ist, wie enorm sich unser Land in diesen sieben Jahrzehnten gewandelt hat. Der erbitterte Streit um die Abschaffung der Konfessionsschulen fand nicht im Königreich statt, sondern in den 1950er Jahren!

Und eben weil all diese Veränderungen in der heutigen Verfasstheit unseres Landes vor sich gingen, lassen sich unmittelbare Lehren daraus ziehen. Das gilt für die ganze Landespolitik, und umso mehr gilt es für die SPD im Land und im Landtag.

Bei der Lektüre dieser sieben Jahrzehnte Geschichte habe auch ich meine eigene Fraktion noch einmal neu kennengelernt. Eine Fraktion, die immer wieder entscheidend zur Modernisierung dieses Landes beigetragen hat. Auch ohne an der Regierung zu sein, auch gegen jahrelangen Widerstand und gar Spott der konservativen Gegenüber. Wir erleben eine SPD, die immer dann am stärksten war, wenn sie nicht nur mit Überzeugung, sondern auch mit Geduld und Ausdauer für ihre Ziele eintrat, für Zukunft und Fortschritt und gesellschaftlichen Ausgleich. Wir erleben eine SPD, die immer dann am schwächsten war, wenn sie ihr immer wieder verblüffendes internes Konfliktpotenzial nicht in geregelte Bahnen lenken konnte oder sich in Binnenbeschäftigung verlor. Wenn ihr beim Streiten für die eigenen Ziele zu schnell die Puste ausging.

Wer dem Buch durch diese 70 Jahre folgt, findet spannende Einblicke und schlaue Analysen, lernt über die Geschichte und lernt für die Zukunft. Dafür danke ich Martin Mendler im Namen der SPD-

Landtagsfraktion, im Namen des SPD-Landesverbands Baden-Württemberg und im Namen aller Leserinnen und Leser.

Und ganz persönlich danke ich für die klaren Aussagen dieser Studie. So fundiert und kenntnisreich seine Recherchen sind, so deutlich sind Martin Mendlers Positionen, so leidenschaftlich seine Überzeugungen.

Mal ganz ehrlich: das hier ist nicht nur ein Buch über die Sozialdemokratie. Es ist auch ein sozialdemokratisches Buch.

Stuttgart, im Juli 2024

Andreas Stoch

Vorsitzender der SPD-Landtagsfraktion und des
SPD-Landesverbands Baden-Württemberg

Einleitung

Im Jahr 2022 feierte das Land Baden-Württemberg seinen 70sten Geburtstag. Es wurde am 25. April 1952 ins Leben gerufen. Die SPD-Landtagsfraktion beschloss, sich mit einer eigenen Feierstunde an den Festivitäten des Parlaments und seiner Fraktionen zu beteiligen. Diese sollte freilich erst am 26. Oktober 2022 im Plenarsaal des Landtags von Baden-Württemberg stattfinden. Als prominente, hochrangige Gastrednerin konnte die Präsidentin des Deutschen Bundestags, *Bärbel Bas*, gewonnen werden.

Das Konzept für die Jubiläumsveranstaltung konkretisierte sich rasch. Nun mussten aber auch noch ein paar „*Inhalte*" her, um die Verdienste der SPD für die positive Entwicklung des neuen Südweststaats im verdienten Glanz erstrahlen zu lassen. Diese historisch kompakt herauszuarbeiten, war schließlich Auftrag an den Verfasser dieser Studie.

Zu Beginn ging es lediglich um eine kleine Präsentation mit den „*Highlights*" des sozialdemokratischen Wirkens seit 1952, dann aber steigerten sich die „*Inhalte*" zu einer kleinen synoptischen Ausarbeitung, um schlussendlich und viel später in Form einer ausführlichen Studie über die Politik von Partei und Fraktion der SPD Baden-Württemberg mit wissenschaftlichem Anspruch Gestalt anzunehmen.

Dieser Entstehungskontext führte zwangsläufig zu einer kritischen, aber insgesamt doch wohlwollenden Herangehensweise, ohne allerdings Fakten und Befunde unter den Teppich zu kehren, weil sie einer positiven Gesamtwürdigung einschließlich des vorteilhaften Images einzelner Akteure Schaden zufügen könnten. Der Anspruch und Ansatz dieser Abhandlung blieb so ein empirischanalytischer, eingebettet in ein breit angelegtes Studium leicht verfügbarer wissenschaftlicher und journalistischer Quellen wie auch SPD-interner Dokumente. Es versteht sich von selbst, dass hierbei keine Vollständigkeit angestrebt werden konnte. Das wäre bei einem abzudeckenden Zeitraum von 70 Jahren ein Ding der Unmöglichkeit gewesen oder hätte den Umfang der Studie in nicht mehr lesbare Dimensionen überdehnt.

Ein gewichtiger Schwerpunkt der Untersuchung liegt bei der grün-roten Wechselkoalition von 2011 bis 2016. Das hat mehrere Gründe. In dieser Zeit kristallisierte sich am deutlichsten der reformpolitische Anspruch der SPD heraus. Grün-Rot ist deshalb auch nicht mit anderen Regierungsbeteiligungen der SPD seit 1952 ohne Weiteres vergleichbar bzw. auf eine Stufe zu stellen.

Zudem war der Verfasser selbst mit teilnehmender Beobachtung (oder war es beobachtende Teilnahme?) ganz dicht dran an den koalitions- und fraktionsinternen Entscheidungsprozessen. So war es möglich, in die Analyse einige bescheidene autobiographische Randnotizen einzustreuen, und dies nicht erst seit 2011, sondern bereits seit 1993, dem Jahr, in dem für den Verfasser der Startschuss fiel für eine 30-jährige hauptamtliche Tätigkeit für die SPD-Landtagsfraktion Baden-Württemberg in unterschiedlichen Funktionen, vornehmlich in der Öffentlichkeits- und Pressearbeit.

Hinzu kommt schlicht ein bedeutsamer arbeitsökonomischer Aspekt: das voranschreitende digitale Zeitalter hat spätestens seit Anfang der 2000er Jahre die reine Zahl und zudem leichte Zugänglichkeit von verarbeitbaren Quellen massiv gesteigert.

Wo immer es angezeigt erschien, wurde Bezug auf einschlägige politikwissenschaftliche Diskussionen in der Parteien-, Wahl- und Parlamentsforschung genommen, ohne dadurch die angepeilte gute Lesbarkeit und Verständlichkeit der Studie zu gefährden. Wenn diese also als populärwissenschaftlich eingeordnet werden sollte, so wäre dies mitnichten ein Makel, sondern geradezu eine Auszeichnung.

Es bleibt unterm Strich die Hoffnung, einen kleinen erhellenden, ja streckenweise unterhaltsamen Beitrag zur politischen Geschichte der SPD und damit letztlich auch des Landes Baden-Württemberg geleistet zu haben. Ob und inwieweit diese Anstrengung gelungen ist, müssen die Leser beurteilen.

Der holprige Weg zur Gründung des Südweststaats und die Schrittmacherrolle der SPD

Fand am 25. April 1952 die „*Gründung*" des Landes Baden-Württemberg statt? Ja sicher, und irgendwie doch nicht so richtig. Es entspricht den Tatsachen und im Detail dann auch wieder nicht, dass am 25. April 1952 das Land Baden-Württemberg ins Leben versetzt wurde – und deshalb im Jahr 2022 sein 70stes Jubiläum feiern durfte. Schauen wir uns aber die historischen Abläufe in der gebotenen Kürze einmal näher an.[1] Denn die Schwangerschaft bis zur Geburt des neuen Südweststaats dauerte letztendlich doch mehrere holprige Jahre.

Im Sommer und Herbst 1945 bildeten die Militärregierungen der beiden Besatzungsmächte USA und Frankreich ihre eigenen Länder entlang von Autobahnabgrenzungen. Im neuen, von den USA okkupierten Land Württemberg-Baden wurde der FDP/DVP-Politiker *Reinhold Maier* zum Ministerpräsidenten ernannt. In der französisch besetzten südlichen Hälfte wurde der SPD-Politiker *Carlo Schmid* Präsident des Landes Württemberg-Hohenzollern. Und schließlich trat *Leo Wohleb* von der CDU an die Spitze des von den Franzosen beherrschten Landes Südbaden.

Am 1. Juli 1948 überreichten die Militärchefs der drei westlichen Besatzungszonen den Ministerpräsidenten der westdeutschen Länder in den sogenannten *Frankfurter Dokumenten* auch ihre politischen Vorstellungen zur Neugliederung der Länder in Deutschland. Einen Monat später am 2./3. August 1948 trafen sich auf der *Burg*

[1] Vgl. zu den Abläufen Thomas Schnabel, *Geschichte von Baden-Württemberg 1952-2002*, Hrsg. vom Haus der Geschichte, Stuttgart u. a. 2001, S. 15ff.; Landeszentrale für politische Bildung Baden-Württemberg (Hrsg.), *Baden-Württemberg: Eine kleine politische Landeskunde*, Stuttgart 2008, S. 16-23.

Hohenneuffen oberhalb der Gemeinde Neuffen bei Nürtingen unter Führung von *Reinhold Maier* (FDP/DVP, Württemberg-Baden), *Viktor Renner* (SPD, Württemberg-Hohenzollern) und *Leo Wohleb* (CDU, Südbaden) Delegationen der drei südwestdeutschen Nachkriegsländer, um einen Grundsatzbeschluss über die Aufnahme von Verhandlungen zur Gründung eines Südweststaates zu fassen. Auf der Burgruine war es wetterbedingt ohnehin schon heiß, aber die Hitze wurde durch die politischen Trennlinien – trotz landschaftlicher Weitsicht – weiter befeuert. Nichtsdestotrotz stand am Ende der kontroversen Beratungen im wahrsten Sinne des Wortes ein *Burgfrieden* – zu dem leckerer Kalbsnierenbraten und reichlich Neuffener Tälesswein ihren Teil beitrugen. *Stefan Hupka* hat zum Treffen auf dem Hohenneuffen in der *Stuttgarter Zeitung* folgendes Fazit gezogen: *„Zum Schluss singt man Lieder, erst mit schwäbischer Beteiligung das „Badnerlied“ und dann mit Badener Unterstützung die Schwabenhymne „Preisend mit viel schönen Reden“. Die Spesenrechnung, die der Burgwirt Otto Spring dem Gastgeber reicht, beträgt stattliche 1239 Mark für Essen und Trinken plus 130 Mark für die eigens aus Stuttgart herbeigeschafften Zigarren. Es sollten nach dem Burgfrieden vom Hohenneuffen aber noch fast vier Jahre vergehen, bis sich dieser Haushaltsposten eindeutig amortisiert hatte.“*[2] Bereits am 10. August 1948 begannen in Karlsruhe die Verhandlungen über den Abschluss eines Staatsvertrags zur territorialen Neugliederung – von dem sich allerdings der Südbadener Wohleb plötzlich aus heiterem Himmel distanzierte, weil er in dem Streben nach einer Länderfusion großschwäbische Annexionsgelüste witterte.

---

[2] Vgl. den hervorragend recherchierten, sehr amüsant geschriebenen Artikel von *Stefan Hupka* zu den Differenzen und Befindlichkeiten der Akteure, Stuttgarter Zeitung, 22.04.2012, Verhandlungen zur historischen Länderfusion: Hitze auf dem Hohenneuffen, https://www.stuttgarter-zeitung.de/inhalt.verhandlungen-zur-historischen-laenderfusion-hitze-auf-dem-hohenneuffen.9291a5ca-6dc9-4f00-8a66-a3a33d2f63d9.html

Die Regierungschefs *aller* westdeutschen Länder – jedoch nicht Leo Wohleb aus Südbaden – sprachen sich am 31. August 1948 für die Neugliederung in Form eines Südweststaates aus. Allerdings knüpften sie diese Erwartung an die Durchführung einer Volksabstimmung. Darauf verständigten sich dann auch die drei Länderregierungen bei Konferenzen in *Bühl/Baden* und *Bebenhausen* bei Tübingen. In dem vom Parlamentarischen Rat am 8. Mai 1949 angenommenen *Grundgesetz* für die Bundesrepublik Deutschland heißt es in dem als „*Südweststaatsartikel*" bekannten Artikel 118, dass im Südwesten abweichend von Artikel 29 eine Neuordnung der Gebiete Baden, Württemberg-Baden und Württemberg-Hohenzollern auch lediglich durch einen gegenseitigen Vertrag vollzogen werden könne. Sollte es zu einer derartigen Vereinbarung indessen nicht kommen, ist der Bundesgesetzgeber am Zuge, der dann eine Volksabstimmung vorschreibt. Der Artikel 118 geht auf eine Formulierung von *Theodor Eschenburg* zurück, damals Spitzenbeamter im Tübinger Innenministerium und später dann graue Eminenz der westdeutschen Politikwissenschaft. Am 23. Mai 1949 erfolgte durch die Unterzeichnung des Grundgesetzes die Anhebung der drei noch bestehenden südwestdeutschen Länder in den Status von Bundesländern der Bundesrepublik Deutschland.

Der zähe Konflikt um die Volksabstimmung und deren klares Votum für die Bildung eines Südweststaats

Die Modalitäten der Auszählung bei einer Volksabstimmung standen fortan im Mittelpunkt der an Schärfe und Giftigkeit zunehmenden Auseinandersetzungen um die Gründung eines Südweststaats. Die CDU-Vorstände der südwestdeutschen Länder unter Führung von *Gebhard Müller* pochten auf eine Stimmenzählung getrennt nach den beiden alten Ländern Baden und Württemberg. Entschiedenen Widerstand dagegen leistete jedoch *Reinhold Maier*. Nachdem trotz mehrmaliger Treffen von Maier, Müller und Wohleb keine Einigung über den Abstimmungsmodus erzielt werden konnte, schien die Durchführung einer nicht verbindlichen, rein informationellen Probeabstimmung – wiederum eine Idee von Eschenburg – einen Ausweg aus der verfahrenen Situation zu weisen.

Bei der *Probeabstimmung* am *24. September 1950* gab es in den Zählbezirken Nordwürttemberg (93,5%), Württemberg-Hohenzollern (92,5%) und Nordbaden (57,4%) die erforderliche Mehrheit, nicht jedoch in Südbaden, wo 59,6% für die Wiederherstellung der alten Länder votierten.[3] Maier und inzwischen auch Müller plädierten daraufhin für einen *Vier-Bezirke-Modus*, demzufolge der Südweststaat gegründet werden soll, wenn in drei von den vier Abstimmungsbezirken eine Mehrheit erreicht wird. Der Südbadener Wohleb lief gegen eine solche Regelung Sturm. Denn er fürchtete nicht ganz zu Unrecht, dass die Stimmen aus Südbaden gleichsam unter den Tisch fallen würden, weil eine Mehrheit in Nordwürttemberg, Südwürttemberg-Hohenzollern wie auch Nordbaden als gesichert galt. Nachdem im Südwesten selbst ein Kompromiss über die Modalitäten einer Volksabstimmung weiter nicht in Sicht war, verlagerte sich der Konflikt auf die bundespolitische Bühne. Eine Schlüsselrolle spielte hier nun der schwäbische Bundestagsabgeordnete *Kurt Georg Kiesinger*. Während die südbadische Regierung einen Gesetzentwurf mit ihrer unveränderten Position einbrachte, lancierte eine Gruppe von CDU-Bundestagsabgeordneten um Kiesinger einen Gesetzentwurf mit dem trickreichen Vier-Bezirke-Modus für eine

---

[3] Vgl. SWR2 Archivradio, Volksbefragung ergibt deutliche Mehrheit für Südweststaat, 29.09.1950, https://www.swr.de/swr2/wissen/archivradio/volksbefragung-ergibt-deutliche-mehrheit-fuer-suedweststaat-100.html

Volksabstimmung. Der Bundestag verabschiedete auf dieser Basis am 25. April 1951 das Zweite Neugliederungsgesetz zur territorialen Neuordnung des Südwestens.

Die *Volksabstimmung* am *9. Dezember 1951* brachte wie erwartet in drei der vier Stimmbezirke eine Mehrheit für die Bildung eines neuen gemeinsamen Südweststaats.[4] In Nordwürttemberg waren es 93,5%, in Südwürttemberg-Hohenzollern 91,4% und in Nordbaden immerhin noch 57,1%. In Südbaden hingegen wollten nur 37,8% einen Südweststaat. Im Gesamtgebiet der Volksabstimmung ergab sich eine Mehrheit von knapp 70% für den Südweststaat. Hätte man indessen die beiden badischen Bezirke zusammengerechnet, wäre eine Mehrheit von 52,2% für die Wiederherstellung des alten Landes herausgekommen.

Die sogenannten „*Altbadener*", die sich im Oktober 1952 im „*Heimatbund Badenerland*" zusammengeschlossen hatten, gaben ihren Kampf für das alte Land Baden hingegen nicht auf. Sie zogen vor das Bundesverfassungsgericht, das im Jahr 1956 eine erneute Volksabstimmung nur der badischen Bevölkerung zuließ. Allerdings kam sie erst am 7. Juni 1970, also zu einem Zeitpunkt, an dem die Integration, Identitätsfindung und ökonomische Entwicklung des neuen Bundeslandes bereits weit fortgeschritten war. Das Votum war nun eindeutig: 81,9% der badischen Wahlberechtigten sagten Ja zum Verbleib beim Land Baden-Württemberg.

---

[4] Vgl. SWR2 Archivradio, Ergebnis der Volksabstimmung: Mehrheit für Südweststaat, 12.12.1951, https://www.swr.de/swr2/wissen/archivradio/ergebnis-der-volksabstimmung-mehrheit-fuer-suedweststaat-100.html; von Interesse ferner, da mit Redebeiträgen der beiden SPD-Politiker Alex Möller und Hermann Veit, SWR2 Archivradio, Letzte Debatte vor der Volksabstimmung zum „Südweststaat", 05.12.1951, https://www.swr.de/swr2/wissen/archivradio/letzte-debatte-vor-der-volksabstimmung-zum-suedweststaat-100.html

Als Konsequenz aus der Volksbefragung vom 9. Dezember 1951 bildeten die drei Landesregierungen einen Ministerrat, zu dessen Vorsitzenden *Reinhold Maier* gewählt wurde. Zu seinen Aufgaben gehörte insbesondere die Vorbereitung und Durchführung der Wahl zur Verfassungsgebenden Landesversammlung. Diese fand am 9. März 1952 bei einer Wahlbeteiligung von 63,7% mit folgendem Ergebnis statt: CDU 36,0% (50 Sitze), SPD 28,0% (38 Sitze), FDP/DVP 18,0% (23 Sitze), BHE (Heimatvertriebene) 6,3% (6 Sitze), KPD 4,4% (4 Sitze). Die gewählte Verfassungsgebende Versammlung kam am 25. März 1952 im Haus des württembergisch-badischen Landtags im Eduard-Pfeiffer-Haus in der Heusteigstraße in Stuttgart zusammen.

25. April 1952: Wie Reinhold Maier die CDU hereinlegte und die Gründung von Baden-Württemberg bekannt gab

Der 25. April 1952 wurde dann ein denkwürdiger Tag in der Geschichte des Südwestens.[5] Auf der Tagesordnung der Verfassungsgebenden Versammlung stand die Wahl des Ministerpräsidenten. Zur großen Überraschung der CDU setzte sich der Liberale *Reinhold Maier* mit 64 Stimmen zu lediglich 50 Stimmen für den Christdemokraten *Gebhard Müller* durch. Danach präsentierte Maier in einer Überrumpelungsaktion die Ernennungsurkunden der Minister seines Kabinetts, die der SPD, der FDP/DVP und des BHE (Heimatvertriebene) angehörten. Die CDU als stärkste Fraktion war ausgebootet und schaute bedröppelt in die Röhre. Maier trat danach ans Rednerpult, kramte seine goldene Taschenuhr heraus und sprach die legendären Sätze: *„Es ist 12 Uhr 30 Minuten...Mit dieser Erklärung...sind die Länder Baden, Württemberg-Baden und Württemberg-Hohenzollern zu einem Bundesland vereinigt...Gott schütze das neue Bundesland!“*

Es folgten zum Teil tumultartige Szenen. Empörte Redner der CDU bezweifelten die staatsrechtliche Zulässigkeit von Maiers Vorgehen und sahen für die neue Regierung keine legale Handlungsgrundlage. Für die brüskierte CDU wurde die Sitzung zu einem *„schwarzen Freitag“*. Sie ging mit ihrem Führungsanspruch auf ganzer Linie baden – und Baden selbst sah seine Felle auch davonschwimmen. Der katholische Württemberger *Gebhard Müller* musste sich auch

---

[5] Im digitalen Archivradio des SWR findet man zahlreiche historisch wertvolle Dokumente, so auch einen Mitschnitt der turbulenten Aussprache vom 25. April 1952, die übrigens der spätere Intendant des SDR, Hans Bausch, als Reporter begleitete; vgl. https://www.swr.de/swr2/wissen/archivradio/der-suedweststaat-wird-gegruendet-schwarzer-freitag-fuer-die-cdu-100.html

persönlich übel getäuscht und deshalb tief enttäuscht fühlen, verstand er sich doch als ehrlicher Makler zwischen dem protestantischen Württemberger *Reinhold Maie*r und dem katholischen Badener *Leo Wohleb*. Maier hingegen trickste die CDU bei der ersten Regierungsbildung im neuen Südweststaat aus, weil er bezüglich des Länderzusammenschlusses in den Reihen der CDU zu viele unsichere Kantonisten wähnte. Und die SPD-Fraktion spielte bei diesem Coup gerne grinsend mit – ordnete sich aber Maier machtpolitisch unter.

Jedenfalls vollzog sich die Gründung des noch namen- und verfassungslosen neuen Südweststaats keineswegs in einem feierlichen, konsensdemokratischen Festakt, sondern sie wurde fast schon handstreichartig ausgerufen und verkündet. Der konfliktbeladene Start sollte allerdings keine Hypothek für das neue Bundesland werden. Bei den Beratungen zu einer Verfassung ging es zwar auch kontrovers und hart zur Sache, aber im Kern lösungsorientiert und konstruktiv.

Für die SPD gehörten folgende Politiker[6] der vorläufigen Landesregierung unter Ministerpräsident *Reinhold Maier* (FDP/DVP) an: *Hermann Veit* (Stellvertretender Ministerpräsident und Wirtschaftsminister), *Fritz Ulrich* (Innenminister), *Viktor Renner* (Justizminister), *Ermin Hohlwegler* (Arbeitsminister) und *Gotthilf Schenkel* (Kultusminister).

Dass die SPD als stärkste Partei im Regierungsbündnis nicht das Amt des Regierungschefs für sich reklamierte, wurde schon in der

---

[6] Informative Portraits zu allen im Text genannten Politikern der SPD finden sich im Internet auf Wikipedia. In dieser Studie muss auf die Nachzeichnung des politischen Werdegangs all dieser markanten Persönlichkeiten leider verzichtet werden.

kleinen Regierungskrise im Mai 1953 als gravierender Nachteil, ja strategischer Fehler erkannt.[7]

Und überhaupt: Der Parteienforscher und SPD-Experte *Horst Glück* macht zu Recht darauf aufmerksam, dass die vorbehaltlose Unterstützung des neuen Bundeslandes durch die SPD aus einem machtpolitischen Blickwinkel heraus keineswegs selbstverständlich war. Denn sie schwächte angesichts der bisherigen Wahlergebnisse in den drei Ländern und der sozialen Struktur der dortigen Bevölkerung die Chance der SPD, eine führende Rolle in dem neuen Land zu spielen. Und trotz dieser absehbaren Nachteile „*sprach sie sich einmütig für den Zusammenschluss zu Baden-Württemberg aus*".[8] Schon ganz zu Beginn des vereinten Landes Baden-Württemberg stellte die SPD unmissverständlich unter Beweis, dass sie übergeordneten staatspolitischen Interessen und Zielen den Vorrang einräumte vor unwägbaren, kurzfristigen parteistrategischen Kalkülen.

---

[7] Vgl. zu den folgenden Jahren die Darstellungen von Hans-Joachim Mann, *Die SPD in Baden-Württemberg von 1952 bis zur Gegenwart – Politik, innere Entwicklung, Organisation,* in: Jörg Schadt/Wolfgang Schmierer, *Die SPD in Baden-Württemberg und ihre Geschichte. Von den Anfängen der Arbeiterbewegung bis heute,* Stuttgart 1979; Klaus-Jürgen Matz, *Grundlagen und Anfänge von Baden-Württemberg 1948-1960,* in: Hansmartin Schwarzmaier/Meinrad Schaab (Hrsg.), *Handbuch der baden-württembergischen Geschichte, Vierter Band, Die Länder seit 1918,* Stuttgart 2003, S. 519-590; Fred Sepaintner, *Baden-Württemberg 1960-1992,* in: Schwarzmaier/Schaab (Hrsg.) 2003, S.591-863; Horst Glück, *Die SPD,* in: Michael Eilfort (Hrsg.), *Parteien in Baden-Württemberg,* Stuttgart 2004, S. 75-104; SPD-Landesverband Baden-Württemberg (Hrsg.), *Avantgarde und Volkspartei. Die Sozialdemokratie im deutschen Südwesten von ihren Anfängen bis heute,* Stuttgart 2013, S. 78-106.

[8] Vgl. Horst Glück 2004, S. 75.

Baden-Württemberg wird richtig Baden-Württemberg

Nach der Gründung des südwestdeutschen Bundeslandes herrschte zunächst ein rechtlicher Schwebezustand, der durch das sogenannte „*Überleitungsgesetz*" aufgehoben wurde. Die drei bisherigen Länder gehörten nun endgültig der Vergangenheit an. Die Verfassungsgebende Landesversammlung schlüpfte in die Befugnisse eines regulären Landtags. Die vorläufige Landesregierung übernahm sämtliche Zuständigkeiten der bisherigen drei Länderexekutiven. Als vorläufige Bezeichnung des neuen Bundeslandes wurde im Überleitungsgesetz der Name „*Baden-Württemberg*" festgelegt.

Die SPD zog innerparteilich aus der Neugründung des Bundeslandes rasch organisatorische Konsequenzen. Am *7./8. Juni 1952* fand in *Stuttgart* der *SPD-Vereinigungsparteitag* statt. Dort wurde der Zusammenschluss der Bezirke Württemberg-Baden, Südwürttemberg-Hohenzollern und Baden zum *Bezirk Südwest* besiegelt. Zum Parteichef wurde der Vorsitzende des Bezirks Württemberg-Baden und Stuttgarter Bundestagsabgeordnete *Erwin Schoettle* gewählt. Allerdings wurde erst auf dem Bezirksparteitag 1962 in Mannheim die Bezeichnung *Landesverband* eingeführt. Die CDU schloss ihre vier Bezirksverbände sogar erst Anfang 1971 zu einem einheitlichen baden-württembergischen Dachverband zusammen.

Die SPD in der kleinen Regierungskrise vom Mai 1953

Im Mai 1953 kam es zu einer kleinen Regierungskrise wegen des positiven Abstimmungsverhaltens von Maier im Bundesrat zum *„Generalvertrag"* Adenauers mit den Alliierten und zur Europäischen Verteidigungsgemeinschaft *EVG*. SPD-Justizminister *Viktor Renner* trat daraufhin unter Protest von seinem Amt zurück. Am 18. und 22. Mai 1953 fanden Sondersitzungen von Bezirksvorstand und Landtagsfraktion statt, auf denen mit rauchenden Köpfen das weitere Vorgehen beraten wurde. Selbst der eilends angereiste Vorsitzende der Bundes-SPD, *Erich Ollenhauer*, mischte sich vehement in die Beratungen ein. Doch gegen sein Plädoyer votierten die Gremien der Südwest-SPD für den Verbleib in der Regierung Maier. Ausschlaggebend für diesen Schritt war der ausgeprägte politische Wille, die CDU unbedingt von den Schalthebeln der Macht fernzuhalten. Und dies ging nur mit der Fortsetzung der Regierung in dieser Konstellation.

Dies hielt den SPD-Fraktionsvorsitzenden im Landtag, *Alex Möller*, indessen nicht davon ab, sich mit seinem CDU-Pendant *Gebhard Müller* am 2. Juli 1953 im *„Ratskeller"* in Ludwigsburg zu einem *Geheimtreffen* zusammenzusetzen und den Plan für die baldige Bildung einer Großen Koalition auszuhecken.[9] In fast allen strittigen Fragen einer künftigen Landesverfassung erzielten Möller und Müller Einvernehmen, so auch in der besonders heiß umkämpften *„Schulfrage"*, also dem bestehenden Nebeneinander von christlicher Gemeinschaftsschule und konfessionsgebundener Bekenntnisschule. Das sogenannte *„Ratskeller-Gespräch"* bildete den Auftakt für eine langjährige enge persönliche Zusammenarbeit zwischen

[9] Vgl. Thomas Schnabel 2001, S. 26.

Gebhard Müller (CDU) und Alex Möller (SPD), die sich „*geradezu als Achse der Landespolitik überhaupt erweisen sollte*".[10]

Ende der Regierung Maier, Namensstreit und Verabschiedung einer neuen Verfassung

Nach dem großen Sieg der baden-württembergischen CDU bei der Bundestagswahl am 6. September 1953 kam Ministerpräsident Maier zu der Auffassung, dass es demokratiepolitisch nicht länger tragbar ist, die CDU in Baden-Württemberg auf die Oppositionsbänke zu verbannen. Seine Regierung trat aus diesem Grund am 30. September 1953 zurück. Entgegen der Verabredung beim Ludwigsburger Geheimtreffen wurde jedoch keine Große Koalition gebildet, sondern eine Allparteienregierung (ohne KPD) unter Führung von *Gebhard Müller* (CDU).

Im neuen Kabinett behielten für die SPD *Hermann Veit*, *Fritz Ulrich* und *Ermin Hohlwegler* ihre Ministerämter. Die neue Allparteienregierung führte logischerweise zu einer gewissen Aufblähung des Regierungsapparats, was in der SPD-Fraktion indessen trotz exponierter Beteiligung auf heftige Kritik stieß. Dies hatte zur Folge, dass sich zahlreiche Abgeordnete bei der Wahl von Müller der Stimme enthielten.

Derweil befasste sich der Verfassungsausschuss des provisorischen Parlaments auch mit der Frage, welchen Namen das neue Bundesland bekommen sollte. Zu den Favoriten zählten von Anfang an „*Baden-Württemberg*" und „*Schwaben*". Aber im öffentlich ausgetra-

[10] Vgl. Klaus-Jürgen Matz 2003, S. 564/565.

genen Namensstreit kursierten allen Ernstes auch die heute nur noch ein Schmunzeln auslösenden Bezeichnungen „*Rheinschwaben*", „*Staufen*" und „*Alemannien*". In der dritten Lesung Anfang November 1953 setzte sich schließlich der Name „*Baden-Württemberg*" mit 70:39 gegen „*Schwaben*" durch.[11] Baden stand in dem Bindestrich-Namen nicht ohne Grund an erster Stelle: zum einen wollte man den Namen vom ehemaligen Land Württemberg-Baden abgrenzen und zum anderen in die offene badische Wunde nicht noch mehr Salz streuen.

In der Diskussion um die *Landesverfassung* konkurrierte ein Entwurf der Fraktionen aus der Maier-Regierung mit einem Entwurf der CDU. Beide wichen deutlich voneinander ab. Während SPD und FDP/DVP sich am Vorbild der Bonner parlamentarisch-repräsentativen Demokratie orientierten, favorisierte die CDU eine zweite Kammer, einen vom Volk auf sechs Jahre gewählten Staatspräsidenten und mehr Elemente direkter Demokratie. Im Mittelpunkt der Auseinandersetzungen stand zudem die „*Schulfrage*". Das Zurückdrängen der Konfessions- oder Bekenntnisschule zugunsten der christlichen Gemeinschaftsschule gelang der SPD nur zum Teil. Man einigte sich mit der CDU widerwillig auf die Beibehaltung des Status quo. Somit konnte in Südwürttemberg-Hohenzollern die Bekenntnisschule als Regelschule bestehen bleiben.

Am 11. November 1953 wurde die neue Verfassung für das Land von der Verfassungsgebenden Versammlung mit großer Mehrheit

---

[11] Vgl. Reinhold Weber/Hans-Georg Wehling, *Geschichte Baden-Württembergs*, C.H. Beck Wissen, München 2007, S. 115; Thomas Schnabel 2001, S. 37/38; ferner SWR2 Archivradio, Der Südweststaat erhält den Namen „Baden-Württemberg", 04.11.1953, https://www.swr.de/swr2/wissen/archivradio/der-suedweststaat-erhaelt-den-namen-baden-wuerttemberg-102.html

beschlossen. Nach allem, was man weiß, stimmte die SPD als *einzige* Fraktion geschlossen zu.[12] Am 19. November 1953 trat die Landesverfassung in Kraft. Die Verfassungsgebende Versammlung konstituierte sich übergangsweise als erster Landtag von Baden-Württemberg, wie das neue Bundesland nun offiziell hieß.

[12] Vgl. die Angaben bei Hans-Joachim Mann 1979, S. 236, auch bei Horst Glück 2004, S. 75.

Rolle der SPD-Landtagsfraktion in der Gesetzgebung der Allparteienregierung 1954/1955

Zur Vereinheitlichung von Gesetzen und zur Errichtung einer gemeinsamen Verwaltung wurden 1954/1955 grundlegende Landesgesetze, die sogenannten *Aufbaugesetze*, erarbeitet und verabschiedet. Dazu zählen beispielsweise die Landkreisordnung, die Gemeindeordnung, das Finanzausgleichsgesetz, das Polizeigesetz und die Bildung eines Staatsgerichtshofs.

Beim *Landtagswahlrecht* konnte die SPD-Landtagsfraktion eine „*wesentliche Forderung*" durchsetzen und den CDU-Vorstoß für eine Ergänzung der Persönlichkeits- und Verhältniswahl durch eine Landesliste abwehren.[13] Schon bei der Beratung des Landesverwaltungsgesetzes äußerte die SPD Bedenken gegen die Notwendigkeit der Regierungspräsidien. Als Erfolg verbuchen konnte die SPD eine Erhöhung der Mittel für den Wohnungsbau, die Schaffung des ersten Landesjugendplans und einen Stufenplan für die Einführung der Schulgeld- und Lernmittelfreiheit.

Es war vornehmlich dem Verhandlungsgeschick des Fraktionsvorsitzenden *Alex Möller* zu verdanken, dass die SPD eine Gestaltungskraft für das neue Bundesland entfaltete, die auch in ihrer Selbstwahrnehmung größer war, als es die Machtverhältnisse und ihr Sitzanteil erwarten ließen.[14]

---

[13] Vgl. Hans-Joachim Mann 1979, S. 236/237.
[14] Vgl. Hans-Joachim Mann 1979, S. 237/238.

Landtagswahl am 4. März 1956 und Fortsetzung der Allparteienregierung

Die CDU ging mit 42,6% als eindeutiger Gewinner aus der Landtagswahl am 4. März 1956 hervor. Die SPD stagnierte bei 28,9%. Im Bezirksvorstand und in der Landtagsfraktion fanden im Lichte des bescheidenen Abschneidens langwierige Diskussionen über den künftig einzuschlagenden politischen Kurs statt. Am 22. April 1956 wurden Verhandlungen über die Fortsetzung der demokratiepolitisch eigentlich als bedenklich eingestuften Allparteienkoalition aus CDU, SPD, FDP/DVP und GB/BHE (die KPD gewann kein Mandat mehr) beschlossen. Eine baden-württembergische Landesregierung ohne die CDU oder allein aus CDU und SPD hielt der Bezirksvorstand staatspolitisch nicht für wünschenswert.

Nachdem die SPD in den Verhandlungen keine „*Vereinfachung der Verwaltung*" – eines ihrer Wahlkampfziele – erreichen konnte, sondern sogar noch eine Vergrößerung des Kabinetts hinnehmen musste, kündigte *Alex Möller* am 15. Mai 1956 in einer Zeitung zunächst seinen Verzicht auf den Fraktionsvorsitz an, blieb dann aber nach einigem Hin und Her doch im Amt.[15] Die SPD war im zweiten Kabinett Müller weiter mit *Hermann Veit* (Stellvertretender Ministerpräsident und Wirtschaftsminister), *Viktor Renner* (Innenminister) und *Ermin Hohlwegler* (Arbeitsminister) vertreten.

---

[15] Vgl. Hans-Joachim Mann 1979, S. 240.

Politische Initiativen von 1956 bis 1960 im Zeichen von Parteireform und Wechsel im Amt des Regierungschefs

Der SPD gelang in der Wahlperiode von 1956 bis 1960 die Umsetzung von Schwerpunkten ihres Wahlprogramms: ein Vierjahresplan für den sozialen Wohnungsbau, die Aufstellung von Bedarfsplänen für den Schulhaus- und Sportstättenbau und eine Initiative zur Einführung eines obligatorischen neunten Schuljahres. Das *„Gesetz über die Ausbildung der Volksschullehrer“* sorgte für die Umwandlung der Pädagogischen Institute in Pädagogische Hochschulen. SPD-Innenminister *Viktor Renner* legte einen Generalverkehrsplan zur Verbesserung des Verkehrsnetzes vor.

Am 9. Dezember 1958 trat *Gebhard Müller* nach seiner Wahl zum Präsidenten des Bundesverfassungsgerichts als Ministerpräsident zurück. Am 17. Dezember 1958 wurde der CDU-Bundestagsabgeordnete *Kurt Georg Kiesinger* vom Landtag zu seinem Nachfolger gewählt. Er setzte die Allparteienregierung fort. Für die SPD gehörte erneut das Trio *Hermann Veit* (Stellvertretender Ministerpräsident und Wirtschaftsminister), *Viktor Renner* (Innenminister) und *Ermin Hohlwegler* (Arbeitsminister) zum Kabinett.

Innerhalb der SPD bahnte sich eine große Reform von Struktur und Programm an. Im *Mai 1958* fand der *Bundesparteitag* in *Stuttgart* statt. Er stellte die Weichen für eine organisatorische Radikalkur, die in ihrer Bedeutung für die Entwicklung der SPD in nichts hinter dem Programmwandel zurückbleibt. Im *November 1959* wurde schließlich das allseits bekannte *Godesberger Programm* verabschiedet, das die SPD voll und ganz in den Grundkonsens zur politischen und wirtschaftlichen Ordnung der Bundesrepublik Deutschland und deren außenpolitische Koordinaten integrierte.

Mit den beiden Bundestagsabgeordneten *Carlo Schmid* und *Fritz Erler* kamen aus dem Südwesten zwei intellektuelle Köpfe und maßgebliche politische Antreiber einer Reform der Parteiorganisation mit einer weitgehenden Entmachtung des besoldeten Parteiapparats und des Wandels der SPD zu einer linken Volkspartei mit Bekenntnis zur parlamentarischen Demokratie, sozialen Marktwirtschaft, Landesverteidigung und Westintegration. Auftrieb erhielten die Reformer in der SPD nicht zuletzt durch den kräftigen Stimmenzuwachs der CDU bei den Bundestagswahlen in den Jahren 1953 und 1957.

Ein landespolitisches Datum ist hier noch zu erwähnen: Am 24. Juni 1959 erfolgte die Grundsteinlegung zum Haus des Landtags in Stuttgart durch Ministerpräsident *Kurt Georg Kiesinger*.

Landtagswahl am 15. Mai 1960, erste Jahre in der Opposition und Alex Möllers Flucht in die Bundespolitik

Die SPD legte bei der Landtagswahl am 15. Mai 1960 um fast 6,5 Prozentpunkte zu und erreichte 35,3%. Die CDU und die FDP/DVP erlitten Verluste. Ministerpräsident Kiesinger entschloss sich, die Allparteienregierung nicht fortzusetzen, sondern eine „*kleine Koalition der Verlierer*" zu bilden, wie es der enttäuschte *Alex Möller* auf den Punkt brachte.[16] Auch von einer „*Verfälschung des Volkswillens*" war bei der SPD erregt die Rede. Die baden-württembergische CDU stand bei der Koalitionsbildung allerdings auch unter erheblichem Druck der Bundes-CDU. Und die SPD musste sich zum ersten Mal seit der Gründung des Südweststaats mit der Rolle der Opposition begnügen. Der *SPD-Landesparteitag* am *25./26. Juni 1960* in *Heilbronn* stand ganz unter dem Eindruck, unverdientermaßen aus der Landesregierung geschubst worden zu sein.[17]

Möller kandidierte schließlich bereits 1961 für den Bundestag, was vielen Parteifreunden als „*Flucht*" aus der Landes- in die Bundespolitik missfallen hat. Auf einem sicheren Listenplatz zog er im Wahlkreis Heidelberg in das Bonner Parlament ein. Nach dem Verzicht des langjährigen Parteichefs *Erwin Schoettle* wurde Möller nichtsdestotrotz auf dem *Parteitag* im *März 1962* in *Mannheim* paradoxerweise zum neuen Landesvorsitzenden der SPD Baden-Württemberg gewählt.[18] Das konnte nicht gut gehen.

---

[16] Vgl. Thomas Schnabel 2001, S. 79/80; Hans-Joachim Mann 1979, S. 263/264.
[17] Vgl. Hans-Joachim Mann 1979, S. 264.
[18] Vgl. Fernsehinterview mit Alex Möller nach seiner Wahl zur Lage der SPD, https://www.ardmediathek.de/video/swr-retro-abendschau/interview-alex-moeller/swr/Y3JpZDovL3N3ci5kZS9hZXgvbzExODc5ODE

Die Landtagsfraktion indessen verlor ihren „*Motor und Ideengeber*". Das schwere Erbe Möllers im Fraktionsvorsitz im Landtag übernahm eine *Doppelspitze* mit *Hermann Veit* und *Walter Krause*.[19] Nun könnte man wohlwollend deuten, dass die SPD auch bezüglich einer solchen personellen Aufgabenteilung schon zu Beginn der 1960er Jahre eine erste innovative Vorreiterrolle übernommen hat. Formal betrachtet mag das stimmen. In Wirklichkeit aber sind Duos an der Spitze einer Partei oder Fraktion *immer* Verlegenheitslösungen, die trotz aller beschönigenden Modernitäts- und Proporzrhetorik nicht der so oder so aufkommenden Frage entrinnen können, wer denn die *Nummer Eins* ist. Und so war das auch bei der Kombination Krause/Veit. Die spätere Spitzenkandidatin der SPD und Landes- wie Fraktionsvorsitzende *Ute Vogt* soll zur Ambivalenz einer innerparteilichen „*Tandemlösung*" einmal süffisant gefrotzelt haben, sie habe da nichts dagegen, wenn sie vorne sitzen dürfe. Besser und anschaulicher kann man das Problem nicht auf den Punkt bringen.

Hinweis am Rande: Am 5./6. Juni 1961 fand die festliche *Einweihung des neuen Landtagsgebäudes* im Zentrum von Stuttgart statt.

Von der SPD-Fraktion kamen in der Opposition Impulse für den *kommunalen Finanzausgleich* zwischen Land und Gemeinden: Im November 1961 wurde ein Gesetz zur Erhöhung des Gemeindeanteils an der Einkommens-, Körperschafts- und Kraftfahrzeugsteuer vorgelegt. Im Januar 1964 brachte die SPD-Fraktion einen Hochschulgesetzentwurf ein, der sich entlang der Reformvorschläge des Wissenschaftsrats für eine bessere personelle, sachliche und finan-

---

[19] Wirklich nachvollziehbare sachliche Gründe für diese Doppelspitze und Hinweise auf eine Aufgabenteilung konnten in den verfügbaren Quellen nicht gefunden werden. Offenbar sollte aber der altgediente Vormann *Hermann Veit* nicht verprellt werden.

zielle Struktur der Hochschulen orientierte. Bei den Abgeordneten wurde der Entwurf jedoch kontrovers diskutiert, da an seiner Ausarbeitung auch Hochschulangehörige selbst beteiligt waren.

Am 12. April 1962 stimmte die Regierung einem neuerlichen Antrag der SPD-Landtagsfraktion zur *Einführung eines neunten Pflichtschuljahres* zu. Zudem erreichte die SPD eine jährliche Festlegung und damit Verstetigung der Fördermittel für den Schulhausneubau. Ende 1963 machte die SPD Front gegen die vorgesehene Novellierung des Privatschulgesetzes. Das Ausmaß der staatlichen Zuschüsse fiel ihr deutlich zu hoch aus. Es war unverkennbar, dass die CDU dabei vor allem die Förderung der privaten konfessionellen Schulen im Blick hatte. Walter Krause warnte für die SPD gar vor einer „*Aushöhlung des öffentlichen Schulwesens*".

Im Oktober 1963 beantragte die SPD-Fraktion einen Landesaltenplan, mit dem u.a. Neubau und Sanierung von Altenwohn- und Altenpflegeheimen und die Aus- und Weiterbildung des Alten hilfepersonals gefördert werden sollten.

Landtagswahl am 26. April 1964, SPD mit Rekordergebnis und Leistungen als Opposition von 1964 bis 1966

Mit 37,3% erzielte die SPD am 26. April 1964 zwar ihr bislang bestes Resultat bei einer Landtagswahl in Baden-Württemberg, aber die CDU legte fast 7 Prozentpunkte zu und landete bei 46,2%. Sie hängte die SPD damit im Vergleich zum Wahlausgang 1960 wieder deutlich ab. Ministerpräsident *Kurt Georg Kiesinger* konnte die bürgerliche Koalition mit der FDP/DVP fortsetzen.

Im Mittelpunkt der SPD-internen Kritik auf dem *Landesparteitag* in *Göppingen* im *Juni 1964* stand naheliegenderweise das personell unklare Erscheinungsbild. An der Spitze der Fraktion mühte sich ein Duo aus Krause und Veit recht und schlecht ab und die Landespartei führte der Bundespolitiker Möller. Personelle Konsequenzen wurden in dieser wirren Konstellation unausweichlich: *Walter Krause* nahm nun als alleiniger Fraktionschef das Ruder in die Hand. Er war damit der neue starke Mann der Südwest-SPD. Und es gelang ihm rasch, sich fachlich wie rhetorisch gekonnt als Gegenspieler von Ministerpräsident Kiesinger zu profilieren.[20]

Die Kritik der SPD-Fraktion und ihre Alternativen konzentrierten sich auf anhaltende Mängel im Schulwesen, auf die Verbesserung der Gemeindefinanzen und die fehlende Konzeption für eine Verwaltungsreform. Bildung und die festgestellte Chancenungleichheit reiften allgemein zu einem gesellschaftlichen Topthema. Es wimmelte geradezu von Publikationen und Positionspapieren. *Georg Picht* prägte den Begriff „*Bildungskatastrophe*". Die SPD machte weiter Druck in der „*Schulfrage*". Sie hielt die christliche Gemeinschafts-

[20] Vgl. SPD-Landesverband Baden-Württemberg (Hrsg.) 2013, S. 84.

schule für die Voraussetzung einer Landschulreform. Am 1. Juli 1966 brachte die SPD dazu einen Gesetzentwurf in den Landtag ein. Auch die konsequente Umsetzung der *Lernmittelfreiheit* an den Schulen war ein Anliegen der SPD.[21]

Um die Jahreswende 1965/1966 rückte die angespannte Finanzlage des Landes auf die Agenda. Die Regierung plante Mehrausgaben ohne Deckung im Haushalt 1966. Sparsamkeit und Wirtschaftlichkeit wurden plötzlich zu neuen Herausforderungen. Zum ersten Mal lehnte die SPD im Landtag deshalb einen Haushalt der Regierung ab.

Auf dem *SPD-Landesparteitag* in *Offenburg* am *24. April 1966* wurde *Walter Krause* zum neuen Landesvorsitzenden gewählt. Er löste Alex Möller ab, der sich dem Vorwurf ausgesetzt sah, sich als Bundespolitiker nicht mit ganzer Kraft für die Landespartei und Landespolitik engagiert zu haben. Krause fiel durch seine Doppelfunktion nun noch mehr Autorität zu.[22] Diese währte im Doppel freilich nicht lange, denn es kamen alsbald eine lange Nacht und ihre politischen Folgen.

---

[21] Vgl. dazu die Einlassungen von SPD-Fraktionschef Walter Krause in einem TV-Bericht vom 22.10.1965, https://www.ardmediathek.de/video/swr-retro-abendschau/lernmittelfreiheit/swr/Y3JpZDovL3N3ci5kZS9hZXgvbzExNTc5MTY

[22] Vgl. Hans-Joachim Mann 1979, S. 265.

Bildung der Großen Koalition in der „Nacht der langen Messer" am 12. Dezember 1966 und Erfolge der SPD-Fraktion von 1966 bis 1968

Nach der Wahl von Baden-Württembergs Regierungschef Kiesinger zum Bundeskanzler am 1. Dezember 1966 setzte sich Innenminister *Hans Filbinger* auf einer Sondersitzung der CDU-Landtagsfraktion gegen Kultusminister *Wilhelm Hahn* nur knapp mit 31 zu 25 Stimmen als Nachfolger durch. Nachdem Koalitionsgespräche mit der FDP zunächst scheiterten, trieb Filbinger aus Sorge vor einer Einigung zwischen SPD und FDP/DVP Verhandlungen mit der SPD entschlossen voran und signalisierte von einer Minute zur nächsten seine Bereitschaft zu großen personellen und inhaltlichen Zugeständnissen. Ins Zentrum rückte nun wieder die „*Schulfrage*".[23] CDU und SPD einigten sich, die christliche Gemeinschaftsschule als Regelschule einzuführen, die Konfessionsschulen als Privatschulen aber großzügig zu fördern.

In der sogenannten „*Nacht der langen Messer*" am *12. Dezember 1966*[24] kam nach einer regen, lange Zeit ergebnisoffenen Pendeldiplomatie zwischen Delegationen von CDU, SPD und FDP/DVP auf die Bildung der *Großen Koalition* mit Ministerpräsident *Hans Filbinger* der Deckel drauf. Um 22:30 Uhr war schließlich alles unter Dach und Fach. Nun konnte der angenehme Teil folgen: Die kleine Festivität in der Landtagsgaststätte glich nach Aussagen von

---

[23] Vgl. Fred Sepaintner 2003, S. 614ff., Thomas Schnabel 2001, S. 125-129.

[24] Zu den Abläufen und Verhandlungspositionen der Fraktionen im Detail vgl. Georg Müller, *Walter Krause und die baden-württembergische Landespolitik in der Nachkriegszeit*, Historisches Institut, Abteilung für Landesgeschichte der Universität Stuttgart 2001, S. 149-181; Georg Müller, *Walter Krause. Ein Mannheimer für Baden-Württemberg*, verlag regionalkultur 2003, herausgegeben vom Stadtarchiv Mannheim in Verbindung mit der SPD-Landtagsfraktion, S. 101-121.

Teilnehmern aus der Spitze von CDU und SPD *„einer überaus herzlichen Verbrüderungsfeier.“* Auf SPD-Seite sind dafür Kosten in Höhe von 498,60 DM angefallen.[25]

Historisch besonders hervorzuheben ist der folgende politische Sachverhalt: Zum zweiten Mal in der Geschichte des Landes Baden-Württemberg ließ die SPD damit die machtpolitische Option sausen, selbst den Ministerpräsidenten in einer SPD-geführten Landesregierung zu stellen, und sei es mit nur zwei Stimmen Vorsprung.[26] Der Krause-Biograph *Georg Müller* weist mit Recht darauf hin, *„dass die SPD ihre Position langfristig verbessert hätte, wenn sie einmal diesen Posten besetzt und damit bewiesen hätte, das Land auch regieren zu können.“* [27] Aber die Entscheidung der SPD für eine Große Koalition hatte viel mit der Persönlichkeit und dem Politikverständnis von *Walter Krause* zu tun. Er stellte Lösungen zum Wohl des Landes über eigene und parteipolitische Interessen. Krause soll ganz in diesem Geiste einmal gesagt haben, er sei nicht in die Politik gegangen, um Ministerpräsident zu werden.[28]

Zahlreiche gewichtige inhaltliche Gründe erleichterten der SPD den Einstieg in die Große Koalition: Die Lösung der *„Schulfrage“*, für die es einer verfassungsändernden Mehrheit bedurfte, Maßnahmen zur Haushaltskonsolidierung, eine gemeindefreundliche Politik, die Vorbereitung einer Gebiets- und Verwaltungsreform, die Unterstützung der Bonner Großen Koalition im Bundesrat und last but not least die Besetzung von Schlüsselressorts (*Walter Krause* Stellver-

---

[25] Vgl. Georg Müller 2001, S. 170.
[26] Vgl. dazu auch die Bewertung von Horst Glück 2004, S. 78; ferner Georg Müller 2003, S. 102.
[27] Vgl. Georg Müller 2003, S. 102; Georg Müller 2001, S. 151/152.
[28] Vgl. Georg Müller 2003, S. 121.

tretender Ministerpräsident und Innenminister, *Kurt Angstmann* Finanzminister, *Hans-Otto Schwarz* Wirtschaftsminister, *Rudolf Schieler* Justizminister). Der Esslinger Landtagsabgeordnete *Walter Hirrlinger* übernahm den Fraktionsvorsitz. *Hermann Veit* wollte dem Kabinett nicht mehr angehören, nachdem klar war, dass er die Funktion des Stellvertretenden Ministerpräsidenten Krause überlassen musste.

Zu den politischen Erfolgen der SPD-Fraktion können die folgenden Maßnahmen und Vorhaben gezählt werden[29]: die Einführung der Mittelfristigen Finanzplanung, die Schaffung eines Landeskonjunkturprogramms, die Einleitung einer grundlegenden Gebiets- und Verwaltungsreform, die Erarbeitung eines Landesentwicklungsplanes, die Erprobung von Gesamt- und Ganztagsschulen und eine Hochschulreform mit Grundordnungen an den Universitäten.

[29] Vgl. auch die Aufzählung bei Georg Müller 2001, S. 183.

Landtagswahl am 28. April 1968, „Rotkehlchen-Parteitag“ am 18. Mai 1968 und langfristige Folgen für die SPD Baden-Württemberg

Die SPD erlitt bei der Wahl in Baden-Württemberg am 28. April 1968 mit einem Rückgang von 8,3 Prozentpunkten auf nur noch 29,0% einen schwer zu verkraftenden Absturz. Auch die CDU verlor leicht. Die rechtsextreme NPD zog mit knapp 10% zum ersten Mal in den Landtag eines Flächenstaats ein.

Partei- und Fraktionsführung der SPD waren nichtsdestotrotz gewillt, ja wild entschlossen, die aus ihrer Sicht erfolgreiche Koalition mit der CDU fortzusetzen. An der Parteibasis jedoch schepperte es gewaltig. Auf dem sogenannten *„Rotkehlchen-Parteitag“*[30], der eilig für den 18. Mai 1968 in Kehl einberufen wurde, um den Unmut zu kanalisieren, votierte eine knappe Mehrheit (180 zu 166 bei 5 Enthaltungen) *gegen* die Fortsetzung der Großen Koalition. Dessen ungeachtet stieg die Landtagsfraktion mit großer Mehrheit im Rücken in Gespräche mit der CDU ein (32 zu 4 Stimmen) und gab wie auch der Landesvorstand (11 zu 5 Stimmen) schlussendlich grünes Licht für die Weiterführung der Großen Koalition.[31]

Am 12. Juni 1968 konnte die Große Koalition mit Ministerpräsident *Hans Filbinger* fortgesetzt werden. Trotz herber Verluste und eines Rückgangs der Parlamentssitze von 47 auf 37 konnte sich die SPD auch im zweiten Kabinett Filbinger vier Ministerposten sichern: *Wal-*

---

[30] Vgl. Der Spiegel 22/1968, 26.05.1968, Gesang der Rotkehlchen, https://www.spiegel.de/politik/gesang-der-rotkehlchen-a-dd4c4403-0002-0001-0000-000046039772; Georg Müller 2001, S. 211-242; Georg Müller 2003, S. 133-147; Hans-Joachim Mann 1979, S. 278-282.

[31] Vgl. Horst Glück 2004, S. 79.

ter Krause (Stellvertretender Ministerpräsident und Innenminister), *Rudolf Schieler* (Justizminister), *Hans-Otto Schwarz* (Wirtschaftsminister) und neu der ehemalige Fraktionschef *Walter Hirrlinger* (Arbeits- und Sozialminister).

Dass es die Parteiführung zusammen mit der Landtagsfraktion wagte, sich über den Beschluss der Delegiertenversammlung hinwegzusetzen, verweist auf die *„eigentliche historische Dimension“* der Vorgänge in und nach Kehl, und auch auf ihre demokratietheoretische Relevanz. *Gerhard Lang*, später Erster Bürgermeister in Stuttgart und damals Referent von Walter Krause, kommentierte die Missachtung des Kehler Votums im Rückblick: *„Das war tollkühn. Das wäre heute undenkbar.“*[32] So wird man das wohl sehen müssen.

In der Partei hagelte es helle Empörung: Mitglieder traten voller Entrüstung aus, Funktions- und Mandatsträger legten ihre Ämter aus Protest nieder. In Teilen der Presse wurde das überraschende Ergebnis von Kehl durch eine primitive Links-Rechts-Brille gesehen und sogar kühn als Scheitern von innerparteilicher Demokratie gedeutet. In Wirklichkeit trat auch ein *Generationenkonflikt* zutage: eine aufstrebende, intellektuell bewanderte junge Garde muckte gegen das alte Partei- und Fraktionsestablishment auf, verbündet mit einer Gruppe linker gewerkschaftlicher Aktivisten.[33]

SPD-Parteichef *Walter Krause* und sein Stellvertreter *Walter Hirrlinger* wie auch Vorstandsmitglied *Hans-Otto Schwarz* traten nach dem Kehler Votum von ihren Ämtern zurück. *Erwin Schoettle*, *Heinz Bühringer* und DGB-Bezirkschef *Eugen Loderer* übernahmen bis zum

---

[32] Vgl. Georg Müller 2001, S. 211.
[33] Vgl. Hans-Joachim Mann 1979, S. 279-281; Horst Glück 2004, S. 78/79.

Parteitag im *November 1968* in *Mannheim* kommissarisch die Führung. Der Waiblinger Landtagsabgeordnete *Heinz Bühringer* füllte 1968 schließlich mit nur mäßiger Begeisterung die Lücke beim SPD-Landes- und Fraktionsvorsitz. Aber sein historischer Erfolg kam 1972. Und dieser hatte auch noch im Jubiläumsjahr 2022 Bestand.

Als Reaktion auf die Missachtung des Kehler Votums bildete sich der sogenannte „*Tübinger Kreis*"[34], dem u. a. mit *Peter Conradi* (Sprecher), *Horst Ehmke*, *Gunter Huonker*, *Harald B. Sch*äfer, *Volker Hauff*, *Ulrich Lang*, *Rolf Böhme*, *Heinz Rapp*, *Herta Däubler-Gmelin* und *Ernst-Ulrich von Weizsäcker* später prominente Sozialdemokraten angehörten, die fast alle auf Bundesebene Karriere machten. Kehl markierte den Auftakt zu einer langjährigen Auseinandersetzung um eine politische, organisatorische und personelle Erneuerung der Südwest-SPD.

Zu Beginn der 1970er Jahre traten die Mitglieder des „*Tübinger Kreises*" in den Gremien und bei der Aufstellung der Landesliste für die Bundestagswahl ihren Siegeszug in der Partei an, zum Teil mit fragwürdigen machtpolitischen Taktiken, wie etwa dem aus heutiger Sicht lustigen *Kandidatenspiegel 1969*.[35] Dieser enthielt - synoptisch zu Papier gebracht - regelrechte Charakter- und Typ-Dossiers, die von der politischen Ausrichtung über die rhetorischen Fähigkeiten

---

[34] Vgl. Gernot Erler, *1863 bis 2013: 150 Jahre SPD im Südwesten. Ein Redevorschlag*, vorgelegt zum Landesparteitag in Heilbronn am 2. März 2013, https://www.spd-bw.de/dl/Musterrede_150_Jahre_SPD_Baden-Wuerttemberg_Gernot_Erler.pdf; ferner Rüdiger Soldt, Eine Partei will werden, was sie nie war, in: Frankfurter Allgemeine, 15.06.2011, https://www.faz.net/aktuell/politik/inland/spd-in-baden-wuerttemberg-eine-partei-will-werden-was-sie-nie-war-1653066.html.
[35] Vgl. Ferdinand Müller-Rommel, *Innerparteiliche Gruppierungen in der SPD. Eine empirische Studie über informell-organisierte Gruppierungen von 1969-1980*, Opladen 1982, S. 116.

und das Verhältnis zur jungen Generation bis hin zum Humorniveau reichten. Den Tübingern ging es jedoch von Anfang an nicht bloß um die Frage nach der Regierungsbeteiligung, sondern auch um den Standort und die reformpolitische Ausrichtung der Partei sowie die Spielregeln der innerparteilichen Demokratie.[36]

Auf dem *SPD-Landesparteitag* im *Oktober 1970* in *Offenburg* forderte der Parteilinke *Peter Conradi* den erst zwei Jahre zuvor im Nachhall des *Rotkehlchen*-Gesangs gewählten Landesvorsitzenden *Heinz Bühringer* heraus. Die Überlieferung besagt, dass beide Politiker hochnervös auf der Bühne das Wahlergebnis abwarteten, Bühringer dann einen Flachmann hervorkramte und die Konkurrenten erst einmal einen kräftigen Schluck einer hochprozentigen Spirituose zur Beruhigung zu sich nahmen. Conradi zog mit 146 zu 186 Stimmen zwar den Kürzeren, erzielte aber mehr als nur einen Achtungserfolg. Das Wahlergebnis offenbarte, dass ein tiefer Riss mitten durch die baden-württembergische SPD verlief. Harmlos war dieser vor allem deshalb nicht, weil er über den künftigen politischen Kurs definiert war und nicht bloß machtpolitisch oder altersbezogen begründet, denn Conradi war ja nur fünf Jahre jünger als Bühringer.

---

[36] Zur Entstehung und Entwicklung des „*Tübinger Kreises*" vgl. Ferdinand Müller-Rommel 1982, S. 110-118; ferner Hans-Joachim Mann 1979, S. 292-297.

Erfolge der SPD-Fraktion in der Großen Koalition von 1968 bis 1972 mit „Innenarchitekt" Walter Krause

Als Bedingung für die erneute Beteiligung an der Großen Koalition stellte die SPD-Landtagsfraktion ein *Acht-Punkte-Programm* auf. Darin forderte sie u. a. ein Mehrheitswahlrecht in Bund und Land (ein machttaktisch betrachtet äußerst merkwürdiger, kurzfristig kalkulierter programmatischer Ausrutscher!), eine bessere Finanzausstattung der Gemeinden, umfassende Reformen im Bildungswesen und ein Gesamtkonzept für eine Reform der öffentlichen Verwaltung.

Im Zentrum der Landespolitik stand die maßgeblich von der SPD-Fraktion und namentlich von *Walter Krause* vorangetriebene *Gebiets- und Verwaltungsreform*.[37] Im Dezember 1969 stellte der Innenminister das „*Denkmodell*" für eine künftige Kreiseinteilung vor. Am 23. Juli 1971 beschloss der Landtag das *Kreisreformgesetz*, welches die Landkreise von 63 auf 35 reduzierte. Am 26. Juli 1971 folgte das *Regionalverbandsgesetz*, welches die bisher 20 regionalen Planungsgemeinschaften durch 11 Regionalverbände ersetzte. Bereits im September 1968 begann der Prozess der *Gemeindereform*, in deren Folge aus 3.379 Gemeinden durch Zusammenschlüsse und Eingemeindungen 1.111 Gemeinden wurden. Zugleich erhielten die Gemeinden mehr Befugnisse, etwa im Baurecht und bei der Gewerbesteuererhebung. Ziel war es, leistungsstärkere Einheiten mit mehr Orts- und Bürgernähe zu bilden. Die ebenfalls vorgesehene Auflösung der Regierungspräsidien wurde 1975 von der CDU wieder gekippt. *Walter Krause* hatte der Gebiets- und Verwaltungsreform über

[37] Zu den Einzelheiten der Reformen vgl. Thomas Schnabel 2001, S. 142-147; Fred Sepaintner 2003, S. 762-771; Georg Müller 2001, S. 256-277; Georg Müller 2003, S. 155-168.

viele Jahre hinweg seinen persönlichen Stempel und den der SPD aufgedrückt. Ministerpräsident Hans Filbinger würdigte seinen Vize deshalb später aus gutem Grund als „*Innenarchitekten*“ Baden-Württembergs.[38]

In der *Bildungspolitik* blieben zahlreiche Initiativen der SPD-Fraktion (z. B. Gesamt- und Ganztagsschulen, mehr Mitbestimmung an den Schulen, Einrichtung einer Landeshochschulkonferenz) wegen mangelnder Reformbereitschaft der CDU in „*ein paar Modellversuchen*“ stecken. An der Parteibasis nahm die Verärgerung über die Blockaden des ungeliebten Koalitionspartners zu.[39] Der Partei- und Fraktionsvorsitzende *Heinz Bühringer* vertrat auf dem *SPD-Landesparteitag* am *24. Oktober 1970* in *Offenburg* einerseits die Auffassung, es sei „*dank der konsequenten Politik der SPD-Landtagsfraktion und der sozialdemokratischen Kabinettsmitglieder*“ in der Großen Koalition bereits gelungen, einen Großteil des Regierungsprogramms von 1968 zu verwirklichen. Andererseits machte aber auch Bühringer seiner Verstimmung über den begrenzten Erneuerungswillen des Koalitionspartners vor allem in der Bildungspolitik Luft.

Mit der Zeit sahen sich die Regierungsmitglieder und Spitzen der SPD immer mehr zu einer „*Strategie des begrenzten Konflikts*“[40] gezwungen. Allerdings wurde eine derartige Strategie nie förmlich beschlossen oder von der Partei- und Fraktionsführung politisch ausgerufen, obschon sie Thema auf dem *SPD-Landesparteitag* in

---

[38] Vgl. Georg Müller 2001, S. 4 und S. 272.
[39] Vgl. Hans-Joachim Mann 1979, S. 283-285.
[40] Auch Hans-Joachim Mann benutzt in seinem Aufsatz die Begriffe *Taktik bzw. Strategie des begrenzten Konflikts*, vgl. Hans-Joachim Mann 1979, S. 282ff.; ferner Landesarchiv Baden-Württemberg, Abt. Hauptstaatsarchiv Stuttgart, R 5/002 D701002/601, Vom begrenzten zum unbegrenzten Konflikt? Große Koalition Baden-Württembergs in der Krise.

Heilbronn am *11. April 1970* war und sich vornehmlich gegen den konservativen Kultusminister *Wilhelm Hahn* richtete. Der Ruf aus den Ortsvereinen Freiburg und Tübingen nach einem Konfliktkurs wurde indessen „*in wachsweiche Empfehlungen*“ abgeschwächt. Und SPD-Innenminister Walter Krause gab in plastischen Worten zu bedenken: „*Wir dürfen nicht Rücktritts- und Koalitionskündigungsdrohungen nur vorsorglich anbringen und dann, wenn´s gefährlich wird, den Schwanz einziehen.*“ Selbst der Parteilinke Peter Conradi wies Ausstiegsforderungen zurück: „*Wir werden dieses Hemd der Großen Koalition bis ans bittere Ende tragen müssen.*“[41] Als Wahlziel für die Landtagswahl 1972 wurde aber logischerweise nicht die Fortsetzung der Großen Koalition, sondern ein sozialliberales Bündnis mit der FDP nach Bonner Vorbild ausgegeben.

Ein Beispiel für die harten innerparteilichen Konfliktlinien im Kontext der Studentenrevolte der 1968er Jahre war der von Innenminister *Walter Krause* verantwortete und verteidigte massive Polizeieinsatz gegen protestierende, teilweise randalierende Studenten in Heidelberg im Januar 1969. Die Heidelberger SPD setzte in einer etwas anmaßenden Attitüde eine Untersuchungskommission unter Leitung des Künstlers *Klaus Staeck* ein, deren Abschlussbericht das harte Vorgehen der Polizei tadelte. Dies hielt Krause aber nicht davon ab, nach neuerlichen gewalttätigen Demonstrationen in Heidelberg im Juni 1970 den dortigen Sozialistischen Deutschen Studentenbund *SDS* zu verbieten.[42]

---

[41] Vgl. dazu Der Spiegel 16/1970, 12.04.1970, Tut man nicht, https://www.spiegel.de/politik/tut-man-nicht-a-815c6123-0002-0001-0000-000045122502.

[42] Vgl. Georg Müller 2001, S. 250ff.; Georg Müller 2003, S. 151ff.

Großer Einfluss in der Bundespolitik

Zu den zweischneidigen Erfolgen der Südwest-SPD gehörte in dieser Zeit sicherlich die starke Präsenz und Einflussnahme in der *Bundespolitik*. Bereits dem Kabinett Kiesinger/Brandt gehörten mit *Carlo Schmid* (Angelegenheiten des Bundesrates und der Länder), *Friedrich Schäfer* (Staatssekretär unter Carlo Schmid), *Horst Ehmke* (Justiz, seit 1969) und *Erhard Eppler* (Wirtschaftliche Zusammenarbeit) vier Baden-Württemberger als Minister bzw. Staatssekretär an. Im ersten Kabinett Brandt/Scheel waren es *Alex Möller* (Finanzen), *Erhard Eppler* (Wirtschaftliche Zusammenarbeit), *Horst Ehmke* (Chef des Bundeskanzleramtes), *Rainer Offergeld* (Wirtschaft, ab März 1972) und *Ernst Haar* (Verkehr, Post- und Fernmeldewesen, ab Februar 1972). Das war gemessen an Stärke und Einfluss des baden-württembergischen SPD-Landesverbands fast schon eine personelle Überrepräsentation.

Die meisten politischen Talente des Tübinger Kreises zog es mit ihren Aufstiegsplänen eben nicht nach Stuttgart in den dortigen Landtag, sondern auf die große, medial ausgeleuchtete Bühne im Bonner Parlament. Der Durchmarsch der Reformer auf der Karriereleiter machte den *Tübinger Kreis* als innerparteiliche Gruppierung mit spezifischen Zielen letztlich überflüssig. Viele Jahre später verfolgten die sogenannten „*Netzwerker*“ in der SPD eine ähnlich angelegte Aufstiegs- und Erfolgsstrategie.

Die Jahre ab 1968 galten als Initialzündung für immer wieder aufflammende Streitpunkte innerhalb der SPD, die um folgende grundsätzliche Themenkomplexe kreisten: Pro und Contra Regierungsbeteiligung der SPD, Bundespolitik(er) vs. Landespolitik(er), Fraktion vs. Partei(basis) und Konsequenzen aus Wahlergebnissen.

Landtagswahl am 23. April 1972, SPD mit historischem Spitzenwert und Schwenk zu Epplers Mitte-Links-Kurs

Das Ergebnis der Landtagswahl am 23. April 1972 hielt für die SPD fast tragikomische Züge bereit: Denn mit ihrem unter der Führung von *Heinz Bühringer* erzielten historisch bis heute besten Abschneiden von 37,6% musste sie wieder auf den harten Oppositionsbänken Platz nehmen, weil die CDU mit 52,9% zum ersten Mal die absolute Mehrheit errang und Filbinger eine CDU-Alleinregierung bilden konnte. Für die SPD hingegen begann eine 20 Jahre dauernde Durststrecke in der Oppositionsrolle, mit wenig Höhen, aber jede Menge Tiefen.[43]

Erst relativ spät hatte die SPD im Wahlkampf ihre Themensetzung auf die Popularität von Bundeskanzler *Willy Brandt* und dessen Ostpolitik umgepolt, was sich auch im erstmals so zu beobachtenden Auftreten von zahlreichen Wählerinitiativen für die SPD niederschlug.[44] Die Landtagswahl sollte gleichsam zu einem Referendum über die sozialliberale Ostpolitik umfunktioniert werden.

Politisch setzte sich in Landespartei und Landtagsfraktion der SPD der *Mitte-Links-Kurs* unter Führung des Tübinger Kreises durch. Bühringer gab den Landesvorsitz bereits am *16. Februar 1973* auf dem *Parteitag* in *Offenburg* an *Erhard Eppler* ab. Dieser wurde als Landesvorsitzender durch ein Bündnis der „*Tübinger*" mit den Arbeitsgemeinschaften der Arbeitnehmer, Jusos und Frauen gestützt, obwohl Eppler selbst kein aktives Mitglied der Gruppierung und beim

---

[43] Vgl. Hans-Peter Biege/Hans-Joachim Mann/Hans-Georg Wehling, *Landtagswahl vom 23. April 1972 in Baden-Württemberg*, in: Zeitschrift für Parlamentsfragen (ZParl), 3. Jg. (1972), Heft 3, S. 331-343.

[44] Vgl. Hans-Peter Biege/Hans-Joachim Mann/Hans-Georg Wehling 1972, S. 334.

Rotkehlchen-Parteitag auch gar nicht anwesend war. Zu betonen ist allerdings, dass Eppler bereits Landesvorsitzender der SPD Baden-Württemberg war, als er in Bonn im ersten Kabinett von *Helmut Schmidt* noch das Amt des Entwicklungshilfeministers innehatte.

Die politischen Schwerpunkte der Landes-SPD verlagerten sich nicht zuletzt unter Epplers Einfluss immer stärker auf bundespolitische Themenfelder, vornehmlich die Friedens- und Sicherheitspolitik sowie die Energie- und Umweltpolitik. Eppler setzte mit seinen Publikationen stark wachstumskritische und ökologische Akzente („*Ende oder Wende*"). Nachdem der neue SPD-Kanzler *Helmut Schmidt* den Entwicklungsetat kürzen wollte, warf Eppler im Juli 1974 als Minister aus Gründen seiner Glaubwürdigkeit als Mann für die Dritte Welt das Handtuch. Er kümmerte sich nun mehr um Landespolitik, aber auch weiter um die großen Zukunftsfragen. Die Südwest-SPD nahm in vielen inhaltlichen Fragen eine Vorreiterrolle ein, profilierte sich dabei aber in offenem Dissens zur SPD-geführten Bundesregierung, - und kam gleichzeitig landespolitisch nicht von der Stelle.

Erhard Eppler sah den Landesvorsitz als Machtbasis für seine programmatischen Ambitionen einer „*Leitfunktion für die Bundespartei*"[45], für die Auseinandersetzung mit dem Kurs der Schmidt-Regierung und mit Schmidt als Politikertypus ganz persönlich. Starke Aufmerksamkeit für bundespolitische Themen (Ostpolitik, Ölkrise, Anti-AKW-Protest/Whyl, qualitatives Wachstum, RAF-Terrorismus, Radikalenerlass) erleichterte Epplers Agieren für diese „*Leitfunktion*" in der Bundespartei. Im SPD-Landesverband forcierte

---

[45] Vgl. Erhard Eppler, *Komplettes Stückwerk. Erfahrungen aus fünfzig Jahren Politik*, Frankfurt am Main und Leipzig 1996, S. 212.

er mit „*Politik in Aktionen*“[46] den Ansatz, politische Konzepte im öffentlichen Dialog mit den Bürgerinnen und Bürgern zu erarbeiten und damit zugleich auf Mehrheitsfähigkeit zu testen.

Nach der Landtagswahl hatte *Heinz Bühringer* ohne Murren den Posten als Fraktionschef geräumt und diesen *Walter Krause* überlassen, der aus der Fraktion eine schlagkräftige Mannschaft zu formen versuchte, indem jeder Abgeordnete ein ihn interessierendes Arbeitsgebiet beackerte. Nach dem plötzlichen Tod von *Hermann Veit* am 15. März 1973 entschloss sich Krause, für dessen Amt als Landtagsvizepräsident zu kandidieren. Gegen ihn ging Bühringer ins Rennen. Krause setzte sich nur relativ knapp mit 23:16 Stimmen durch.

Beide Politiker spürten indes, und der angestrebte Rückzug in das häufig zu Neutralität verpflichtende Vizepräsidentenamt war Ausdruck davon, dass die Zeit ihrer politischen Ausrichtung und ihres Stils im parlamentarischen Wettbewerb in der Südwest-SPD abzulaufen drohte. Nachdem *Hans-Otto Schwarz* und *Heinz Bühringer* keine Lust verspürten, für den Fraktionsvorsitz zu kandidieren, lief diese Führungsaufgabe auf Ex-Justizminister und Fraktionsvize *Rudolf Schieler* zu, wohl wissend, dass er nur eine Interimslösung verkörperte.

Die Schwerpunkte von Schieler als Fraktionschef waren – auch entsprechend seiner Tätigkeit von 1966 bis 1972 als Minister – die Justiz- und Innenpolitik und die Auseinandersetzung mit der rückschrittlichen Hochschulpolitik von Kultusminister *Wilhelm Hahn*. Gegen ihn stellten SPD und FDP/DVP wegen eines massiven Polizeieinsatzes gegen protestierende Studenten an der Universität

---

[46] Vgl. Hans-Joachim Mann 1979, S. 297-299.

Heidelberg Anfang Dezember 1972 einen Entlassungsantrag. Hahns Konto mit Fehlern und Versäumnissen wurde aus Sicht der SPD immer voller. Bildungsexperte *Gerhard Noller* brandmarkte ihn sogar angriffslustig als „*Bannerträger der Gegenreformation*".[47]

Im Februar 1973 startete die SPD-Fraktion einen Initiativgesetzentwurf zur Aufnahme von *Volksbegehren* und *Volksentscheid* in die Landesverfassung. Schielers Verständnis von Opposition setzte nicht auf unbedingte Konfrontation, sondern auf das schonungslose Aufdecken von Lücken im Regierungshandeln. Schieler war sich dabei im Klaren darüber, dass Eppler als vorhersehbar künftiger Fraktionsvorsitzender bereits in den Startlöchern stand.

Wird die SPD-Landtagsfraktion politisch plötzlich rosa?

Im September 1973 legten Jungparlamentarier um den Tübinger Landtagsabgeordneten *Roland Hahn* das sogenannte „*Rosa Papier*"[48] mit konzeptionellen Überlegungen zur Landtagsarbeit bis 1976 vor. „*Rosa*" wurde das Papier schlicht wegen des Umstands genannt, dass Hahn es mit Schreibmaschine auf rosa Papier getippt hatte.

Er beklagte darin u. a. eine fehlende Zielplanung und Konzeption der SPD-Landtagsfraktion, eine mangelhafte Verwurzelung von Sozialdemokraten in gesellschaftlichen Gruppen, die Vernachlässigung einer einheitlichen Argumentation auf allen Ebenen der Partei

---

[47] Vgl. Der Spiegel 52/1972, 17.12.1972, Einfach etwas tun, https://www.spiegel.de/politik/einfach-etwas-tun-a-f25a19d0-0002-0001-0000-000042787312

[48] Als *Anlage 2* abgedruckt in Roland Hahn, *Macht und Ohnmacht des Landtags von Baden-Württemberg. Die Rolle des Landtags von Baden-Württemberg im politischen Prozeß 1972-1981,* Kehl am Rhein u. a. 1987, S. 112-114.

und Defizite in der öffentlichkeitswirksamen Verkaufspolitik für parlamentarische Initiativen.

Das „*Rosa Papier*" soll von etwa einem Viertel der SPD-Abgeordneten mitgetragen worden sein. Hahn, der im Jahr 2003 aus der SPD ausgetreten war, sich aber weiter als „*utopischer Sozialist*" einordnet, räumte in höherem Alter und mit gehörigem Abstand ein, dass trotz zahlreicher praktischer Vorschläge „*nicht viel passiert ist*".[49] Nimmt man die Vorschläge von damals genauer unter die Lupe, könnte man verdutzt schlussfolgern, dass viele Problembeschreibungen und Diagnosen im „*Rosa Papier*" auch noch heutzutage verblüffend treffend und zeitgemäß erscheinen. Immer wieder gibt es neue Herausforderungen und Aufgaben, aber offenbar auch solche mit wiederkehrender Penetranz. Dies wird sich bis 2022 an vielen Stellen gleichsam als „*rosa Faden*" zeigen.

Zugleich verweist diese Initiative auf ein grundsätzliches Problem im politischen Geschäft – und daran hat der Wandel der Medieninstrumente nichts geändert: eine Reformagenda oder ein Leitbild aufzusetzen, dies zielgruppengemäß kommunikativ umzusetzen und langfristig durchzuziehen, sind drei Paar Stiefel.

---

[49] Telefoninterview des Verfassers mit Roland Hahn am 31. Mai 2022.

„Freiheit statt Sozialismus"–Wahl am 4. April 1976 und Epplers Leiden an der Landespolitik

Erhard Eppler („*Ein Mann kämpft für eine ehrliche Politik*") holte bei der „*Freiheit-statt-Sozialismus*"-Wahl am 4. April 1976[50] als Spitzenkandidat mit einem atomkritischen, ökologischen Kurs immerhin 33,3% und konnte die Verluste stärker in Grenzen halten als selbst erwartet. Dieses stolze Ergebnis verschwand aber hinter den satten 56,7% der CDU, die auf dem Zenit ihrer Macht angelangt war.[51] Filbinger wurde am 2. Juni 1976 erneut zum Ministerpräsidenten gewählt. Ihm war es gelungen, die CDU als *die* Baden-Württemberg-Partei in Stellung zu bringen. Die SPD hingegen musste sich ihren Spitzenkandidaten aus Bonn holen. Vier weitere Mitglieder der Wahlkampfmannschaft Epplers stammten ebenfalls aus der Bundespolitik (*Ernst Haar, Rainer Offergeld, Gunter Huonker und Herta Däubler-Gmelin*). Der Spitzenkandidat versuchte mit der Durchführung von fünf großen landespolitischen Fachkonferenzen spöttische Bezichtigungen der CDU abzuwehren, nach denen der Landespolitiker Eppler sich in der Dritten Welt besser auskenne als in Baden-Württemberg.[52]

Eppler konstatierte zum Wahlergebnis nüchtern, „*wer des Kopfrechnens kundig war, konnte auch nicht erwarten, daß die SPD 1976 die Regierung übernehmen werde.*"[53] Und weiter: „*...ich wundere mich,*

---

[50] Zur vergleichsweise untergeordneten Rolle der CDU-Parole „*Demokratischer Staat oder sozialistische Gesellschaft*" als Vorläufer des Bundestagswahlkampf-Slogans „*Freiheit statt Sozialismus*" vgl. Hans-Peter Biege/Hans-Joachim Mann/Hans-Georg Wehling, *Die Landtagswahl vom 4. April 1976 in Baden-Württemberg. Bewährungsprobe für die Thematik des Bundestagswahlkampfes?*, in: Zeitschrift für Parlamentsfragen (ZParl), 7. Jg. (1976), Heft 3, S. 331-335.

[51] Zu Wahlkampfthemen, zur Kampagnenorganisation und zum Wahlergebnis vgl. Hans-Peter Biege/Hans-Joachim Mann/Hans-Georg Wehling 1976, S. 329-352.

[52] Vgl. Hans-Peter Biege/Hans-Joachim Mann/Hans-Georg Wehling 1976, S. 337.

[53] Vgl. Erhard Eppler 1996, S. 214.

dass wir nicht noch stärker eingebrochen sind. Gegen eine übermächtige Union bei distanzierter Zurückhaltung einer sozialdemokratisch geführten Bundesregierung war keine Wahl zu gewinnen. Insofern habe ich den Landesverband überfordert".

Eppler hatte nach eigener Darstellung *Volker Hauff* sowohl 1976 als auch 1980 vergeblich die Spitzenkandidatur für die SPD angeboten. Er bescheinigte Hauff die größten Wahlchancen, weil er als „*Tübinger*" und Mitglied im SPD/FDP-Bundeskabinett am besten zwischen Schmidt und Landespartei hätte vermitteln können.[54] Eppler übernahm am 4. April 1976 an der Spitze der Landtagsfraktion den Stab von *Rudolf Schieler*.

Als neuer Fraktionschef registrierte Eppler bei vielen Abgeordneten „*das geliehene Selbstbewusstsein*", nämlich die Verinnerlichung der Übermacht der CDU, die das Selbstwertgefühl von Sozialdemokraten vom Urteil der Mehrheitspartei abhängig machte („*Du bist zwar Sozi, aber ein netter Kerl*"). Eppler kreidete sich an, sich nicht ausreichend genug um die einzelnen Fraktionsmitglieder gekümmert zu haben. So habe sich das „*Bündnis zwischen einem Fünftel der Fraktion und vier Fünfteln der Landespresse*"[55] formiert. Sein gestörtes Verhältnis zur Landespresse führte er auch darauf zurück, „*dass ich sie nicht für die Crème der deutschen Publizistik hielt*".[56]

Und Eppler monierte in seinen autobiographischen Erinnerungen hörbar verärgert, dass er mit „*regelmäßigen, meist bösartig verdrehten Indiskretionen systematisch demontiert und zermürbt*"[57] worden

---

[54] Vgl. Erhard Eppler 1996, S. 215.
[55] Vgl. Erhard Eppler 1996, S. 220 und S. 224.
[56] Vgl. Erhard Eppler 1996, S. 221.
[57] Vgl. Erhard Eppler 1996, S. 221.

sei. Und so hatte er dann allmählich mehr Angst vor der morgendlichen Zeitungslektüre als vor der nächsten mittäglichen Sitzung der SPD-Landtagsfraktion. Gute 30 Jahre später konnte auch die Fraktionsvorsitzende *Ute Vogt* exakt im selben Gefühlsmodus ein Lied davon singen.

Epplers politischer Kurs bescherte der SPD nicht nur nach innen eine gewisse emotional aufgeladene Polarisierung, sondern war auch für Zusammenhalt und Außendarstellung der SPD nicht ohne Risiko: die vergleichsweise radikale ökologische Ausrichtung verprellte traditionelle Arbeitnehmer im gewerkschaftlich gebundenen Spektrum, für umwelt- und friedensbewegte postmaterielle Wählermilieus war sie jedoch nicht glaubwürdig genug angesichts der starren Politik der Schmidt-Regierung. Und so lautete ein Bonmot jener Tage: *„Mit Helmut Schmidt und Erhard Eppler für und gegen Atomkraftwerke"*.[58]

Rücktritt von Filbinger, Antritt von Späth und wie für die SPD politisch alles noch schwieriger wurde

Ministerpräsident *Hans Filbinger* erklärte am 7. August 1978 wegen der Vorwürfe bezüglich seiner Tätigkeit als Marinerichter im Zweiten Weltkrieg und seiner Mitwirkung an Todesurteilen nach Monaten öffentlicher Diskussionen seinen Rücktritt.[59] Unter Druck kam der CDU-Politiker am Ende auch aus den eigenen Reihen, weil er sich einem angemessenen und verantwortungsvollen Umgang mit seiner

[58] Vgl. Horst Glück 2004, S. 82.
[59] Vgl. SWR2 Archivradio, Hans Filbingers Rücktritt – und die Stimmen der Bürger, 07.08.1978, https://www.swr.de/swr2/wissen/archivradio/hans-filbingers-ruecktritt-1978-und-die-stimmen-der-buerger-100.html

Vergangenheit verweigerte und sich uneinsichtig als Opfer einer Rufmordkampagne darstellte.

Am 16. August 1978 gewann der bisherige Innenminister *Lothar Späth* in einer Kampfabstimmung in der CDU-Landtagsfraktion über die Nachfolge Filbingers gegen den Stuttgarter Oberbürgermeister *Manfred Rommel*. Am 30. August 1978 konnte Ministerpräsident *Lothar Späth* die CDU-Alleinregierung fortsetzen.

Im Filbinger-Skandal hielt sich Eppler mit Verurteilungen und Rücktrittsforderungen zunächst bewusst und auffällig zurück. Allerdings prägte er das weite Verbreitung erlangende Wort vom „*pathologisch guten Gewissen*" und zielte damit mehr auf Filbingers Umgang mit seiner schuldhaften Vergangenheit als auf die schuldhafte Verfehlung selbst.

Ansonsten aber war Eppler der Überzeugung: „*Ein angeschlagener Filbinger wäre für mich wohl der ideale Gegner geworden.*"[60] Bei Späth sei es hingegen „*nicht leicht*" gewesen, „*gegen ihn eine Alternative in der Sache aufzubauen*". Auch viele Anhänger und Mit-glieder der Sozialdemokratie bewunderten Späth als gelungene, attraktive Mischung aus „*Schlaule*" und „*Cleverle*", als ideenreichen Politmanager, quirligen Technokraten und lebenslustigen Kumpeltyp.

Die SPD setzte als Partei und Fraktion unter der Führung Epplers ihren atom- und wachstumskritischen Kurs fort. So opponierte sie gegen den Bau des Kernkraftwerks Whyl und den Neubau von Autobahnen. Am 30. Mai 1979 stellte Eppler ein viel beachtetes, aber

---

[60] Vgl. Erhard Eppler 1996, S. 222.

auch heftig kritisiertes „*Alternativszenarium zur Energiepolitik*“[61] vor, das für den Verzicht neuer AKW, Energiesparen, Energieeffizienz, Wärmedämmung, Spritsparen und alternative Energieformen plädierte.

Auf dem *Landesparteitag* in *Fellbach* im *Juli 1979* beschloss die SPD Baden-Württemberg zum Missfallen von Kanzler Schmidt ein zeitlich befristetes Moratorium für neue Atommeiler. Regierungsmitglied *Rainer Offergeld* unterstützte diese Linie, Minister *Volker Hauff* hielt sich indessen an die Kabinettsdisziplin.[62]

Kurz darauf am 30. September 1979 erfolgte die Gründung des baden-württembergischen Landesverbands *Die Grünen*, was für die SPD politisch alles nur noch schwieriger machen sollte.

---

[61] Vgl. Der Spiegel 25/1979, 17.06.1979, Dämmplatten sind billiger als Kernkraft, https://www.spiegel.de/politik/daemmplatten-sind-billiger-als-kernkraft-a-9fec843b-0002-0001-0000-000040349637, Der Spiegel 26/1979, 24.06.1979, Interview mit Erhard Eppler von Klaus Wirtgen und Wolfram Bickerich, „*Die Ölkonzerne brauchen ein Klima der Angst*“, https://www.spiegel.de/politik/die-oelkonzerne-brauchen-ein-klima-der-angst-a-3a4a63a7-0002-0001-0000-000040349441

[62] Vgl. Der Spiegel 30/1979, 22.07.1979, SPD: Verzicht auf die Grünen?, https://www.spiegel.de/politik/spd-verzicht-auf-die-gruenen-a-e077337e-0002-0001-0000-000040348758

Landtagswahl am 16. März 1980, Ende des Zwischenspiels mit Eppler und neue „Taktik der Angleichung"

Die CDU konnte bei der Landtagswahl am 16. März 1980 mit 53,4% ihre absolute Mehrheit souverän verteidigen. Ein derart gutes Abschneiden war nach dem Abgang von Filbinger und der erst kurzen Regierungszeit von *Lothar Späth* keineswegs zwingend zu erwarten. Späth wurde am 4. Juni 1980 erneut zum Ministerpräsidenten gewählt. Die neue Ökopartei *Die Grünen* zog mit sechs Abgeordneten erstmals in den Landtag eines Flächenstaats ein.[63]

Die SPD erlitt lediglich leichte Verluste und fiel mit dem neuerlichen Spitzenkandidaten *Erhard Eppler* („*Für ein bisschen mehr Menschlichkeit*") auf 32,5% zurück. Der Spitzenkandidat trat sofort und damit überstürzt und wahrscheinlich sogar unbegründet als Fraktionsvorsitzender zurück, blieb aber vorerst Parteichef. Es entbehrt nicht einer gewissen Ironie der Geschichte, dass die Grünen es ausgerechnet dort zum ersten Mal in einen Landtag schafften, wo die SPD einen dezidiert ökologischen Kurs fuhr („*Entscheiden, was wachsen soll*"). Eppler sagte dazu verbittert: „*Die Grünen meinen Helmut Schmidt und bestrafen mich.*"[64] Er wertete das bescheidene Abschneiden der SPD, das nicht Fleisch und nicht Fisch war, zum guten Teil auch als persönliche Niederlage.

---

[63] Vgl. zur Ausgangslage, zum Wahlkampf und zu Einzelheiten des Wahlergebnisses Hans-Peter Biege/Hans-Joachim Mann/Hans-Georg Wehling: *Die baden-württembergische Landtagswahl vom 16. März 1980. Spannung nur durch die Grünen?* in: Zeitschrift für Parlamentsfragen (ZParl), 11. Jg. (1980), Heft 2, S. 211-222.

[64] Vgl. Der Spiegel 13/1980, 23.03.1980, Eppler: „*Die Grünen bestrafen mich*", https://www.spiegel.de/politik/eppler-die-gruenen-bestrafen-mich-a-7adace87-0002-0001-0000-000014320845

Eppler empfand seinen Misserfolg in Stuttgart „*bitterer*" als seine „*Machtlosigkeit*" am Ende seiner politischen Tätigkeit in Bonn. Denn die Mehrheit des SPD-Landesverbands habe auch 1980 noch hinter ihm gestanden. Epplers Urteil über sein nur kurzes Wirken im Landtag klingt reumütig und niedergeschlagen: „*Vielleicht passte ich wirklich nicht in diesen Landtag. Er verlangte manches, was ich nicht zu bieten hatte. Und was ich zu bieten hatte, empfand er eher als Störung denn als Bereicherung. Ob das mehr gegen den Landtag spricht oder mehr gegen mich – oder gegen beide – mögen die Landeshistoriker entscheiden.*"[65] Eppler legte 1982 sein Landtagsmandat nieder.

In der Bundespartei behielt er weiter wichtige Positionen und spielte auch in den neuen sozialen Bewegungen und der Evangelischen Kirche bis ins hohe Alter eine nachhaltig wirkende einflussreiche Rolle, als Publizist und Buchautor zu Themen der Zeit sowieso. Doch speziell als Landespolitiker hat der SPD-Vordenker keine wirklich nachhallenden Spuren hinterlassen. Dafür war Epplers Ära dort zu kurz, vermutlich auch, weil er es anders gar nicht wollte, wenngleich sich seine beiden Wahlergebnisse als Spitzenkandidat durchaus sehen lassen konnten – erst recht aus der Perspektive des Jahres 2022.

Hinzuzufügen ist ferner: Es ist ein klischeebehaftetes Ammenmärchen, dass Eppler sich in der Ecke des abgehobenen Denkers, religiösen Predigers und für den Arztbesuch reifen Visionärs am wohlsten fühlte. Seine politische Praxis wie auch seine zahlreichen Publikationen waren im besten Wortsinne „*pragmatisch*" angelegt und ausgerichtet, damit – konsequent dem wertkonservativen Ansatz folgend – durch entschlossenes, vorausschauendes Handeln

---

[65] Vgl. Erhard Eppler 1996, S. 226.

heute die Probleme morgen erst gar nicht in ihrer absehbaren Wucht entstehen.[66]

Neuer Fraktionsvorsitzender wurde der bisherige Vize *Ulrich Lang*, aktiver Protestant, Lehrer und „*Tübinger*" wie Eppler und dessen enger langjähriger Weggefährte. Auf dem *Landesparteitag* am *2. Mai 1981* in *Aalen* übernahm Lang auch das Amt des Landesvorsitzenden von Eppler. Ihm fiel die schwierige Aufgabe zu, die seit Jahren aufgewühlte Partei zu integrieren, zu konsolidieren und programmatisch mehrheits- und regierungsfähig neu zu justieren. Thematisch drehte sich der Parteitag erneut stark um Bundespolitik. Der „*Nachrüstung*" mit atomaren Mittelstreckenraketen wurde mit Rücksicht auf Bonn keine totale Absage erteilt, sondern nur ein „*zeitlich begrenztes Moratorium*" auferlegt, das für Rüstungskontrolle genutzt werden sollte.

SPD als bessere Zukunftspartei für Baden-Württemberg

In der Wahlperiode von 1980 bis 1984 machten sich Partei und Fraktion der SPD auf den Weg zu einem modernisierungs- und fortschrittsfreundlichen Profil als die im Wettbewerb mit der CDU bessere „*Baden-Württemberg-Partei*" in der Nach-Eppler-Ära. Unter der Führung des weithin unbekannten und etwas Behäbigkeit und Langeweile ausstrahlenden *Ulrich Lang* bemühte sich die SPD, mit Brücken schlagenden Konzepten wie „*Arbeit und Umwelt*" die arbeitsplatzsichernde und wachstumsstärkende Wirkung einer ökologischen Modernisierung zu betonen und dadurch die verschie-

---

[66] Vgl. Vortrag von Eppler in Stuttgart „*Ökologie – Einsichten und Durchsetzung*", SWR2 Archivradio „*Erhard Eppler – Öko-Vordenker in der SPD*", 19.11.1985, https://www.swr.de/swr2/wissen/archivradio/1985-erhard-eppler-oeko-vordenker-in-der-spd-102.html

denen Parteiflügel unter dem Dach einer gemeinsamen, tragfähigen Programmatik zu vereinen.

Intern wurden neben dem knorrigen, nicht gerade durch großes Integrationsvermögen geprägten Führungsstil Epplers folgende Schwächen der baden-württembergischen SPD identifiziert:[67] Vernachlässigung der Mitglieder- und Wählerbasis im katholischen Südbaden und Südwürttemberg, stetige Abwanderung der fähigsten Köpfe nach Bonn („*brain drain*"), Konfliktstrategie gegen die Politik der SPD-geführten Bundesregierung und mangelhafte Einbindung der eigenen kommunalen Mandatsträger.

Auch die SPD wollte nun dem mächtigen Sog des Wählerwunsches nach Identifizierung und dem schönen Einverständnis der Bürger mit sich selber Rechnung tragen. Ihre Initiativen sollten die SPD aus der Ecke des Miesmachers herausbringen. Als Oppositionsfraktion kümmerte sich die SPD wie die Regierung um den Strukturwandel der Industrie durch Technologieförderung, versehen mit sozial- und umweltpolitischen Akzenten. Am 1. Februar 1984 kam es im Landtag zu einem Schlagabtausch zur „*Zukunft des Industrielandes Baden-Württemberg*".

Letztlich betrieb die SPD eine „*Taktik der Angleichung*"[68] gegenüber der CDU, die von der Themenwahl bis zur graphischen Gestaltung (Logo mit Staufer-Löwe) reichte. Vor allem ging es darum, sich als *Zukunftspartei* zu positionieren. Kongresse, Kommissionen und

---

[67] Vgl. Der Spiegel 18/1981, 26.04.1981, Ende oder Wende, https://www.spiegel.de/politik/ende-oder-wende-a-8374de48-0002-0001-0000-000014330198

[68] Vgl. Gerhard Spörl, Zu schön, um schwarz zu sein, in: Die Zeit Nr. 12/1984, 16. März 1984, https://www.zeit.de/1984/12/zu-schoen-um-schwarz-zu-sein

Berge von Papieren sollten dies deutlich machen. Den CDU-Slogan „*Kraftvoll in die Zukunft*“ konterte die SPD mit der nicht besonders einfallsreichen Parole „*Zukunft für alle*“, die aber immerhin ihren solidarischen, alle Menschen mitnehmenden Ansatz und Anspruch hervorzustreichen versuchte.

Auf dem *Landesparteitag* im *Juli 1983* in *Balingen* warben *Ulrich Lang* wie auch insbesondere sein pfiffiger, rühriger, linken Konservatismus predigender Landesgeschäftsführer und Chefideologe *Siegmar Mosdorf* dafür, die SPD stärker bodenständig und landesverbunden zu präsentieren, ja der CDU das Image als *Baden-Württemberg-Partei* schlicht streitig zu machen.[69] Deshalb gehe es im bevorstehenden Wahlkampf „*im Grunde genommen auch nicht um Alternativen, sondern um den Grad der Identifikation, um einen Wettstreit in Landespatriotismus.*“[70]

Mosdorf vermisste bei der baden-württembergischen SPD das Profil einer „*sozialdemokratischen Volkspartei*“. Sie trete vielmehr auf als eine „*primär die politische Minderheit ansprechende linksliberale Partei, der man eher das Opponieren als das Regieren zutraut*“, obschon das in den Anfangsjahren des Südweststaats noch anders war, als die SPD mit „*volkstümlichen Honoratioren-Gestalten*“ am Kabinettstisch kräftig am Aufbau des neuen Bundeslandes mitwirkte. Mosdorf gab die auf konservative Wählerschichten abzielende, volksnahe Parole aus, die SPD müsse „*die Identität mit ihrer baden-württembergischen Heimat klarer herausarbeiten*“. Bei diesem Ansinnen transportierte sie „*unser Baden-Württemberg*“ als ein Land, „*zu schön, um schwarz zu sein*“.[71]

---

[69] Vgl. Hermann Rudolph, Wenn viele mit sich im reinen sind, in: Die Zeit Nr. 10/1984, 2. März 1984, https://www.zeit.de/1984/10/wenn-viele-mit-sich-im-reinen-sind

[70] Vgl. Hermann Rudolph 1984.

[71] Zu den zitierten Passagen über Mosdorf vgl. Gerhard Spörl 1984.

Zahlreiche rote Farbtupfer konnte die SPD Baden-Württemberg bei *Oberbürgermeisterwahlen* in der ersten Hälfte der 1980er Jahre setzen:[72] 1982 *Rolf Böhme* in Freiburg, 1983 *Rainer Offergeld* in Lörrach, 1983 *Peter Bümlein* in Filderstadt, 1985 *Joachim Becker* in Pforzheim, 1985 *Wolfgang Fischer* in Leinfelden-Echterdingen, 1986 *Alexander Vogelsang* in Böblingen, 1986 *Uwe Kleefoot* in Weinheim. Diese beeindruckenden Erfolge gerade bei unmittelbaren Volkswahlen waren angesichts der Stagnation auf landespolitischer Ebene Balsam für die sozialdemokratische Seele.

[72] Vgl. Der Spiegel 40/1986, 28.09.1986, Nur Sauerteig, https://www.spiegel.de/politik/nur-sauerteig-a-b69e8cc2-0002-0001-0000-000013521454

Landtagswahl am 25. März 1984, Übungsende für Ulrich Lang und Startschuss für das Duo Maurer/Spöri

Bei der Landtagswahl am 25. März 1984 errang die CDU mit 51,9% erneut die absolute Mehrheit. Die SPD trat mit dem sich redlich mühenden, aber in seiner Ausstrahlung blass und bieder bleibenden Spitzenkandidaten *Ulrich Lang* mit 32,4% auf der Stelle. Es gelang der SPD selbst als *„beste CDU, die es je gab“* nicht, der Union Wähler abspenstig zu machen. Immerhin jeder fünfte SPD-Wähler wünschte sich Späth als künftigen Ministerpräsidenten. Lediglich die Grünen verzeichneten leichte Stimmengewinne. Sie lösten damit sogar die FDP/DVP als drittstärkste Kraft im Landtag ab.

Am 6. Juni 1984 wurde Späth erneut zum Ministerpräsidenten einer CDU-Alleinregierung gewählt. Seine Regierungserklärung vom 19. Juni 1984 mit den Maximen *„Kontinuität, Flexibilität und Konzentration“* lobte SPD-Fraktionschef Ulrich Lang als *„auf Harmonie angelegt“*. Er kritisierte aber eine Politik, die von *„Fortschrittsgläubigkeit, blinder Zuversicht in die Beherrschbarkeit der Technik, vom Vertrauen in die Regulierungsmechanismen des Marktes“* geprägt sei. Lang plädierte demgegenüber für eine Sicherung der Beschäftigung ohne Lohnverzicht und für ein umweltverträgliches Wirtschaftswachstum mit neuen Technologien.

Partei und Fraktion der SPD versuchten unter der Führung von Lang den Anfang der 1980er Jahre eingeleiteten Kurs der Versöhnung von Arbeit und Umwelt sowie einer Identifikation mit Baden-Württemberg fortzusetzen und auf weitere Politikfelder auszudehnen. So wurde der Leistungsgedanke der Marktwirtschaft mit dem Grundwert der sozialen Gerechtigkeit zusammengebunden. Zum Modernitätsanspruch gehörte auch, Gesellschaftspolitik und Frauenpolitik in Einklang zu bringen, vor allem Frauen stärker in die Arbeitswelt zu integrieren. Dazu fand am 23. Februar 1985 ein *Frauenforum* statt.[73]

Die SPD gab zudem ihren hinhaltenden Widerstand gegen eine duale Rundfunkstruktur auf und machte den Weg frei für das Nebeneinander von öffentlich-rechtlichen Medien und privaten Anbietern. Lang liebäugelte plötzlich sogar mit einem eigenen medialen Angebot der SPD.

Für eine kurze Aufregung im Ländle sorgte im März 1986 die von SPD-Fraktionschef Lang aufgeworfene, jedoch wenig durchdachte „*Neue Badenfrage*". Er konstatierte, dass die badischen Landesteile sich finanziell benachteiligt fühlten. Späth verkümmere zum „*Ministerpräsident des Mittleren Neckarraums*", wetterte gar Mannheims Landtagsabgeordneter *Jörg Ueltzhöffer*.[74] Eine gerechtere Steuerung von Investitionen sollte aus Sicht der SPD Abhilfe schaffen.

Auf dem *SPD-Landesparteitag* in *Waiblingen* am *15. Juni 1985*[75] wurde *Ulrich Lang* in seinem Amt als Landesvorsitzender deutlich bestätigt. Vor allem die Jusos versuchten vergeblich, seine Wiederwahl zu verhindern. Sie warfen ihm mangelnde Führungskraft und zu wenig linkes Profil vor.[76] Lang blieb allerdings fortwährend unter

---

[73] Vgl. Landesarchiv Baden-Württemberg, Abt. Hauptstaatsarchiv Stuttgart, R 5/004 D851007/106, Anhörung: Gesellschaftspolitik und Frauenpolitik – Die SPD will beides in Einklang bringen.

[74] Vgl. Der Spiegel 13/1986, 23.03.1986, Das Armenhaus, https://www.spiegel.de/politik/das-armenhaus-a-7ee67a6c-0002-0001-0000-000013518913

[75] Vgl. Landesarchiv Baden-Württemberg, Abt. Hauptstaatsarchiv Stuttgart, R 5/004 D851011/103, Landesparteitag der SPD in Waiblingen.

[76] Vgl. Horst Glück, *Die Jungsozialisten*, in: Michael Eilfort (Hrsg.), *Parteien in Baden-Württemberg*, Stuttgart 2004a, S. 177.

friendly fire von innerparteilichen Kritikern und gab schon Ende 1985 ziemlich angefressen bekannt, nicht erneut für den Landesvorsitz zu kandidieren. Als Kandidaten für die Nachfolge wurden *Dieter Spöri*, stellvertretender Vorsitzender der SPD-Bundestagsfraktion, und *Ulrich Maurer*, stellvertretender SPD-Landesvorsitzender und Umweltexperte der Landtagsfraktion, gehandelt.

Ein historisches Ereignis, das die enge Verknüpfung von Landes- und Bundespolitik belegt, fand am *27. August 1986* auf dem *Bundesparteitag* in *Nürnberg* statt: Nach einem langen Weg beschloss die SPD den schrittweisen Ausstieg aus der zivilen Nutzung der Kernenergie – und der Baden-Württemberger *Volker Hauff* war der maßgebliche Mann, der den Entscheidungsprozess steuerte.

Auf dem *Landesparteitag* am *16. Mai 1987* in Stuttgart löste *Ulrich Maurer* den glück- und farblosen *Ulrich Lang* als Landesvorsitzenden ab. *Dieter Spöri* wurde dort zum Spitzenkandidaten der SPD nominiert. Diese Personalentscheidungen bedeuteten auch einen Generationenwechsel an der Spitze. Dieses Führungsduo hat den Kurs der SPD im Südwesten dann ein gutes Jahrzehnt lang geprägt und repräsentiert. Im Vorfeld des Konvents legte das Gespann Spöri/Maurer ein Elf-Seiten-Papier mit dem programmatischen Titel *„Der neue Fortschritt. Nach den großen Neins die großen Jas“*[77] vor. Das Nein zum Atom- und Plutoniumstaat sollte ergänzt werden durch ein Ja zu modernen Umwelttechnologien. Spöri/Maurer plädierten für *„wertorientierte technologiepolitische Pfade in eine „Öko-high-tech“-Bundesrepublik“*. Späth hingegen stehe für eine

[77] Vgl. Der Spiegel 25/1987, 14.06.1987, Tief im Süden, https://www.spiegel.de/politik/tief-im-sueden-a-e855d5fb-0002-0001-0000-000013524045; Wolfgang Hoffmann, Anschluß gesucht, in: Die Zeit Nr. 11/1988, 11. März 1988, https://www.zeit.de/1988/11/anschluss-gesucht

unkritische Anpassung an Markt und Technologie. Die beiden SPD-Strategen hielten es für eine gefährliche Lebenslüge zu glauben, *„schwäbische Facharbeiter, Techniker und Ingenieure würden die SPD allein schon wegen ihrer sozialen Kompetenz wählen"*.[78]

Diese grundlegende, auch im Jubiläumsjahr 2022 Gültigkeit für sich beanspruchende Einsicht für sozialdemokratische Politikformulierung in einer Gesellschaft mit Wohlstand für die breiten Massen trat auf der Strecke etwas in den Hintergrund und wurde ersetzt durch die Sehnsucht nach Profilbildung durch eine wie auch immer durchbuchstabierte soziale Gerechtigkeit. Dazu passte auch das in der SPD beliebte (Selbst)Bild, dass die Sozis sich aufopferungsvoll unten im Maschinenraum für die kleinen Leute und sozial Benachteiligten abrackern, während die Konservativen oben auf der Brücke mit dem Kapital im Rücken Kurs auf anhaltendes Wirtschaftswachstum halten. Spöri/ Maurer war schon Mitte der 1980er Jahre klar, dass beide Ansätze und Blickwinkel zukunftsweisend programmatisch zusammengebunden werden müssen, wenn die SPD *„hier politisch Erfolg haben will"*.

[78] Vgl. Der Spiegel 25/1987.

Parlamentarische Initiativen der SPD-Landtagsfraktion von 1984 bis 1988[79]

Die SPD-Fraktion hat in der Wahlperiode von 1984 bis 1988 zahlreiche *Gesetzentwürfe* eingebracht, u. a. zur Gemeindeordnung, zum Datenschutz, zum Abfallmanagement, zum Landespressegesetz, zur Gesundheitsreform und zur Sexualerziehung in der Schule. Bei den insgesamt *17 Großen Anfragen* lagen bildungspolitische Themen vorne (4), bereits gefolgt von Agrarpolitik (3) und sozialen Herausforderungen (2). Am 4. Dezember 1984 beantragte die SPD eine Enquete-Kommission zu den „*Auswirkungen neuer Technologien*".[80] Ferner kamen auf Antrag der SPD-Landtagsfraktion *drei Untersuchungsausschüsse* zustande: 21. September 1984 *Gefährdungen durch Sondermüll*, 24. April 1985 *Indirekte Parteienfinanzierung* und 1. Juni 1987 *Situation der Psychiatrischen Landeskrankenhäuser*.[81] Anträge auf Entlassung eines Ministers sind in dieser Legislaturperiode von der SPD-Fraktion nicht gestellt worden.

---

[79] Parlamentarische Initiativen mit Konzentration auf Gesetzentwürfen, Großen Anfragen, Anträgen zu Untersuchungsausschüssen und Enquete-Kommissionen sowie auf Entlassung eines Ministers werden erst ab dem Jahr 1984 – dem Beginn der 9. Wahlperiode – aufgeführt. Ab diesem Zeitpunkt stehen die Initiativen in der Parlamentsdokumentation des Landtags digital zur Verfügung. Alle parlamentarischen Quellen vor 1984 gibt es zwar in den einschlägigen Landesarchiven, aber dort umfangreiche Recherchen durchzuführen, ließ der damit verbundene Zeitaufwand für die Anlage dieser bescheidenen Studie nicht zu.

[80] Es geht aus der Quelle in der Parlamentsdokumentation nicht hervor, warum hierzu keine Stellungnahme bzw. weitere Beratung im Landtag erfolgte. Der Antrag galt schließlich mit Ablauf der Wahlperiode als erledigt. Freilich gab es in der 9. Legislaturperiode 1984-1988 noch überhaupt keine Enquete-Kommission in der Geschäftsordnung des Landtags. Erst zu Beginn der 11. Wahlperiode im Jahr 1992 wurde dieses Instrument in die Geschäftsordnung des Landtags als § 34 aufgenommen.

[81] Vgl. Parlamentsdokumentation PARLIS Baden-Württemberg; ferner die Liste der Untersuchungsausschüsse des Landtags von Baden-Württemberg in Wikipedia, https://de.wikipedia.org/wiki/Liste_der_Untersuchungsaussch%C3%BCsse_des_Landtags_von_Baden-W%C3%BCrttemberg

Landtagswahl am 20. März 1988, Abgang von Späth und technikfreundlicher Mitte-Kurs von Dieter Spöri

Die CDU konnte bei der Landtagswahl am 20. März 1988 ihre absolute Mehrheit der Sitze bei einem Stimmenanteil von 49% knapp verteidigen. Am 8. Juni 1988 wurde *Lothar Späth* vom Landtag erneut zum Regierungschef gewählt. Er stand damit zum vierten Mal einer CDU-Alleinregierung vor.

Die SPD kam mit ihrem neuen smarten Spitzenkandidaten *Dieter Spöri* bei lediglich 32,0% nicht von der Stelle. Er verfehlte allerdings nur äußerst knapp sein Wahlziel, die absolute Mehrheit der CDU zu brechen. Laut *Forschungsgruppe Wahlen* wünschte sich aber selbst eine Mehrheit der SPD-Wähler nicht Spöri, sondern Späth als Ministerpräsident. Spöris strategisch naheliegende Profilierung als ausgewiesener Fachmann für Wirtschafts-, Technologie-, Steuer- und Finanzpolitik („*Ja zum neuen Fortschritt*", „*Arbeit und Umwelt*", „*Mensch und Technik*", „*Leistung und Gerechtigkeit*") war mit dem Problem konfrontiert, dass genau auf diesen Politikfeldern Regierungschef Späth von der Bevölkerung eine hohe Problemlösungskompetenz zugeschrieben wurde. Kein Wunder also, dass sich Späth und Spöri in Sachfragen im Grunde genommen gut verstanden, weil sie in den Lösungsansätzen so weit nicht auseinanderlagen. Der eine schürte gezielt und zum Missvergnügen der FDP/DVP Spekulationen über eine Große Koalition, während dem anderen verzückt über die Lippen kam: „*Wir bubeln unheimlich gern miteinander*".[82] Ein Kommentator der *Zeit* landete jedenfalls bei der zuversichtlichen Einschätzung, die SPD habe mit *Dieter Spöri* auf ihrem „*Marsch zurück zur Mitte*" den „*richtigen Mann aufgestellt*".[83]

---

[82] Zum dazugehörigen Koalitionsgeplänkel vgl. Der Spiegel 10/1988, 06.03.1988, Gern bubeln, https://www.spiegel.de/politik/gern-bubeln-a-5d8ceeda-0002-0001-0000-000013526555

Im Januar 1991 erlebte die Landespolitik die nächste Erschütterung, die erneut zu einem unfreiwilligen Wechsel im Amt des Ministerpräsidenten führte. Am 13. Januar 1991 zog Lothar Späth aus der „*Traumschiff*"- oder „*Segeltörn*"-Affäre die Konsequenz und trat zurück.[84] Es waren mehrere von Unternehmen finanzierte private (Urlaubs)Reisen des Ministerpräsidenten bekannt geworden. Bereits am 22. Januar 1991 wählte der Landtag den bisherigen CDU-Fraktionsvorsitzenden *Erwin Teufel* zum neuen Ministerpräsidenten.

Parlamentarische Initiativen der SPD von 1988 bis 1992

In der Wahlperiode von 1988 bis 1992 brachte die SPD-Fraktion unter ihrem neuen Vorsitzenden *Dieter Spöri* insgesamt *25 Gesetzentwürfe* in den Landtag ein. Thematisch lag der Schwerpunkt auf Bildung im weitesten Sinne (9), dann folgten Natur- und Umweltschutz (5) und Frauen- bzw. Gleichstellungspolitik (5). Als neue Aufgabe tauchte die Asylbewerber-Unterbringung auf (2). Insgesamt wurden in der 10. Wahlperiode von den Fraktionen 28 Anträge zur Asylproblematik im weitesten Sinne gestellt. Ministerpräsident *Erwin Teufel* gab zur Asylpolitik angesichts des sich rasch auftürmenden Problems am 28. September 1991 im Landtag eine Regierungserklärung ab. Bei den insgesamt *16 Großen Anfragen* der SPD-Fraktion ragte indessen kein Themengebiet eindeutig heraus. Bildung, Gesundheit, Energie, Arbeitsmarkt und Frauenpolitik kamen auf jeweils zwei Große Anfragen.

---

[83] Vgl. Gerhard Spörl, Auf dem Marsch zurück in die Mitte, in: Die Zeit Nr. 11/1988, 11. März 1988, https://www.zeit.de/1988/11/auf-dem-marsch-zurueck-zur-mitte
[84] Vgl. SWR2 Archivradio, Lothar Späth tritt nach „Traumschiff-Affäre" zurück, 13.01.1991, https://www.swr.de/swr2/wissen/archivradio/lothar-spaeth-tritt-nach-traumschiff-affaere-zurueck-100.html

Die SPD-Fraktion veranstaltete auch mehrere Fachtagungen und Konferenzen: 24. März 1990 *Sicherheitspolitische Konferenz* im Landtag, 12. Mai 1990 Anhörung „*Wozu brauchen wir Vorurteile?*" im Landtag, 23. Juni 1990 Fachkonferenz „*Wohnungsnot im Wohlstand*" in Stuttgart, 10. November 1990 Kongress „*Die Alten in der Gesellschaft*" in Karlsruhe, 22. Februar 1991 „*Rechtsextremismus und wachsende Gewaltbereitschaft bei Jugendlichen.*"

Auf Antrag der SPD-Fraktion wurden vier Untersuchungsausschüsse eingesetzt: 23. August 1988 *Menschenwürde und Selbstbestimmung im Alter*,[85] 8. September 1989 *Gefahren durch Dioxine in Baden-Württemberg*,[86] 19. Juli 1990 *Verluste durch das Projekt Privatuniversität Mannheim*, 16. Januar 1991 (zusammen mit den Grünen) *Unabhängigkeit von Regierungsmitgliedern und Strafverfolgungsbehörden*.[87] Anträge auf Entlassung eines Ministers stellte die SPD-Fraktion in dieser Legislaturperiode wiederum nicht.

---

[85] Es ist nicht nachvollziehbar, weshalb die SPD-Fraktion sich so vehement in das Instrument eines Untersuchungsausschusses verbissen hat. Die CDU bezeichnete den Untersuchungsausschuss zu Recht als ein falsches Instrument. Doch auch einer Enquete-Kommission stand die CDU kritisch, aber zumindest „*offen*" gegenüber. Die SPD-Fraktion indes wollte sich auf eine Enquete-Kommission nicht einlassen.

[86] Die CDU-Fraktion enthielt sich bei der Abstimmung zur Einsetzung des Untersuchungsausschusses der Stimme, weil die SPD-Fraktion aus Sicht der CDU sich geweigert hatte, Ergänzungsvorschläge der CDU in den Untersuchungsauftrag mit aufzunehmen. Sie warf SPD-Abgeordneten vor, sich als „*Denkblockierer*" aufzuführen.

[87] Der ursprüngliche Titel des Antrags lautete „*Zuwendungen an Regierungsmitglieder und Strafverfolgung in Baden-Württemberg*". Zwischen SPD, Grünen und CDU gab es im Parlament ein langes, hitziges Hin und Her zur politischen Stoßrichtung des Antrags und seiner verfassungsrechtlichen Zulässigkeit. Die Landtagsmehrheit von CDU und FDP hatte den Untersuchungsausschuss zunächst abgelehnt. Spöri erhob daraufhin den Vorwurf des Verfassungsbruchs.

Themenarmut, „Ersatz-Späth“ und ein „Sonnenteam“

Auf dem *SPD-Landesparteitag* am *28. September 1991* in *Ludwigsburg*[88] bekräftigte Spitzenkandidat und Fraktionschef *Dieter Spöri* seinen Willen, das Unmögliche zu schaffen und die verbrauchte CDU zu überholen. Uli Maurer warb um die Grünen als möglichen Koalitionspartner („*eine ökoliberale Partei*“). Er bewies zugleich seine ausgeprägte politische Spürnase und forderte deshalb nachdrücklich, die Sorgen der Menschen in der Asylfrage ernst zu nehmen.

Spöri ließ in seinen Ambitionen auch auf dem *SPD-Landesparteitag* am *11. Januar 1992* in *Mannheim* nicht locker. Als Wahlkampfziel gab er selbstbewusst die Übernahme der Regierungsverantwortung aus. Als zentrale Themen benannte er die Erneuerung der Industriepolitik und die Bekämpfung der Wohnungsnot. Maurer versprach zudem einen neuen politischen Stil.[89]

Spöri versuchte im Wahlkampf gegen die CDU als Wirtschaftsfachmann zu punkten (Plakatslogan „*Von Wirtschaft versteht er mehr*“). Er sah Kernbranchen in eine Strukturkrise hinein schlittern. Teufels Lösungsansätze kanzelte er als „*bizarr und konzeptlos*“ ab. Spöri wollte die SPD nicht zuletzt deshalb auf diesem eigentlich von der CDU besetzten Terrain nach vorne bringen, „*als eine Art Ersatz-Späth, was die ökonomische Kompetenz angeht*“.[90]

---

[88] Vgl. Landesarchiv Baden-Württemberg, Abt. Hauptstaatsarchiv Stuttgart, R 1/002 D911020/112, Landesparteitag der SPD in Ludwigsburg.
[89] Vgl. Landesarchiv Baden-Württemberg, Abt. Hauptstaatsarchiv Stuttgart, R 1/003 D921040/115, Landesparteitag der SPD in Mannheim.
[90] Vgl. Der Spiegel 13/1992, 22.03.1992, Fußkranke und Lustfeinde, https://www.spiegel.de/politik/fusskranke-und-lustfeinde-a-bda736f5-0002-0001-0000-000013682223; Gunter Hofmann, Der Opposition ein Profil geben, in: Die Zeit

Wie glaubhaft diese Profilierung für einen Sozialdemokraten gerade im vergleichsweise wirtschaftsdynamischen Baden-Württemberg gewesen sein mag, kann hier offenbleiben. Viele Meinungsforscher und politstrategische Berater verheddern sich freilich in einem eklatanten Widerspruch, wenn sie einerseits es als Kardinalfehler der SPD einstufen, die CDU ausgerechnet auf ihrem Spezialgebiet Wirtschaft anzugreifen, andererseits aber der SPD zugleich gebetsmühlenhaft ins Stammbuch schreiben, ohne ökonomische Kompetenz könne man hierzulande keine Wahl gewinnen.

Zugespitzt könnte man sagen, dass die Wahlkämpfe der SPD Baden-Württemberg schon immer zwischen den beiden Polen „*Wirtschaftskompetenz*" und „*soziale Gerechtigkeit*" hin und her oszillierten – und ohne eine vermittelbare programmatische Klammer zu finden, die beide zeitgemäß zusammenbindet. Zumindest ein durchdachter Versuch war das Konzept einer sozialökologischen Modernisierung der Industriegesellschaft.

Als ein Aushängeschild seines Schattenkabinetts, PR-gerecht „*Sonnenteam*" getauft, präsentierte Spöri medienwirksam die Ärztin, Journalistin und Olympia-Leichtathletin *Heidi Schüller* als künftige Ministerin für Soziales und Gesundheit.[91] Bei der späteren Festlegung der tatsächlichen Ministerliste kam die couragierte und resolute Quereinsteigerin allerdings nicht zum Zuge. Schüller musste zugunsten des SPD-internen Proporzes Platz machen und witterte Betrug am Wähler. In entwaffnender Offenherzigkeit erklärte dazu der als Sozialstaatssekretär berufene Landtagsabgeordnete *Werner*

Nr. 14/1992, 27. März 1992, https://www.zeit.de/1992/14/der-opposition-ein-profil-geben; taz 12.03.1992, Vor der großen Zitterpartie, https://taz.de/!1678403/

[91] Vgl. Philipp Maußhardt, Schwache Lichter, schwer zu deuten, in: Die Zeit, 21.02.1992, https://www.zeit.de/1992/09/schwache-lichter-schwer-zu-deuten

Weinmann: „Die Bonner und die Landtagsfraktion mußten unbedingt berücksichtigt werden, da blieb nicht mehr viel Spielraum.“[92] Für Wirtschaft war übrigens der junge IBM-Manager *Peter Hofelich* vorgesehen, ab dem Jahr 2006 dann Landtagsabgeordneter im Wahlkreis Göppingen.

Aus heutiger Sicht wirkt der Wahlkampf 1992 merkwürdig inhaltsleer. Angesichts des sich abzeichnenden wirtschaftlich raueren Fahrwassers ging es zwar um die höhere Kompetenz zur Bekämpfung der ökonomischen Strukturprobleme. Ansonsten drehte sich die Auseinandersetzung aber eher um „*weiche Faktoren*“ wie unterschiedliche Lebensstile, politische Kultur und die Wechselnotwendigkeit in einer funktionierenden Demokratie. Spöri kleidete den Modernisierungsanspruch der SPD in folgende Worte: *„Teufels verklemmte Lustfeindlichkeit unter dem Motto „back to the fifty´s“ paßt nicht zum Lebensgefühl der Baden-Württemberger von heute.“*[93]

---

[92] Vgl. Der Spiegel 23/1992, 31.05.1992, Heidi Schüller, https://www.spiegel.de/politik/heidi-schueller-a-a00945e2-0002-0001-0000-000009279445

[93] Vgl. Interview mit Dieter Spöri in der taz 17.03.1992, https://taz.de/!1677758/; ferner taz 13.01.1992, Teufelsaustreibung mit eigenem Profil, https://taz.de/!1687308/

Parteichef *Uli Maurer* sprach mit Blick auf die Anlage des Wahlkampfs bewusst vom „*Duo Spöri-Maurer*". Rückblickend urteilte er mit süffisanten, aber nicht ganz falschen Worten, man habe ein „*dezidiert linkes Wahlprogramm*" mit einer „*Inszenierung Spöris als wirtschaftskompetentem Jungdynamiker*" kombiniert, „*plakatiert mit der Aura von Mamas liebstem Schwiegersohn*".[94] Im Schaufenster der SPD-Kampagne stand indessen eindeutig Spöri und kein vermeintlich linkes Programm, - und erst recht nicht Maurer.

---

[94] Vgl. Ulrich Maurer, *Wars das? Ein Nachruf auf die SPD*, Hamburg 2018, S. 75. Dieses Büchlein enthält zahlreiche aufschlussreiche autobiographische Einsprengsel, welche die rückblickende Sicht Maurers auf das landes- wie bundespolitische Handeln der SPD verdeutlichen. Psychohygienisch bemerkenswert ist, dass sich Maurer auch gut 13 Jahre nach seinem Austritt weiter an der SPD abarbeitet und das letzte Kapitel seines pessimistischen Nachrufs mit „*Hoffnung*" betitelt. Doch allein die Tatsache, dass die SPD bereits drei Jahre nach Erscheinen des kleinen Werks wieder den Bundeskanzler stellt, straft Maurers düstere Analysen und negative Prognosen Lügen – vom miserablen Zustand der Ampel-Koalition und erst recht der Linkspartei zur Jahreswende 2022/2023 einmal ganz abgesehen.

Landtagswahl am 5. April 1992 und Rettung der SPD durch Regierungsfähigkeit in der Großen Koalition

Mit lediglich 39,6% verlor die CDU bei der Landtagswahl am 5. April 1992 zum ersten Mal seit 1972 ihre absolute Mehrheit.[95] Die SPD konnte davon indes nicht profitieren und rutschte mit lediglich 29,4% unter die 30-Prozent-Marke. Die eigentliche neue parlamentarische wie demokratiepolitische Herausforderung aber waren die rechtspopulistischen *Republikaner (REP)*: Sie zogen mit satten 10,9% auf Anhieb in den Landtag ein und waren dabei unzweifelhaft Nutznießer des Asylproblems.[96]

Das Wahlergebnis verhieß eine nicht einfache Regierungsbildung, da die REP für die beiden großen demokratischen Parteien als Koalitionspartner ausschieden. Die SPD wollte sich Gesprächen mit der CDU *„nicht verweigern"*, verfolgte jedoch die Absicht, sich *„vorerst abwartend"* zu verhalten, so Maurer im SDR.[97] In einem Gastkom-

---

[95] In SPD-Landesverband Baden-Württemberg (Hrsg.), 2013, S. 96 werden die starken Verluste der CDU völlig einseitig der *„Traumschiff"*-Affäre vom Jahreswechsel 1990/91 zugeschrieben, was empirisch-analytisch nicht zu halten ist. Der entscheidende Faktor war selbstredend der dem Migrations- und Asylproblem geschuldete Sensationserfolg der REP, der an der zitierten Stelle mit keinem Wort Erwähnung findet. Ein Erklärungsfaktor besteht noch darin, dass Teufel als Ministerpräsident erst ein gutes Jahr im Amt war. Die Bildung einer Großen Koalition wird dort überdies als *„alternativlos"* dargestellt, obschon es zunächst schwarz-grüne Sondierungsgespräche gegeben hat, - die ersten dieser Art bundesweit.

[96] Vgl. Der Spiegel 16/1992, 12.04.1992, Kaschmir statt Kampfanzug, https://www.spiegel.de/politik/kaschmir-statt-kampfanzug-a-53425824-0002-0001-0000-000013679445; zum Wahlergebnis insgesamt wie auch zur kontroversen Einstufung des Erfolgs der Republikaner in der Wahlforschung (nur Denkzettelvotum oder tiefgreifende Delegitimierung der Traditionsparteien bei den Modernisierungsverlierern?) siehe auch Roland Sturm, *Die baden-württembergische Landtagswahl vom 5. April 1992: Rechtsruck oder Protestwahl?*, in: Zeitschrift für Parlamentsfragen (ZParl), 23. Jg. (1992), Heft 4, S. 622-639.

[97] Vgl. Landesarchiv Baden-Württemberg, Abt. Hauptstaatsarchiv Stuttgart, R 1/003

mentar in der *taz* sprach *Gert Weisskirchen*, SPD-Landesvorstandsmitglied und Bundestagsabgeordneter, von einer „*Koalition der Verlierer*" und ließ tiefsitzende Zweifel erkennen, ob Schwarz-Rot genügend Kraft habe, „*eine Atmosphäre der Veränderung zu kreieren*". Zum Schluss seiner etwas kryptischen Intervention warf Weisskirchen die rhetorische Frage auf: „*Eine Flucht in die Regierung, wäre das nicht eine Flucht vor sich selbst?*"[98]

Zunächst nahm die CDU mit den Grünen Sondierungsgespräche auf, die bundesweit für beträchtliche Aufmerksamkeit sorgten.[99] Als diese nach zwei Runden scheiterten, begannen Koalitionsverhandlungen zwischen CDU und SPD. *Uli Maurer* verortete die sozialdemokratische Handschrift in den Bereichen Finanzen, Wohnungs- bau, Sicherung des Wirtschaftsstandorts, Demokratisierung, Vereinbarkeit von Familie und Beruf und Gleichstellung der Frauen.[100] Man sei sich gemeinsam mit der CDU darüber im Klaren gewesen, „*dass ein Scheitern der Regierungsbildung und eine nochmalige Wahl des Landtags zu einem Durchmarsch der politischen Rechten führen würden.*"[101] Zudem hätte eine Regierungsbeteiligung die SPD aus ihrer Lethargie und Verlierermentalität befreien können, war sich Maurer mit Spöri machtbewusst einig – und das klang alles durchaus schlüssig.

D924010/128, Auswirkungen der Landtagswahl 1992.

[98] Vgl. Gastkommentar: Flucht in die Regierung, taz 28.04.1992, https://taz.de/!1672383/

[99] Vgl. Kretschmann über Schwarz-Grün 1992: „Wenn mei Onkel kei Schwänzle hätt", Streitgespräch zwischen Kretschmann und Ludger Volmer, taz 04.04.2016, https://taz.de/Kretschmann-ueber-Schwarz-Gruen-1992/!5291682/; Stuttgarter Zeitung 18.03.2021, Wie die Grünen zum Teufel wanderten, https://www.stuttgarter-zeitung.de/inhalt.die-geschichte-von-gruen-schwarz-wie-die-gruenen-zum-teufel-wanderten.caae70f5-a429-4d0b-aa51-6d523ee6bfd8.html.

[100] Vgl. Landesarchiv Baden-Württemberg, Abt. Hauptstaatsarchiv Stuttgart, R 1/003 D921017/108, Gespräch mit Ulrich Maurer über die Koalitionsverhandlungen.

[101] Vgl. Ulrich Maurer 2018, S. 77.

Auf dem *Sonderparteitag* der SPD Baden-Württemberg am *23. Mai 1992* in *Balingen* wurde die Klippe auf dem von vielen Delegierten als lästig empfundenen Weg in die Große Koalition genommen. Die Entscheidung über den Eintritt in das Regierungsbündnis mit der CDU erfolgte auf der Basis eines vorgelegten und durchaus vorzeigbaren Verhandlungsergebnisses, was für die Legitimationsbeschaffung einen großen Unterschied zum *Fall Kehl* bedeutete. Der immer noch erhebliche Autorität genießende und die schlechte Laune vieler Delegierten konstruktiv kanalisierende ehemalige Landes- und Fraktionschef *Erhard Eppler* brachte die gedrückte Stimmung auf den Punkt: „*Die SPD steht nach einem miesen Wahlergebnis vor einer miesen Alternative.*“[102] Schließlich gab der Parteitag mit 191 zu 115 Stimmen bei einer Enthaltung grünes Licht für den Eintritt in die Große Koalition.[103] Ein zweites Kehl konnte so vermieden werden.

Regierungshandeln der SPD in der Großen Koalition von 1992 bis 1996 und Turbulenzen in der Bundespartei

Bei der Bundestagswahl Ende 1990 konnte die SPD keinen Blumentopf ernten. CDU-Kanzler *Helmut Kohl* hatte leichtes Spiel. Dies lag vor allem an der Strategie von SPD-Kanzlerkandidat *Oskar Lafontaine*, die dem historischen Momentum der deutschen Wiedervereinigung durch eine grottenfalsche inhaltliche Akzentsetzung nicht gerecht wurde, - was im Übrigen auch zum Zerwürfnis zwischen dem Patrioten Willy Brandt und seinem einstigen politischen Lieblingsenkel führte.[104] SPD-Parteichef *Hans-Jochen Vogel* hatte alle

---

[102] Vgl. Landesarchiv Baden-Württemberg, Abt. Hauptstaatsarchiv Stuttgart, R 1/003 D921018/103, Sonderparteitag der SPD in Balingen.

[103] Vgl. Horst Glück 2004, S. 85; Roland Sturm 1992, S. 638; Der Spiegel 23/1992, 31.05.1992, Stilles Unglück im Winkel, https://www.spiegel.de/politik/stilles-unglueck-im-winkel-a-a4478fd2-0002-0001-0000-000013681395

[104] Vgl. die Brandt-Biographie des früheren *Zeit*-Redakteurs und SPD-Kenners Gun-

Hände voll zu tun, um etwas Stabilität in den eigenen Laden zu bringen. Schließlich nahm er sich aber die Freiheit, im Jahr 1991 als Partei- und Fraktionschef seine Ämter niederzulegen.

Als Vorsitzender der Bundes-SPD folgte ihm nach der beleidigten Absage von Lafontaine der schöngeistige Hoffnungsträger *Björn Engholm* aus Schleswig-Holstein. Dessen Karriere währte allerdings nicht lange, sondern ging im Strudel der *Barschel-Affäre* unter. Es folgte im Juni 1993 die Mitgliederurwahl zu einem neuen Parteichef, aus der *Rudolf Scharping* als Sieger gegen *Gerhard Schröder* und *Heidemarie Wieczorek-Zeul* hervorging. Alles zusammen genommen pfiff aus der Bundespartei Anfang der 1990er Jahre für die baden-württembergische SPD null Rückenwind. Und auf der Strecke zur Landtagswahl im Jahr 1996 sollte ein weiterer dicker Stolperstein erst noch lauern.

Zurück aber zum politischen Geschehen in Baden-Württemberg selbst: Am 11. Juni 1992 wurde *Erwin Teufel* vom Landtag zum Ministerpräsidenten einer Großen Koalition aus CDU und SPD gewählt. Die SPD konnte in der Großen Koalition folgende Ministerien besetzen: *Dieter Spöri* (Stellvertretender Ministerpräsident und Wirtschaftsminister), *Harald B. Schäfer* (Umweltminister), *Helga Solinger* (Sozialministerin), *Frieder Birzele* (Innenminister), *Brigitte Unger-Soyka* (Frauen, Familie, Weiterbildung und Kunst; neu geschaffen). Zu Staatssekretären ernannt wurden *Werner Weinmann* (Soziales), *Peter Reinelt* (Umwelt) und *Rainer Brechtken* (Wirtschaft). Vom Bundestagsabgeordneten Schäfer einmal abgesehen, kamen alle Regierungsmitglieder der SPD aus der Landtagsfraktion[105], was eine enge

---

ter Hofmann, *Willy Brandt. Sozialist-Kanzler-Patriot. Eine Biographie*, München 2023, S. 357-359.

[105] Vor diesem Hintergrund erscheint die Entschuldigung, man habe Heidi Schüller aus Spöris Schattenkabinett („*Sonnenteam*") leider nicht als Ministerin der SPD berufen können, weil die Landtagsfraktion andernfalls zu kurz gekommen wäre, als peinliche, ja dreiste Schutzbehauptung.

Verzahnung zwischen Regierungshandeln und Fraktionsarbeit beförderte. Überdies entsprachen diese Ressorts in starkem Maße den politischen Profilierungsabsichten der SPD.

Es bestand deshalb die berechtigte Hoffnung, dass das Wirken der eigenen Minister peu à peu auch auf das Zustimmungskonto der SPD einzahlen würde. Ein Hörfunkbericht des SDR über die *Klausurtagung* der SPD-Fraktion in *Friedrichshafen* Anfang *September 1992* verbreitete fast augenzwinkernd folgende Einschätzung: „*Die Stimmung in der Fraktion ist gut. Obwohl man sich seiner Verantwortung durchaus bewußt ist, kommt der Spaß nicht zu kurz.*“[106] In diesem Arbeitsmodus hielt sich die Fraktion auch die nächsten 30 Jahre trotz eines aufwühlenden Auf und Ab wacker über Wasser, obschon so mancher CDU-Spaßvogel in Hintergrundgesprächen mit Journalisten und bei Festivitäten aller Art lästerte, das Gros der sozialdemokratischen Landtagsabgeordneten gehe zum Lachen doch in den Keller.

Ulrich Maurer wurde am 19. Mai 1992 zum neuen Fraktionsvorsitzenden gewählt und löste in dieser Funktion Dieter Spöri ab. Maurer war nach eigenem Bekunden „*spätestens nach einem starken Jahr Großer Koalition in Baden-Württemberg*“ klar, dass auch „*der relative Glanz der sozialdemokratischen Minister*innen als fleißige und kompetente Lieschen nur dem Erfolg des CDU-Ministerpräsidenten dienen würde*“. Für eine erfolgreiche Profilbildung zur nächsten Wahl wäre es aus Maurers Sicht „*strategisch absolut notwendig gewesen*“, die Große Koalition bei Halbzeit zu verlassen.[107] Als „*Sollbruchstellen*“ dafür nannte Maurer die SPD-Forderung nach einer Landesbeschäftigungsgesellschaft und die Stilllegung des Atomkraftwerks Obrig-

---

[106] Vgl. Landesarchiv Baden-Württemberg, Abt. Hauptstaatsarchiv Stuttgart, R 1/003 D921053/109, Ergebnisse der SPD-Tagung in Friedrichshafen.
[107] Vgl. Ulrich Maurer 2018, S. 80/81.

heim. Ein Brandbrief Maurers aus dem Urlaub, in dem er die SPD-Regierungsmitglieder bei diesen Themen „*ultimativ*" unter Druck setzte und zu einem harten Kurs ermahnte, wurde von der Landespresse begierig aufgegriffen und als „*Depesche aus Ravenna*" tituliert.[108] Maurer versteigt sich letztlich zu der Behauptung, dass sein Versuch zur Beendigung der Großen Koalition „*an den materiellen Interessen einiger sozialdemokratischer Regierungsmitglieder gescheitert ist*".[109] Den Konflikt über den Beschluss eines Parteitags auf die Spitze zu treiben, wollte Maurer indessen angeblich der Einheit der SPD Baden-Württemberg zuliebe aber auch nicht wagen.

Der tiefere strategische Sinn einer Sprengung der Großen Koalition erschließt sich jedoch nicht wirklich. Es bleibt Maurers Geheimnis, wieso die von ihm selbst ins Feld geführten Faktoren, ja Zwänge, die für eine Regierungsbildung mit der CDU sprachen, nach einem Jahr plötzlich obsolet geworden sein sollen, so vornehmlich die Gefahr eines weiteren Rechtsrutsches bei einer Neuwahl wie auch das Durchbrechen von Lethargie und Verlierermentalität der SPD durch eine Regierungsbeteiligung. Ein Bruch der Großen Koalition, erkennbar von der SPD betrieben, hätte es der CDU überdies erleichtert, der SPD öffentlichkeitswirksam den Schwarzen Peter zuzuschieben. Doch Maurer sah sich schon immer als Großmeister für „*strategisch schlüssige Argumente*". „*Strategisch*" geriet in der SPD-Landtagsfraktion nach Maurers Amtsantritt als Chef schnell zum ge-

---

[108] Der genaue Zeitpunkt des Schreibens von Maurer kann nicht rekonstruiert werden. Merkwürdigerweise finden sich im Netz auch keinerlei Belege für die von Maurer erwähnte Bezeichnung „*Depesche aus Ravenna*". Belegt ist allerdings, dass Maurer die beiden SPD-Minister Spöri (Wirtschaft) und Schäfer (Umwelt) aufgefordert haben soll, das Atomkraftwerk Obrigheim stilllegen zu lassen. Vgl. Landesarchiv Baden-Württemberg, Abt. Hauptstaatsarchiv Stuttgart, R 1/006 D951025/114, SPD-Streit um KKW Obrigheim.

[109] Vgl. Ulrich Maurer 2018, S. 70 und S. 81.

flügelten Wort auf den Fluren: Denn wenn „*der Uli*“ in einer Fraktionssitzung oder Mitarbeiterbesprechung mit seinem Latein fachlich am Ende war und mit dem Rücken zur Wand stand, rettete er seinen Standpunkt clever mit dem Befreiungsschlag „*Ihr habt zwar in der Sache politisch recht, aber wir müssen das eben strategisch sehen*“.

Die Abgeordneten – egal ob älter oder jünger – mussten sich nach 20 Jahren Opposition zunächst in die veränderte Rolle einer Regierungsfraktion einüben. Das parlamentarische Handeln der SPD-Fraktion diente nun vornehmlich der Unterstützung der Regierung resp. der eigenen Ministerien und der Gewährleistung von Geschlossenheit. Verbunden war damit die latente Gefahr, dass die Abgeordneten eigenen Gestaltungsspielraum vermissten und sich zum reinen „*Abnickverein*“ degradiert fühlten.

Um einem Irrtum vorzubeugen: Der Funktionswandel hin zur positiven Vermittlung der Regierungsarbeit bedeutet nicht, dass eine Regierungsfraktion die Regierung nicht mehr kontrolliert und kritisiert. Sie erfüllt diese Funktion nur nicht mehr auf öffentlicher Bühne, sondern weithin durch Beteiligung bei den Aushandlungsprozessen in informellen Gremien. Den Fraktionsvorsitzenden kommt hierbei eine entscheidende Rolle als „*Strippenzieher*“ und Scharnier zwischen den Abgeordneten und den Ministern zu. Einerseits treten sie häufig als „*Zuchtmeister*“ der Fraktion auf, um der eigenen Regierung den Rücken für bestimmte Vorhaben frei zu halten. Andererseits können sie gegenüber den eigenen Ministern Druck für eine bestimmte Positionierung aufbauen mit der Drohung, die gute Stimmung und hohe Zustimmung könne andernfalls in der Fraktion kippen. Überdies kann in Verhandlungen mit dem Koalitionspartner Kompromissbereitschaft mit der (manchmal auch fingierten) Warnung geweckt werden, dass man einen Beschluss der

Regierung in der eigenen Fraktion nur bei weiterem Entgegenkommen der anderen Seite durchbekomme. Üblich ist auch Konflikteinhegung über Tauschgeschäfte nach dem Motto „*Zustimmung zu A lassen wir uns durch Einlenken bei B bezahlen*". Bei diesem Spiel gibt es natürlich mehrere Eskalationsstufen bis hin zur handfesten Koalitionskrise.

Uli Maurer zog in diesem Funktionengeflecht – wie später ab 2011 in der grün-roten Koalition auch Fraktionschef *Claus Schmiedel* – alle Register. Er bekam dafür den schmeichelnden Beinamen „*Roter Riese*" verliehen und genoss aus gutem Grund den Ruf als „*organisatorischer und strategischer Kopf der Großen Koalition auf Seiten der SPD*".[110] Auf dem Höhepunkt seines innerparteilichen Standings wurde Maurer am 5. Juli 1993 für den Bereich Innenpolitik in das Schattenkabinett von Kanzlerkandidat *Rudolf Scharping* für die Bundestagswahl 1994 berufen, was ihn mit großem Stolz erfüllte, zumal auch das Echo der meisten Gazetten erstaunlich positiv ausfiel.[111] In dieser Funktion agierte Maurer – wie eigentlich auch sonst in dieser Phase seiner Karriere – keineswegs als entschiedener Linker, sondern als realitätsbewusster Pragmatiker, der mit dem Großen Lauschangriff und dem Asylkompromiss keine Probleme hatte.

Zu Beginn des Jahres 1994 entzündete sich in der Landesregierung

---

[110] Vgl. Horst Glück 2004, S. 87. Zu den Funktionen von Fraktionen im Parlamentarismus vgl. den kurzen Artikel von Paul Kevenhörster, *Fraktion*, in: Uwe Andersen/ Jörg Bogumil/Stefan Marschall/Wichard Woyke, *Handwörterbuch des politischen Systems der Bundesrepublik Deutschland*, 8. überarbeitete und erweiterte Auflage, Wiesbaden 2021, S. 312-315.

[111] Vgl. taz 06.07.1993 Scharping stellt sein Schattenkabinett vor, https://taz.de/!1609711/; Dieter Pahlke, Meister des Spagats, in: Die Zeit Nr. 39/1993, 24.09.1993, https://www.zeit.de/1993/39/meister-des-spagats; Horst Glück datiert die Berufung von Maurer in seinem Aufsatz auf das „*Frühjahr 1994*", was so den Quellen zufolge definitiv nicht stimmt, vgl. Horst Glück 2004, S. 87.

ein Konflikt um die Durchführung der im Koalitionsvertrag festgelegten generellen *Verkürzung der Lehrerarbeitszeit* um eine Stunde. Schließlich kam es am 25. Januar 1994 zum sogenannten „*Schönwalder Kompromiss*“[112], der eine Absenkung des Regelstundenmaßes im Kern nur noch für Hauptschul- und Sonderschullehrer vorsah. Die SPD-Fraktion war nach den Worten Maurers von ihrer ursprünglichen Haltung wegen finanzieller Engpässe und steigender Schülerzahlen abgerückt.

Dieser „*Wortbruch*“, wie die Lehrergewerkschaft GEW die Entscheidung geißelte, führte in einer Krisensitzung der Landtagsfraktion zum Rücktritt der stellvertretenden Fraktionsvorsitzenden *Brigitte Wimmer*.[113] In der SPD-Fraktionsgeschäftsstelle trafen Hunderte von Protestschreiben enttäuschter Lehrer und Eltern ein. Das Verhältnis zwischen SPD und Lehrerschaft galt fortan als gestört, das Vertrauen in die Große Koalition als erschüttert. Und dies erst recht, als die Kürzung der Deputatsermäßigungen für außerunterrichtliche dienstliche Tätigkeiten für viele Lehrer sogar eine Arbeitszeiterhöhung bewirkte.

---

[112] Vgl. Antrag der Abg. Franz Wieser u. a. CDU, Lehrerarbeitszeit in den Bundesländern, https://www.landtag-bw.de/files/live/sites/LTBW/files/dokumente/WP11/Drucksachen/3000/11_3286_D.pdf.

[113] Vgl. Landesarchiv Baden-Württemberg, Abt. Hauptstaatsarchiv Stuttgart, R 1/005 D941006/107, Arbeitszeitverkürzung für Lehrer; Landesarchiv Baden-Württemberg, Abt. Hauptstaatsarchiv Stuttgart, R 1/005 D941001/110, Gespräch mit Brigitte Wimmer über die Lehrerarbeitszeit.

Heftigen Ärger in der Großen Koalition löste der Alleingang der CDU bei der *Finanzierung der Pflegeversicherung* im Bundesrat Anfang Dezember 1994 aus. Baden-Württemberg enthielt sich nicht, wie im Koalitionsvertrag in solchen Fällen vorgesehen, der Stimme. Maurer warf Teufel vor, die Koalition offenbar beenden zu wollen.[114] Der Dissens in der Sache setzte sich aber fort: Als einziges Bundesland wollte Baden-Württemberg den Pfingstmontag streichen und den Buß- und Bettag erhalten. Entsprechend wurde das *Feiertagsgesetz* am 12. Dezember 1994 bei Enthaltung der SPD-Abgeordneten geändert.

Nach Einleitung eines Volksbegehrens samt massiven Protesten der Freizeitindustrie, des Hotel- und Gaststättengewerbes, der Schausteller, der Sportvereine und anderer Vereine leitete die CDU die geordnete Umkehr ein und brachte am 16. März 1995 einen Gesetzentwurf im Landtag ein, der den Pfingstmontag wieder zum gesetzlichen Feiertag bestimmte und den evangelischen Buß- und Bettag der Pflegeversicherung opferte. SPD-Fraktionschef *Uli Maurer* machte Ministerpräsident Teufel das Abbiegen zum rechten Pfad mit dem Evangelisten Lukas, Kapitel 15, Vers 7 schmackhaft: *„Der Herr freut sich über einen reuigen Sünder allemal mehr als über 99 Gerechte.“*[115]

---

[114] Vgl. Landesarchiv Baden-Württemberg, Abt. Hauptstaatsarchiv Stuttgart, R 1/004 D931046/120, Streit in der Großen Koalition wegen Pflegeversicherung.
[115] Vgl. Der Spiegel 5/1995, 29.01.1995, Ohr am Volk. Die Baden-Württemberger wollen ihren Pfingstmontag wiederhaben, https://www.spiegel.de/panorama/ohr-am-volk-a-2407a23f-0002-0001-0000-000009158922.

Reformvorhaben der SPD-geführten Landesministerien von 1992 bis 1996

Die SPD versuchte in der Großen Koalition, über Reforminitiativen ihrer Minister Profil zu gewinnen. Doch die Handlungsspielräume waren durch die heftige Wirtschaftskrise 1993/1994 und die Notwendigkeit des Schuldenabbaus eingeengt.

Wirtschaftsministerium

Wirtschaftsminister *Dieter Spöri* rief die „*Gemeinschaftsinitiative Wirtschaft und Politik*" ins Leben, mit deren Hilfe die Wettbewerbsfähigkeit von Unternehmen erhalten und Arbeitsplätze gesichert werden sollten. Spöri verfolgte mit seiner „*dialogorientierten Wirtschaftspolitik*" ein korporatistisches Konsensmodell für eine marktwirtschaftliche, Innovationen beschleunigende Industriepolitik, bei der auch die Gewerkschaften mit im Boot waren. Staatliche Förderpolitik sollte vor allem kleine und mittlere Unternehmen zu Zukunftsinvestitionen ermutigen, mit denen sich der Strukturwandel stemmen ließ. Mit der Ausweitung von Liquiditätshilfen und Landesbürgschaften schlüpfte Spöri in die Rolle eines „*Wirtschaftsretters*".[116] Als großen Erfolg konnte die SPD zudem verbuchen, dass die Fördermittel für den sozialen Wohnungsbau deutlich aufgestockt wurden.

[116] Vgl. Horst Glück 2004, S. 85/86; Der Spiegel 16/1993, 18.04.1993, Zuerst der Daimler, https://www.spiegel.de/politik/zuerst-der-daimler-a-a2e7381e-0002-0001-0000-000013680214; Der Spiegel 1/1994, 02.01.1994, „Schneller auf den Markt", Interview mit Wirtschaftsminister Dieter Spöri, https://www.spiegel.de/wirtschaft/schneller-auf-den-markt-a-4725e34e-0002-0001-0000-000013682831; Rainer Frenkel, Neue Töne aus dem Süden, in: Die Zeit Nr. 03/1994, 14. Januar 1994, https://www.zeit.de/1994/03/neue-toene-aus-dem-sueden; Der Spiegel 12/1996, 17.03.1996, Edel und rein, https://www.spiegel.de/politik/edel-und-rein-a-409d8a38-0002-0001-0000-000008892703.

Innenministerium

Innenminister *Frieder Birzele* griff die *Funktionalreform der Verwaltung* wieder auf. Nach dem Sonderbehördeneingliederungsgesetz vom 12. Dezember 1994 wurden 21 Staatliche Veterinärämter, 36 Staatliche Gesundheitsämter sowie 17 Ämter für Wasserwirtschaft und Bodenschutz aufgelöst und ihre Aufgaben auf die Landkreise und kreisfreien Städte übertragen.

Birzele forcierte auch die Auseinandersetzung mit dem *Rechtsextremismus*. Im Landtag wurde am 7. Februar 1994 die vom Innenministerium und vom Landesamt für Verfassungsschutz erarbeitete Wanderausstellung „*Biedermänner und Brandstifter - Gewalt von rechts*" eröffnet. Am 2. Februar 1994 verabschiedete der Landtag Gesetze „*zur Stärkung der Zusammenarbeit in der Region Stuttgart*" und „*über die Errichtung des Verbands Region Stuttgart*". Am 12. Juni 1994 fand dann die erste Direktwahl der Regionalversammlung statt. Im Rahmen einer Verfassungsreform wurde die Wahlperiode für den Landtag am 15. Februar 1995 von vier auf fünf Jahre erhöht.

Frauen- und Familienministerium

Gleich nach ihrem Start als Ministerin erzielte Frauen- und Familienministerin *Brigitte Unger-Soyka* durch ein forsches, von *Bild* mit ihren Kernaussagen weiterverbreitetes Interview bundesweit Aufmerksamkeit. Sie kündigte dort an, ihrem Mann und ihren drei Kindern zuliebe auch schon mal um 16 Uhr zuhause zu sein.[117]

Über einen Gesetzentwurf der Fraktionen von CDU und SPD brachte sie für den öffentlichen Dienst das erste *Landesgleichberechtigungs-*

[117] Vgl. Heide Klarer, Um vier nach Hause, in: Die Zeit Nr. 24/1992, 5. Juni 1992, https://www.zeit.de/1992/24/um-vier-nach-hause.

gesetz auf den Weg, mit dem die beruflichen Chancen von Frauen und die Vereinbarkeit von Familie und Beruf gefördert werden sollten. Unger-Soykas Verdienste lagen aber vor allem im massiven Ausbau der Landeszuschüsse für Kinderbetreuungsplätze, dem auch die Umsetzung des bundesgesetzlich ab 1. Januar 1996 für alle Kinder ab drei Jahren geltenden Rechtsanspruchs auf einen Kindergartenplatz dienen sollte. Trotz Ebbe in den Kassen konnte Unger-Soyka in der Koalition für die Jahre 1995/1996 zusammen zusätzlich 35 Mio. DM für die Kinderpolitik durchsetzen.[118]

Sozialministerium

Trotz anhaltender Differenzen über die Finanzierung einigte sich die Große Koalition Ende Mai 1993 auf eine nach dem Vorbild der Krankenkassen organisierte, von Arbeitgebern und Arbeitnehmern beitragsfinanzierte Pflegeversicherung.[119] Nach der Einführung der Pflegeversicherung kümmerte sich Sozialministerin *Helga Solinger* zusammen mit ihrem Staatssekretär *Werner Weinmann* engagiert und ambitioniert um die Neugestaltung der Pflege. Am 11. September 1995 trat das Gesetz zur Umsetzung der Pflegeversicherung in Baden-Württemberg, das *Landespflegegesetz*, in Kraft.

Im Streit über neue Wege in der *Drogenpolitik* nahm Solinger eine Mittelposition ein.[120] Die Sozialministerin war im Gegensatz zu manchen Kommunalpolitikern (selbst der CDU) gegen die Abgabe von

---

[118] Vgl. Landesarchiv Baden-Württemberg, Abt. Hauptstaatsarchiv Stuttgart, R 1/006 D951005/108, Aus der Landespolitik: Land finanziert Kinderpolitik.

[119] Vgl. Landesarchiv Baden-Württemberg, Abt. Hauptstaatsarchiv Stuttgart, R 1/004 D931019/116, Finanzierung der Pflegeversicherung.

[120] Vgl. Landesarchiv Baden-Württemberg, Abt. Hauptstaatsarchiv Stuttgart, R 1/003 D921029/109, Drogenpolitik der SPD; Landesarchiv Baden-Württemberg, Abt. Hauptstaatsarchiv Stuttgart, R 1/004 D931016/117, Drogenabgabe an Süchtige; Landesarchiv Baden-Württemberg, Abt. Hauptstaatsarchiv Stuttgart, R 1/004 D931035/104, Polizeipräsident gegen Landes-Drogenpolitik.

Heroin an Süchtige. An die Abhängigen sollten vielmehr ständig Angebote gemacht werden, damit sie von den Drogen wegkommen können. Aufgeschlossen war Solinger jedoch für Modellversuche mit einer Methadonfreigabe.

Umweltministerium

Umweltminister *Harald B. Schäfer* hatte einen schweren Stand und rieb sich auf im Spannungsfeld zwischen großen umweltpolitischen Erwartungen und kleinen landespolitischen Handlungsspielräumen. Hinzu kam, dass er bei seinen Entscheidungen nicht immer eine glückliche Hand unter Beweis stellte. Im Zentrum seiner Amtszeit stand der Umgang mit dem ältesten deutschen *Atomkraftwerk Obrigheim*. Schäfer sah sich, obwohl selbst Atomgegner, aus formaljuristischen Gründen gezwungen, dem Atommeiler eine Dauerbetriebsgenehmigung zu erteilen. Mit diesem Schritt geriet Schäfer nicht nur unter Druck der Opposition, sondern löste auch in Teilen der SPD, insbesondere bei den Jusos, Kopfschütteln aus. Außerdem musste Schäfer wegen möglicher Versäumnisse einem *Untersuchungsausschuss zum AKW Obrigheim* Rede und Antwort stehen. Dass in die *Kernforschung* weiter jährlich mehr als 40 Mio. DM gepumpt wurden, wollte auch nicht zum atomkritischen Ansatz Schäfers passen.

Nicht viel besser lief der umstrittene *Modellversuch zur Ozonbelastung* im Großraum Heilbronn. Es zeigte sich, dass sich mit Beschränkungen beim Verkehr Ozonspitzenwerte nicht verhindern lassen. Spott und Häme handelte sich *Tempolimit*-Befürworter Schäfer ein, als er erwischt wurde, wie er auf der Autobahn mit 190 Sachen dahin bretterte und dabei die Richtgeschwindigkeit um 60 km/h überschritt. Die Opposition wieherte vor Lachen. Von Ministerpräsident Teufel bekam Schäfer eine knallige Rüge, als er öffentlich gegen die

Eingliederung der *Wasserwirtschaftsämter* in die Landratsämter wetterte und sich damit gegen einen Kabinettsbeschluss stellte.

Auf dem Habenkonto konnte Schäfer schließlich die Gründung einer *Klimaschutz- und Energieagentur* verbuchen. Schäfers Amtsführung litt indessen unter dem Profilierungsdilemma, dass seine umweltpolitischen Vorstöße dem Koalitionspartner CDU oft schon viel zu weit gingen, die oppositionellen Grünen hingegen in der Regel eine ökologische Schippe draufzulegen vermochten.

Fazit der Großen Koalition für die SPD

Als *Fazit der SPD-Beteiligung an der Großen Koalition* kann man aber schon an dieser Stelle festhalten, dass es den SPD-Ministern in der Großen Koalition mit Rückendeckung der Landtagsfraktion nach 20 tristen Lehrjahren in der Opposition auf Anhieb wieder gelungen ist, mit durchweg überzeugendem und konkurrenzfähigem Personal ihre Regierungsfähigkeit unter Beweis zu stellen und dem einen und anderen Vorhaben der Koalition ihren parteipolitischen Stempel aufzudrücken.[121] Allerdings wollte in keinem Bereich die ganz große Reform ins Auge stechen. Doch dafür hatte sich die SPD auch selbst Steine in den Weg gelegt – und die Landtagswahl im Jahr 1996 hielt prompt die Quittung dafür bereit.

[121] Auch Horst Glück 2004, S. 87 zieht eine unterm Strich positive Bilanz: „*Insgesamt gesehen ist es den Regierungsvertretern der SPD und der Landtagsfraktion aber recht gut gelungen, sich landespolitisch erfolgreich in Szene zu setzen und sich nach 20 Jahren in der Opposition einen guten Namen als Regierungspartei zu machen*." Ähnlich im Duktus auch die Bewertung der SPD-Handschrift in der Großen Koalition in: SPD-Landesverband Baden-Württemberg (Hrsg.), 2013, S. 97.

Politische Vorstöße der SPD-Fraktion von 1992 bis 1996

In der 11. Wahlperiode von 1992 bis 1996 brachten CDU und SPD gemeinsam *neun Gesetzentwürfe* in den Landtag ein, darunter die Einführung des Kommunalwahlrechts für EU-Ausländer, die Zusammenlegung von Landtags- und Europawahl und eine Novelle zum Asylbewerber-Unterbringungsgesetz.

Zu den Funktionsmechanismen einer erfolgreich und reibungslos arbeitenden Koalition gehört, dass die Regierungsfraktionen Gesetzentwürfe nur gemeinsam in den Landtag einbringen und dort nicht mit wechselnden Mehrheiten abstimmen. Im Zuge der *Koalitionskrise Mitte Juli 1995* – Baden-Württemberg stimmte im Bundesrat gegen den Willen der SPD für die Sommersmogverordnung – bröckelte dieses Prinzip und zugleich der Vorsatz, keine gemeinsame Sache mit den REP zu machen.[122] Am 21. Juli 1995 stimmten SPD und FDP einem Antrag der Grünen zur Unvereinbarkeit des Landtagsmandats mit Ämtern wie Landrat oder (Ober)Bürgermeister zu, der aber mit der Mehrheit der Stimmen von CDU und REP abgelehnt wurde. Noch am selben Sitzungstag setzten dann SPD, Grüne und die meisten REP-Abgeordneten einen Antrag zur finanziellen Entlastung von Schwerstbehinderten durch. Nach diesem kurzen parlamentarischen Kleinkrieg einigten sich die Koalitionsspitzen auf eine Art „*Waffenstillstand*".

In der Legislaturperiode von 1992 bis 1996 richtete die SPD-Fraktion *34 Große Anfragen* an die Landesregierung. Das waren mehr als dop-

---

[122] Zu den wenigen abweichenden Fällen vgl. Roland Sturm, *Die baden-württembergische Landtagswahl vom 24. März 1996: Normalisierung oder kleinster gemeinsamer Nenner?*, in: Zeitschrift für Parlamentsfragen (ZParl), 27. Jg. (1996), Heft 4, S. 602-616, hier S. 603.

pelt so viele wie in der vorangehenden Wahlperiode. Knapp 56 Prozent, nämlich 19 Große Anfragen, richteten sich an die eigenen Ministerien, die meisten davon (6) an das Ressort von Spöri. Es folgte das Innenministerium mit vier und das Umwelt-, Sozial- und Familienministerium mit jeweils drei Großen Anfragen. Die zahlenmäßig meisten Großen Anfragen, nämlich 10, wandten sich indes an das Kultus- (7) und Wissenschaftsministerium (3).

Der starke Anstieg und die spezifische landespolitische Ausrichtung von Großen Anfragen der SPD dürften mehrere Ursachen haben: Zum *Ersten* verlangten gesellschaftliche Entwicklungen das Aufgreifen bestimmter Themen (u.a. Wirtschaftskrise, Arbeitsmarkt, Kriminalität, Schulentwicklung). Zum *Zweiten* gehorchten auch die parlamentarischen Initiativen der SPD-Strategie, relevante Zukunftsthemen zu besetzen. Zum *Dritten* wurden gezielt die von der SPD besetzten Ressorts angetrieben oder auch bedient, damit diese in ihrer Stellungnahme das Regierungshandeln ins rechte Licht rücken konnten, wobei es ein offenes Geheimnis ist, dass Regierungsfraktion und betroffenes Ministerium hier eine Handlungseinheit bilden, kurzum „*Doppelpass*" spielen. Zum *Vierten* lag es schlicht daran, dass die SPD-Fraktion auf mehr personelle und fachliche Ressourcen zurückgreifen konnte, weil das eigene hauptamtliche Personal etwa im Bildungsbereich durch die Eigenständigkeit der Bereiche Wissenschaft und Schule aufgestockt wurde und man auf dem kurzen Dienstweg die Expertise des Regierungsapparats, sprich der Ministerialbürokratie, anzapfen konnte.

Auch als Regierungsfraktion setzte die SPD einen Schwerpunkt auf die *Zukunft der Schule*. Am 18. Juni 1994 fand im Landtag eine bildungspolitische Fachkonferenz statt und am 19. November 1994 der traditionelle Elterntag für Elternbeiräte mit rund 400 Teilnehmern.[123] Programmatisch stellte die SPD nun nicht mehr eine Überwindung der dreigliedrigen Schulstruktur in den Vordergrund, sondern leitete gleichsam einen politstrategischen Paradigmenwechsel ein, indem sie auf *„Mehr Autonomie für die Schule"* setzte, so die Botschaft eines Aufsatzes unter Federführung des Bildungsexperten *Norbert Zeller.*[124]

Am *4. März 1995* bestritt die SPD einen *Sonderparteitag* in *Biberach* zur *Schul- und Bildungspolitik.* Eigentlich war der Plan der politischen Führung, durch den Parteitag eine breit angelegte Debatte über eine Bildungsreform in Baden-Württemberg anzustoßen. SPD-Landeschef *Uli Maurer* hielt dazu eine Grundsatzrede. Gegen das Votum von Partei- und Fraktionsspitze beschloss die von Delegierten aus dem Schulwesen dominierte Versammlung, *jährlich 2.000 neue Lehrer* einzustellen, was für Maurer nicht zuletzt wegen des Realisierungs- und Finanzierungsproblems als *„Tiefschlag"* gewertet wurde. Ein zumindest laues Reformlüftchen zog in die Schulpolitik des Landes ein, nachdem *Annette Schavan* am 19. Juli 1995 zur neuen Kultusministerin ernannt wurde.

---

[123] Aus beiden Veranstaltungen ging eine Broschüre mit den dort gehaltenen Referaten hervor; vgl. SPD-Landtagsfraktion Baden-Württemberg (Hrsg.), *Zukunft der Schule. Bildungspolitische Perspektiven zwischen Reformbedarf und Sparzwang, Anstöße. Beiträge zur Landespolitik, Heft 3, Stuttgart 1995.* Was aus heutiger PR-Sicht wie von einem anderen Stern erscheint: Eine Auflage von annähernd 7.000 Exemplaren des Hefts wurde für 2,50 DM Schutzgebühr (plus 1,50 DM Porto) bei Infoständen, vor allem aber auf Bestellung, verkauft.

[124] Vgl. SPD-Landtagsfraktion Baden-Württemberg (Hrsg.) 1995, S. 7-13 (der Verfasser wirkte als Co-Autor an dem Aufsatz mit); vgl. auch den Parlamentsantrag der Abg. Norbert Zeller u. a. *„Teilautonome Schule"* vom 30.11.1995 https://www.landtag-bw.de/files/live/sites/LTBW/files/dokumente/WP11/Drucksachen/6000/11_6840_D.pdf und den Fraktionsantrag *„Mehr Gestaltungsautonomie für die einzelne Schule"* vom 24.05.1995https://www.landtag-bw.de/files/ live/ sites/LTBW/ files/ dokumente/WP11/ Drucksachen/5000/11_5983_D.pdf

Am *14./15. Juli 1995* veranstaltete die SPD-Landtagsfraktion einen großen *Zukunftskongress* in *Karlsruhe* mit dem Titel „*Wie wollen wir morgen leben*". Fraktionschef Uli Maurer pochte seit Beginn der Großen Koalition darauf – und erwies sich hier tatsächlich als weitblickender Stratege –, die SPD nicht nur als solide, verlässliche Reformkraft bei der Abarbeitung des Koalitionsvertrags in Szene zu setzen, sondern zugleich programmatisch fit zu machen für die Herausforderungen der Zukunft jenseits tagesaktueller Themen. Für die Planung und Durchführung des Zukunftskongresses wurde ein erheblicher organisatorischer Aufwand betrieben und im Vorfeld sogar zusätzliches hauptamtliches Personal damit betraut.

In der 11. Wahlperiode von 1992 bis 1996 gab es drei Untersuchungsausschüsse: Am 15. Dezember 1993 setzte der Landtag den UA „*Praxis der Überwachung, der Dokumentation und der Weitergabe von geheimhaltungsbedürftigen Erkenntnissen des von staatlichen Stellen kontrollierten Telefonverkehrs in Baden-Württemberg*" ein. Es folgte am 2. März 1994 ein UA „*Genehmigungsverfahren, sicherheitstechnische Auslegung, Aufsicht und Begutachtung im Zusammenhang mit dem Kernkraftwerk Obrigheim*" und am 12. Oktober 1995 ein UA „*Die Gleichheit der Steuerbürgerinnen und -bürger vor den Steuerbehörden Baden-Württembergs und die Steuerverwaltungspraxis im Fall Stefanie/Peter Graf, Brühl*".

Ferner setzte der baden-württembergische Landtag in der 11. Wahlperiode *zwei Enquetekommissionen* ein. Die allererste, nach Aufnahme der Enquetekommission in die Geschäftsordnung des Landtags am 17. März 1993 einstimmig beschlossene Enquete hatte als Gegenstand „*Kinder in Baden-Württemberg*", mit dem alle Fraktionen ein politisches Zeichen setzen wollten.[125] Eine weitere Enquetekommission – von allen Fraktionen gemeinsam beantragt und am 1. Dezember 1994 auch einstimmig eingesetzt – befasste sich mit *„Entwicklung, Chancen und Auswirkungen neuer Informations- und Kommunikationstechnologie in Baden-Württemberg (Mulitmedia-Enquete)"*.[126]

In der Partei geht´s rund: Machtkampf Spöri/Maurer, eine Troika und Putsch von Lafontaine gegen Scharping

Auf dem *Landesparteitag* in *Leonberg* am *19. Juni 1993*[127] stand im Zentrum die Mitgliederbefragung über den künftigen Bundesvorsitzenden der SPD, welche nach dem im Kontext der *„Barschel-Affäre"* erfolgten Rücktritt von *Björn Engholm* die SPD personell wieder auf Kurs bringen sollte. Es kandidierten der rheinland-pfälzische Ministerpräsident *Rudolf Scharping*, sein niedersächsischer Kollege *Gerhard Schröder* und die Bundestagsabgeordnete und Parteilinke *Heidemarie Wieczorek-Zeul*. Scharping lag zu seiner eigenen Überraschung mit 40% vor Schröder (33%) und Wieczorek-Zeul (26,5%). Baden-Württembergs SPD-Landeschef *Uli Maurer* sonnte sich noch viele Jahre später mit Stolz darauf, erfolgreich ein *„Schröder-Verhin-*

---

[125] Vgl. https://www.landtag-bw.de/files/live/sites/LTBW/files/dokumente/WP11/Drucksachen/1000/11_1567_D.pdf. Der Einsetzungsantrag stammte von CDU, SPD und FDP. Die Beschlussfassung erfolgte indessen einstimmig. Die Grünen waren erzürnt darüber, dass Inhalte der geplanten Enquetekommission bereits über eine Nachrichtenagentur liefen, noch bevor die Grünen ihre Rückmeldung zu dem Vorhaben gegeben hatten. Ins Auge sticht bei dieser ersten Enquetekommission des Landtags die Kürze und Schlichtheit, ja fast schon Banalität des Textes im Vergleich zur inzwischen üblichen Länge und Komplexität von Einsetzungsanträgen.

[126] Vgl. https://www.landtag-bw.de/files/live/sites/LTBW/files/dokumente/WP11/Drucksachen/5000/11_5026_D.pdf.

[127] Vgl. Landesarchiv Baden-Württemberg, Abt. Hauptstaatsarchiv Stuttgart, R 1/004 D931022/111, Landesparteitag der SPD in Leonberg-Warmbronn.

derungsbündnis" geschmiedet und dadurch Scharping mit zum Sieg verholfen zu haben.[128]

Am *18. September 1993* fand der *SPD-Landesparteitag* in *Bräunlingen* mit Neuwahl des Vorstands statt.[129] *Uli Maurer* wurde mit 236 von möglichen 285 Stimmen in seinem Amt als SPD-Landesvorsitzender klar bestätigt. Thematisch drehte sich das Delegiertentreffen um die Arbeit der SPD-Minister in der Großen Koalition und das Pro und Contra zum „*Großen Lauschangriff*" bei der Bekämpfung der organisierten Kriminalität.

Am *12. März 1994* kam die Landes-SPD zum *Parteitag* in *Wiesloch* zusammen.[130] Er diente insbesondere der Aufstellung der Landesliste für die Bundestagswahl 1994. *Oskar Lafontaine* unterstützte in seiner Rede die Kanzlerkandidatur von *Rudolf Scharping*. Die SPD sollte nach den Worten Maurers wirtschaftlichen Erfolg mit höchsten ökologischen Ansprüchen verbinden. Bei der *Bundestagswahl* am *16. Oktober 1994* legte die SPD zwar etwas zu, blieb aber mit Kanzlerkandidat Rudolf Scharping und mit der wegen dessen Profilschwäche ins Leben gerufenen sogenannten starken *Troika* mit Oskar Lafontaine und Gerhard Schröder klar hinter der CDU.

Im Frühjahr 1995 tobte mehr oder weniger hinter den Kulissen ein heftiger *Machtkampf zwischen Uli Maurer und Dieter Spöri* um die Spitzenkandidatur bei der Landtagswahl im Jahr 1996. Maurer gab

---

[128] Vgl. zum Verhältnis von Maurer zu Schröder insgesamt Der Spiegel 30/2005, 24.07.2005, Schröder oder ich, https://www.spiegel.de/politik/schroeder-oder-ich-a-3de95418-0002-0001-0000-000041179081.

[129] Vgl. Landesarchiv Baden-Württemberg, Abt. Hauptstaatsarchiv Stuttgart, R 1/004 D931032/108, Landesparteitag der SPD in Bräunlingen.

[130] Vgl. Landesarchiv Baden-Württemberg, Abt. Hauptstaatsarchiv Stuttgart, R 1/005 D941008/112, Landesparteitag der SPD in Wiesloch.

intern zu verstehen, dass er selbst die Spitzenkandidatur anzusteuern gedenke. Für ihn sprach seine starke Stellung in Partei und Fraktion wie auch beim Management der Großen Koalition. Spöri indessen war das Zugpferd der SPD in der Regierung, Vizeregierungschef und der bekannteste und beliebteste SPD-Politiker im Land. Am Ende des Gerangels signalisierten die meisten innerparteilichen Gruppen, selbst die Jusos, dass an Spöri als neuerlichem Spitzenkandidaten kein Weg vorbeiführe, wolle sich die SPD im Wahlkampf glaubwürdig als erfolgreiche Regierungspartei darstellen. Vor diesem machtpolitischen Hintergrund gab sich Stratege Maurer geschlagen und empfahl dem SPD-Präsidium am 6. Mai 1995 überraschend schnell Spöri erneut als Spitzenkandidat für die Landtagswahl 1996. Auf ihrem *Landesparteitag* am *15./16. September 1995* in *Pforzheim* zeigte sich die Südwest-SPD mit Blick auf die Landtagswahl zwar geschlossen und einig[131], doch Querelen in der Bundespartei zwischen Scharping und Schröder schwappten in die Konferenz herein.

Auf dem legendären *Bundesparteitag* in *Mannheim* am *16. November 1995* kam es zu einem unerwarteten, sensationellen personellen Showdown, den offenbar niemand auf dem Zettel hatte. *Oskar Lafontaine* stürzte nach einer fulminanten Bewerbungsrede in einer scheinbar spontanen Kampfkandidatur den glücklosen, fehleranfälligen und rhetorisch schlafmützigen *Rudolf Scharping*[132] als Parteivorsitzenden mit einer komfortablen Mehrheit von 321 zu 190 Stimmen.

---

[131] Vgl. Landesarchiv Baden-Württemberg, Abt. Hauptstaatsarchiv Stuttgart, R 1/006 D951041/108, Landesparteitag der SPD in Pforzheim; im SDR-Hörfunkkommentar hieß es merkwürdig optimistisch: *„Die SPD im Land ist ihrem Ziel, die CDU in die Opposition zu schicken, noch nie so nah gewesen."*

[132] Vgl. dazu exemplarisch Der Spiegel, 22.04.2007, Rudolf Scharping: Kandidat mit Brutto-netto-Fauxpas, https://www.spiegel.de/politik/deutschland/rudolf-scharping-kandidat-mit-brutto-netto-fauxpas-a-478589.html

Auch Baden-Württembergs SPD-Spitzenmann *Dieter Spöri* bekannte sich geradezu befreit zur Wahl Lafontaines. Aufgewühlt und wundgerieben von Zweifeln an Scharpings fachlichen wie kommunikativen Fähigkeiten und von dem zunehmenden Auseinandertriften und weiteren Abschlaffen einer ohnehin schwächelnden Partei musste schlicht *irgendetwas* passieren, andernfalls hätte die Delegierten nach viel selbstkritischer Nabelschau auf dem Bundesparteitag während der Heimreise das unwohle Gefühl beschlichen, „*die Scheiße geht von vorne los*", wie Spöri ungewohnt drastisch vom Leder zog.[133]

Mit eher gemischten Gefühlen dürfte *Uli Maurer*, seit Anfang der 1990er Jahre bekennender Scharping-Fan und später dann jedoch als führender Politiker der Linkspartei der „*gute Freund vom Oskar*", die Geschehnisse verfolgt haben. Es gibt glaubwürdige Quellen, wie etwa *Herta Däubler-Gmelin*, die bezeugen, dass Maurer noch am selben Tag ins Lafontaine-Lager übergelaufen war und seinen alten Freund Scharping im Regen stehen ließ.

Zu den Vorgängen und Abläufen auf dem Mannheimer Bundesparteitag kreisen freilich bis heute die wildesten Gerüchte, - ein Schurkenstück, wie gemacht für die bösen Buben in der Partei. Kontrovers wird insbesondere die Frage diskutiert, ob Lafontaines Putsch gegen Scharping einem plötzlich aufkeimenden inneren Impuls gehorchte oder von langer Hand generalstabsmäßig geplant und vorbereitet war.[134]

---

[133] Zu den subjektiven Befindlichkeiten und zu den objektiven Zwangslagen vor und auf dem Mannheimer SPD-Bundesparteitag vgl. den exzellenten Artikel von Jürgen Leinemann, „*Aber keiner wagt zu hadern*", in: Der Spiegel, 47/1995, 19.11.1995, https://www.spiegel.de/politik/aber-keiner-wagt-zu-hadern-a-407f4625-0002-0001-0000-000009231788.

[134] Zu diesem Themenkomplex vgl. Frank Capellan, Als die SPD zum ersten Mal

Politische Ausgangslage vor der Landtagswahl 1996

Auf dem *Wahlparteitag* in *Waiblingen* am *20./21. Januar 1996* wurde das Regierungsprogramm verabschiedet und eine Koalitionsaussage zugunsten der Grünen getroffen.[135] Für die SPD war die Ausgangslage vor der Landtagswahl eher durchwachsen. Einerseits gab es positive Faktoren, die aber andererseits durch zahlreiche schwierige Aspekte konterkariert wurden.

Obwohl von der Bundespartei kurz nach dem Lafontaine-Putsch gegen Scharping kein Rückenwind zu erwarten war, rückte die SPD trotzdem eher bundespolitische Themen aus dem Bereich der Wirtschafts- und Sozialpolitik in den Mittelpunkt des Wahlkampfs.[136] Merkwürdigerweise spielten die Erfolge der SPD in der Landesregierung im Politmarketing praktisch keine Rolle. Um den REP Wind aus den Segeln zu nehmen, setzte Spöri intern gleichsam in einer Art Panikattacke eine äußerst riskante Schwerpunktbildung durch, die vor allem die eigene linksliberale Wählerklientel hochgradig irritierte und mit der die SPD sich den Vorwurf einhandelte, die REP rechts überholen zu wollen.

Zum einen positionierte sich die SPD gegen den vereinbarten Zeitpunkt zur Einführung des Euro, was die Aufmerksamkeit weg von

---

einen Parteivorsitzenden stürzte, Deutschlandfunk 15.11.2020, https://www.deutschlandfunk.de/parteitag-von-1995-als-die-spd-zum-ersten-mal-einen-100.html; Der Spiegel 47/1995, 19.11.1995, Oskars zweiter Anlauf, https://www.spiegel.de/politik/oskars-zweiter-anlauf-a-2fa12dc5-0002-0001-0000-000009231699; Karl-Ludwig Günsche, *„Zieht euch warm an, wir kommen wieder"*, in: Die Welt, 18.11.1995, https://www.welt.de/print-welt/article663990/Zieht-euch-warm-an-wir-kommen-wieder.html.

[135] Vgl. Landesarchiv Baden-Württemberg, Abt. Hauptstaatsarchiv Stuttgart, R 1/007 D961003/105, SPD-Landesparteitag in Waiblingen.

[136] Vgl. Roland Sturm 1996, S. 605/606.

originär landespolitischen Themen lenkte.[137] Ein bereits gedrucktes und an die SPD-Ortsvereine ausgeliefertes Plakat mit der Kernbotschaft *„1999 kein Euro!“* wurde vom neuen Parteivorsitzenden *Oskar Lafontaine* höchstpersönlich gestoppt und durch den dieselben Missverständnisse auslösenden Slogan *„Währungsunion verschieben!“* ersetzt. Aus Sicht Spöris gefährdete der Euro die Stabilität der Währung und die Sicherheit von Arbeitsplätzen. *Zum anderen* sprach sich die SPD dafür aus, den Zuzug von Aussiedlern bzw. Russlanddeutschen zu stoppen, um mit dieser stammtischtauglichen Forderung die Asylkampagne von CDU und REP zu kontern.

Auf der Habenseite der SPD stand sicherlich die Leistung der SPD-Minister in der Großen Koalition. Maurer und Spöri agierten nach der Beendigung ihres Scharmützels um die Spitzenkandidatur zudem noch einmal als funktionierendes Tandem (Kampfleitspruch: *„Vier Fäuste für ein Halleluja“*). Schließlich zeigten auch Wahlumfragen bis kurz vor dem Urnengang die Aussicht auf ein Ergebnis um die 30% für die SPD. Zwiespältig zu sehen war jedoch die dezidierte Koalitionsaussage zugunsten von Rot-Grün. Damit wurde zwar der Wille der SPD zu einem Machtwechsel mit Führungsanspruch unterstrichen, zugleich aber die Strategie im Wahlkampf unterlaufen, mit dem wirtschaftsfreundlichen Kurs von Spöri in zusätzliche Wählerschichten der politischen Mitte einzudringen.[138]

Das eigentliche Problem in der *politischen Kommunikation* lag jedoch tiefer: Zum einen wollte man sich wegen der in der Regierung durchgesetzten sozialdemokratischen Handschrift selbst loben, zum

---

[137] Vgl. Roland Sturm 1996, S. 606; ferner Jochen Buchsteiner, Brüder, zur Sonne – oder was?, in: Die Zeit Nr. 11/1996, 8. März 1996, https://www.zeit.de/1996/11/Brueder_zur_Sonne_-_oder_was_

[138] Siehe dazu auch die Bewertung von Horst Glück 2004, S. 87/88.

anderen aber trotz der eigenen Erfolge das Ende gerade dieser Koalition verkünden, weil der Vorrat an Gemeinsamkeiten längst aufgebraucht sei. Dies waren in der Vermittlung der zentralen Botschaften schwierige Signale, die der Quadratur des Kreises glichen und für die Wählerschaft äußerst widersprüchlich klingen mussten. An den Infoständen im Wahlkampf kam es demzufolge zu der ketzerischen Nachfrage „*Wieso wollt ihr denn eine auch aus SPD-Sicht erfolgreiche Koalition beenden?*“. Und die missmutige Antwort lautete vielerorts schlicht „*Weil unsere gute Politik vor allem der CDU und ihrem Ministerpräsidenten nützt!*“ Hatte Uli Maurer strategisch gesehen also nicht doch ein bisschen recht? Im Jahr 2016 wollte die SPD die grün-rote Koalition zwar nicht verlassen, sondern selbst anführen, hatte jedoch mit demselben Effekt der Gutschreibung von erfolgreichem Regierungshandeln auf das „*falsche*“ Konto zu kämpfen.

Landtagswahl am 24. März 1996, Wahldesaster für die SPD und schleichender Machtverlust von Uli Maurer

Die SPD erzielte bei der Landtagswahl am 24. März 1996 mit nur noch 25,1% das bislang schlechteste Ergebnis in der Geschichte des Landes Baden-Württemberg.[139] Die Beteiligung an der Großen Koalition endete für die SPD mit einem Wahldesaster. Obwohl sie in keiner Umfrage der *Stuttgarter Zeitung*[140] über der Fünf-Prozent-Hürde lagen, holten die REP satte 9,1% und zogen erneut in den Landtag ein. *Erwin Teufel* konnte dennoch eine CDU/FDP-Koalition bilden und wurde am 12. Juni 1996 erneut zum Ministerpräsidenten gewählt, allerdings wegen einiger Neidhammel in der eigenen CDU-Fraktion erst im zweiten Wahlgang, was Spöri zu dem überdrehten Urteil verleitete, Teufel sei ab sofort *„irreparabel beschädigt"*. Die Grünen erzielten erstmalig in einem Flächenstaat mit 12,1% ein zweistelliges Ergebnis.

Spöri übernahm noch am Wahlabend die politische Verantwortung für die herbe Niederlage der SPD und zog sich rasch aus der Politik insgesamt zurück. Seine kurzen Dankesworte im Landtag zu Mitarbeitern und Anhängern kulminierten in dem Satz: *„Ich habe die Messlatte drei Mal gerissen. Jetzt ist Schluss!"*[141] Zu diesem Zeitpunkt hatte sich Maurer nicht nur zur Verwunderung von Medienvertretern bereits zur Wahlparty seiner Stuttgarter Genossen verdünnisiert. Beobachter in den Medien wie auch Parteifunktionäre gewannen den betrüblichen Eindruck, dass Maurer sich aus seiner

---

[139] Vgl. Roland Sturm 1996, S. 608ff.

[140] Vgl. zu den Umfragen für Baden-Württemberg ab November 1995 generell die hervorragende Internetseite https://www.wahlrecht.de/umfragen/landtage/baden-wuerttemberg.htm

[141] Der Verfasser war im Landtag bei Spöris Rede in einem der großen Verfügungssäle im Haus des Landtags in Stuttgart selbst anwesend.

Mitverantwortung für die Wahlschlappe der SPD stehlen wollte. In diesem Kontext begann innerhalb der SPD nun eine längere Phase von heftigen Querelen und erbitterten Kampfkandidaturen, - und das ohne erkennbaren Bezug zu handfesten landespolitischen Themen oder zur strategischen Ausrichtung der Partei. Im Kern ging es um nackte persönliche Machtansprüche, die mit ein paar inhaltlichen Akzenten kaschiert wurden.

Innerparteiliche Entwicklungen von 1996 bis 2001 im Zeichen von Querelen und Kampfkandidaturen

Auf dem *SPD-Landesparteitag* in *Breisach* am *14. September 1996* ging es darum, das Wundenlecken allmählich hinter sich zu lassen. Nach dem Wahlfiasko sollte nun wieder Aufbruchstimmung vermittelt und die Erneuerung der SPD in den Blick genommen werden. Die Hörfunkjournalistin des SDR brachte die Lage in ihrem Kommentar auf den Punkt: „*Dies war kein Ulrich-Maurer-Parteitag, aber künftig muß er den Kopf hinhalten.*“[142] Denn Spöri war längst weg, Maurer aber als der „*Minus-Mann*“[143] immer noch da, - aber keineswegs mehr fest im Sattel.

Bei der *Oberbürgermeisterwahl* in *Stuttgart* am *20. Oktober 1996* landete der SPD-Bewerber *Rainer Brechtken*, vor kurzem noch Wirtschaftsstaatssekretär, bereits im ersten Wahlgang abgeschlagen auf dem dritten Platz. Für gesteigerten Ärger sorgte die Kandidatur von Pforzheims Oberbürgermeister *Joachim Becker*, ebenfalls SPD-Mitglied, im zweiten Wahlgang am 10. November 1996. Auch Brechtken stieg aus dem Rennen zur Enttäuschung auch vieler Sozialdemokraten *nicht* aus und verhinderte so möglicherweise einen Sieg des Grünen *Rezzo Schlauch*. Ablauf und Ausgang der Stuttgarter OB-Wahl wurden ebenfalls ein Stück weit einer fehlgeleiteten Strategie von Maurer zur Last gelegt. Sogar vom neuen Parteichef *Oskar Lafontaine* holte sich Maurer einen Rüffel zur Wahl ab („*nicht gut vorbereitet*“). Doch der Parteichef der Südwest-SPD war von keinerlei

---

[142] Vgl. Landesarchiv Baden-Württemberg, Abt. Hauptstaatsarchiv Stuttgart, R 1/007 D961051/101, Landesparteitag der SPD in Breisach.
[143] Vgl. Landesarchiv Baden-Württemberg, Abt. Hauptstaatsarchiv Stuttgart, R 1/007 D961057/104, „Ulrich Maurer der Minus-Mann“

Selbstzweifeln angenagt und dachte nicht im Traum an Rücktritt.[144] Maurer hielt sich immer noch für den geeigneten Mann, um die SPD aus dem Keller in wieder höhere Etagen zu führen.

Auf einer Sitzung des SPD-Landesvorstands am 23. November 1996 konnte der unter Beschuss stehende Landes- und Fraktionschef einen Rücktrittsantrag klar mit 19:2 abwehren.[145] Die quälende Debatte um die künftige Führungsrolle von Maurer war damit aber nicht beendet. Er sah sich dem Vorwurf ausgesetzt, aus den vergangenen Wahlniederlagen keinerlei persönliche Konsequenzen zu ziehen. Nicht zuletzt auf Druck der Kreisvorsitzenden wurde ein Sonderparteitag mit Neuwahl des Landesvorstands und Maßnahmen zur Organisationsreform noch vor der Sommerpause 1997 beschlossen.

Der Backnanger Bundestagsabgeordnete *Robert Antretter* legte sich für eine personelle Alternative zu Maurer ins Zeug. Wunschkandidatin war die Tübinger Bundestagsabgeordnete und stellvertretende SPD-Bundesvorsitzende *Herta Däubler-Gmelin*, der gute Chancen eingeräumt wurden, gegen den Amtsinhaber die Oberhand zu gewinnen. Doch die eloquente Maurer-Kritikerin mit der schwäbischen Schwertgosch zögerte und zauderte und verzichtete Ende März 1997 schlussendlich ziemlich kleinlaut per Fax. Däubler-Gmelin schlug nun ihrerseits Antretter vor, der dann beherzt seinen Hut in den Ring warf, obschon dem 58-Jährigen der Ruf einer „*Ersatzlösung*" anhaftete.[146] Zum zweiten Mal nach der Kandidatur von Conradi

---

[144] Vgl. Die Welt, 13.11.1996, Maurer denkt nicht an Rücktritt, https://www.welt.de/print-welt/article651676/Maurer-denkt-nicht-an- Ruecktritt.html
[145] Vgl. Landesarchiv Baden-Württemberg, Abt. Hauptstaatsarchiv Stuttgart, R 1/007 D961057/106, Ulrich Maurer am Pranger.
[146] Vgl. Christoph Hein, „Absurdes Theater in der Südwest-SPD". Landeschef Ulrich Maurer muss auf Parteitag im Juni mit einem Gegenkandidaten rechnen, in: Die

gegen Bühringer im Jahr 1970 war in der Geschichte der Südwest-SPD der Stelleninhaber mit einem Herausforderer konfrontiert.

Im Vorfeld des SPD-Landesparteitags fand zwischen den beiden Aspiranten ein schonungsloser Machtkampf statt, der mit allen Haken und Ösen ausgefochten wurde, zum Beispiel dadurch, dass Differenzen zu politischen Inhalten – weil kaum vorhanden – gleichsam erfunden werden mussten, etwa zum Ausmaß der zulässigen Staatsverschuldung oder zur Existenz eines rot-grünen Lagers. Außenstehende und selbst erfahrene Parteihasen konnten nicht erkennen, dass hier ernsthaft Auswege aus einer Organisations- und Orientierungskrise der Partei zur Wahl bzw. Auswahl standen. Im Kern ging es um nackte Machtansprüche und ein Schaulaufen um Sympathiepunkte nach dem Motto „*ich oder der*".

Als schmerzhaften und bitteren Dämpfer musste Maurer eine Probeabstimmung der Delegierten seines eigenen SPD-Kreisverbands Stuttgart am 14. Mai 1997 verdauen: Antretter lag hier mit 61:45 Stimmen überraschend deutlich vorne. Umgekehrt kassierte Antretter am 24. Juni 1997 in seinem Ostalbkreis eine Abfuhr und wurde sogar beschuldigt, dort der SPD über Jahre hinweg Beiträge vorenthalten zu haben. Daraufhin nahmen die früheren Landes- und Fraktionsvorsitzenden Erhard Eppler und Uli Lang den Kandidaten in Schutz. Die Jusos positionierten sich derweil für Maurer.[147] Doch irgendwie

---

Welt, 25.03.1997, https://www.welt.de/print-welt/article635494/Absurdes-Theater-in-der-Suedwest-SPD.html, ferner Landesarchiv Baden-Württemberg, Abt. Hauptstaatsarchiv Stuttgart, R 1/008 D971016/103, Ende im SPD-Hick-Hack.

[147] Vgl. Landesarchiv Baden-Württemberg, Abt. Hauptstaatsarchiv Stuttgart, R 1/008 D971024/104, Abfuhr für SPD-Landeschef Maurer; Landesarchiv Baden-Württemberg, Abt. Hauptstaatsarchiv Stuttgart, R 1/008 D971028/115, Antretter und seine Partei-Beitragsschulden; Landesarchiv Baden-Württemberg, Abt. Hauptstaatsarchiv Stuttgart, R 1/008 D971028/117, Heftige Personaldiskussion um SPD-Landesvorsitz.

zukunftsweisende landespolitische Inhalte waren völlige Fehlanzeige.

Auf dem *SPD-Landesparteitag* in *Sindelfingen* am *27./28. Juni 1997* konnte Maurer nach einer bisweilen hitzigen und äußerst kontroversen Diskussion über den Zustand der baden-württembergischen SPD in einer Kampfabstimmung gegen Antretter mit 56 zu 39 Prozent der Stimmen noch einmal seinen Kopf aus der Schlinge ziehen. Wirklich überzeugend war dieser Sieg indessen nicht. Und Maurers Freude über den Erfolg währte zudem nicht lange, denn „*sein*" Mann für den Posten des *Generalsekretärs*, Juso-Funktionär und Landesvorstandsmitglied *Christian Lange*, hielt eine unterirdisch lahme Bewerbungsrede, inhaltlich und melodisch in etwa so, als ob er nur den Posten eines Organisationsreferenten übernehmen wollte.

Daraufhin stieg der Esslinger Landtagsabgeordnete *Wolfgang Drexler* gereizt in die Bütt und machte in einem kämpferischen, resoluten Redebeitrag klar, wie er sich die Stellenbeschreibung für den Generalsekretär vorstellte: „*Wir brauchen niemand, der neue Faxgeräte bestellt, sondern jemand, der die Speerspitze der Attacke auf den politischen Gegner bildet.*"[148] Schlagartig brandeten Begeisterungswogen durch die verschlafenen Delegiertenreihen. Es erschallten Rufe wie „*Wolfgang, mach es doch selber!*", allen voran von der Leonberger Landtagsabgeordneten *Birgit Kipfer*. Und in der Tat erklärte Drexler spontan seine Bereitschaft zur Kandidatur. Ein wutschnaubender Uli Maurer ließ den Parteitag zu Beratungen der diversen Flügel und Delegationen unterbrechen. Lange zog dann nicht zuletzt

[148] Der Verfasser nahm selbst als Delegierter an diesem Parteitag teil, - und hat die knalligen Worte von Drexler noch im Ohr.

nach Rücksprache mit Maurer seine Bewerbung zurück. Der Landesparteitag der SPD wählte *Wolfgang Drexler* daraufhin mit einem überzeugenden Votum zu seinem neuen *Generalsekretär.*

Weitere Konflikte an der Spitze von Partei und Fraktion waren damit indessen vorprogrammiert. In einem Hörfunk-Interview präzisierte Drexler sein Verständnis von den Aufgaben eines Generalsekretärs: „*1. Den politischen Gegner angreifen und zwar an der Gürtellinie, notfalls auch mal knapp darunter. 2. Für den Landesvorsitzenden im politischen Tagesgeschäft auch mal die eine oder andere Mine beiseite räumen. 3. Den eigenen Laden zusammenhalten.*“[149]

Bei der *Bundestagswahl* am *27. September 1998* wurde die Regierung Kohl abgewählt und durch eine rot-grüne Regierung unter Bundeskanzler *Gerhard Schröder* ersetzt. Auch die SPD in Baden-Württemberg fuhr mit 35,6% ein bemerkenswert gutes Ergebnis ein und lag nur noch 2,2 Prozentpunkte hinter der CDU mit 37,8%. Auch personell ging die Südwest-SPD mit gestärktem politischem Einfluss in Bonn bzw. Berlin aus der Bundestagswahl hervor: *Herta Däubler-Gmelin* wurde Justizministerin, *Walter Riester* Arbeitsminister, *Hans Martin Bury* Staatsminister im Kanzleramt und *Siegmar Mosdorf* Parlamentarischer Staatssekretär im Wirtschaftsministerium.

Trotz der Wiederwahl Maurers zum Landesvorsitzenden kamen Partei und Fraktion nicht zur Ruhe, geschweige denn zur Geschlossenheit. In der SPD-Landtagsfraktion rumorte es kräftig und der Gegenwind für Maurer nahm stetig zu. Es war vor allem sein herablassender, autoritärer Führungsstil, der sich selbst – mit geschlos-

---

[149] Vgl. Landesarchiv Baden-Württemberg, Abt. Hauptstaatsarchiv Stuttgart, R 1/008 D971029/112, Zwischenruf: Die Aufgaben des SPD-Generalsekretärs Wolfgang Drexler.

senen Augen dozierend – Allwissenheit bescheinigte und die Fraktionsmitglieder bei seinen einsamen Entscheidungen links liegen ließ, der für anschwellenden Unmut sorgte. Der Weinheimer Landtagsabgeordnete *Hans Georg Junginger* ließ seinem Verdruss einmal freien Lauf: *„Putsch von oben war doch der Wesenszug von Maurers Führungsstil all die Jahre."*[150] Schließlich verdichtete sich bei einer großen Gruppe von Abgeordneten die Unzufriedenheit zum Plan, bei der turnusmäßigen Neuwahl des Fraktionsvorsitzenden einen Gegenkandidaten ins Rennen zu schicken, nämlich den 48-jährigen Waldshuter Abgeordneten und Finanzausschussvorsitzenden *Dieter Puchta*, - womöglich aber für das Gelingen des Vorhabens personell die falsche Besetzung.

Maurer konnte sich in der *Fraktionssitzung* am *13. Oktober 1998* erst im zweiten Wahlgang letztlich dank seiner eigenen Stimme mit 20 zu 19 durchsetzen. Was viele nicht auf dem Schirm haben: Der Putschversuch gegen Maurer besaß eine starke landsmannschaftliche Note. Es war vornehmlich eine *Gruppe badischer Abgeordneter*, welche den Coup schmiedete und sich eigentlich ihrer knappen Mehrheit sicher wusste. Es lag aber auch an einem aus dieser Gruppe ausscherenden Abgeordneten, der Maurer zur denkbar knappen Wiederwahl verhalf. Dem Verfasser ist dank eines lautstarken Disputs zwischen zwei Abgeordneten vor seiner Bürotür im Haus der Abgeordneten in Stuttgart bekannt, wer der Rädelsführer war und wer der Verräter. Diesem wurde gedroht, ihn aus der *„badischen Gruppe"* auszuschließen. Der Abgeordnete, der entgegen der Abmachung schlussendlich doch Maurer seine Stimme gab, versuchte sich mit dem Argument zu rechtfertigen, es sei *„niemandem*

---

[150] Vgl. Jürgen Dahlkamp, Schröder oder ich, Der Spiegel 30/2005, 24.07.2005, https://www.spiegel.de/politik/schroeder-oder-ich-a-3de95418-0002-0001-0000-000041179081

draußen zu vermitteln", dass die SPD-Landtagsfraktion Baden-Württemberg kurz nach dem Sieg der SPD bei der Bundestagswahl nichts Besseres zu tun hat, als ihrem Vorsitzenden den Stuhl vor die Tür zu setzen. Maurer selbst ging nach der missglückten Revolte sofort zum Gegenangriff über und machte intern unmissverständlich klar, dass er nun wieder Chef im Ring sei, uneingeschränkte Unterstützung für seinen politischen Kurs verlange und im Übrigen ein Ende der „*Grüppchenbildung*" erwarte.[151]

Schon einige Monate zuvor am *3. März 1998* musste Maurer freilich in der Landtagsfraktion eine persönliche Niederlage hinnehmen. Bei der *Neuwahl des Parlamentarischen Geschäftsführers* gewann nicht sein für *business as usual* stehender Favorit, der Eppinger Abgeordnete *Wolfgang Bebber*, sondern mit 24 zu 10 glatt der überraschend mit einer organisatorischen Reformagenda angetretene ehemalige Wirtschaftsstaatssekretär *Rainer Brechtken*, der nach der vergeigten Kandidatur bei der Stuttgarter OB-Wahl mit Maurer sowieso noch eine Rechnung offen hatte.

Parlamentarische Initiativen der SPD von 1996 bis 2001

In der 12. Wahlperiode von 1996 bis 2001 brachte die SPD-Landtagsfraktion allein insgesamt *22 Gesetzentwürfe* in den Landtag ein. Die Änderung der Verfassung (u. a. neue Staatszielbestimmungen, Senkung des Quorums für Volksbegehren), des Schulgesetzes (Halbtagsschule, Stärkung der Schulautonomie) und kommunalrechtlicher Vorschriften (u. a. Volkswahl der Landräte, Jugend-

[151] Vgl. auch Horst Glück 2004, S. 89; Landesarchiv Baden-Württemberg, Abt. Hauptstaatsarchiv Stuttgart, R 3/001 D983408/130, Zur Wahl des neuen SPD-Fraktionsvorsitzenden.

gemeinderäte, Ausschluss von „Juxkandidaturen“ bei Bürgermeister- wahlen, kommunale Frauenbeauftragte) bildeten dabei mit 13 Entwürfen einen erkennbaren Schwerpunkt.

Zugleich stellte die SPD-Fraktion *18 Große Anfragen*, davon acht, also fast die Hälfte, zu Themen aus dem Bereich *Bildung* im weitesten Sinne (u. a. zur Hochschulpolitik, Weiterbildung, Kita-Förderung, Erzieherinnenausbildung und Unterrichtsversorgung).

In der 12. Wahlperiode von 1996 bis 2001 setzte der Landtag lediglich einen *Untersuchungsausschuss* ein, und zwar am 7. Oktober 1999 auf Antrag der SPD-Fraktion zur *„Förderpraxis bei der ländlichen Sozialberatung der Bauernverbände“*.[152] Gemeinsam mit der Fraktion der Grünen stellte die SPD-Fraktion zwei Anträge auf *Entlassung eines Ministers*: zum einen am 12. Juni 1998 die Entlassung von Finanzminister *Gerhard Mayer-Vorfelder* und zum anderen am 16. Januar 2001 die Entlassung der Ministerin für den ländlichen Raum *Gerdi Staiblin*.[153]

In der 12. Wahlperiode erarbeiteten drei *Enquetekommissionen* Handlungsempfehlungen. Im Kontext der angestrebten Fusion der Rundfunkanstalten von SWF und SDR beantragte die SPD-Fraktion am 16./18. Juli 1996 eine Enquetekommission *„Stärkung der Staatsferne und Unabhängigkeit des öffentlich-rechtlichen Rundfunks im*

---

[152] Vgl. die Parlamentsdokumentation PARLIS Baden-Württemberg; ferner die Liste der Untersuchungsausschüsse des Landtags von Baden-Württemberg in Wikipedia, https://de.wikipedia.org/wiki/Liste_der_Untersuchungsausschüsse_des_Landtags_von_Baden-Württemberg.

[153] Im Zuge von Teufels Kabinettsumbildung gab *Gerhard Mayer-Vorfelder* am 11. November 1998 sein Ministeramt auf, politisch erneut angeschlagen nach einer Honorar-Affäre. Auch die Minister *Erwin Vetter* und *Hermann Schaufler* mussten ihren Hut nehmen. Staiblin kehrte der Politik nach der Landtagswahl 2001 auf eigenen Wunsch den Rücken.

Südwesten". Zusammen mit der Fraktion der Grünen brachte sie am 13. Mai 1997 ferner eine Enquetekommission „*Jugend–Arbeit–Zukunft*" auf den Weg. Auf Antrag der Fraktionen von CDU und FDP/DVP beschloss der Landtag am 24. März 1999 überdies eine Enquetekommission „*Situation und Chancen der mittelständischen Unternehmen, insbesondere der Familienunternehmen, in Baden-Württemberg*".

Präsentation von Schwerpunkten, Konzepten und Veranstaltungen auf Pressekonferenzen von 1996 bis 2001

Seit Mitte 1996 sind in den Öffentlichen Ordnern des Outlook-Systems des Landtags auch alle *Pressemitteilungen* und *Einladungen* der SPD-Landtagsfraktion online für dafür berechtigte Mitarbeiter verfügbar.[154] Von Mitte 1996 bis Ende 1996 gab es *22 Einladungen zu Landespressekonferenzen*, auf denen Kampagnen, Positionspapiere, Stellungnahmen zum Regierungshandeln und Termine für Anhörungen vorgestellt wurden. Im Jahr 1997 kommt man auf 46 derartige Einladungen. Im Zentrum standen die Kampagne zu den Zuschusskürzungen für die *Schülerbeförderungskosten*[155], Treffen mit Kommunalpolitikern, Bürgermeistern und Oberbürgermeistern, der

---

[154] Es ist im Rahmen dieser Studie nicht möglich, eine systematische quantitative, geschweige denn qualitative inhaltsanalytische Betrachtung der von der SPD-Landtagsfraktion veröffentlichten Pressemitteilungen und Printmedien vorzunehmen. Selbst bei Veranstaltungen und Alternativkonzepten sind nur exemplarische Nennungen von hoher landespolitischer Relevanz möglich. Hier waltet gnadenlos der Mut zur Lücke.

[155] Am 15. Oktober 1996 veranstaltete die SPD-Landtagsfraktion ein Öffentliches Hearing zu den Schülerbeförderungskosten. Am 13. Januar 1997 übergaben der Parlamentarische Geschäftsführer *Gerd Weimer* und die Kirchheimer Abgeordnete *Carla Bregenzer* dem Staatssekretär im Staatsministerium rund *30.000 Unterschriften* auf Protestresolutionen gegen die Kürzung der Landeszuschüsse.

Startschuss für eine langfristig angelegte familienpolitische Schwerpunktaktion mit dem Motto *„Gerechtigkeit für Familien"*[156] und bildungspolitische Vorstöße wie etwa der *Schulleitertag* vom 13. Juni 1997 und das *Sofortprogramm zur Sicherung der Unterrichtsversorgung* vom 11. September 1997.

Hinzu kam insbesondere der traditionelle, jährlich stattfindende *Elterntag* für Elternbeiräte. Am 23. November 1996 widmete sich dieser mit 400 Gästen der Medienpädagogik. Liest man die Pressemitteilung dazu, kommt man sich vor wie in der Filmkomödie *„Und täglich grüßt das Murmeltier"*. Fraktionschef *Uli Maurer* betonte damals, der SPD reiche es nicht, *„nur die technisch beste Apparatur in den Schulen aufzustellen."* Gefragt seien vielmehr zeitgemäße medienpädagogische Konzepte, mit denen Medienerziehung in das allgemeine unterrichtliche und erzieherische Handeln der Schule eingebettet werde. Eine Spaltung der Gesellschaft in *„user"* und *„loser"* gelte es zu verhindern.[157] Selbst gut 25 Jahre später wirkt es vom Veranstaltungsmanagement her zudem immer noch innovativ, dass der Elterntag 1996 von Präsentations- und Demonstrationsständen bekannter Verlage und Firmen wie Klett, Schroedel, Cornelsen und IBM umrahmt wurde, was für eine Oppositionsfraktion wie die SPD beachtlich war.

---

[156] Zur Vorbereitung der Schwerpunktaktion fand am 26. April 1997 eine familienpolitische Fachtagung statt. Die Kampagne selbst und die bereitgestellten Materialien wurden von Fraktionschef Uli Maurer und der federführenden Fachpolitikerin, der stellvertretenden Fraktionsvorsitzenden *Marianne Wonnay*, am 20. Juni 1997 auf einer Landespressekonferenz vorgestellt. Am 24. Januar 1998 fand die Anhörung *„Familienpolitik im 21. Jahrhundert"* statt. Am 23. März 1998 lud die SPD-Fraktion zur Anhörung *„Die Situation der Kindergärten im Land und die künftige Kindergartenförderung"*. Ein großes Kinder- und Familienfest wurde am 10. Mai 1998 in Aalen gefeiert. Am 10. Oktober 1998 veranstaltete die SPD-Fraktion ein Hearing *„Was Kinder brauchen - Anforderungen an die Kindertagesstätte der Zukunft"*.

[157] Vgl. Pressemitteilung der SPD-Landtagsfraktion Baden-Württemberg vom 23. November 1996.

Am 8. November 1997 diskutierte der Elterntag das Thema „*Ausbau der Elternrechte - Neue Formen der Elternmitwirkung*". Am 7. November 1998 beschäftigte er sich mit der Fragestellung „*Lernen unsere Kinder in der Schule wirklich für das Leben? Perspektiven der Berufsorientierung im Unterricht*". Am 24. April 1999 ging es auf dem Elterntag um das Thema „*Entscheidend ist, was hinten herauskommt? Beiträge zur Qualitätssicherung schulischer Arbeit*". Zum Elterntag 1999 bot die SPD-Fraktion ein Diskussionsforum im *Internet* an.[158] Der Elterntag am 29. Januar 2000 drehte sich um die Frage „*Was ist eine gute Schule?*". Die Veranstaltung am 20. Januar 2001 befasste sich schließlich mit dem „*Erziehungsauftrag der Schule*". In der Regel lockte der Elterntag gut *300 interessierte Elternbeiräte* in den Plenarsaal des Landtags. Es bleibt ein Rätsel, wieso dieses konzeptionell durchdachte Format mit gutem Standing bei den Zielgruppen irgendwann zu den Akten gelegt wurde oder schlicht wegen fehlendem internem Wissensmanagement einschlief.

Im *Jahr 1998* traten Abgeordnete der SPD-Landtagsfraktion bei *29 Terminen* mit eigenen Konzepten und Vorschlägen vor die Landespresse. Eingeladen wurde etwa zur Anhörung über die Novelle der SPD-Fraktion zum Schulgesetz „*Mehr Autonomie, mehr Demokratie, mehr Elternrechte*" am 14. Mai 1998 und zur Konferenz für Schülersprecher „*Mehr Demokratie wagen - Schülermitbestimmung stärken*" am 10. Juli 1998. Aber auch der familienpolitische Schwerpunkt fand in zahlreichen Foren seine Fortsetzung.

Im *Jahr 1999* veranstaltete die SPD-Fraktion *30 Pressekonferenzen*, auf denen eigene landespolitische Konzepte präsentiert wurden und

[158] Bereits Mitte 1998 ging die SPD-Landtagsfraktion Baden-Württemberg mit einer eigenen Homepage an den Start.

zu insgesamt 12 größeren Anhörungen mit externen Referenten eingeladen wurde. Davon widmeten sich sieben Foren allein bildungspolitischen Themen. Am 20. März 1999 fand die Anhörung „*Verlässliche Halbtagsschule*" statt, am 24. April 1999 der bereits erwähnte Elterntag, am 20. Mai 1999 ein Fachgespräch zum neuen *Kindergartengesetz*, am 9. Juni 1999 die Anhörung „*Schulpraktika und Praxissemester auf dem Prüfstand*", am 29. Juni 1999 eine Anhörung zur *Hochschulgesetznovelle* der Landesregierung, am 16. Oktober 1999 der *Elterntag für Beiräte der Kindertagesstätten* und am 30. Oktober 1999 das Forum „*Zukunft der Hauptschule*".

In den Blick der SPD-Fraktion gerieten auch die *Zukunftsperspektiven des Mittelstands*. Am 22. Januar 1999 veranstaltete sie ein Forum „*Bündnis für Arbeit*", am 27. April 1999 eine Konferenz „*Innovation als Motor und Chance für Handwerk und Mittelstand im 21. Jahrhundert*", und vom 19.-22. Juli 999 eine *Energiereise* zu Firmen der alternativen Energieerzeugung und am 30. September 1999 ein Forum „*Lokale Agenda 21 als Chance für das Handwerk*".

Im Jahr *2000* fanden insgesamt *34 Pressekonferenzen* statt, auf denen zu Veranstaltungen eingeladen wurde, aber auch Ergebnisse von Klausurtagungen und eigene landespolitische Alternativvorschläge vorgestellt wurden. Von 13 Anhörungen kümmerten sich acht erneut um die Herausforderungen der Bildungspolitik. In einer Einladung hieß es sogar wörtlich, die Bildungspolitik ziehe sich wie ein „*roter Faden*" durch diese Legislaturperiode. Erwähnenswert sind folgende Veranstaltungen: 29. Januar 2000 *Elterntag*, 18. März 2000 *Schulleitertag*, 31. März 2000 *Berufliche Eingliederung junger Menschen mit Behinderungen*, 5. April 2000 *Ein Jahr nach der Jugendenquete*, 23. Mai 2000 *Zukunft der Lehrerbildung*, 22. Juli 2000 *Bildungsgipfel*, 31. Oktober 2000 *Fremdsprachenunterricht an den*

Grundschulen und 25. November 2000 *Kindergarten-Elterntag*. Andere große Foren im Jahr 2000 waren der *Bauerntag* am 25. November 2000, der *Seniorentag* am 19. Februar 2000 und die Konferenz *Innere Sicherheit* am 16. Dezember 2000. Ins Auge sticht dabei, dass die SPD-Fraktion bestrebt war, in ihre Veranstaltungen konsequent eigene bundespolitische Prominenz aus dem rot-grünen Kabinett mit einzubauen und dadurch deren Attraktivität für die angesprochenen Zielgruppen zu steigern.

Am 20. Januar 2001 nahm der *Elterntag* mit 400 Gästen den Erziehungsauftrag der Schule unter die Lupe. Am 30. Januar 2001 stellte die SPD-Fraktion ihr *Konzept zur Rekrutierung von Lehrernachwuchs* vor. Wo immer es fachlich plausibel und zugleich werbewirksam erschien, gönnte man der frisch gebackenen SPD-Spitzenkandidatin *Ute Vogt* einen Part im jeweiligen Programm.

Ausgangslage vor der Landtagswahl 2001, Maurers Karriereende als SPD-Politiker und der neue Star Ute Vogt

Mitte Januar 1999 erklärte *Uli Maurer* nach 12 Jahren an der Spitze der SPD Baden-Württemberg, nur noch bis zum Sommer im Amt bleiben zu wollen. Seinen Rückzug begründete er mit seinem nach zig Querelen angeschlagenen Image, das eben nicht gut aussehe, wie es Maurer wahrnahm, wenn einem vorher *„20 Messer ins Gesicht geflogen"* seien.[159] Bereits vorher hatte Generalsekretär Drexler eine von vielen Beobachtern als schädlich eingestufte Personaldebatte angezettelt, indem er mit Däubler-Gmelin, Riester und Mosdorf mögliche Namen für die Spitzenkandidatur 2001 ins Spiel

---

[159] Vgl. taz 21.07.2000, Wer mit dem Teufel kämpft, https://taz.de/!1221592/

brachte, Doppelchef Maurer hingegen bewusst ausklammerte und sich selbst trotz unterstellter Ambitionen auch.

Die 35-jährige bisherige stellvertretende Landesvorsitzende und Pforzheimer Bundestagsabgeordnete *Ute Vogt* und der amtierende Generalsekretär und Esslinger Landtagsabgeordnete *Wolfgang Drexler* kündigten schließlich nacheinander an, für den Landesvorsitz kandidieren zu wollen. Bereits auf dem *Sonderparteitag* der baden-württembergischen SPD am *27. März 1999* in *Heilbronn* ging es nicht nur um eine Positionierung für den Nachfolger des zurückgetretenen Bundesvorsitzenden Oskar Lafontaine, sondern auch um Kontaktpflege und das Werben um Unterstützung im sich abzeichnenden Wettbewerb zwischen Vogt und Drexler um den Landesvorsitz. Maurers Abschied von der Parteiführung bedeutete keineswegs, dass er sich auch als gewiefter Strippenzieher aufs Altenteil zu setzen gedachte. Im Hintergrund protegierte Maurer im Vorfeld des Landesparteitags die talentierte junge Ute Vogt nach Kräften. Schnell machte die gehässige Redewendung von „*Maurers Mädle*" die Runde.[160] Maurer selbst äußerte durchaus Genugtuung über seine gelungene Protektion: „*Ich habe ihr alle anderen vom Hals gehalten.*"[161]

Der *SPD-Landesparteitag* in *Friedrichshafen* am *10. Juli 1999* war bezüglich der anstehenden Personalentscheidung an Spannung nicht zu überbieten. Nur mit einem äußerst knappen Vorsprung von 164 zu 152 Stimmen gegenüber Drexler wurde *Ute Vogt* zur neuen Lan-

[160] Maurer selbst soll sein Verhältnis zu Vogt einmal als „*das des Malers zu seinem Bild*" bezeichnet haben: „*Maurer der Schöpfer, Vogt das Geschöpf.*" Zur Entwicklung des politischen Verhältnisses zwischen Vogt und Maurer vgl. das tolle Porträt von Reiner Ruf, Rückkehr des Roten Riesen, in: der Freitag, 12.08.2005, https://www.freitag.de/autoren/der-freitag/ruckkehr-des-roten-riesen
[161] Vgl. Jürgen Dahlkamp 2005.

desvorsitzenden der SPD Baden-Württemberg gewählt. Vogt war damit die erste Frau an der Spitze der Südwest-SPD. Und Drexler zeigte nach kurzer Bedenkzeit die souveräne Größe, auch unter Vogt Generalsekretär zu bleiben. Schon kurze Zeit später schaffte er es, für die Spitzenkandidatin eine fulminante, mit modernen Methoden und Instrumenten aufgezogene Wahlkampagne zu managen.

Noch vor der Sommerpause im Jahr 2000 zeichnete sich ein *Zweikampf um die Spitzenkandidatur* der SPD für die Landtagswahl am 25. März 2001 ab. Mit *Ute Vogt* und *Siegmar Mosdorf* traten zwei Bundestagsabgeordnete gegeneinander an, die in der Landespolitik als weithin unbeschriebene Blätter galten. Mosdorf war Staatssekretär im Bundeswirtschaftsministerium, Vogt stieg zur Vorsitzenden des Innenausschusses des Bundestags auf. Ursprünglich war vorgesehen, dass der Landesvorstand der SPD einen Kandidaten kürt, der dann im Herbst von einem Parteitag bestätigt werden sollte. Erst auf Initiative mehrerer Kreisverbände fiel die Entscheidung zur Durchführung einer *Mitgliederbefragung*. Der organisatorische Aufwand dafür war erheblich, weil die Satzung keine Briefwahl erlaubte und stattdessen die Stimme an einer Wahlstelle vor Ort abgegeben werden musste. Volkstümlich zugespitzt ging es um die personelle Alternative „*Das Mädle oder der Champagner-Siggi*“[162].

Auf vier gut besuchten Regionalkonferenzen stellten sich die beiden Kandidaten vor. Beobachter ordneten den Wettbewerb als „*Duell Kopf gegen Bauch*“[163] ein. Während *Ute Vogt* die sozialdemokrati-

---

[162] Vgl. Tagesspiegel, 21.07.2000, Landtagswahl: In Baden-Württemberg muss die SPD entscheiden, wer gegen Teufel gewinnen kann, https://www.tagesspiegel.de/politik/landtagswahl-in-baden-wurttemberg-muss-die-spd-entscheiden-wer-gegen-teufel-gewinnen-kann-kommentar-697174.html
[163] Vgl. Focus Magazin Nr. 29 (2000), „Teufel sieht gegen mich alt aus“, https://www.focus.de/politik/deutschland/teufel-sieht-gegen-mich-alt-aus-

schen Herzen erwärmte, appellierte *Siegmar Mosdorf* an den realistischen Verstand. Während Vogt freundlich, frisch, fröhlich und forsch daherkam, verkaufte sich Mosdorf eher als kühler neoliberaler Modernisierer für das aufstiegsorientierte, dynamische Publikum der neuen Mitte. Beide kündigten an, auch im Falle einer Niederlage bei der Wahl nach Stuttgart auf die Oppositionsbank wechseln zu wollen. Bereits bei Messungen des Applauses im Verlauf der vier Regionalkonferenzen zeichnete sich ab, dass Vogt die Nase überraschend klar vorn haben könnte. Ein Werbeschreiben zahlreicher SPD-Rathauschefs für Mosdorf wirkte sich eher kontraproduktiv aus. Vogt genoss jedenfalls eindeutig den Vorteil, besser in den Parteigliederungen und an der Basis vernetzt zu sein, obwohl Mosdorf ja immerhin der frühere Landesgeschäftsführer war.[164] Je länger der Wettbewerb dauerte, desto mehr Giftpfeile flogen zwischen den beiden Aspiranten hin und her: Vogt stichelte in Richtung Mosdorf, er könne ja gerne unter ihr Wirtschaftsminister werden, während dieser Vogt zur hoffnungsvollen Nachwuchspolitikerin degradierte und ihr einen flotten Oppositionswahlkampf vorwarf.[165]

Wie auch immer: die baden-württembergische SPD befand sich im Vorfeld der nahenden Landtagswahl im Jahr 2001 in einer Phase der anhaltenden Binnenbeschäftigung, in der die Landtagsfraktion insgesamt keine wirklich ins Gewicht fallende machtpolitische Rolle spielte, zumal sich auch ihr Chef Maurer längst auf einem abstei-

---

deutschland_id_1948325.html.

[164] Bundesjustizministerin *Herta Däubler-Gmelin* soll Vogt einmal so charakterisiert haben: *„Sie ist klug – und sie beißt“*. Ihre Gegner charakterisierten sie indes als eine *„Dünnbrettbohrerin“*, der Kompetenz, Format und Erfahrung fehlen. Vgl. taz 21.07.2000, Wer mit dem Teufel kämpft, https://taz.de/!1221592/; Focus Magazin Nr. 29 (2000), Zwei für einen Job, https://www.focus.de/politik/deutschland/zwei-fuer-einen-job-baden-wuerttemberg_id_1948322.html.

[165] Vgl. Focus Magazin Nr. 29 (2000).

genden Ast befand. Dies sollte sich erst nach der Landtagswahl 2001 wieder ändern und der Fraktion zu neuem Schwung und sichtbarem Profil verhelfen.

Das Votum der 51.000 Mitglieder vom 23. Juli 2000 zur Spitzenkandidatur besaß durchaus einen Knalleffekt: Vogt landete mit 66,7 Prozent einen überraschenden Kantersieg. Mosdorf musste sich mit mageren 33,3 Prozent begnügen.[166] Die Wahlbeteiligung lag bei 54,7 Prozent, was für dieses neuartige direktdemokratische Beteiligungsformat einen beachtlichen Mobilisierungserfolg darstellte und zugleich einen Motivationsschub für den Landtagswahlkampf auslöste. Allerdings lenkte die Urwahl aber auch ab von den wirklich relevanten landespolitischen Themen, - mediale Aufmerksamkeit hin oder her.

Die SPD Baden-Württemberg verabschiedete auf ihrem *Landesparteitag* am *30. September 2000* in *Stuttgart* eine *„Stuttgarter Erklärung*", in der sie die Kernpunkte ihres Regierungsprogramms benannte. Das Schwergewicht legte die Partei auf den Ausbau des Bildungswesens. SPD-Spitzenkandidatin *Ute Vogt* versprach zur Verbesserung der Unterrichtsversorgung 5.000 neue Lehrerstellen. Die Partei stellte sich zudem weiter hinter das auch in den eigenen Reihen politisch umstrittene Bahnprojekt *„Stuttgart 21"*. Als Gastredner trat Bundeskanzler *Gerhard Schröder* höchstpersönlich auf.

Auf dem *SPD-Landesparteitag* am *10. Februar 2001* in *Mannheim* sprach sich Landeschefin und Spitzenkandidatin *Ute Vogt* für eine neue Politikkultur aus. Sie plädierte dafür, *„alte Rituale und persön-*

---

[166] Vgl. Der Spiegel, 24.07.2000, Ute Vogt fordert Teufel heraus, https://www.spiegel.de/politik/deutschland/spd-urwahl-ute-vogt-fordert-teufel-heraus-a-86493.html; außerdem Horst Glück 2004, S. 89.

liche Angriffe aufzugeben".[167] Im ohne Gegenstimme beschlossenen Regierungsprogramm verlangte die SPD die flächendeckende Einführung der Halbtagsschule und eine Qualitätsoffensive für Kindergärten.

Der Wahlkampf lebte von den Spannungsmomenten zwischen den unterschiedlichen Temperamenten von *Erwin Teufel* und *Ute Vogt*.[168] Es zeichnete sich ein Wettbewerb zwischen einer jungen, dynamischen, kessen und sympathischen Frau[169] und einem erfahrenen, kompetenten, aber bieder wirkenden und in die Jahre gekommenen Landesvater ab. Vogt war sich im Gegensatz zu manchen auch intern vorgetragenen Vorbehalten sehr wohl darüber im Klaren, dass *„Jung und Frau"* allein nicht ausreichten, um Teufel als Regierungschef abzulösen (*„Teufel sieht gegen mich alt aus"*). Vogt verwies auf ihre schon mit 35 Jahren erreichte Wahl zur Vorsitzenden des Bundestagsinnenausschusses, zur Landesvorsitzenden der Südwest-SPD und auf das erlangte Bundestagsdirektmandat in ihrem Wahlkreis Pforzheim: *„Diese Erfolge bekommt man nicht nur, weil man freundlich, jung und dynamisch ist, sondern dann, wenn man harte Arbeit leistet und sich als kompetent erweist."*[170]

---

[167] Vgl. ntv Politik, 10.02.2001, SPD-Landesparteitag in Mannheim. Vogt will neue Politikkultur, https://www.n-tv.de/politik/Vogt-will-neue-Politikkultur-article146126.html.

[168] Vgl. Oscar W. Gabriel, *Die baden-württembergische Landtagswahl vom 25. März 2001: Fehlschlag einer „Teufelsaustreibung"*, in: Zeitschrift für Parlamentsfragen (ZParl), 33. Jg. (2002), Heft 1, S. 10-15.

[169] Vgl. Der Spiegel, 28.02.2001, Ein kesser Schnabel greift nach dem Chefsessel, https://www.spiegel.de/politik/deutschland/ute-vogt-ein-kesser-schnabel-greift-nach-dem-chefsessel-a-118482.html; ebenso Der Spiegel, 13.08.2000, Freude an der Frau, https://www.spiegel.de/politik/freude-an-der-frau-a-666d9619-0002-0001-0000-000017114437.

[170] Vgl. Die Welt, 21.07.2000, *„Ich fände es schrecklich, mit Teufel im Kabinett zu sitzen"*, Interview mit Ute Vogt, https://www.welt.de/print-welt/article524266/Ich-faende-es-schrecklich-mit-Teufel-im-Kabinett-zu-sitzen.html.

Die Aspekte *Professionalität, Modernisierung, Personalisierung* und *Amerikanisierung* spielten für die Strategen des Wahlkampfs eine große Rolle.[171] Bei der SPD wurde dies insbesondere festgemacht an der Auslagerung der Wahlkampfzentrale aus der Parteigeschäftsstelle in einer *„Kleinen Kampa"* nach dem Vorbild des Bundestagswahlkampfs 1998. Eine straffe Top-Down-Organisationsstruktur galt dafür als unverzichtbar. Dem ehemaligen *Kampa*-Manager des SPD-Bundestagswahlkampfs im Jahr 1998, *Matthias Machnig*, wird das Wort vom Wahlkampf als *„Diktatur auf Zeit"* zugeschrieben. Genauso agierten 2000/2001 dann auch der Stuttgarter Kampa-Chef und Generalsekretär *Wolfgang Drexler* und sein engster Mitarbeiter und Vertrauter *Matthias Klopfer*.[172]

Sichtbar wurde dies beispielsweise an der Organisation und Gestaltung der Veranstaltungs-Tour *„Ute Vogt im Gespräch"*, welche die Spitzenkandidatin mindestens einmal in jeden Wahlkreis in Baden-Württemberg führte. Das Konzept schrieb überall einen weithin einheitlichen Ablauf vor, der einem regelrechten Drehbuch folgte. Dazu gehörten Film, Musik, Licht, Moderation, Einmarsch der Spitzenkandidatin, Gespräch und Besucherbeteiligung. Dem örtlichen Landtagskandidaten blieb bei diesem Format nur die Rolle eines *Grüß-Gott-Onkels*. Die lokalen Funktionäre sollten spuren, den Vor-

---

[171] Vgl. zu den Aspekten Modernisierung, Personalisierung, Politikinszenierung und Amerikanisierung des Landtagswahlkampfs die Beiträge in Josef Schmid/Honza Griese (Hrsg.), *Wahlkampf in Baden-Württemberg. Organisationsformen, Strategien und Ergebnisse der Landtagswahl vom 25. März 2001*, Opladen 2002; ferner Felix Kurz, Amerikanischer Stil, in: Der Spiegel 12/2001, 18.03.2001, https://www.spiegel.de/politik/ amerikanischer-stil-a-710e06e4-0002-0001-0000-000018758775.

[172] Vgl. zum Vorbild der Bundes-Kampa und zu neuen Wahlkampfinstrumenten 2000/2001 Honza Griese, *Wahlkampf im Wandel am Beispiel der baden-württembergischen SPD*, in: Josef Schmid/Honza Griese (Hrsg.), *Wahlkampf in Baden-Württemberg. Organisationsformen, Strategien und Ergebnisse der Landtagswahl vom 25. März 2001*, Opladen 2002, S. 99-113.

gaben der Regie folgen und am besten ihr Gehirn zeitlich befristet ausschalten. Auch wenn das bisweilen arg herrschaftliche Auftreten der „*Kampa*"-Leute beim aktiven Parteivolk öfters für Unmut und Ärger sorgte, die Resonanz gab dem Ansatz recht. Vogt erreichte damit sowohl exzellente Besucherzahlen als auch ein positives Medienecho.[173]

Die politischen Beobachter waren sich einig, dass die SPD bei der Wahl 2001 Stimmengewinne erzielen wird. Insofern hatte sie dieses Mal nichts zu verlieren. Vogt gelang es im Laufe des Wahlkampfes, ihre Bekanntheits- und Beliebtheitswerte kontinuierlich zu steigern. Bei der Frage, wer der nächste Ministerpräsident sein soll, war die locker-flockig auftretende SPD-Spitzenkandidatin dem Amtsinhaber dicht auf den Fersen. Schließlich sprach sich sogar zeitweise eine knappe Mehrheit von 47 zu 45 Prozent für einen Regierungswechsel in Baden-Württemberg aus, was konservative Stammwähler schlagartig in abwehrbereite Wallung versetzte.[174] Vogt schielte zwar auf eine rot-grüne Mehrheit, konnte aber auch Umfragen ins Kalkül ziehen und schloss deshalb auch eine Ampel nicht aus: „*Wir wollen einen kleinen Koalitionspartner, aber wir nehmen auch zwei.*" Eine Große Koalition war für Vogt nur eine Option, „*wenn gar nichts mehr geht*".[175]

Im Vergleich zum desaströsen Wahlergebnis von 1996 konnte die baden-württembergische SPD auch in den Umfragen stets an Boden

---

[173] Zu Einzelheiten der Veranstaltungsreihe „*Ute Vogt im Gespräch*" vgl. Honza Griese 2002, S. 104/105.
[174] Vgl. zu den Zahlen der demoskopischen Entwicklung seit Ende 2000 die Angaben bei Oscar W. Gabriel 2002, S. 10-15.
[175] Vgl. Der Spiegel, 28.02.2001, Ein kesser Schnabel greift nach dem Chefsessel, https://www.spiegel.de/politik/deutschland/ute-vogt-ein-kesser-schnabel-greift-nach-dem-chefsessel-a-118482.html

gewinnen. Kurz vor dem Urnengang Ende März 2001 schwankte die SPD in den Erhebungen von *Infratest dimap* und der *Forschungsgruppe Wahlen* zwischen 35 und 36 Prozent.[176] Spannung erlangte der Wahlausgang durch das zeitweise vermutete und medial transportierte Kopf-an-Kopf-Rennen zwischen Schwarz-Gelb und Rot-Grün. Erst gegen Ende des Wahlkampfs lag die bürgerliche Koalition wieder klar vorn. Teufels deutlich größere Erfahrung und höhere Problemlösungskompetenz sowie die Mobilisierung von CDU-Stammwählern durch einen drohenden Regierungswechsel schienen sich durchzusetzen.

Die Auseinandersetzungen in Sachfragen wurden mangels echter kontroverser Themen als „*blass*" eingestuft. Die CDU versuchte erneut, mit ihrer Wirtschaftskompetenz zu punkten, wohingegen die SPD Defizite in der Bildungspolitik, wie etwa den hohen Unterrichtsausfall, in den Vordergrund rückte. Insgesamt blieb der thematische Gehalt des Wahlkampfes allerdings „*dürftig und langweilig*".[177]

---

[176] Vgl. https://www.wahlrecht.de/umfragen/landtage/baden-wuerttemberg.htm.
[177] Vgl. Oscar W. Gabriel 2002, S. 14.

Landtagswahl am 25. März 2001, Vogts Wiederbelebung der Partei und Drexlers Profilierung der Fraktion

Mit einem Ergebnis von 33,3% konnte die SPD bei der Landtagswahl am 25. März 2001 mit ihrer ausstrahlungsstarken Spitzenfrau Ute Vogt mehr als 8 Prozentpunkte im Vergleich zur Landtagswahl 1996 zulegen und erreichte damit auf einen Schlag wieder exakt das Epplersche Stimmenniveau von 1976. Aus einem Kopf-an-Kopf-Rennen wurde am Ende aber doch nichts: Die CDU lag mit 44,8% über 10 Prozentpunkte vor der SPD. Erwin Teufel konnte die von ihm geführte Landesregierung zusammen mit der FDP fortsetzen. Nicht unerheblich für die Landespolitik wie auch die Koalitionsarithmetik war das Scheitern der REP, die nach neun Jahren Zugehörigkeit den Wiedereinzug in den Landtag von Baden-Württemberg verpassten.

Für die strahlende Wahlheldin *Ute Vogt* hielt das persönliche Ergebnis in ihrem Wahlkreis Pforzheim einen bitteren Wermutstropfen bereit: Trotz eines gewaltigen Stimmenzuwachses der SPD – ein Plus von 13,5 Prozentpunkten – gelang es Vogt gegen CDU-Umweltstaatssekretär *Stefan Mappus* nicht, das Direktmandat zu gewinnen, und auch für ein Mandat über die Zweitauszählung reichte es nicht.[178] Vogt gehörte demnach von 2001 bis 2006 dem Landtag gar nicht an, was gravierende Folgen für ihre weitere landespolitische Karriere

---

[178] *Horst Glück*, erfahrener Wahl- und Parteienforscher, schreibt in seinem bereits mehrfach zitierten hervorragenden Aufsatz über die SPD in Baden-Württemberg, dass Vogt trotz eines satten Zugewinns an *„Erststimmen"* (sic!) das Direktmandat in ihrem Wahlkreis Pforzheim nicht gepackt habe. Das ist natürlich ein Fauxpas, denn das baden-württembergische Wahlsystem kannte anno dazumal nicht Erst- und Zweitstimme. Der Wähler hatte nur eine Stimme, die er für eine Partei (und damit auch für den Wahlkreiskandidaten) vergab. Man könnte also sagen, Vogt hat der SPD einen kräftigen Stimmenzuwachs im Wahlkreis Pforzheim beschert oder die SPD hat sich diesen mit Vogt als Bewerberin erkämpft. Vgl. Horst Glück 2004, S. 90.

hatte. Ihr blieb so nämlich die Chance verwehrt, den Schwung des guten Wahlergebnisses an die Spitze der Landtagsfraktion mitzunehmen und dort als Chefin unter Beweis zu stellen, dass sie auch Landespolitik kann.

Enge Berater hatten Vogt schon lange vor der Wahl empfohlen, in einem für die SPD als sicher eingestuften Wahlkreis, etwa in Bretten, zu kandidieren. Für Vogt gehörte es indessen zur Glaubwürdigkeit der Politik, dort anzutreten, wo man wohnt. Kritiker deuteten diese Entscheidung eher so, dass Vogt nur auf der Durchreise nach Berlin zum nächsten Karrieresprung in der Bundespolitik sei.

Die neue SPD-Landtagsfraktion wählte nach dem Scheitern Vogts als Kandidatin auf ihren Vorschlag hin den Fraktionsvize und Esslinger Abgeordneten *Wolfgang Drexler* am 3. April 2001 zu ihrem Vorsitzenden. Drexler war nach den Worten Vogts bestens für dieses Amt qualifiziert, denn er sei *„ein Freund der offenen Worte“*.[179] Er bekam 42 Stimmen, drei Abgeordnete enthielten sich. Drexler machte nun auch gegenüber Vogt, die ja weiterhin SPD-Landesvorsitzende blieb, schnell klar, wer in der spezifisch *landespolitischen* Außendarstellung die Hosen anhaben will und wird, nämlich er selbst. Um Vogt überhaupt eine relevante landespolitische Bühne zu bieten, wurde sie bei Großveranstaltungen der Fraktion in der Regel mit einem Grußwort oder einem eigenen Kurzreferat mit eingebaut.

Drexlers Amtsantritt als Fraktionschef sorgte bei einigen hauptamtlichen Beratern sofort für Unruhe, denn er war verknüpft mit einer

---

[179] Vgl. Landesarchiv Baden-Württemberg, Abt. Hauptstaatsarchiv Stuttgart, R 3/004 D013417/120, Fraktionsspitzen-Änderung nach der Landtagswahl.

bedeutenden organisationsstrukturellen Innovation: Es wurde wieder der Posten eines *hauptamtlichen* Fraktionsgeschäftsführers eingeführt, für den Drexler auch gleich den für ihn und seinen Politikansatz richtigen Mann ins Amt hievte, nämlich seinen jungen Wahlkampfmanager *Matthias Klopfer*, den späteren Oberbürgermeister von Schorndorf und danach dann von Esslingen. Da mussten einige altgediente Führungskräfte und den Ton vorgebende Stimmungsmacher innerhalb des Parlamentarischen Beratungsdienstes erstmal schlucken und sich dann nolens volens mit ihrem Abseits abfinden.

Auf dem *Landesparteitag* am *21./22. September 2001* in *Kehl* wurde Ute Vogt mit überwältigender Mehrheit (91,9% Zustimmung) erneut zur Landesvorsitzenden gewählt. Sie kündigte demonstrativ selbstsicher und machtbewusst an, bei der nächsten Landtagswahl im Jahr 2006 erneut als Spitzenkandidatin antreten zu wollen. Thematisch stand der Parteitag ganz im Zeichen der Schockwellen auslösenden Terroranschläge vom 11. September 2001 (*Nine Eleven*) in den USA.[180] Vogt stellte sich hinter den Kurs der rot-grünen Bundesregierung bei der inneren Sicherheit, rief aber zugleich zu politischen Anstrengungen im Kampf gegen den internationalen Terrorismus auf.

Der frühere Landes- und Fraktionsvorsitzende *Erhard Eppler* appellierte vehement an seine Partei, nicht von Krieg zu reden. *„Die Terrorattentäter von New York und Washington waren keine Soldaten eines Staates, sie waren Angestellte eines steinreichen Fanatikers"*,

[180] Die SPD-Landtagsfraktion wurde während ihrer Klausurtagung in Ulm von den Attentaten überrascht. Ex-Fraktionschef *Uli Maurer* prophezeite prompt unheilvoll: *„Das bedeutet den dritten Weltkrieg!"* Zeitweise erwog man den Abbruch der Konferenz, zumal sich diese ohnehin weithin vor die Fernsehschirme verlagert hatte.

betonte Eppler unter frenetischem Beifall der 320 Delegierten.[181] Der Landesparteitag beschloss einen detailreichen, durchaus zukunftsweisenden, aber leider weithin unlesbaren Antrag *„Arbeitsmarktpolitik im neuen Jahrhundert: Alte Strukturen überwinden – Verantwortung neu verteilen. Für eine Kultur der Arbeit“*.[182]

Drexler empfand Genugtuung darüber, dass er es nun – und sei es durch einen etwas dummen Zufall – zum Fraktionsvorsitzenden gebracht hatte, nachdem er beim Angriff auf den Landesvorsitz 1999 noch knapp an Vogt gescheitert war. Aber es hätte ihm zu denken geben müssen, dass er zum Fraktionsvorsitzenden auf Vorschlag von Vogt gewählt wurde, die der Fraktion infolge einer persönlichen Fehlentscheidung selbst gar nicht angehörte. Hätte die erfolgreiche Spitzenkandidatin zum Zeitpunkt kurz nach der Wahl 2001 nicht ein ausgesprochen starkes Standing genossen, so wäre eine solche Intervention in der Landtagsfraktion wohl eher als unerwünschte Einmischung in ihre inneren Angelegenheiten wahrgenommen worden.

Drexler legte sich als Fraktionsvorsitzender mit dem guten Wahlergebnis im Rücken mächtig ins Zeug, war bisweilen schnell oben auf dem Baum, kam aber auch zügig und freiwillig wieder herunter. Viele Abgeordnete in allen Fraktionen schätzten Drexlers beißenden Humor und seine Fähigkeit, eine hitzige Debatte mit einem Späßchen zu entschärfen. Allerdings beging er wie die allermeisten Pro-

---

[181] Vgl. RP Online, 21.09.2001, Landesvorsitzende Vogt auch für politische Lösungen. SPD-Parteitag Baden-Württemberg im Zeichen der Anschläge, https://rp-online.de/politik/spd-parteitag-baden-wuerttemberg-im-zeichen-der-anschlaege_aid-8382377.

[182] Vgl. https://www.beschluss.spd-bw.de/index.php?title=Arbeitsmarktpolitik_im_neuen_Jahrhundert:_Alte_Strukturen_%C3%BCberwinden_-_Verantwortung_neu_verteilen._F%C3%BCr_eine_Kultur_der_Arbeit._(Landesvorstand).

fipolitiker den Fehler, Ungeduld für eine Charakterstärke oder zumindest für ein Kompetenzmerkmal zu halten. Drexler selbst sagte kurz nach seiner Wahl: *„Ich werde ungeduldig, wenn ich etwas, das wirklich leicht verständlich ist, dreimal erklären muss."*[183]

Er pochte darüber hinaus auf Beratungsdisziplin und pünktliches Erscheinen zu Sitzungen. Als er diesen Anspruch einmal in dem ihm eigenen Cheftonfall zur Sprache brachte, hagelte es zuhauf Gegenrede, die zu einem Themenwechsel führte und die Führung unversehens in die Defensive katapultierte. Drexler und seine Vorstandsriege sahen sich, wie Fraktionsvorsitzende vor und nach ihm, dem Vorwurf ausgesetzt, Präsenz der Abgeordneten sei eigentlich gar nicht nötig, da sowieso alles vorab in kleinen Zirkeln ausbaldowert und festgezurrt werde. Der frisch gewählte Heidelberger Landtagsabgeordnete *Claus Wichmann* schoss in der kritischen Aussprache mit seinem Statement den Vogel ab: *„Für mich ist die Fraktion eine Zugewinngemeinschaft und keine Pfandleihe, wo ich mein Hirn hinterlege."*[184]

Mit dem Fortgang der Wahlperiode dürfte Drexler immer stärker klargeworden sein, dass seine Tage als Fraktionsvorsitzender schneller gezählt sein könnten als ihm lieb war. Sein Amt als Generalsekretär legte er bereits 2001 nieder. Da war Vogt mit ihrem eisernen Willen zur erneuten Spitzenkandidatur bereits vorgeprescht, auch wenn einige Obere in Partei und Fraktion nicht so früh über Namen und Personen reden wollten.

---

[183] Vgl. das faire, ausgewogene Drexler-Porträt von Johanna Henkel-Waidhofer, Hornhaut gegen Häme, in: Kontextwochenzeitung, Ausgabe 218, 03.06.2015, https://www.kontextwochenzeitung.de/politik/218/hornhaut-gegen-haeme-2927.html.

[184] Vgl. Der Spiegel, 19.01.2003, https://www.spiegel.de/politik/wolfgang-drexler-a-0494f51f-0002-0001-0000-000026161858.

In den Monaten des Jahres 2001 nach der Wahl machte der neue Fraktionsvorsitzende sofort Druck für die Vorlage und Einbringung alternativer Politikentwürfe auf mehreren Themenfeldern, wobei die Bildungspolitik wieder den Spitzenplatz einnahm. In einer *Pressekonferenz* am *19. April 2001* legten Drexler und Vogt sogar gemeinsam erste Gegenentwürfe der SPD vor:[185] „*Soziale Sicherheit stärken, Bündnis für Arbeit schmieden, Bildungsoffensive starten und Energiewende einleiten.*" Drexler brachte seinen Anspruch als Oppositionsführer am Ende der Pressemitteilung auf den Punkt: „*Mit der Konzentration auf politische Schwerpunkte tragen wir nicht nur den großen Zukunftsaufgaben für das Land Rechnung, sondern werden auch in der Bevölkerung weiter an Vertrauen gewinnen, weil wir uns um das kümmern, was den Menschen wirklich auf den Nägeln brennt. Teufel muss sich auf eine starke SPD-Opposition einstellen, die ihrer Kritik- und Kontrollfunktion offensiv nachkommt, vor allem aber durch gute Alternativkonzepte überzeugt.*" Von Anfang an bekräftigte Drexler seine wilde Entschlossenheit, die Arbeit der neuen Fraktion konsequent auf diese politischen Schwerpunkte auszurichten.[186]

Warum Maurer Europamandat versagt blieb und wie der „Rote Riese" zum „Rex Gildo der Politik" mutierte

Aber was wurde eigentlich aus *Uli Maurer*? Nach der Landtagswahl im Jahr 2001 zog sich der ehemalige Partei- und Fraktionschef anstandslos in die zweite Reihe zurück und beackerte im Landtag durchaus kreativ mit eigenen Vorschlägen das weite Feld der Europa-

[185] Vgl. Pressemitteilung der SPD-Landtagsfraktion Baden-Württemberg vom 19. April 2001.
[186] Vgl. bereits die Pressemitteilung der SPD-Landtagsfraktion Baden-Württemberg vom 4. April 2001, also nur einen Tag nach der Wahl Drexlers zum Fraktionschef.

politik. Er nahm aber auch mit der organisierten SPD-Linken in Baden-Württemberg immer wieder Stellung zu sozialpolitischen Themen.

Im Jahr 2003 startete Maurer einen letzten, verzweifelten Karriereanlauf in der SPD: Er wollte 2004 ins Europaparlament einziehen, doch Parteichefin *Ute Vogt*, die sich von ihrem einstigen Mentor längst freigeschwommen hatte, war nicht gewillt, ihm Platz 1 der Landesliste zu gewähren bzw. ihn dafür vorzuschlagen. Das war schlussendlich für den stolzen Uli Maurer eine Demütigung zu viel.[187]

Kurze Zeit später kehrte er der SPD nach einem an den Parteivorstand gerichteten Brandbrief[188] zu ihrem aktuellen „neoliberalen" Kurs den Rücken. *Reiner Ruf* von der *Stuttgarter Zeitung* sieht Maurers Motivlage differenziert: „*Verdruss über die Agendapolitik mochte eine Rolle gespielt haben, nicht minder aber verletzte Eitelkeit und der Frust über die zerstörte Karriere.*"[189] Selbst viele Jahre später in 2018 zum Erscheinungsdatum seines kleinen Büchleins über den vermeintlichen Niedergang der SPD war für Maurer klar, dass für den Selbstmordkurs allein die Parteirechte verantwortlich war. Doch einen Redakteur der *taz* ließ nach der Lektüre des schmalen

---

[187] Der Verfasser ist der festen Überzeugung, dass Maurers Austritt aus der SPD (zumindest fürs Erste) hätte verhindert werden können, wäre ihm der Spitzenplatz auf der Liste zur Europawahl 2004 gewährt und gegönnt worden – und er hätte diesen Platz angesichts seiner Verdienste als langjähriger Partei- und Fraktionschef auch verdient gehabt und überdies das Vorurteil entkräften können, dass die Parteien meist nur politische Leichtgewichte ins Europaparlament entsenden.

[188] Vgl. dessen Dokumentation auf https://www.nachdenkseiten.de/?p=189 oder auf https://www.spiegel.de/politik/deutschland/brandbrief-wenn-die-spd-ueberleben-will-muss-sie-umkehren-a-358567.html

[189] Vgl. Reiner Ruf, Der „rote Riese" sagt adieu, in: Stuttgarter Zeitung, 27.01.2013, https://www.stuttgarter-zeitung.de/inhalt.die-linke-der-rote-riese-sagt-adieu.5f45a593-9828-44e3-a26f-8c4b78009o4d.html.

Nachrufs der hellsichtige Gedanke nicht los, *„dass die Agenda 2010-Befürworter auch deshalb so großen Einfluss in der SPD gewinnen konnten, weil die intellektuelle Substanz der Parteilinken zu dünn war"*.[190] In dieser Einsicht dürfte mehr als ein Körnchen Wahrheit stecken.

Das Mitleid von *Ute Vogt* mit Maurers Leiden an der SPD hielt sich sowieso in Grenzen. Für sie war er zum Schluss seiner Laufbahn als Spitzenmann der baden-württembergischen SPD schlicht ein *„tragischer Fall"*, gleichsam ein *„Rex Gildo der Politik, der jahrelang auf den großen Bühnen stand und nicht verkraften konnte, dass diese Zeit vorbei war."*[191] Maurers Austritt aus der SPD erschien Vogt als *„Ausdruck von tiefer Verbitterung"* und *„nur noch als taktischer Schritt, um persönliche Aufmerksamkeit zu erreichen"*. Für SPD-Fraktionschef *Wolfgang Drexler* markierte Maurers Entscheidung den *„Schlusspunkt einer seit längerem schwelenden Entfremdung, aus der sich ein explosives Gemisch aus politischem Zerwürfnis und menschlicher Verbitterung zusammenbraute"*.[192]

Der Rest ist bekannt: Der Übertritt von Maurer zur *Wahlalternative Arbeit & Soziale Gerechtigkeit (WASG)* und zunächst weiter im Landtag als dort von früheren SPD-Mitstreitern angefeindeter Solokünst-

---

[190] Vgl. taz, 02.11.2018, Ein wildes Buch, https://taz.de/Krise-der-Sozialdemokratie/!5547792/

[191] Vgl. das hervorragende, unterhaltsame Maurer-Porträt zur Zeit seines Austritts aus der SPD von Jürgen Dahlkamp in: Der Spiegel, 24.07.2005, Schröder oder ich, https://www.spiegel.de/politik/schroeder-oder-ich-a-3de95418-0002-0001-0000-000041179081; ferner die Charakterisierung von Maurer in dem Porträt von Heide Platen in der taz, 13.02.2006, Der gute Freund vom Oskar, https://taz.de/Der-gute-Freund-vom-Oskar/!475510/.

[192] Vgl. Der Spiegel, 28.06.2005, SPD verlangt Mandatsverzicht von Maurer, https://www.spiegel.de/politik/deutschland/baden-wuerttemberg-spd-verlangt-mandatsverzicht-von-maurer-a-362693.html.

ler. Ein Abgeordneter der SPD-Fraktion erdreistete sich einmal, Maurer im Plenarsaal persönlich kumpelhaft zu begrüßen, und wurde daraufhin von einem anderen Genossen angegiftet „*Was gibst du Arsch dem noch die Hand?*". Schließlich gelang Maurer dann die neue politische Karriere in der Partei *Die Linke* als Mitglied des Bundestags von 2005 bis 2013.[193] Auch in seiner neuen politischen Heimat blieb *Uli Maurer* freilich ein Kämpfer vor dem Herrn und ein Politiker mit einem ganz eigenen Kopf.

[193] Vgl. Dahlkamp 2005, ferner Deutscher Bundestag, Der entschlossene Aussteiger: Ulrich Maurer, 29.05.2013, https://www.bundestag.de/webarchiv/textarchiv/ 2013/ 44957566_wege_aus_politik_maurer-212492.

Parlamentarische Initiativen der SPD-Landtagsfraktion von 2001 bis 2006

Ohne die Arbeitsfelder der Ministerien zu vernachlässigen, rückte die SPD-Landtagsfraktion seit dem Jahr 2001 noch stärker und sichtbarer politische Schwerpunkte in den Mittelpunkt ihres parlamentarischen Handelns und die Entwicklung von Alternativkonzepten gegenüber der Regierung.

Zu den politischen Schwerpunkten zählten: 1. Zukunft der Bildung – Bildung für die Zukunft, 2. Bündnis für Arbeit, Ausbildung und Wettbewerbsfähigkeit, 3. Energiewende in Baden-Württemberg, 4. Mehr Gerechtigkeit für Familien, 5. Politik für ältere Menschen.[194] Es soll nun untersucht werden, wo und wie sich diese Schwerpunkte in den *parlamentarischen Initiativen* der SPD-Landtagsfraktion, in ihren *Veranstaltungen* und *Pressekonferenzen* niedergeschlagen haben.

In der 13. Wahlperiode hat die SPD-Fraktion insgesamt *24 eigenständige Gesetzentwürfe* in den Landtag eingebracht. Ein Drittel davon, also acht, griff *kommunalrechtliche Themen* auf, etwa die Unvereinbarkeit von Bürgermeisteramt mit einem Kreistagsmandat, die Vereinfachung von Bürgerbegehren und Bürgerentscheiden, eine Frauenquote von 40% bei der Aufstellung von Kommunalwahllisten oder die Absenkung des Wahlalters auf 16 Jahre. Ein weiterer Akzent wurde im *Bildungswesen* gesetzt. Dies betrafen im engeren Sinne vier Gesetzentwürfe, nämlich die Hochschulzugangsberechtigung für qualifizierte Berufstätige, die besondere Förderung von Ganz-

194 Vgl. SPD-Landtagsfraktion Baden-Württemberg (Hrsg.), Argumente 2001. Handbuch zur Landespolitik, Stuttgart, November 2000, S. 1-31, (nur für einen internen Verteiler publiziert).

tagsschulen, den Ausbau der Kinderbetreuungsangebote und die Anhebung der Zuschüsse für Schulen in freier Trägerschaft.

Die Parlamentsdokumentation des Landtags verzeichnet für die Periode von 2001 bis 2006 exakt *23 Große Anfragen* der SPD-Fraktion. In den Vordergrund rückte bei diesem Instrument parlamentarischer Praxis die *Arbeitsmarkt- und Wirtschaftspolitik* mit fünf Initiativen, zum Beispiel eine allgemein gehaltene Anfrage zur Arbeitsmarktpolitik, aber auch zum Hochtechnologiestandort, zum Dienstleistungssektor Heilbäder und Tourismus und zu den Chancen für Existenzgründerinnen. Es folgten mit zusammen vier Großen Anfragen der *Schul- und Hochschulbereich* und ebenso vier Initiativen zur Zukunft der Kinderbetreuung bzw. des Bildungsorts Kindergarten. Aber auch andere gesellschaftlich relevante Felder deckte die SPD-Fraktion ab, so die Landespläne für den Umwelt- und Naturschutz, die Zukunft der Sportvereine und natürlich die Innere Sicherheit.

Nachdem die gesamte *Bildungspolitik* schon immer eine Herzensangelegenheit der SPD-Fraktion war und sie hier regelmäßig mit Reforminitiativen auch bei den am Schul- und Hochschulleben Beteiligten punkten konnte, spielte nun angesichts der strukturellen Defizite und des technologischen Wandels in der Industriegesellschaft die *Arbeitsmarkt- und Wirtschaftspolitik* eine größere Rolle - ganz so wie es die Schwerpunkte-Planung vorsah. Unterbelichtet blieben indessen trotz aller Ankündigungen die Familien-, Senioren- und Energiepolitik. Der starke Fokus auf kommunalrechtliche Belange festigte zwar den Ruf der SPD-Fraktion als kommunalfreundliche politische Kraft, erreichte damit jedoch keine größenmäßig bedeutsamen Zielgruppen, die solche bisweilen doch sehr speziellen Vorstöße mit in der Breite wirkender positiver Begleitmusik hätten flankieren können.

Die SPD-Fraktion stellte ferner zwei *Anträge auf Entlassung eines Ministers*: zum einen am 18. Oktober 2001 die Entlassung des Ministers für Umwelt und Verkehr *Ulrich Müller* wegen Falschinformationen zu Pannen im Kernkraftwerk Philippsburg und zum anderen am 20. Juli 2004 die Entlassung von Justizministerin *Corinna Werwigk-Hertneck*, die am 22. Juli 2004 ihren Rücktritt wegen der sogenannten *Telefon-Affäre* erklärte, in deren Verlauf sie unter Verletzung von Amtspflichten ihren FDP-Kabinettskollegen *Walter Döring* vor staatsanwaltschaftlichen Ermittlungen gegen ihn wegen des Verdachts der uneidlichen Falschaussage warnte.

In der 13. Wahlperiode wurden vom Landtag *drei Untersuchungsausschüsse* eingesetzt: „*Fehler der Atomaufsicht in Baden-Württemberg im Zusammenhang mit den meldepflichtigen Ereignissen und dem Fehlverhalten im Kernkraftwerk Philippsburg Werk 2 und die daraus zu ziehenden Konsequenzen*“ (2002–2003), „*Verhalten von Landesregierung und Landesbehörden im Zusammenhang mit kriminellen Aktivitäten von Manfred Schmider und Matthias Schmider, insbesondere bei der Firmengruppe FlowTex*“ (2002–2005) und die „*Rolle der Landesregierung bei der Verlagerung Sinsheimer Messen nach Stuttgart*“ (2005–2006).

Eine fraktionsübergreifende Initiative von CDU, SPD, FDP/DVP und Grünen vom 23. März 2004 führte zur Einsetzung einer *Enquetekommission „Demografischer Wandel – Herausforderung an die Landespolitik*“.

Umsetzung der politischen Schwerpunkte und Alternativkonzepte von 2001 bis 2006

Bis zum Jahresende nach der Wahl 2001 veröffentlichte die SPD zahlreiche Konzepte und tauschte sich mit Experten und Verbänden auf Anhörungen darüber aus. Insgesamt kommt man auf *13 Veranstaltungen bzw. Pressekonferenzen*. Im Blickpunkt standen dabei die Unterrichtsversorgung, die Gymnasialreform, Eckpunkte für ein Kindertagesstättengesetz und der Ausbau schulischer Ganztagesangebote. Hinzu kamen Vorschläge zur Wahlrechtsänderung (Zweistimmenrecht, kleine Landesliste und Inkompatibilität), für ein Sicherheitspaket und zur Beendigung der Wohnungsbaumisere.

Im Jahr *2002* fanden insgesamt *17 Veranstaltungen* statt, auf denen die SPD-Fraktion eigene konzeptionelle Vorschläge in die Diskussion mit Fachleuten und Betroffenen brachte oder landespolitisch relevante Themen auf die Agenda zu rücken versuchte. Immerhin 11 von 17 lassen sich den von Drexler ausgerufenen politischen Schwerpunkten zuordnen. Platz eins belegte erneut Bildung mit folgenden Terminen: 9. März 2002 *Elterntag zu "PISA und die Folgen"*, 13. April 2002 *Kindergartentag zu „Spielend lernen"* mit 500 Teilnehmern (sage und schreibe 2.000 wollten kommen!), 24. Juni 2002 Gesetzentwurf zur modernen *Kinderbetreuung*, 9. Juli 2002 *Konsequenzen aus der PISA-Länderstudie*, 17. Oktober und 19. November 2002 *Reform der Lehrerausbildung*, 9. November 2002 Erster *Grundschultag*. Hinzu kamen aus anderen Schwerpunkten folgende Themen: 18. Juni 2002 Ausbau der *Windenergie*, 25. September 2002 *Sofortmaßnahmen zur Ankurbelung von Konjunktur und Wachstum*, 9. Oktober 2002 *Wirtschaftsförderung* und 13. Dezember 2002 *Einschnitte bei Beschäftigungsprojekten.*

Ein Schmankerl am Rande: zum Ende des Jubiläumsjahres *„50 Jahre Baden-Württemberg"* eröffnete die SPD-Fraktion am 3. Dezember 2002 in ihren Räumen eine Ausstellung *„Mannem vorne - erst recht im Südweststaat"* mit Plakaten zur Entstehung Baden-Württembergs aus Mannheimer Sicht. Die Dokumente aus Beständen des Mannheimer Stadtarchivs belegten die aufgeladene Stimmung bei der Gründung des Landes. Die Exponate wurden erstmals in der Landeshauptstadt ausgestellt. Welchen politischen Fingerzeig die SPD-Landtagsfraktion mit dieser Plakatausstellung allerdings kommunizieren wollte, bleibt bis heute ihr Geheimnis.

Mit der *Umsetzung der Schwerpunkte* ist es dann in *2003* nicht mehr weit her. Plötzlich auftauchende aktuelle Probleme oder das Regierungshandeln selbst können die eigene Marschroute schnell gefährden, weil mehr reagiert werden muss als agiert werden kann. Aber auch fehlender Mut und Wille zu kontinuierlicher Umsetzungstreue spielen eine Rolle, zumal es bequemer und scheinbar aussichtsreicher erscheint, dem *Agenda Setting* der politischen Konkurrenz mit eigenem bemühten *Framing* hinterherzuhecheln und lieber jeden Tag eine neue, vielleicht erfolgreichere Sau durchs Dorf zu treiben.

Von insgesamt immerhin *24 Veranstaltungen bzw. Pressekonferenzen* waren lediglich *sieben mit Schwerpunktbezug*, ebenfalls sieben nahmen akribisch die Teufelsche Verwaltungsreform in allen Sektoren unter Beschuss, so die Polizei, die Forstverwaltung, die Schulen, die Lebensmittelüberwachung, die Straßenbauverwaltung, den Denkmalschutz und die Landeswohlfahrtsverbände. Zu den verkündeten politischen Schwerpunkten können folgende Termine gezählt werden: 29. Januar 2003 *Markteinführung der Brennstoffzelle*, 12. April 2003 *Elterntag*, 9. Mai 2003 *Wirtschaftsförderung*, 8. August 2003 Reform der *Lehrerbildung*, 5. September 2003 *Berufliches Schulwesen und Ganztagsschulen*, 20. Oktober 2003 *Biogene Treibstoffe* und 22. November 2003 *Schulleitungen vor neuen Herausforderungen.*

Veranstaltungen und *Pressekonferenzen* mit konzeptionellen Inhalten blieben im Jahr *2004* fast auf demselben Niveau wie im Jahr 2003, nämlich bei *23 Terminen*. Allerdings deckten nun immerhin 12 davon die beschlossenen Schwerpunkte ab. Zweidrittel davon (8) behandelten Themen aus der *Schul- und Bildungspolitik*: 13. März 2004 *Elterntag*, 22. März 2004 *Revision des Kindergartengesetzes*, 13. Mai 2004 *Frühkindliche Sprachförderung*, 15. Mai 2004 *Kindergarten-Tag*, 8. Juli 2004 *Hochschulgesetznovelle*, 21. September 2004 Anhörung *Bachelor-/Master-Studienstruktur*, 16. Oktober 2004 *Tag der Schulsekretariate* und 24. November 2004 *Hochschulreform.*

Die restlichen Termine mit Schwerpunktbezug waren: 4. März 2004 *Energiewende als Jobmotor*, 27. März 2004 *Älterwerden in Baden-Württemberg*, 19. Juli 2004 *Situation psychisch kranker Menschen*, 5. Oktober 2004 *Was heißt heute soziale Gerechtigkeit?*. Immerhin drei Veranstaltungen widmeten sich wieder der Teufelschen Verwaltungsreform und zwei der *Föderalismus-Kommission*, der Drexler und Kretschmann als Landtagsvertreter ihrer Parteien angehörten.

Im Jahr *2005* ging die Zahl der einschlägigen *Veranstaltungen* und *Pressekonferenzen* auf *19* zurück. Dafür stieg der *Schwerpunkteanteil* auf fast 70 Prozent an, nämlich auf 13 Termine. Die Dominanz von bildungspolitischen Themen (11) nahm dabei weiter zu: 13. Januar 2005 *Zukunft der Weiterbildung*, 15. Februar 2005 *Gesetzentwurf Ganztagesschule*, 9. April 2005 *Elterntag*, 18. Juni 2005 *Kindergarten-Tag*, 23. Juni 2005 *Expertenanhörung Ganztagsschulen*, 2. Juli 2005 *Tag der Schülerinnen und Schüler*, 28. September 2005 *Gesetzentwurf Kopftuchverbot in Kindergärten*, 26. Oktober 2005 *Expertenanhörung*

Kopftuchverbot, 28. Oktober 2005 *Anhörung zur Einführung von Studiengebühren*, 24. November 2005 *Kulturelle Bildung in der Schule* und 26. November 2005 *Tag der Schulhausmeister* (zunächst auch fraktionsintern von manchen belächelt, dann aber mit 300 Teilnehmern ein Riesenerfolg!).

Im Wahlkampf verlagerten sich die landespolitischen Aktivitäten naturgemäß weg von der Fraktion hin zu den Parteiebenen. So gab es in der ersten Hälfte des Jahres *2006* nur noch eine geringe Anzahl an Veranstaltungen der Fraktion: 28. Januar 2006 Anhörung „*Mit Angst und Stress zum Turbo-Abi? Erfahrungen mit dem G8*" (mit über 600 Anmeldungen!), 13. Februar 2006 Experten-Fachtagung „*Zukunftsfähige Sicherheitsplanung für Baden-Württemberg*" und 15. Februar 2006 Anhörung der Fraktionen von SPD/Grüne „*Ein Jahr Verwaltungsreform – Fehlentwicklungen stoppen*".

Erweiterung der Zielgruppenreichweite für die SPD durch das Veranstaltungskonzept „Regionalisierung"

Im März 2002 startete die Landtagsfraktion eine Veranstaltungsreihe unter dem Label „*Regionalisierung*" und knüpfte damit in gewisser Weise an das schon zu Epplers Zeiten verfolgte Konzept „*Politik in Aktionen*" an. Sie verfolgte damit die Zielsetzung, insbesondere in Wahlkreisen ohne SPD-Landtagsabgeordneten – und das waren bekanntlich viele – ihre politische Präsenz zu verstärken und zu verbreitern. Dafür wurden erhebliche finanzielle wie personelle Ressourcen eingesetzt. Es ging im Kern letztlich auch darum, die SPD-Landtagsfraktion in sozifreien Zonen für das Wahlvolk überhaupt erst einmal sichtbar zu machen.

Bestandteile der jeweils zweitägigen Regionalbereisungen waren Diskussionsforen und Runde Tische mit möglichst vielen externen Fachleuten oder vom jeweiligen Thema Betroffenen. Ergänzt wurden diese Veranstaltungen durch Fachgespräche vor Ort und Redaktionsbesuche des Fraktionsvorsitzenden bei lokalen Medien. Insgesamt wurden 3.000 bis 6.000 Einladungen pro Regionalisierung verschickt, mit dem Effekt, dass viele Ehrenamtliche, Multiplikatoren und Funktionsträger überhaupt einmal etwas von der SPD-Landtagsfraktion hörten.

In den Jahren von 2002 bis 2005 fanden insgesamt 53 Diskussionsforen bzw. Runde Tische, 109 Fachgespräche vor Ort, 25 Redaktionsbesuche und 18 Bürgerempfänge in 18 verschiedenen Regionen statt. Schwerpunktthemen waren dabei die Strukturentwicklung in der jeweiligen Region (Wirtschaft, Arbeit, Verkehr), Bildung, die demographische Entwicklung und die Verwaltungsreform. Die Resonanz konnte sich trotz einer großen Bandbreite durchaus sehen lassen: Bei den Fachforen wurden zwischen 15 und 100 Teilnehmer, bei Bürgerempfängen in der Regel zwischen 100 und 250 Besucher gezählt.[195]

In der Wahlperiode ab 2006 wurde das Regionalisierungsprojekt trotz messbarer Erfolge finanziell, personell und terminlich deutlich abgespeckt. Die hauptamtliche Stelle für die Projektleitung wurde auf einen Umfang von nur noch 50 Prozent heruntergefahren. Das Veranstaltungsformat bekam darüber hinaus eine strikte Begrenzung auf Wahlkreise verpasst, die keinen eigenen Landtagsabgeordneten und auch ansonsten keine politisch relevante Präsenz der

195 Vgl. zu den Zahlen einen internen Vermerk des damaligen Projektleiters für den SPD-Fraktionsvorstand, der dem Verfasser vorliegt.

Fraktion (etwa durch eine Klausurtagung) vorzuweisen hatten. Noch später wurde das Projekt nicht zuletzt aus finanziellen Gründen, aber auch in der Erwartung, dass andere kommunikative Kanäle (gerade in der Regierungszeit von 2011 bis 2016 mit der Strahlkraft eigener Minister, aber auch infolge des Siegeszugs der neuen sozialen Medien) erfolgversprechender erschienen, gleichsam klammheimlich zu den Akten gelegt. Damit wurde aber auch ein alter Fehler wiederholt: ein bei den ins Auge genommenen Zielgruppen mühsam aufgebautes Interesse an der Politik der SPD, ja eine bereits erreichte Vertrauensbildung wurden fahrlässig über Bord geworfen und damit auf sträfliche Weise enttäuscht.

Wieder einmal ging der SPD-Fraktion auf der Strecke der lange Atem vorzeitig aus. Und wieder einmal wurde missachtet, wie viele Hürden erst zum Schluss erfolgreiche interne wie externe politische Kommunikation zwischen „*Sender*" und „*Empfänger*" überspringen muss: denn gesagt ist noch nicht gehört, gehört ist noch nicht verstanden, verstanden ist noch nicht einverstanden, einverstanden ist noch nicht angewandt und angewandt ist noch nicht beibehalten. Viele politische Kommunikationsstrategien berücksichtigen diesen ganz einfachen Stufenprozess viel zu wenig, obwohl man wissen kann, dass der Weg zum überzeugten sozialdemokratischen Stammwähler mindestens so weit und rückfallgefährdet ist wie derjenige zum treuen Stammkonsumenten einer Marke.

Aufbau der Landesverwaltung: Die SPD-Fraktion schon wieder Vorreiter einer radikalen Strukturreform

Zu Beginn des Jahres 2003 erreichte die SPD-Landtagsfraktion mit ihrem Konzept für eine durchgreifende Verwaltungsreform große

Aufmerksamkeit.[196] Sein Kern war, die bisherigen Regierungsbezirke, Stadt- und Landkreise in ungefähr acht Regionalkreisen als neue Mittelinstanz zu bündeln. Zugleich sollten jedoch delegierbare Aufgaben so weit wie möglich bürgernah den Kommunen übertragen werden. Die Regionalkreise sollten jeweils durch einen vom Volk gewählten Regionaltag vertreten werden. Mit ihrem mutigen, ausgefeilten Konzept knüpfte die SPD an ihre radikale Reformtradition seit der Amtszeit von Innenminister *Walter Krause* Anfang der 1970er Jahre an.

Als Ziele der Verwaltungsreform nannte SPD-Fraktionschef *Wolfgang Drexler*, die treibende Kraft hinter dem Konzept, mehr Bürgernähe, mehr Transparenz, mehr Effizienz, stärkere Kommunen und eine kostengünstige, leistungsfähige Verwaltung. Der Vorschlag schreckte viele strukturkonservative Bürokraten auf, erlangte aber auch viel Zustimmung. So schrieb die *Stuttgarter Zeitung* am *9. Januar 2003* anerkennend, die SPD habe mit ihrem Konzept *„einen Stein ins Wasser geworfen, der Wellen erzeugen wird. Die Genossen, die schon der Kreis- und Gemeindereform vor 30 Jahren ihren Stempel aufdrückten, marschieren erneut vorneweg"*. Klar musste natürlich jedem politischen Beobachter trotzdem sein, dass das komplexe und spröde Thema nicht geeignet war, um in hitzigen Wortgefechten die Lufthoheit über den Stammtischen zu erlangen.

---

[196] Vgl. zum SPD-Konzept für eine durchgreifende Verwaltungsreform die Pressemitteilung der SPD-Landtagsfraktion Baden-Württemberg vom 08.01.2003 https://www.spd-landtag-bw.de/schlanker-staat-bezahlbare-verwaltung-spd-konzept-fuer-eine-durchgreifende-verwaltungsreform/

Neuer Gegenwind durch die Bundespolitik und auch Umbruch in der Landespolitik nicht zum Vorteil der SPD

Zunächst begann auch für die SPD in Baden-Württemberg alles durchaus erfreulich: Nach der Bundestagswahl am 22. September 2002 konnte Rot-Grün die gemeinsame Regierung fortsetzen. Die SPD verlor zwar leicht, aber die Grünen konnten leicht zulegen. Um 18:47 Uhr ließen CDU, CSU und ihr Spitzenkandidat *Edmund Stoiber* auf der Basis einer ARD-Hochrechnung bereits die Sektkorken knallen – was sich jedoch im Laufe des Abends als *„zu früh gefreut"* herausstellte. Danach gab es bei der Wahlparty im Landtag bald nur noch das auf dem Etikett mit den Spitzenpolitikern der Parteien versehene Bierfläschchen der Brauerei *Kaiser* aus Geislingen an der Steige mit dem Konterfei von *Gerhard Schröder* (Fotos S. 514).

Schon kurze Zeit später geriet vor allem die SPD innerhalb von Rot-Grün in schweres Fahrwasser. Die SPD hatte mehrere Landtagswahlen hintereinander krachend verloren, vor allem die in der sozialdemokratischen Herzkammer Nordrhein-Westfalen. Noch am Abend der Niederlage in NRW zogen SPD-Parteichef *Franz Müntefering* und Bundeskanzler *Gerhard Schröder* die Reißleine und kündigten an, für den Herbst 2005 Neuwahlen des Bundestags anzustreben. Da der Bundestag kein Selbstauflösungsrecht hat, wurde auf das in diesem Fall verfassungsrechtlich umstrittene Instrument der Vertrauensfrage zurückgegriffen, bei der SPD und Grüne im Bundestag dafür sorgten, dass diese nicht positiv beantwortet wurde.

Bei der *Bundestagswahl* am *18. September 2005* lag die SPD zwar nur knapp hinter der CDU, aber eben doch mit klar weniger Stimmen, woran auch Gerhard Schröders legendärer weinseliger, lustiger Krawall-Auftritt in der TV-Elefantenrunde gegen eine Kanzlerschaft von Angela Merkel angesichts des Kopf-an-Kopf-Rennens nichts ändern konnte (*„Also ich meine, wir müssen die Kirche doch mal im Dorf lassen!“*). Die SPD musste als Reaktion auf die verhasste *Agenda 2010* und die zunehmend neoliberale Ausrichtung ihrer Wirtschaftspolitik erhebliche Einbußen in Kauf nehmen (minus 4,3%). Auch die Grünen mussten leicht Federn lassen (minus 0,5%). Damit war die erste rot-grüne Bundesregierung nach nur sieben Jahren an ihr Ende gekommen. Nach zahlreichen Sondierungen zwischen den Parteien einigten sich CDU und SPD schließlich auf die Bildung einer Großen Koalition.

Kurz nach Beginn der Koalitionsverhandlungen warf *Franz Müntefering* als SPD-Parteivorsitzender (*„das schönste Amt neben Papst“*) missgestimmt und beleidigt das Handtuch, weil er im Parteivorstand seinen Mann für das Amt des SPD-Generalsekretärs, *Kajo Wasserhövel*, nicht durchbekam. Sein Nachfolger wurde Brandenburgs Ministerpräsident *Matthias Platzeck*, der aber bereits im April 2006 wegen gesundheitlicher Probleme die Segel streichen musste. Es folgte die kurze Ära des rheinland-pfälzischen Ministerpräsidenten *Kurt Beck*, der freilich mit der Berliner Welt nie richtig warm wurde und dann nach dem Kanzlerkandidaten-Drama auf der Klausur am Schwielowsee[197] wieder für Müntefering Platz machte, dem damit als bislang einzigem Politiker das Kunststück gelang, zweimal SPD-Chef zu werden.

Müntefering stieg nichtsdestotrotz als Vizekanzler in das erste Kabinett Merkel ein, die als bislang jüngste Politikerin mit 51 Jahren

---

197 Vgl. Der Spiegel, 06.09.2009, Warum das Schwielowsee-Drama bis heute nachwirkt, https://www.spiegel.de/politik/deutschland/spd-umbruch-warum-das-schwielowsee-drama-bis-heute-nachwirkt-a-647198.html

und zudem als erste Frau zur Bundeskanzlerin gewählt wurde. Die Weichen bei den bundespolitischen Rahmenbedingungen für die SPD im Südwesten waren damit neu, aber nicht besser gestellt. Die SPD regierte in Berlin nun nicht mehr als führende Kraft, aber sie regierte, und zwar selbstbewusst auf Augenhöhe mit einer kaum stärkeren CDU (34,2% vs. 35,2%). Diese Konstellation musste sich zwangsläufig auch auf den Oppositionsmodus der SPD im Stuttgarter Landtag auswirken. Der ganz scharfen Attacke gegen die CDU waren nunmehr Grenzen gesetzt. Umgekehrt aber auch. Es stellte sich eine gewisse gegenseitige Beißhemmung ein.

Das liegt daran, dass auch in der Politik die Erkenntnis gilt: Kuscheln im einen Feld, aber Draufhauen im anderen, nützt keiner Seite und ist im politischen Wettbewerb auch kommunikativ schwer vermittelbar, zumal immer die Gefahr besteht, bei Autonomiebemühungen erklären zu müssen, warum die SPD im Land eine politische Maßnahme ablehnt, der sie im Bund als Regierungspartner der CDU zugestimmt hat. Nichts verstört den Wähler mehr als die fehlende Sicht auf ein klares Profil von Person und Programm. Also ist Mäßigung im Umgang miteinander angesagt. Wer mit einem aus der Not geborenen, ungeliebten Koalitionspartner im Glashaus sitzt, sollte nicht mit Steinen werfen. Oder politikwissenschaftlicher ausgedrückt: Große Koalitionen im Bund schwächen die Kraft der Oppositionsrolle von SPD oder CDU in den Bundesländern, vor allem aber der SPD, denn sie ist in einer Großen Koalition in der Regel nicht die führende Kraft und hat deshalb weniger Möglichkeiten, den von ihr dominierten Landesregierungen Wohltaten des Bundes zukommen zu lassen. Es offenbarte sich hier also wieder die *Verschränkung von Bundes- und Landespolitik* im Allgemeinen und speziell auch für die SPD.[198] Es bedarf schon ganz besonderer Umstände – personell und/oder thematisch – , damit sich ein Landesverband der SPD von einem negativen bundespolitischen Trend für die Partei abkoppeln kann. Dies war bei den Landtagswahlen 2006 in Rheinland-Pfalz und Baden-Württemberg auch der zentrale Unterschied zwischen dem außerordentlich populären Landesvater *Kurt Beck* und dem bereits sinkenden und verblassenden Stern *Ute Vogt*. In der Regel ist eine eigenständige Profilierung auf Landesebene aus der Opposition heraus ein Ding der Unmöglichkeit. Eine Erfolgschance hat diesbezüglich nur ein starker und beliebter Ministerpräsident der SPD.

Insofern ist eine Bundestagswahl immer auch ein Gradmesser, was auf die Partei in einem Bundesland bei der nächsten Landtagswahl zukommen könnte, - positiv als Rückenwind oder negativ als Denkzettel. Umgekehrt gelten Landtagswahlen aber auch als Stimmungsbarometer für die künftigen Chancen der SPD im Bund. Und oft sind es die Landesparteien selbst, die in Ermangelung eines zündenden, rein landespolitischen Themenprofils bundespolitische Politikfelder – wie etwa das ganze Spektrum der Sozialpolitik oder den Atomausstieg – in einem Landtagswahlkampf nach vorne rücken. Der Knackpunkt lautet: Bundespolitische Themen schwappen unfreiwillig *und* freiwillig in eine Landtagswahl herein. Ungewollte Zwänge und gewollte Instrumentalisierung verbrüdern und vermengen sich so auf eine gewisse Weise.

---

[198] Generell zum Einfluss der Bundespolitik auf Landtagswahlen mit besonderem Augenmerk auf die Wahl 2006 vgl. Simone Burkhart, *Der Einfluss der Bundespolitik auf Landtagswahlen*, in: Schmid, Josef/Zolleis, Udo (Hg.), *Wahlkampf im Südwesten. Parteien, Kampagnen und Landtagswahlen 2006 in Baden-Württemberg und Rheinland-Pfalz*, Berlin 2007, S. 191-207.

Gerade die durchweg verlorenen Landtagswahlen seit dem knappen Wahlerfolg im Jahr 2002 auf Bundesebene signalisierten der SPD, was für die nächste Bundestagswahl im Busch lag. Und die tapferen Landespolitiker der SPD konnten da strampeln wie sie wollten, gegen das durch die neoliberale Agenda-Politik ziemlich ramponierte Image der SPD als Partei der sozialen Gerechtigkeit und der „*kleinen Leute*" war kein Blumentopf zu gewinnen. Diese Wirkungszusammenhänge spiegelten sich auch in den Wahlergebnissen für die SPD in Baden-Württemberg wider: bei der Landtagswahl 2001 eroberte sie noch stolze 33,3%, bei der Bundestagswahl 2002 waren es sogar 33,5%, bei der Bundestagswahl 2005 allerdings schon nur noch 30,1%.

Rumpeln in der CDU: Teufel hat die Faxen dicke und Oettinger nutzt kaltschnäuzig seine Chance

In die baden-württembergische Landespolitik kam in der Wahlperiode von 2001 bis 2006 allerhand Bewegung, vor allem auf Seiten der CDU. Zunächst einmal: Am 4. Juli 2004 bildete Ministerpräsident Teufel sein Kabinett in größerem Stil um.[199] Nach dem Rücktritt des über eine Spenden-Affäre gestolperten FDP-Ministers *Walter Döring* übernahm *Ernst Pfister* dessen Posten. Nachfolger des amtsmüden Innenministers *Thomas Schäuble* wurde sein Staatssekretär *Heribert Rech*. Schäuble wurde mit dem Posten des Vorstandsvorsitzenden der landeseigenen *Rothaus*-Brauerei versorgt. Neuer Minister für Umwelt und Verkehr wurde Staatssekretär *Stefan Mappus*, der *Ulrich Müller* ablöste. Zur neuen Sozialministerin wurde die junge Bundestagsabgeordnete *Tanja Gönner* aus Sigmaringen ernannt. Sie folgte auf *Friedhelm Repnik*, der als Geschäftsführer der landeseigenen *Toto-Lotto*-Gesellschaft dort mehr gutes Geld verdienen sollte. SPD-Fraktionschef Drexler sprach zuversichtlich von vermeintlichen „*Auflösungserscheinungen im Kabinett Teufel*“ und drückte der Kabinettsumbildung den Stempel auf: „*Von wirklicher Erneuerung oder gar Aufbruch keine Spur!*“[200]

---

[199] Vgl. Frankfurter Allgemeine, 07.07.2004, Teufel verjüngt sein Kabinett, https://www.faz.net/aktuell/politik/inland/baden-wuerttemberg-teufel-verjuengt-sein-kabinett-1177012.html , Die Welt, 08.07.2004, Teufel verjüngt sein Regierungskabinett, https://www.welt.de/print-welt/article326009/Teufel-verjuengt-sein-Regierungskabinett.html, zu den Ränkespielen im Vorfeld des Teufel-Rücktritts vgl. Der Spiegel 32/2004, 01.08.2004, Auf Teufel komm raus, https://www.spiegel.de/politik/auf-teufel-komm-raus-a-4ccb2248-0002-0001-0000-000031699519

[200] Vgl. Pressemitteilung der SPD-Landtagsfraktion Baden-Württemberg, Juli 2004, https://www.spd-landtag-bw.de/aufloesungserscheinungen-im-kabinett-teufel-immer-offenkundiger, Pressemitteilung der SPD-Landtagsfraktion Baden-Württemberg, Juli 2004, SPD zur Kabinettsumbildung: Von Erneuerung oder gar Aufbruch

Bereits kurze Zeit später, nämlich am 25. Oktober 2004, erklärte *Erwin Teufel* angefressen von seiner schleichenden Demontage seinen Rücktritt vom Amt des Ministerpräsidenten und CDU-Landesvorsitzenden. Beides sollte jedoch erst am 19. April 2005 wirksam werden. Vorausgegangen waren lange hinterhältige, quälende interne Scharmützel um seine Zukunft und eine mögliche erneute Kandidatur als Spitzenmann bei der Landtagswahl 2006, gegen die sich immer mehr Politiker und Parteigremien der CDU aussprachen. „*Unerträglich wäre für mich, wenn die Bürger den Eindruck bekommen würden, dass ich an meinem Amt klebe*," schrieb Teufel in einer Erklärung angesäuert. Für ihn war klar, wer den tödlichen Pfeil gegen ihn abgeschossen hatte.[201]

Die SPD-Landesvorsitzende Ute Vogt wertete den Rückzug Teufels mit Krokodilstränen in den Augen als „*Ergebnis einer gnadenlosen Demontage durch die eigene Partei*". Und SPD-Fraktionschef Wolfgang Drexler meinte feixend und Beileid bezeugend, Teufels Entscheidung sei „*nur konsequent, weil ihm immer mehr in der Partei die Unterstützung versagt hätten und nicht mehr daran glaubten, dass dieser Regierungschef der Landespolitik neue Zukunftsperspektiven bieten könne.*" Für Drexler war Teufel „*lange vor der jetzt getroffenen Entscheidung „stehend k. o.*".

---

keine Spur, https://www.spd-landtag-bw.de/spd-zur-kabinettsumbildung-von-erneuerung-oder-gar-aufbruch-keine-spur/

[201] Vgl. zu Teufels Ankündigung und Reaktionen darauf Stern, 25.10.2004, Erwin Teufel: Zum Rücktritt getreten, https://www.stern.de/politik/deutschland/erwin-teufel-zum-ruecktritt-getreten-3552856.html, Der Spiegel, 25.10.2004, Teufel ausgetrieben, https://www.spiegel.de/politik/deutschland/machtkampf-in-baden-wuerttemberg-teufel-ausgetrieben-a-324896.html, Frankfurter Allgemeine, 26.10.2004, Mitglieder sollen Machtkampf klären, https://www.faz.net/aktuell/politik/inland/teufel-nachfolge-mitglieder-sollen-machtkampf-klaeren-1192767-p2.html.

Bei einer für große mediale Aufmerksamkeit sorgenden landesweiten CDU-Mitgliederbefragung zur Klärung der Nachfolge setzte sich der Fraktionsvorsitzende *Günther H. Oettinger* Ende 2004 mit 60,6 Prozent der abgegebenen gültigen Stimmen klar gegen seine Widersacherin, die von Teufel favorisierte Kultusministerin *Annette Schavan* durch, die auf einen Stimmenanteil von 39,4 Prozent kam. Die Wahlbeteiligung lag bei erstaunlichen 70,6 Prozent der Mitglieder.[202]

Am 21. April 2005 wurde Oettinger vom baden-württembergischen Landtag zum neuen Ministerpräsidenten gewählt. Die in der Mitgliederbefragung klar unterlegene Annette Schavan blieb zunächst Kultusministerin. Sie und andere CDU-Granden werteten dies als Zeichen einer neuen Geschlossenheit in der CDU nach einem normalen demokratischen innerparteilichen Wettbewerb, der natürlich weder politische Gräben noch menschliche Verwundungen zurückgelassen hatte.

Ute Vogt auf dem Gipfel: In der Landespartei ohne Gegner, in der Bundespolitik im Karrierehoch

Ute Vogt reüssierte inzwischen weiter auf der bundespolitischen Bühne. Bereits am 22. Oktober 2002 wurde sie zur Parlamentarischen Staatssekretärin im Bundesinnenministerium berufen (am 22. November 2005 schied sie aus diesem Amt aus). Von 2003 bis 2007 war Vogt stellvertretende Bundesvorsitzende der SPD, danach im-

---

[202] Vgl. Die Welt, 02.12.2004, Oettinger gewinnt Zweikampf um Teufel-Nachfolge, https://www.welt.de/politik/article356290/Oettinger-gewinnt-Zweikampf-um-Teufel-Nachfolge.html, Stern, 03.12.2004, CDU-Mitgliederbefragung: „Kronprinz" besiegt „Lieblingskind", https://www.stern.de/politik/deutschland/cdu-mitgliederbefragung–kronprinz–besiegt–lieblingskind–3552638.html.

merhin noch Mitglied im Parteivorstand. Bundeskanzler *Gerhard Schröder* beförderte Vogt gar in die *„Führungsreserve erster Klasse in der SPD"*.[203] In kürzester Zeit wurde der baden-württembergischen Senkrechtstarterin attestiert, das Zeug zur Ministerin zu haben. In den Jahren von 2001 bis 2005 befand sich Vogt zweifellos auf dem Höhepunkt ihres innerparteilichen Einflusses und ihrer politischen Karriere überhaupt. Viele Beobachter innerhalb wie außerhalb der SPD trauten der Nachwuchshoffnung zu diesem Zeitpunkt noch große Erfolge in und mit der SPD zu.

Vogts Erfolg in Berlin hatte für die Südwest-SPD indessen nicht nur Vorteile. Zu diesen gehörten sicher die Einbringung von Sichtweisen der baden-württembergischen SPD in Parteispitze und Regierung hinein, ein gewisses symbolisches Gewicht und auch der Zugang zu exklusivem Herrschaftswissen. Der große Nachteil, den früher schon *Alex Möller* und *Erhard Eppler* spüren mussten, war die räumliche wie auch mentale Ferne vom landespolitischen Geschehen. Wer als Staatssekretärin am Wochenende bei Versammlungen von irgendwelchen Verbänden von Innenminister Schilys Gnaden ein Grußwort verlesen durfte, konnte eben nicht bürgernah und kontaktfreudig gesellige Termine in der Fläche des Landes Baden-Württemberg wahrnehmen. Auch Vogt sah sich deshalb bald dem Vorwurf ausgesetzt, zu weit weg von den Leuten im Ländle zu sein. Als Landesvorsitzende groß etwas daran ändern konnte sie indes nicht, solange sie dem Landtag nicht selbst angehörte.

Auf dem *Landesparteitag* in *Heilbronn* am *20./21. Juni 2003* wurde Ute Vogt mit starken 82,2% Zustimmung als SPD-Landesvorsitzende

---

[203] Vgl. Der Spiegel, 27.03.2001, Ute Vogt: Shooting-Star mit dem Zeug zur Ministerin, https://www.spiegel.de/politik/deutschland/ute-vogt-shooting-star-mit-dem-zeug-zur-ministerin-a-124929.html.

bestätigt – allerdings ein Rückgang um fast 10 Prozentpunkte im Vergleich zu 2001.[204] Vogt forderte die Partei auf, den Kurs der Erneuerung mit weiteren Reformen über die *„Agenda 2010"* hinaus fortzusetzen. Die Beschlussfassung über einen vor allem in seinen rentenpolitischen Aussagen umstrittenen Leitantrag zur Reform der sozialen Sicherung wurde auf den nächsten Parteitag im September in Wiesloch verschoben. Beschlossen wurde indessen die baldige Abschaffung der Wehrpflicht[205] und die von der Landtagsfraktion konzipierte Verwaltungsreform mit der Schaffung von Regionalkreisen. Vogt erneuerte ihr Angebot, im Jahr 2006 bei der Landtagswahl erneut als Spitzenkandidatin zur Verfügung zu stehen. Auf gut Deutsch: Sie wollte wieder antreten. Die *Welt* kommentierte die Machtposition Vogts zu diesem Zeitpunkt völlig zutreffend: *„Weit und breit ist in der Partei niemand zu sehen, der ihr den Rang streitig machen könnte."*[206]

Es kam der *Landesparteitag* am *12. März 2005* in *Karlsruhe*. Ute Vogt wurde mit gigantischen 93 Prozent der Stimmen zur Spitzenkandidatin der SPD für die Landtagswahl im März 2006 gewählt. Und noch besser lief es für sie auf dem *Landesparteitag* am *9./10. Dezember 2005* in *Kehl*. Vogt wünschte sich vom Parteitag ein *„kämpferisches Signal"* und bekam es: die SPD-Landeschefin erzielte mit 93,2

---

204 Vgl. Frankfurter Allgemeine, 20.06.2003, Ute Vogt als Chefin der Südwest-SPD bestätigt, https://www.faz.net/aktuell/politik/baden-wuerttemberg-ute-vogt-als-chefin-der-suedwest-spd-bestaetigt-11327273.html, Die Welt, 23.06.2003, Südwest-SPD gegen Wehrpflicht, https://www.welt.de/print-welt/article241850/ Suedwest-SPD-gegen-Wehrpflicht.html.

205 Nach dieser Positionierung wurde Vogt von ihrem stets zu cholerischen Anfällen neigenden Chef, Innenminister *Otto Schily*, für eine Rüge einbestellt und mit der Ansage entlassen, wenn sie noch einmal von der offiziellen Parteilinie abweiche, werde er sie als Staatssekretärin raus werfen müssen; vgl. Stern, 06.07.2007, Falsche Höhepunkte und andere Blamagen, https://www.stern.de/politik/deutschland/spd-bawue-falsche-hoehepunkte-und-andere-blamagen-3266716.html

206 Vgl. Die Welt, 23.06.2003.

Prozent bei der Wahl zur Vorsitzenden nicht nur deutlich mehr Zustimmung als 2003 (82,2), sondern übertraf sogar ihr Spitzenergebnis von 2001 (91,9).[207] *Ute Vogt* konnte sich genüsslich auf dem Gipfel ihrer zumindest innerparteilichen Akzeptanz, ja Beliebtheit sonnen und im Hauptberuf einen guten Job auf Bundesebene machen, während die Abgeordneten der Landtagsfraktion derweil unter der sympathischen Knute ihres Wirbelwinds *Wolfgang Drexler* die landespolitische Kärrnerarbeit erledigten und sich redlich um sozialdemokratische Profilbildung bemühten. Bald aber sollte es für Vogt, für sie selbst wahrscheinlich einem Albtraum gleichend, mit dem Fahrstuhl von ganz oben rasend schnell in den Keller gehen.

Kabinettsmitglieder aus Baden-Württemberg 2002 in Rot-Grün und 2005 in der Großen Koalition

Nach der Zusammenlegung von Wirtschafts- und Arbeitsressort und dem naheliegenden Verzicht von *Herta Däubler-Gmelin* auf ein Ministeramt (sie hatte sich im Wahlkampf mit einem dummen Vergleich der US-Außenpolitik mit den Nazis selbst ins Abseits geschossen) stellte die SPD Baden-Württemberg keinen Minister mehr im Kabinett Schröder. Es verblieben lediglich Posten als Staatsminister bzw. Staatssekretärinnen: *Hans Martin Bury* im Auswärtigen Amt, *Marion Caspers-Merk* im Gesundheits- und *Ute Vogt* im Innenministerium. In der ersten Großen Koalition unter der Führung von Kanzlerin Merkel änderte sich an dieser vergleichsweise schwachen Repräsentanz nicht viel: *Marion Caspers-Merk* behielt

---

207 Vgl. Tagesspiegel, 11.12.2005, Einst ungeliebt, jetzt gefeiert, https://www.tagesspiegel.de/politik/einst-ungeliebt-jetzt-gefeiert-1282954.html.

ihr Amt, *Gernot Erler* wurde Staatsminister im Auswärtigen Amt und *Karin Roth* Staatssekretärin im Verkehrsministerium. Ab 17. November 2007 kam *Nicolette Kressl* als Staatssekretärin im Finanzministerium hinzu.

Politische Ausgangslage und strategische Rahmenbedingungen für die Landtagswahl 2006

Sowohl bundespolitisch (Große Koalition statt Rot-Grün) als auch landespolitisch (smarter Oettinger statt dröger Teufel, Imagewechsel bei Vogt von der locker gelockten Newcomerin zur ernst dreinblickenden Staatsmännin) sah sich die SPD einer neuen Konstellation gegenüber. Von vornherein stand fest, dass sich das große Kino „*Die kesse Ute gegen die Spaßbremse Erwin*“[208] nicht mehr vorführen ließ, erzählen aber auch nicht mehr die starke Geschichte „*Die freche, junge Motorradfahrerin gegen die alten Säcke aus der CDU*“[209].

Die Chancen, an das gute Resultat von 2001 anzuknüpfen oder es gar zu übertrumpfen, wurden selbst intern als gering eingestuft.[210] Vogts Zugkraft und Ausstrahlung büßte an Wirkung ein. Ein echtes Kontrastprogramm zur Regierungspolitik wurde ebenso vermisst wie ein thematisches Alleinstellungsmerkmal, mit dem die Spitzenkandidatin hätte punkten können. Vogt litt unter ihrer bereits erwähnten geringen Präsenz in der Landespolitik. Auch ihr Mitzün-

---

208 Vgl. Stern, 22.09.2007, Es war einmal die kesse Ute, https://www.stern.de/politik/deutschland/suedwest-spd-es-war-einmal-die-kesse-ute-3273018.html

209 Vgl. taz, 19.09.2007, Ungreifbar und angegriffen, https://taz.de/!5194756/?goMobile2=1600905600042

210 Zu Ausgangslage und Wahlkampf 2006 vgl. Oscar W. Gabriel/Kerstin Völkl, *Die baden-württembergische Landtagswahl vom 26. März 2006: Schwarzes Land mit bunten Tupfern*, in: Zeitschrift für Parlamentsfragen (ZParl), 38. Jg. (2007), Heft 1, S. 17ff.

deln beim Rücktritt des SPD-Bundesvorsitzenden *Franz Müntefering* im Zuge der Berufung eines Generalsekretärs seiner Wahl kostete sie Zustimmung.[211]

Der Wahlkampf plätscherte eher spannungsarm bis langweilig dahin. Eine Wechselstimmung war weit und breit nicht zu verspüren. Es gelang der SPD auch nicht, Probleme auf dem Arbeitsmarkt oder Erfordernisse des Strukturwandels auf die Themenagenda zu bringen und in Zustimmungswerte für die eigenen Vorschläge umzumünzen.[212] Die CDU bewegte sich in allen wahlentscheidenden Kompetenzbereichen mit Abstand vor der SPD. Die ökonomische Lage war gut, die Arbeitslosenzahlen gering und die Zufriedenheit mit der Landesregierung rangierte bei immerhin 58%. Selbst fast jeder zweite SPD-Anhänger lobte die Regierungsbilanz der CDU. Vogt wurde zwar als sympathischer und sozialer eingestuft als Oettinger, dieser aber als kompetenter und führungsstärker. Oettinger versuchte zudem mit dem Projekt „*Kinderland*" Modernisierungsdefizite der CDU in der Familien- und Schulpolitik zumindest symbolisch clever auszugleichen. Der Wahlkampf der SPD mit den Elementen Themenorientierung, Angriffswahlkampf mit einem Schuss „*negative campaigning*" und Personalisierung wollte nicht richtig zünden.[213] Keine 20 Prozent der Wählerschaft meinten, eine SPD-geführte Landesregierung könnte die Herausforderungen besser meistern.

---

[211] Vgl. Frankfurter Allgemeine, 04.11.2005, „*Hätte ich zuvor gewusst, welche Folgen das hat*", https://www.faz.net/aktuell/politik/inland/spd-haette-ich-zuvor-gewusst-welche-folgen-das-hat-1278846.html

[212] Vgl. Die Zeit, 23.03.2006, Was fiept denn da. In Baden-Württemberg mischt sich unter die Wahlkampfparolen ein nervöser Krisenton, https://www.zeit.de/2006/13/BW_2fDaimerChrysler

[213] Zur Wahlkampfstrategie 2005/2006 der SPD in Baden-Württemberg vgl. Jun, Uwe/Höhne, Benjamin, *Erfolgreiche Personalisierung und missglückte Themenorientierung: Die SPD-Wahlkämpfe in Rheinland-Pfalz und Baden-Württemberg 2006*, in: Schmid/Zolleis (Hg.) 2007, S. 88-115, hier S. 101ff.; ebenso Gabriel/Völkl 2007.

Nur wenige Tage vor dem Wahltermin landete Vogt mit der sogenannten *„Orgasmus-Lüge“*[214] noch einen bundesweiten medialen Knaller, der ihr Kopfschütteln, Spott, Häme, breites Grinsen und dergleichen mehr eintrug. Die üble, tendenziell frauenfeindliche Masche des Radiosenders wurde hingegen kaum kritisch aufgespießt. Die Gelackmeierte war Vogt. Ihr Gegenspieler Oettinger wurde auf vergleichbarer Ebene aber nicht gefragt, ob er schon einmal mit einer Frau im Bett versagt habe. Nein, er durfte die Lappalie zugeben, in Berlin schon einmal eine Marihuana-Zigarette gepafft zu haben.[215]

Vogt musste sich im Wahlkampf indessen mit weiteren frauenfeindlichen Ressentiments herumschlagen. So fragten sich Kritiker verlogen besorgt, wieso die SPD-Spitzenkandidatin mit Anfang 40 noch ledig oder gar ohne Beziehung war (mit dem unausgesprochenen Verdacht dahinter, dass mit der in der sexuellen Orientierung vielleicht was nicht stimmt), warum sie eine dicke Lippe zur Familienpolitik riskierte, obwohl sie selbst keine Kinder hatte, und warum

---

[214] Vogt hatte in einem Interview mit dem Privatsender *Hitradio Antenne 1* auf eine entsprechende Frage der beiden Redakteure – angeschlossen an einen angeblichen Lügendetektor – zugegeben, schon einmal einen Orgasmus vorgetäuscht zu haben. Der Sender betrieb mit der Geschichte ein gekonntes Marketing, und schon bald landete Vogt auf der Titelseite der *Bild*. Später räumte sie ein, dass es ein *„Fehler“* war, *„auf diese Frage zu antworten. Ich hätte aufstehen und gehen müssen.“* Vgl. Süddeutsche Zeitung, 17.05.2010, *„Ich habe einen typischen Frauenfehler gemacht“*, https://www.sueddeutsche.de/politik/ute-vogt-ich-habe-einen-typischen-frauenfehler-gemacht-1.152317, ferner Der Spiegel, 23.03.2006, Warum Ute Vogt über ihr Sexualleben plauderte, https://www.spiegel.de/politik/deutschland/luegendetektor-spielchen-warum-ute-vogt-ueber-ihr-sexualleben-plauderte-a-407523.html, taz, 24.03. 2006, Von Beichten und Sexlügen, https://taz.de/Von-Beichten-und-Sexluegen/!456502/.

[215] Vgl. Focus, 29.08.2013, Radio-Geständnis: Oettingers Flirt mit Marihuana, https://m.focus.de/politik/deutschland/oettingers-flirt-mit-marihuana-radio-gestaendnis_id_1728346.html

sie sich auf einem Großplakat mit einem Hund ablichten ließ, der gar nicht ihr eigener war. *Zeit*-Redakteurin *Tina Hildebrandt* bündelte diese Vorurteile in dem Dreiklang: „*Kein Mann, kein Kind, kein Hund*".[216]

Langer Rede kurzer Sinn: Die Umfragewerte für die SPD verhießen zwar keine Chance auf einen Regierungswechsel, aber sie schwankten bis kurz vor der Wahl nichtsdestotrotz immerhin bei rund 30%.[217] Umso bitterer schmeckte den Sozialdemokraten das tatsächliche Ergebnis am Wahlabend.

[216] Vgl. den grandiosen Artikel von Tina Hildebrandt, Kein Mann, kein Kind, kein Hund, in: Die Zeit, 06.04.2006, https://www.zeit.de/2006/15/Titel_2fUte_Vogt_15
[217] Vgl. https://www.wahlrecht.de/umfragen/landtage/baden-wuerttemberg.htm

Landtagswahl am 26. März 2006, Ute Vogts Absturz und Scheitern als Fraktionsvorsitzende und Aufstieg des Gegensatzpaares Schmid/Schmiedel

Das Wahlergebnis bescherte der SPD und Ute Vogt ein böses Erwachen: mit 25,2% rutschte sie um 8,1 Prozentpunkte in den Keller und fuhr ihr nach 1996 schlechtestes Ergebnis ein. Vogt verlor fast exakt in der Größenordnung wie sie 2001 zugelegt hatte.[218] Die CDU mit Oettinger indessen landete mit 44,2% fast auf dem Niveau von 2001 und schrammte nur knapp an der absoluten Mehrheit der Landtagsmandate vorbei. Erschreckend war die Wahlbeteiligung: Sie sank mit 53,4% auf einen Tiefstwert seit der Gründung des Landes Baden-Württemberg, wobei sie in den badischen Landesteilen und in den Großstädten besonders niedrig ausfiel.[219] Die Abstinenz der Wähler signalisierte in gewisser Weise, dass nur sehr wenige daran glaubten, dass bei dieser Wahl wirklich etwas auf dem Spiel stand.

Trotz des Wahldebakels meldete Vogt sofort ihren Anspruch auf den Fraktionsvorsitz an, nachdem sie nun im Wahlkreis Bretten ein Landtagsmandat errungen hatte. Dies stieß nicht überall bei Abgeordneten auf Begeisterung,[220] und auch nicht bei allen Mitgliedern

---

[218] Zu den ersten Schockreaktionen am Wahlabend vgl. Der Spiegel, 26.03.2006, Ute Vogts schwerste Stunde, https://www.spiegel.de/politik/deutschland/baden-wuerttemberg-ute-vogts-schwerste-stunde-a-408074.html, zu den möglichen Konsequenzen ferner Frankfurter Allgemeine, 27.03.2006, Ute Vogt vor ungewisser politischer Zukunft, https://www.faz.net/aktuell/politik/baden-wuerttemberg-ute-vogt-vor-ungewisser-politischer-zukunft-1302953.html

[219] Zu Einzelheiten des Wahlergebnisses vgl. Gabriel/Völkl, 2007, S. 21ff.

[220] So kündigten die beiden Abgeordneten *Reinhold Gall* und *Ingo Rust* gegenüber der *Heilbronner Stimme* mehr oder weniger unverblümt an, Vogt nicht zur Fraktionsvorsitzenden zu wählen; vgl. Stimme, 29.03.2006, Gegenwind aus dem Unterland für Ute Vogt, https://www.stimme.de/archiv/stadt-hn/sonstige-gegenwind-aus-dem-unterland-fuer-ute-vogt-art-747597; die Aalener Landtagsabgeordnete *Ulla Haußmann* übte

im Landesvorstand oder beim DGB-Landesvorsitzenden *Rainer Bliesener*. Zahlreiche Abgeordnete, Landesvorstandsmitglieder und Kreisvorsitzende hätten eine sogenannte „*Tandemlösung*“ bevorzugt, also die Aufteilung von Partei- und Fraktionsvorsitz zwischen Vogt und Drexler. Vogt musste in der entscheidenden Sitzung der neuen Fraktion alle Solidarität einfordernden Register ziehen, um sich mit ihrem Anspruch durchzusetzen. Auf das vergiftete Lockangebot, es doch weiter mit einer rollenteiligen Doppelspitze zusammen mit Drexler zu versuchen, fiel sie nicht herein. Zuvor hatte der gesundheitlich bereits angeschlagene SPD-Bundesvorsitzende *Matthias Platzeck* noch eine kleine Lanze für die Wahl von Vogt gebrochen.[221]

Wolfgang Drexler gab die Oppositionsführung nur höchst widerwillig ab, doch er biss sich auf die Zähne, verzichtete auf eine eigene Kandidatur und empfahl die Wahlverliererin.[222] Nach 1999 bei der Wahl zum Parteivorsitz zog Drexler gegenüber Vogt nach einem Intermezzo erneut den Kürzeren. „*Ute Vogts Schatten heißt Wolfgang Drexler*“, hieß es bissig in einem Artikel der Tageszeitung *taz*.[223] Be-

---

scharfe Kritik an Vogts Wahlkampf und erklärte, Vogt bei der Wahl zur Fraktionsvorsitzenden ihre Stimme verweigert zu haben, vgl. Schwäbische Post, 31.03.2006, Haußmann kritisiert Ute Vogts Wahlkampf, https://www.schwaebische-post.de/ostalb/aalen/stadt-aalen/haussmann-kritisiert-ute-vogts-wahlkampf-90498750.html

[221] Vgl. Frankfurter Allgemeine, 29.03.2006, Zitterpartie für Ute Vogt, https://m.faz.net/aktuell/politik/baden-wuerttemberg-zitterpartie-fuer-ute-vogt-1305055.amp.html, ferner Frankfurter Allgemeine, 27.03.2006, Platzeck: Ute Vogt soll weiter SPD in Stuttgart führen, https://www.faz.net/aktuell/politik/inland/baden-wuerttemberg-platzeck-ute-vogt-soll-weiter-spd-in-stuttgart-fuehren-1304860.html

[222] Drexlers unfreiwilliger Abgang als Fraktionschef wurde kompensiert durch den Posten eines Stellvertretenden Landtagspräsidenten mit den zu diesem Amt gehörenden Insignien der Macht wie zusätzliches Büro mit Mitarbeiter, Dienstwagen mit Fahrer und erhöhte Diäten.

[223] Vgl. taz, 19.09.2007.

reits am 29. März 2006 wurde Vogt mit 24 Ja-Stimmen zur neuen Fraktionsvorsitzenden gewählt. Gegen sie votierten 11 Abgeordnete, drei enthielten sich der Stimme.[224] Die sehr bescheidene Zustimmungsquote von 63,1% musste für Vogt bereits ein Warnsignal gewesen sein. Einerseits war sie gefordert, rasch eine breitere Vertrauensgrundlage für sich zu erarbeiten, andererseits konnte sie ahnen, mit welchen Knüppeln zwischen den Beinen sie noch zu rechnen hatte.

Erheblichem Gegenwind sah sich Vogt bereits Ende September 2006 auf der *Klausurtagung* der Landtagsfraktion in *Titisee-Neustadt* ausgesetzt. Entgegen ihrer ursprünglichen Ankündigung oder zumindest vagen Bereitschaft, den langjährigen, erfahrenen und hoch angesehenen Parlamentarischen Berater und Vizegeschäftsführer *Helmut Seidel* als neuen Fraktionsgeschäftsführer vorzuschlagen, zauberte Vogt plötzlich den jungen, noch neuen Fraktionsberater *Martin Körner* aus dem Hut. Vogts vermeintlicher Wortbruch brachte viele Abgeordnete gehörig auf die Palme und bescherte ihrem Personalvorschlag nach langatmigen, stundenlangen Beratungen zahlreiche Nein-Stimmen. Vogt hatte allerdings das in der Geschäftsordnung der SPD-Landtagsfraktion verankerte Vorschlagsrecht der Fraktionsvorsitzenden für diesen Posten auf ihrer Seite.

Von Frust geprägter Schlagabtausch bestimmte die Atmosphäre auf dem *Landesparteitag* am *21./22. September 2007* in *Fellbach*. Vogt wurde nach interner Kritik an ihrem Kurs und ihrer Führung mit nur noch 77,4% erneut zur Landesvorsitzenden gewählt. Sie blieb damit deutlich hinter ihren Resultaten aus den Jahren 2001, 2003 und 2005 zurück. Vogt nahm in ihrer Rede – bereits unter dem Eindruck ihres

---

[224] Vgl. Stimme, 29.03.2006.

Absturzes, der freilich mitnichten nur ihr persönlicher war – auch die Landtagswahlkampagne 2006 selbstkritisch unter die Lupe: *„Der Landtagswahlkampf von 2006 ist bei der Bevölkerung nicht angekommen. Konzeptionell nicht, inhaltlich nicht und persönlich nicht.*[225]

Vogt nahm zur Überraschung vieler Delegierter kein Blatt vor den Mund, sondern redete frei von der Leber weg. Man habe kein Thema so in den Mittelpunkt gerückt, *„dass der Funke auch emotional auf die Menschen im Land überspringen konnte.*" Und Vogt weiter: *„Die Modernität, die Frische und auch der Humor des Wahlkampfs 2001 haben 2006 in der Kampagne schlicht gefehlt.*" Diese offenherzige, ehrliche Analyse stammte immerhin aus dem Munde der Spitzenkandidatin höchstpersönlich und war nicht in einem für viel Geld erstellten Analyse-Papier externer Schlechtachter zu lesen. Auch ihr Wahlkampffoto sei viel zu streng gewesen, befand Vogt. Was sollten kritische Kommentatoren innerhalb wie außerhalb der Partei in den Medien dieser Eigenanalyse noch hinzufügen? Sie hätten etwa schreiben oder senden können, dass der Verlierer trotz aller in den zuständigen Gremien gemeinsam gefassten Beschlüsse immer einsam mit abgesägten Hosen dasteht, während der Gewinner sich vor schleimenden Kletten nicht zu retten vermag.

Vogt sprach sich dafür aus, den Stellenwert der Landespolitik zu steigern. Das klang schlüssig und harmlos zugleich. Doch bei vielen Landtagsabgeordneten bimmelten da bereits die Alarmglocken, denn sie ahnten voller Furcht, dass da unerbetene Einmischung in ihre originären Angelegenheiten drohen könnte. Vogt ließ sich indes

---

225 Vgl. Rede von Ute Vogt auf dem SPD-Landesparteitag am 21./22. September 2007 in Fellbach, https://www.spd-bw.de/landesparteitag-in-fellbach-21-und-22-september-2007/s:68983/

nicht beirren: Sie sah genau in dieser Hinsicht eine bedenkliche, ineffiziente Schlagseite in der Aufstellung der baden-württembergischen SPD. So hielt sie es für eine große Herausforderung, *„die Arbeitsteilung, dass die Fraktion im Landtag die Landespolitik bearbeitet und der Rest sich lieber um alle anderen Politikfelder kümmert, zu überwinden.*" Genau mit dieser Arbeitsteilung konnten aber die Landtagsabgeordneten ganz gut leben, denn aus ihrer Sicht spielte die landespolitische Musik sowieso nur im Stuttgarter Parlament und keineswegs bei selbsternannten Experten im SPD-Landesvorstand. Vogt verlangte auf dem Parteitag von ihren Kritikern und Gegnern vehement *„eine offene und ehrliche Debatte*". Sie nahm für sich in Anspruch, *„dass ich ein Recht habe, zu erfahren, welcher Art die Vorbehalte sind, die einige über Sommer gegen meine Person formuliert haben.*"[226]

Bereits am 9. Oktober 2007 gab Vogt in der Fraktionssitzung und danach vor der Landespresse voller Resignation und Frust bekannt, bei den Neuwahlen 2008 nicht mehr für den Fraktionsvorsitz zu kandidieren.[227] Eigentlich sollte ihr Rückzug erst im November öffentlich gemacht werden. Doch Indiskretionen aus dem Fraktionsvorstand zwangen Vogt, in die Offensive zu gehen. Als Grund für ihren Verzicht nannte sie fehlende Geschlossenheit in der Fraktion. Die Unterstützung habe nicht gereicht, um eine *„gute Arbeit*" zu machen. Die Fraktion brauche an der Spitze jemanden, *„der unangefochten ist*". Und schließlich setzte Vogt dem Resümee ihrer Ohnmacht zermürbt und entmutigt die Krone auf: *„Mein Topf war leer gelöffelt*".[228]

---

[226] Vgl. Rede von Vogt auf spd-bw.de 2007; taz, 19.09.2007; Stern, 22.09.2007.
[227] Vgl. Frankfurter Allgemeine, 11.10.2007, Das ewige Talent zieht sich zurück, https://www.faz.net/aktuell/politik/inland/ute-vogt-das-ewige-talent-zieht-sich-zurueck-1489115.html; der Verfasser leitete damals die spontan in den Räumlichkeiten der SPD-Fraktionsgeschäftsstelle einberufene Landespressekonferenz.
[228] Vgl. Der Spiegel, 10.10.2007, *„Mein Topf war leer gelöffelt"*, https://www.spie-

Vogts Scheitern als Fraktionschefin war die Folge einer Mixtur aus eigenen Fehlern, ja eigenem Unvermögen und gezielten Anfeindungen von zumeist männlichen Abgeordneten. Von Anfang an fremdelte Vogt mit der landespolitischen Bühne. Sie war Berlin gewohnt und kam nun gleichsam in die Provinz. In den speziell baden-württembergischen Themen wurde sie nie richtig heimisch, in der Geschäftsordnung des Parlaments nie richtig sattelfest. In den Rededuellen mit Ministerpräsident Oettinger zog Vogt trotz bester Vorbereitung regelmäßig den Kürzeren. Und bis zum Schluss sprach Vogt von „*Aktueller Stunde*" wie im Bundestag, obwohl es im Landtag „*Aktuelle Debatte*" heißt. Selbst die Jusos klagten, keiner wisse, wofür die SPD stehe. Die neue Fraktionschefin „*versemmelt die wenigen Themen, bei denen man sich im Landtag profilieren kann.*"[229]

Obendrauf kam Vogts systematische subversive Schwächung durch eine fraktionsinterne Oppositionsclique. Diese empfand es als einen Heidenspaß, jede Kleinigkeit aus den Sitzungen von Fraktion und Vorstand an Journalisten oder die Nachrichtenagentur durchzustechen. Vogt konnte sich anstrengen, wie sie wollte, einigen Genossen konnte sie es nie recht machen. Mal wurden Führungsqualität, Durchsetzungsvermögen, taktisches Geschick, Substanz und Ideen vermisst. Mal war es Vogts Hund, der auf Missfallen stieß, weil er unter den Tischen herumkrabbelte oder in der Fraktionsgeschäftsstelle an jeder Türe seine Duftmarke setzte. Mal waren es ihre Frisur und Kleidung, die bei manchen männlichen Abgeordneten den Stilberater in sich auf den Plan riefen. Es rumorte jedenfalls hörbar in den Gremien der Fraktion wie auf den Gängen, und der Vorgänger im Amt, bekanntlich kein Kind von Traurigkeit, stand im Verdacht,

---

gel.de/politik/deutschland/suedwest-spd-chefin-vogt-mein-topf-war-leer-geloeffelt-a-510648.html

[229] Vgl. Stern, 06.07.2007.

bei Vogts Demontage kräftig mitzumischen im Kreis der *„Männer, die hämisch tuscheln"*.[230] Vogt selbst igelte sich unter dem ständigen Veränderungsdruck immer mehr ein, wurde immer dünnhäutiger und auch zunehmend beratungsresistent. Irgendwann vertraute sie nur noch wenigen ihr loyal erscheinenden Personen. Alle anderen – und das waren viele – empfand sie als offene oder verkappte *„Drexler-Leute"* und damit als potentielle Heckenschützen.

Nach nur wenigen Monaten im Amt war Vogt angefressen und ausgelaugt von der ganzen Gefechtslage und empfand es vielleicht sogar als Befreiungsschlag, als Fraktionsvorsitzende schon im Herbst 2007 das Handtuch zu werfen. Vogt hatte als Fraktionsvorsitzende letztlich keine Chance, wusste diese aber auch nicht zu nutzen. Zum Bundesparteitag Ende Oktober 2007 wurde sie nicht mehr als Parteivize berufen, kam aber zumindest mühelos in den Parteivorstand. Die noch vor wenigen Jahren gefeierte Hoffnungsträgerin befand sich akzeptanzmäßig im Sinkflug. Was Vogt ihrem Vorgänger Maurer attestierte, traf schlagartig auf sie selbst zu: Sie wurde zum tragischen Fall.

Vogt selbst sagte einige Jahre später in einem Interview mit der *Süddeutschen Zeitung* selbstbewusst und geläutert zugleich, das Amt der Fraktionsvorsitzenden würde sie heute *„grundsätzlich anders angehen"*.[231] Als ihren größten Fehler stufte sie ein, *„dass ich den Fraktionsvorstand, den mein Vorgänger mit seinen Leuten besetzt hatte, so gelassen habe. Deswegen hatte ich Schwierigkeiten, mich durchzusetzen."* Stattdessen hätte sie unmissverständlich klar machen müssen, *„ich bin die neue Chefin, ich verändere erst mal eini-*

---

[230] Vgl. taz, 19.09.2007.
[231] Vgl. Süddeutsche Zeitung, 17.05.2010.

ges.“ Drexler dürfte nach der Lektüre dieser postfaktischen Kampfansage erst einmal tief durchgeatmet haben.

Start der Kampagne „Bildungsaufbruch“ und weitere parlamentarische Initiativen als Begleitmusik

Bildungspolitik ist nicht nur das Herzstück der Landespolitik im Föderalismus, sondern auch das Herzensanliegen der SPD-Fraktion seit der Gründung des Südweststaats. Obwohl die Vorbereitungen lange im Vorfeld stattfanden, konnte Vogt als Fraktionsvorsitzende am 20. April 2007 die groß angelegte Kampagne „*Bildungsaufbruch in Baden-Württemberg – Bessere Bildung für alle*“ präsentieren. Dazu gehörten nicht nur Diskussionsveranstaltungen in der Fläche des Landes, sondern auch umfangreiche Materialien auf CD (Präsentation, Flyer, Broschüre, Mustertexte) und eine eigene Unterseite auf der Homepage. Fraktionschefin Vogt verlangte zum Auftakt eine „*Bildungsreform aus einem Guss mit der Aufwertung der frühkindlichen Bildung, der Abkehr vom selektiven dreigliedrigen Schulsystem und der Einführung gebundener Ganztagsschulen in allen Schularten*“.[232]

Der Initiator des SPD-Bildungsaufbruchs, der ehemalige schulpolitische Sprecher *Christoph Bayer*, ein strategisch und programmatisch denkender kluger Kopf, der keine Lust auf banale Machtspielchen hatte, lenkte das Augenmerk auf den Zusammenhang von Bildungserfolg und sozialer Herkunft. Die SPD-Fraktion wolle, so der Anspruch, „*alle Interessierten in einem Innovationsnetzwerk zusammenbringen, damit Bildungspolitik aktiv „von unten“ mitgestaltet werden könne und sich an den Bedürfnissen vor Ort orientiere.*“

[232] Vgl. Pressemitteilung der SPD-Landtagsfraktion Baden-Württemberg vom 20. April 2007, https://www.spd-landtag-bw.de/bildungsaufbruch-in-baden-wuerttemberg-bessere-bildung-fuer-alle-start-der-spd-bildungskampagne/

Ins Auge sticht, dass Vogt nach ihrer Wahl zur Fraktionsvorsitzenden keinen Vorstoß für die Festlegung von Schwerpunkten unternahm, mit denen sie sich persönlich hätte profilieren können. Natürlich gab es jede Menge Pressemitteilungen zu allen möglichen Themen mit Forderungen der SPD-Fraktion. Aber die Zahl von Veranstaltungen mit größerer Publikumsbeteiligung ging nicht nur quantitativ seit der Wahl 2006 deutlich zurück, sondern auch ein politisch roter Faden lässt sich nicht erkennen. Zunächst fortgeführt wurden allerdings erfolgreiche Formate wie der Eltern- und Kindergartentag.

Während der Zeit mit Vogt als Fraktionschefin brachte die SPD sieben eigenständige *Gesetzentwürfe* ein, davon drei zum Schulgesetz (Rauchverbot an Schulen, Förderung von Ganztagsschulen, individuelle Förderung, sechsjährige Grundschule und Zusammenlegung von Haupt- und Realschulen zu Gemeinschaftsschulen), die sich in die Stoßrichtung des „*Bildungsaufbruchs*" einfügten.

Zu verzeichnen sind ferner sieben *Große Anfragen*, indessen ohne erkennbaren Schwerpunkt. Die Themen reichten von Politik für ältere Menschen und Förderung erneuerbarer Energien über Folgen der Verwaltungsreform bis hin zur besseren Vereinbarkeit von Familie und Erwerbsarbeit und zur Situation der Gymnasien.

Schmiedels Stil als Oppositionsführer: Attacke ohne Wenn und Aber – Vogts Absprung in die Bundespolitik

Den Anspruch, ihre Nachfolge „*federführend*" mitzubestimmen und zusammen mit ihrem Vorgänger *Wolfgang Drexler* einen Personalvorschlag auszuarbeiten, konnte Vogt nicht in die Tat umsetzen.[233] Die Chemie zwischen ihr und Drexler war inzwischen so vergiftet, dass beide nicht auf einen grünen Zweig kommen konnten. Zudem war es ein taktischer Fehler Vogts, Bildungssprecher *Frank Mentrup* zu ihrem Favoriten für die Nachfolge zu erklären. Damit war Mentrup bereits ein Stück weit verbrannt. Er warf nur wenige Tage vor der Wahl am *10. Januar 2008* auf der *Klausurtagung der Landtagsfraktion* in *Mannheim* das Handtuch. Der Parlamentarische Geschäftsführer *Reinhold Gall* und Finanzexperte *Ingo Rust* stiegen bereits Ende November 2007 aus dem Rennen aus – sehr zum Verdruss Vogts. Schließlich setzte sich in einer Kampfabstimmung der 56-jährige Wirtschaftspolitiker *Claus Schmiedel* mit 20 zu 18 Stimmen denkbar knapp gegen den erst 34-jährigen Fraktionsvize *Nils Schmid* durch. Etwas verwunderlich an dem ganzen Personenkarussell ist, warum *Wolfgang Drexler*, der ja erst Anfang 2006 von Vogt aus dem Amt gedrängt worden war, nicht die Gelegenheit beim Schopfe packte, erneut den Fraktionsvorsitz zu erobern.

Mit der Wahl Schmiedels war die Hoffnung vieler Abgeordneter verbunden, dass sein rabiater Führungsstil der Fraktion wieder Selbstwertgefühl und Kampfgeist einflößen könnte. Das von Eppler in den 1970er Jahren beklagte *„geliehene Selbstbewusstsein“* vieler SPD-Abgeordneter sollte für immer der Vergangenheit angehören. Während Schmiedel eher eine zackige, bissige Hau-Drauf-Opposition ohne Zwischentöne verkörperte, stand Schmid für den ruhigen, nachdenklichen und zum rationalen Diskurs neigenden Politikertypus,

[233] Vgl. zur Wahl des neuen Fraktionsvorsitzenden und ihrer Vorgeschichte Frankfurter Allgemeine, 10.01.2008, Claus Schmiedel führt SPD-Fraktion, https://www.faz.net/aktuell/politik/inland/baden-wuerttemberg-claus-schmiedel-fuehrt-spd-fraktion-1512702.html; taz, 10.01.2008, Vogt-Nachfolger gewählt, https://taz.de/Neuer-Fraktionsvorsitzender/!5188636/

der nicht mit Aggressivität und Lautstärke, sondern mit Argumenten und Sachlichkeit überzeugen will.

Was die Spitzenkandidatur für die Landtagswahl 2011 anbelangte, einigten sich die Protagonisten darauf, darüber erst nach der Bundestagswahl 2009 zu entscheiden. Auch Vogt selbst schloss nicht aus, ein drittes Mal ins Rennen zu gehen. Mit Hilfe einer Satzungsänderung gewährte man Vogt nach der Wahlklausur in Mannheim einen Sitz mit Stimmrecht im geschäftsführenden Fraktionsvorstand. Doch Vogt wurde im Landtag nicht mehr glücklich. Sie spürte rasch, dass ihre Stellung als Landesvorsitzende und als Fraktionsvorstandsmitglied ihr nicht die erhofften politischen Einflussmöglichkeiten eröffnete, zumal Schmiedels Ego sehr ausgeprägt war und sich im Streit um des Kaisers Bart am besten ausleben konnte.[234] Schmiedels in starkem Maße auf Konfliktaustrag, bisweilen auch auf Gezänk gebürstetes Naturell sollte auch in der späteren grün-roten Wechselkoalition noch für allerhand politischen Zündstoff und persönliche Animositäten sorgen.

Bereits im Oktober 2008 ergriff Vogt spontan die Gelegenheit, im Wahlkreis Stuttgart I erneut für den Bundestag zu kandidieren. Möglich wurde dieser Absprung, weil die bereits nominierte Kandidatin, *„Brot-für-die-Welt“*-Chefin *Cornelia Füllkrug-Weitzel*, aus beruflichen Gründen ihre Kandidatur zurückzog. Vogts Nominierung erfolgte am 8. Dezember 2008. Auf dem *Landesparteitag* am *14. Februar 2009* in *Singen* wurde sie auf Platz 1 der Landesliste gewählt. Vogts Wiedereinzug in den Bundestag war damit ungefährdet.

---

[234] Vgl. Schmiedels Bekenntnis *„Ich bin ich“*, in: Johanna Henkel-Waidhofer, Der rote Quälgeist, Kontextwochenzeitung, Ausgabe 108, 24.04.2013, https://www.kontextwochenzeitung.de/politik/108/der-rote-quaelgeist-391.html

Politische Initiativen, Veranstaltungen und Aktionen der Landtagsfraktion von 2008 bis 2011

Nach der Übernahme des Fraktionsvorsitzes durch *Claus Schmiedel* gab es bis zum Ende der Wahlperiode lediglich vier eigenständige *Gesetzentwürfe* der SPD, und zwar zur Einführung des beitragsfreien Kindergartens, zur Ergänzung des Schulgesetzes (2) und zur Änderung des Landesplanungsgesetzes für die Genehmigung von Windkraftanlagen.

Bei den *Großen Anfragen* verzeichnete man einen starken Pendelausschlag zugunsten von Themen aus Schule und Hochschule, was sicherlich auch der Umsetzung der Kampagne zum „*Bildungsaufbruch*" geschuldet war: von acht Großen Anfragen befassten sich sechs mit bildungspolitischen Anliegen, darunter auch drei mit Bereichen der Hochschulpolitik wie die Situation der Studierenden, der Studentenwerke und der Frauenförderung.

In dieser Wahlperiode wurde lediglich ein *Untersuchungsausschuss* bestellt und zwar zur „*Aufarbeitung des Polizeieinsatzes am 30. September 2010 im Stuttgarter Schlossgarten*" (2010–2011). Mit einem überfraktionellen Antrag vom 6. Oktober 2009 setzte der Landtag überdies eine *Enquetekommission* „*Fit fürs Leben in der Wissensgesellschaft – berufliche Schulen, Aus- und Weiterbildung*" ein.

Unter der immer im Vorwärtsgang agierenden Führung von Schmiedel stellte die SPD-Fraktion noch in der 14. Wahlperiode gleich drei *Anträge auf Entlassung eines Ministers*, was vielerorts, vor allem intern, als Ausdruck eines neuen angriffslustigen Oppositionsstils der SPD-Fraktion gewertet und gutgeheißen wurde. Kritiker geißelten dies jedoch als „*Krawall-Opposition*", die jenseits der Sachverhalte weit übers Ziel hinausschieße und die SPD nicht in die Regierung bringen werde. CDU-Mann *Stefan Mappus* warf Schmiedel „*Negative Campaigning*" vor und legte ihm sogar in therapeutischer Absicht augenzwinkernd ein „*Antiaggressionstraining*" nahe.[235]

Mit Antrag vom 17. Juni 2008 verlangte die SPD wegen gravierender Defizite in der Schulpolitik und einer Dialogverweigerung gegenüber den Betroffenen die Entlassung von Kultusminister *Helmut Rau*. Am 21. Juli 2009 forderte die SPD-Fraktion den Rauswurf von Wissenschafts- und Kunstminister *Peter Frankenberg*. Ihm wurde eine lange Pannenserie in allen Aufgabenbereichen zur Last gelegt, zuletzt das Verfahren um die Neubesetzung der Stuttgarter Opernintendanz.[236] Gemeinsam mit den Grünen begehrte die SPD schließlich am 23. Juli 2010 die Abberufung von Finanzminister *Willi Stächele* wegen der sogenannten „*Kiesaffäre*". Der Ressortchef habe Ex-Staatssekretär *Gundolf Fleischer* als Lobbyist von Kiesfirmen aus seinem Wahlkreis gewähren lassen, so der Vorwurf.[237]

Nach der Wahl Schmiedels zum neuen Fraktionsvorsitzenden führte die SPD-Fraktion im Jahr *2008* insgesamt neun größere *Veranstaltungen* durch. Wieder einmal bestätigte sich dabei, dass Bildung die Herzkammer der Landespolitik ist. Denn fünf Veranstaltungen widmeten sich Themen aus der Schulpolitik: 18. Januar 2008 Anhörung zum Schulgesetzentwurf „*Längeres gemeinsames Lernen*", 30. Mai 2008 Zwischenbilanz zur Kampagne „*Bildungsaufbruch*", 21. Juni

---

[235] Vgl. Plenarprotokoll, 14/72, 29.07.2009, S. 5164.
[236] Vgl. Die Welt, 20.07.2009, Streit um Intendanz: Stuttgarter Oper – Georg Quander verzichtet, https://www.welt.de/kultur/article4156761/Stuttgarter-Oper-Georg-Quander-verzichtet.html
[237] Vgl. Staatsanzeiger, 21.09.2010, Entlassung Stächeles abgelehnt, https://www.staatsanzeiger.de/debatten-im-landtag/entlassung-staecheles-abgelehnt/

2008 Bildungstag „*Individuelle Förderung als pädagogisches Prinzip*", 27. Juni 2008 Start einer landesweiten Elternbefragung zu den hohen *Belastungen im achtjährigen Gymnasium G8* und am 29. November 2008 Präsentation der *Ergebnisse der G8-Befragung* auf einem Elternforum. Der gigantische Rücklauf von über 10.000 Antworten signalisierte das beträchtliche Ausmaß an Ärger und Frust unter den Eltern. Bei der Elternumfrage hatten sich 73 Prozent für den G9-Zug ausgesprochen, wenn sie für ihre Kinder die Wahl zwischen G8 und G9 hätten. Die Entscheidung über die Einrichtung eines parallelen G9-Zuges sollte nach dem Willen der SPD die Schulkonferenz unter Mitwirkung des Schulträgers treffen.

Für das Jahr *2009* kommt man lediglich auf drei erwähnenswerte Veranstaltungen, alle angesiedelt im Bereich Schule: 28. März 2009 Forum *Doppelter Abijahrgang* 2012, 3. April 2009 Fachkonferenz *Ganztagsschule* und 3. Juli 2009 Forum „*Lasst die Schule im Dorf*".

Im Jahr *2010* sticht neben dem bewährten Bildungstag und einem erstmals angebotenen *Feuerwehrtag* am 15. Mai 2010 die höchst originelle Aktion „*Holterdiepolter*" ins Auge. Mit ihr machten sich die SPD-Fraktion und der Auto Club Europa (ACE) auf die Suche nach der schlechtesten Landesstraße. Es gingen rund 130 Vorschläge schlaglochgeplagter Autofahrer ein. Am 7. Dezember 2010 wurde die „*Siegerstraße*" präsentiert und zugleich Ministerpräsident Stefan Mappus der „*Schlagloch-Oscar*" verliehen.

Vor der Landtagswahl 2011 wiederholte die SPD-Fraktion ein neuartiges Format: Zusammen mit interessierten Journalisten besuchten Fraktionschef *Claus Schmiedel*, Spitzenkandidat *Nils Schmid* und weitere Abgeordnete am 18./19. Januar 2011 auf einer Rundreise diverse Einrichtungen im ganzen Land.

Der Fall Tauss: Kinderpornos beim SPD-Generalsekretär

Anfang März 2009 sorgte der SPD-Bundestagsabgeordnete und Generalsekretär der SPD Baden-Württemberg, *Jörg Tauss*, für Erschütterung und Erschütterungen in der Partei. Der rührige, quirlige Politiker geriet in den Verdacht des Besitzes von kinderpornografischem Material.[238] Tauss selbst stellte den Sachverhalt immer so dar, dass er dieses im Zusammenhang mit in aufklärerischer Absicht erfolgten, gleichsam investigativen Recherchen als Abgeordneter und Medienexperte genutzt habe. Seine Funktionen in der SPD-Bundestagsfraktion und als SPD-Generalsekretär legte Tauss alsbald nieder.

Aus der Führung von Partei und Fraktion der SPD Baden-Württemberg erhöhte sich mit der Zeit jedoch der Druck, auf eine erneute Kandidatur für den Bundestag zu verzichten, was Tauss dann auch Ende März 2009 bekannt gab. Nach den Worten von Fraktionschef Claus Schmiedel hat sich Tauss „*das Ende seiner Karriere ganz allein eingebrockt.*" Er sei mitnichten von Landtagsabgeordneten gemobbt worden.[239]

Auch die Staatsanwaltschaft und das Gericht schenkten der schrägen Darstellung von Tauss keinen Glauben. Er wurde schließlich Ende Mai 2010 zu einer Bewährungsstrafe von 15 Monaten verurteilt.[240] Da war er aus der SPD bereits aus- und in die *Piratenpartei* eingetreten, die ihn aber bald auch nicht mehr wollte.

---

[238] Vgl. Sebastian Bickerich, Kinderpornos: Tauss‘ tiefer Fall, in: Zeit Online, 18.06.2009, https://www.zeit.de/online/2009/25/tauss-fall

[239] Vgl. Augsburger Allgemeine, 26.03.2009, Kinderporno-Affäre: „Ich werde gemobbt", https://www.augsburger-allgemeine.de/politik/Joerg-Tauss-Kinderporno-Affaere-Ich-werde-gemobbt-id5603446.html

[240] Vgl. Die Welt, 28.05.2010, Jörg Tauss zu Haft auf Bewährung verurteilt, https://www.welt.de/politik/deutschland/article7819783/Joerg-Tauss-zu-Haft-auf-Bewaehrung-verurteilt.html

Bundestagswahl 2009 und ihre personellen Auswirkungen auf die SPD Baden-Württemberg: Schlusspfiff für Ute Vogt und Durchmarsch von Nils Schmid

Bei der Bundestagswahl am 27. September 2009 kassierte die SPD als Juniorpartner in der Großen Koalition mit Kanzlerin Merkel erdrutschartige Verluste: Sage und schreibe 11,2 Prozentpunkte büßte sie mit ihrem Spitzenkandidaten *Frank-Walter Steinmeier* gegenüber 2005 ein und kam nur noch auf 23%. FDP, Linke und Grüne konnten hingegen zulegen und alle ein zweistelliges Ergebnis erzielen. Und für Baden-Württemberg selbst galt erneut die alte Formel „*Bundesergebnis minus vier gleich Landesergebnis*". Nur noch 19,3% der Wähler im Südwesten gaben der SPD ihre Zweitstimme. Verantwortliche in der Landes-SPD zeigten sich besorgt. Aber welches Unheil verhieß dieser Tiefschlag für die nicht allzu ferne Landtagswahl 2011?

In SPD-Landeschefin *Ute Vogt* reifte nach diesem Debakel rasch der Entschluss, den Landesvorsitz abzugeben. Triebfeder für diesen Schritt und Schnitt war auch ihr persönliches Abschneiden im Wahlkreis Stuttgart I: die SPD landete bei den Zweitstimmen mit 18,9% hinter CDU, Grünen und FDP lediglich auf dem vierten Platz. Bei den Erststimmen reichte es für Vogt sogar nur zu 18,0%. Am 30. September 2009 kündigte Vogt im Präsidium der Südwest-SPD ihren Abschied an: „*Ich bin niemand, den man aus seinem Amt tragen muss.*"[241]

Für die Bestimmung von Vogts Nachfolger entschied sich die Parteiführung für die Durchführung einer Urwahl durch die Mitglieder. Als Bewerber traten der Fraktionsvorsitzende *Claus Schmiedel*, sein

---

[241] Vgl. Der Spiegel, 30.09.2009, Wahlschlappe: Vogt gibt SPD-Landesvorsitz im Südwesten ab, https://www.spiegel.de/politik/deutschland/wahlschlappe-vogt-gibt-spd-landesvorsitz-im-suedwesten-ab-a-652375.html

Stellvertreter *Nils Schmid* und die Ulmer Bundestagsabgeordnete und Parteilinke *Hilde Mattheis* an.[242] Das Ergebnis der Abstimmung war für viele Beobachter völlig überraschend, und wohl auch für die Kandidaten selbst. Gut 46% der Wähler votierten nämlich mit ihrer Erststimme für Schmid – und damit für seine eher ruhige, sachliche Art. Mattheis landete mit guten 29,1% auf Platz 2, während Schmiedel zur allgemeinen Verwunderung abgeschlagen auf lediglich 22,8% kam.

Der Fraktionschef selbst deutete sein schlechtes Resultat als Ausdruck einer an der SPD-Basis verbreiteten Abneigung gegen die Bündelung der beiden Spitzenämter in einer Hand. Funktional in *landespolitischer* Hinsicht ist eine solche Einstellung freilich auch historisch gesehen völlig kontraproduktiv. Bei Schmiedel kam aber sicher verschärfend hinzu, dass nicht alle SPD-Mitglieder von seinem extrem angriffslustigen, rabiaten, zu Alleingängen neigenden Politikstil begeistert waren. Und das sollte während Grün-Rot immer wieder zum Problem werden und gehörige Verstimmungen auslösen. Aber immerhin gehörte auch Wahlsieger Schmid der Landtagsfraktion an und konnte so mit Schmiedel zusammen für eine landespolitische Themendominanz im Gleichklang zwischen Partei und Fraktion sorgen.

Jedes Parteimitglied durfte mit der Erststimme den Erstwunsch und mit einer Zweitstimme den Zweitwunsch angeben. Da keiner der

---

[242] Vgl. Frankfurter Allgemeine, 22.11.2009, Nils Schmid löst Ute Vogt ab, https://www.faz.net/aktuell/politik/inland/spd-baden-wuerttemberg-nils-schmid-loest-ute-vogt-ab-1881604.html, ferner SPD-Landesverband Baden-Württemberg (Hrsg.) 2013, S. 102; grundsätzlich zu Urwahlen als Instrument der Demokratisierung innerparteilicher Willensbildung vgl. Anne Küppers, *Urwahlen auf Landesebene. Ursachen und Konsequenzen der Demokratisierung innerparteilicher Willensbildung bei SPD und CDU,* Baden-Baden 2021.

drei Kandidaten die absolute Mehrheit der Erststimmen erzielen konnte, wurden die Zweitstimmen der Wähler, die mit der Erststimme Schmiedel gewählt hatten - also den Drittplatzierten - auf Schmid und Mattheis aufgeteilt. Danach erzielte Schmid 56 Prozent Zustimmung, Mattheis 37 Prozent. An der Urwahl beteiligten sich fast 48 Prozent der gut 39.000 Parteimitglieder, ein Wert, der im Vergleich zur Wahlbeteiligung der CDU-Mitglieder im Zweikampf Oettinger/Schavan mit über 70 Prozent aber doch bescheiden ausfiel.

Die Urwahl zum Landesvorsitz stellte auch die Weichen für die Spitzenkandidatur bei der Landtagswahl 2011. Die Aktien von Fraktionschef Schmiedel sanken dadurch natürlich auf den Nullpunkt. Schmid selbst und andere in der Parteiführung liebäugelten mit einer Nominierung des populären, volksnahen und humorvollen Ulmer Oberbürgermeisters *Ivo Gönner*, obwohl dieser bereits mehrfach vernehmbar für dieses bevorstehende Himmelfahrtskommando abgewunken hatte. Letztlich lief die weitere Entwicklung auf Schmid selbst zu, denn *„mit seiner sachlich-moderaten Art bietet der neue Landesvorsitzende ein klares Kontrastprogramm zum polterigen Stefan Mappus“*.[243] Und die Abteilung Gegenattacke bei der SPD-Landtagsfraktion mit dem robusten, keinem nötigen und unnötigen Streit aus dem Weg gehenden Quarterback *Claus Schmiedel* gab es ja auch noch.

Nils Schmid wurde am *28. November 2009* auf dem *SPD-Landesparteitag* in *Karlsruhe* zum neuen Landesvorsitzenden gewählt. Er rief die Delegierten in seiner Rede ganz im Stile eines historisch aufgeklärten SPD-Realos auf, *„auch die vorangegangene Regierungszeit als einen unter dem Strich positiven Bezugspunkt in unserer eigenen*

---

[243] Vgl. SPD-Landesverband Baden-Württemberg (Hrsg.) 2013, S. 102.

Parteigeschichte zu sehen".[244] Man könne nicht immer, so Schmid an die Adresse der ewigen Nörgler und Miesmacher gerichtet, 40 oder 50 Jahre auf *Kurt Schumacher* oder 90 Jahre auf *Friedrich Ebert* zurückgehen. Die SPD brauche „*auch die Erfolge und Selbstvergewisserung im Jetzt und Hier!*" Das saß.

Schmid positionierte sich auch zum heftig umstrittenen Bahnprojekt *Stuttgart 21* – etwas verschwurbelt „*in der Logik unseres Ja*", ohne den Eindruck erwecken zu wollen „*Augen zu und durch*". Man müsse über die Kostenentwicklung diskutieren und deutlich machen, dass die SPD dieses Projekt „*nicht um jeden Preis*" wolle, und schon gar nicht, so wohl die mit dahinterstehende wirkliche Botschaft, *für* jeden Preis.

Schmids Aufstieg in der Partei kam in rasendem Tempo voran. Bereits am *20. März 2010* wurde er auf einem *Strategietreffen* in *Mannheim* vom Landesvorstand einstimmig als Spitzenkandidat für die Landtagswahl 2011 nominiert. Auf dem *Landesparteitag* am *16. Oktober 2010* in *Ulm* erfolgte Schmids offizielle Kür zum Spitzenkandidaten mit 92 Prozent Zustimmung. In seiner langen Rede streifte Schmid fast alle landespolitischen Themen. Sicherung von Wohlstand und Beschäftigung, solide Finanzen, faire Bedingungen am Arbeitsmarkt, gerechte Bildungschancen und Zusammenhalt der Gesellschaft bezeichnete er als seine zentralen Ziele.

Zugleich pries Schmid eine *Volksabstimmung* zu *Stuttgart 21* – eine von ihm trotz juristischer Hürden beherzt aufgegriffene Idee von *Erhard Eppler* – als Weg der Vernunft und der Versöhnung, dessen

---

244 Vgl. Rede von Nils Schmid auf dem Landesparteitag am 27./28.11.2009 in Karlsruhe, https://www.spd-bw.de/dl/Rede_nils_schmid_lpt_28112009.pdf

rechtliche Gangbarkeit er in gleichsam geheimer Mission von Topjuristen gutachterlich abklären ließ. Zugleich begrüßte er die von Ministerpräsident Mappus nach dem gewalttätigen, aus dem Ruder gelaufenen Polizeieinsatz vom 30. September 2010 („*Schwarzer Donnerstag*") anberaumte Schlichtung unter Leitung des CDU-Politikers *Heiner Geißler*. Zum Polizeieinsatz beschloss der Parteitag eine Resolution, die rasche und umfassende Aufklärung, den Rücktritt von Innenminister *Heribert Rech* und die Einsetzung eines Untersuchungsausschusses begehrte. In der Sache selbst blieb es beim grundsätzlichen Ja zu *Stuttgart 21*. Allerdings täuschte die klare Mehrheit für das Bahnprojekt in der Parteispitze und in der Landtagsfraktion darüber hinweg, dass die Zahl der Gegner in der Anhängerschaft der SPD keinesfalls eine kleine Minderheit von vermeintlich Unbelehrbaren und Verblendeten war, die bahnhoftechnisch „*oben*" bleiben wollten.

Zum Kurs der Befriedung passte auch nicht ganz, dass sich im Sommer 2009 ausgerechnet der als Heißsporn bekannte SPD-Politiker *Wolfgang Drexler*, ein enger Oettinger-Freund, zum Projektsprecher berufen ließ und damit als Befürworter von *Stuttgart 21* gleichsam an vorderster Front als Feindbild agierte, was zwangsläufig auch auf die SPD negativ abfärben musste. Allerdings trat Drexler am 17. September 2010 von diesem Posten zurück, weil die SPD inzwischen im Kontext ihrer Volksabstimmungsinitiative für einen Baustopp eintrat. Bereits zu Zeiten von Grün-Rot Ende August 2011 goss SPD-Fraktionschef *Claus Schmiedel*, ein feurig-kompromissloser Kämpfer für *Stuttgart 21*, unnötig Öl ins Feuer, als er in dem ihm eigenen rechthaberischen, halsstarrigen Stil gleichsam von höherer Warte herab verkündete, über dem Bahnprojekt liege „*Gottes Segen*", was Gegnern die Zornesröte ins Gesicht und Schmiedels persönliches

Sympathiekonto endgültig in den Keller trieb.[245] Aber der SPD-Fraktionschef ließ wie der Fels in der Brandung jedwede Kritik an sich abprallen. Nach wie vor ein echter rhetorischer Brüller der landespolitischen Auseinandersetzung in diesem Kontext ist auch Schmiedels durchaus ernst und gutmütig gemeintes Diktum „*Wo ein Bagger steht, geht´s uns gut*".[246] Nicht alle Strömungen in der SPD krümmten sich vor Lachen. In der Kunst der provokanten Zuspitzung war und blieb Schmiedel freilich ein Meister seines Fachs.

Es glich indes einem politischen Wunder, dass der SPD das verflixte Bahnprojekt nicht längst um die Ohren geflogen war. Doch die Idee einer Volksabstimmung konnte den zunehmend aggressiver ausgetragenen Streit um Oben oder Unten noch rechtzeitig in wieder zivilisiertere Bahnen lenken. Sie wurde letztlich zu Schmids Meisterstück, das jedoch völlig unzulänglich, ja mutlos vermarktet wurde und daher in der aufgeheizten Pro-Contra-Auseinandersetzung zu S21 auch keinen Stich machen konnte. Doch dazu später ein paar Bemerkungen mehr.

---

[245] Vgl. Stuttgarter Zeitung, 07.09.2011, S21 unter „*Gottes Segen*"? Schmiedel wegen umstrittener Äußerung in der Kritik, https://www.stuttgarter-zeitung.de/inhalt.s21-unter-gottes-segen-schmiedel-wegen-umstrittener-aeusserung-in-der-kritik.c785d56a-c450-4589-ba01-cf939fbd9547.html; Süddeutsche Zeitung, 09.09.2011, Ein S21-Befürworter namens Gott, https://www.sueddeutsche.de/politik/stuttgart-21-sorgt-fuer-streit-unter-christen-ein-s21-befuerworter-namens-gott-1.1140772

[246] Vgl. Johanna Henkel-Waidhofer, Wo ein Bagger steht, in: Kontextwochenzeitung, Ausgabe 420, 17.04.2019, https://www.kontextwochenzeitung.de/politik/420/wo-ein-bagger-steht-5859.html

Rahmenbedingungen und Ausgangslage für die SPD vor der Landtagswahl am 27. März 2011

Der Wahlkampf fand in einer bislang so nicht gekannten Polarisierung, Emotionalisierung und Mobilisierung statt. Ausgelöst wurde dies durch die drei bestimmenden Themen: die Zukunft der Kernkraft – erst recht dann im Lichte der Reaktorkatastrophe von Fukushima, die Zuspitzung der Auseinandersetzung um Stuttgart 21 und die Ausgestaltung von Reformen im Schulsystem. Die entscheidenden *Konfliktlinien* verliefen bei Atomkraft und Stuttgart 21 aus Sicht der Wähler zwischen CDU und Grünen.[247] Die SPD wurde hier mit ihren selbst als sachlich angemessen und differenziert eingestuften Positionen regelrecht zerrieben. Lediglich in der Schul- und Bildungspolitik lag die Konfliktlinie zwischen CDU und SPD, wobei die SPD sogar einen Kompetenzvorsprung vor CDU und Grünen genoss.[248] Dieser stand allerdings auf wackeligen Beinen, wie das TV-Duell zwischen Mappus und Schmid am 16. März 2011 im SWR zeigte, in dem Mappus als Verteidiger des von Schmids Reformabsichten bedrohten gegliederten Schulsystems durchaus punkten konnte.[249] Welchen massiven populären Gegenwind fortschrittliche

---

[247] Vgl. Oscar W. Gabriel/Bernhard Kornelius, *Die baden-württembergische Landtagswahl vom 27. März 2011: Zäsur und Zeitenwende?* in: Zeitschrift für Parlamentsfragen (ZParl), 42. Jg. (2011), Heft 4, S. 784-804, hier S. 785-787.

[248] Vgl. Oscar W. Gabriel/Bernhard Kornelius, 2011, S. 796; ferner Dieter Roth, *Baden-Württemberg 2011: Was entschied die Wahl?*, in: Uwe Wagschal/Ulrich Eith/Michael Wehner (Hrsg.), *Der historische Machtwechsel: Grün-Rot in Baden-Württemberg*, Baden-Baden 2013, S. 15-29, hier S. 24; vgl. auch Dieter Roth, *Was entschied die Wahl*, in Der Bürger im Staat, Heft 3-2012, S. 109-116. *Hinweis*: Zwischen den Beiträgen in Der Bürger im Staat, Heft 3-2012 und den Artikeln in Uwe Wagschal/Ulrich Eith/Michael Wehner (Hrsg.) 2013 bestehen durchgängig starke Überschneidungen bis hin zur Textgleichheit trotz trickreich abgewandelter Überschriften.

[249] Vgl. dazu die Analyse und Einschätzung von Marko Bachl/Frank Brettschneider, *Das TV-Duell Mappus gegen Schmid – Wahrnehmung und Wirkungen*, in: Uwe Wagschal/Ulrich Eith/Michael Wehner (Hrsg.) 2013, S. 93-118, hier S. 113ff.; ferner

Schulreformen („*Längeres gemeinsames Lernen*“) bei einer klassenbewussten bürgerlich-konservativen Elternschaft auslösen können, hatte schließlich der Bürgerentscheid in *Hamburg* am 18. Juli 2010 gezeigt.[250] Die SPD-Fraktion konnte also bezüglich der eigenen Vorhaben gewarnt sein.

Im Vorfeld der Wahl machte sich eine immer ausgeprägtere Wechselstimmung breit. Dies lag vornehmlich an der CDU/FDP-Regierung selbst, der eine schlechte Leistungsbilanz bescheinigt wurde. Aber auch der neue Ministerpräsident *Stefan Mappus*, der das Amt im Februar 2010 von Oettinger, der als Kommissar in die EU-Kommission berufen wurde, übernommen hatte, bekam die schlechtesten Werte, die jemals für einen amtierenden Regierungschef in einem Land gemessen worden waren. Von Amtsbonus konnte also keine Rede sein. Schon als CDU-Fraktionschef hatte sich Mappus als konservativer Hardliner zu profilieren versucht. Als Ministerpräsident blieb er diesem Stil treu, was ihm schon lange vor der Wahl ein gewaltiges Reputationsproblem bescherte.[251]

Als Mappus sich dann in der Atomausstiegsfrage und beim Konfliktmanagement von *Stuttgart 21* plötzlich vom Saulus zum Paulus mauserte, kam noch ein sattes Glaubwürdigkeitsdefizit hinzu, weil zwei Drittel der Wahlberechtigten seinen Positionswechsel als lediglich

---

Frank Brettschneider/Marko Bachl, *Das TV-Duell vor der Landtagswahl 2011 – Wahrnehmungen und Wirkungen*, in: Der Bürger im Staat, Heft 3-2012, S. 141-147.

[250] Vgl. Annett Mängel, *Hamburger Bildungskampf*, in: Blätter für deutsche und internationale Politik, Juli 2010, S. 13-16, https://www.blaetter.de/ausgabe/2010/juli/hamburger-bildungskampf

[251] Vgl. Michael Wehner, *Die historische Niederlage der CDU – Ursachen für das Scheitern*, in: Uwe Wagschal/Ulrich Eith/Michael Wehner (Hrsg.) 2013, S. 119-141, hier S. 120/121, ferner Michael Wehner, *Die historische Niederlage der CDU – Ursachen für das Scheitern*, in: Der Bürger im Staat, Heft 3-2012, S. 148-155.

wahltaktisch motiviertes Manöver wahrnahmen.[252] Der Plan von Mappus, sich mit dem 4,67 Milliarden schweren Rückkauf eines 45%-Aktienpakets der EnBW als ökonomischer Macher in Szene zu setzen, ging krachend in die Hose, weil der Deal unter Missachtung haushaltsrechtlicher Bestimmungen am Parlament vorbei eingefädelt und abgewickelt und später als verfassungswidrig beurteilt worden war.[253]

Bundespolitische Themen – von den Beschlüssen des CDU/FDP-Kabinetts zur Nutzung der Atomkraft und zur Laufzeitverlängerung einmal abgesehen – spielten im baden-württembergischen Landtagswahlkampf so gut wie keine Rolle. Darüber war auch die SPD froh nach all den Turbulenzen in der Bundes-SPD. Ähnliches gilt für die *wirtschaftliche Lage* und für die Entwicklung auf dem *Arbeitsmarkt*. Über 80 Prozent der Bevölkerung empfanden die wirtschaftliche Lage als gut oder sehr gut, - auch für sich selbst. Damit wurde aber auch aus dem bisherigen Trumpf-Ass der CDU, nämlich der ihr zugeschriebenen ökonomischen Kompetenz, die Luft gehörig herausgelassen („*Atom-Angst schlägt Arbeitsplätze-Argument*").[254] Die vorherrschenden Themen des Wahlkampfs spielten dieses Mal nicht der Union in die Karten, - und Mappus litt weit über die linksliberale Szene hinaus unter einem regelrechten Kotzbrocken-Image.

Die eklatanten Sympathiedefizite von Mappus nützten natürlich direkt den Spitzenkandidaten von SPD und Grünen. SPD-Herausforderer *Nils Schmid* konnte sehr gute Werte verzeichnen. Er lag in

---

[252] Vgl. Dieter Roth 2013, S. 21.
[253] Vgl. zur Chronologie des EnBW-Geschäfts Der Spiegel, 11.07.2012, https://www.spiegel.de/politik/deutschland/chronologie-der-affaere-mappus-und-enbw-a-843856.html
[254] Vgl. Michael Wehner 2012 und 2013.

einigen Umfragen bei der Frage nach dem gewünschten Regierungschef klar vor Mappus und trotz aller Grün-Euphorie auch vor Kretschmann.[255] Am Ende des Wahlkampfs führte Schmid das Kandidatentrio sogar an. Es sah so aus, dass er durchaus Chancen hatte, *„der erste sozialdemokratische Ministerpräsident Baden-Württembergs zu werden"*.[256]

Schmid machte im Wahlkampf klar, dass er einen Kurs der Vernunft und des Pragmatismus zu steuern gedenke. Er liebte differenzierte Argumente und verstand sich als behutsamer Reformer, vor dem die breite liberal-konservative Mittelschicht in Baden-Württemberg keine Angst zu haben brauchte. Schmid war *„kein Trommler oder Lautschläger"* und kein Mann für *„platte Parolen"*. Nur einmal rutschte ihm ein kleiner Angebersatz heraus: *„Es gibt niemand Seriöseren in der Finanzpolitik als Dr. Nils Schmid."*[257] Später während seiner Ministerzeit sollte sich zeigen, dass dieser Anspruch so abgehoben und eitel gar nicht war.

Wegen der thematischen Hauptkonfliktlinien im Wahlkampf ließ sich Schmids Vorsprung als Person aber nicht so ohne weiteres in Zuspruch zur SPD ummünzen. Aber immerhin: Als Politikertyp konnte der junge SPD-Spitzenkandidat durchaus punkten und im Wettbewerb mit politischen Schwergewichten bestehen. Schmids unaufgeregter Politikstil belegte, dass man sich weder als Sprücheklopfer noch als Rampensau aufführen musste, um gute Zustim-

---

[255] Vgl. Josef Schmid/Udo Zolleis/Daniel Buhr, *Der Wahlkampf der Landesparteien 2011*, in: Uwe Wagschal/Ulrich Eith/Michael Wehner (Hrsg.) 2013, S. 77-92, hier S. 87.

[256] Vgl. Michael Schlieben, *Der unterschätzte Herr Dr. Schmid*, in: Zeit Online, 10.03.2011, https://www.zeit.de/politik/deutschland/2011-03/nils-schmid-spd-baden-wuerttemberg

[257] Vgl. Michael Schlieben 2011.

mungswerte in der Bevölkerung zu erzielen. Bei der Sonntagsfrage zeichnete sich seit Februar 2011 zwischen SPD und Grünen ein Kopf-an-Kopf-Rennen ab – mit leichtem Vorteil für die Grünen, je näher der Wahltermin rückte. Die SPD lag in allen Umfragen seit März 2011 stabil über 20 Prozent,[258] was nun aus historischer Perspektive und derjenigen des eigenen landespolitischen Anspruchs nach der Wahlschlappe von 2006 jedoch wahrlich kein Grund zum Jubilieren war.

[258] Vgl. https://www.wahlrecht.de/umfragen/landtage/baden-wuerttemberg.htm

Landtagswahl am 27. März 2011, lupenreiner Machtwechsel und SPD auf Augenhöhe in der Regierung

Die Landtagswahl am 27. März 2011 zauberte gleich mehrere Premieren hervor: Zum ersten Mal kam es zu einem „*lupenreinen Machtwechsel*".[259] Zum ersten Mal wurde die seit 1953 regierende und ununterbrochen den Ministerpräsidenten stellende CDU in die Opposition geschickt. Zum ersten Mal wurde mit Grün-Rot ein neues Koalitionsmodell in die Tat umgesetzt. Zum ersten Mal wurde mit *Winfried Kretschmann* ein grüner Politiker zum Ministerpräsidenten gewählt. Und last but not least: die SPD fiel zum ersten Mal seit der Gründung Baden-Württembergs unter die 25-Prozent-Marke und erzielte mit 23,1% ihr bis dahin historisch schlechtestes Ergebnis. Diese bittere Erkenntnis geriet infolge der verständlichen Freude über die neuerliche Regierungsbeteiligung in den nächsten Jahren bedenklich in Vergessenheit. Es scheint geradezu so, dass Regieren gleichsam etwas berauscht und die Sinne vernebelt, erst recht, wenn die Machtausübung bezüglich der politischen Inhalte nicht widerwillig, sondern durchaus mit einiger Begeisterung erfolgt.

Trotzdem bedeutete der Wahlausgang die Beteiligung der SPD an einer von den Grünen geführten Landesregierung mit dem Anspruch auf die Verwirklichung eines Politikwechsels „*durch zwei auf Augenhöhe agierende Koalitionspartner*", wie man auf Seiten der SPD nicht müde wurde, gebetsmühlenhaft zu betonen.[260] Und damit war die selbstbewusste Forderung gemeint, ein angemessenes Stück vom Kuchen abzubekommen, aber auch das Rezept für den Kuchen selbst mitzubestimmen.

---

[259] Vgl. Oscar W. Gabriel/Bernhard Kornelius 2011, S. 784.
[260] Vgl. SPD-Landesverband Baden-Württemberg (Hrsg.) 2013, S. 103.

Die rechnerische Option einer Großen Koalition aus CDU und SPD erschien aus mehreren Gründen politikpraktisch als völlig unrealistisch. In einem solchen Bündnis wäre die SPD der deutlich kleinere Partner gewesen, vom Prinzip „*Augenhöhe*“ meilenweit entfernt. Außerdem hatte ja die SPD im Wahlkampf selbst einen Politikwechsel propagiert. Nun als Steigbügelhalter einer erneut von der CDU geführten Regierung zu fungieren, konnte deshalb nie und nimmer in Betracht kommen, zumal ein solcher Schritt die Partei in ihre Flügel zerlegt hätte. Und auch nur eine Stimme für die Wiederwahl ausgerechnet von Mappus lag sowieso außerhalb des Denkbaren. So kam es schon kurz nach der Wahl zur Aufnahme von Koalitionsverhandlungen zwischen Grünen und SPD, die keineswegs harmonisch verliefen und auch mitnichten auf eine Liebesheirat zusteuerten, allenfalls mit getrennten Betten, wie zu hören war.

Zum Wahlausgang noch ein kleiner *Exkurs*: Weit verbreitet ist gerade in sozialdemokratischen Kreisen die schlichte Auffassung, dass die Atomkatastrophe von Fukushima in Japan gut zwei Wochen vor der Landtagswahl den Grünen ihren Erfolg und auch den unverdienten Vorsprung vor der SPD gesichert, ja sozusagen geschenkt habe. Doch diese These ist so monokausal nicht haltbar. Sicherlich hat Fukushima eine in der Bevölkerung weit verbreitete atomkritische Einstellung verfestigt. Aber eine Mehrheit für die Beibehaltung des von Rot-Grün im Bund beschlossenen Atomausstiegs gab es schon vorher. Und die spezifische Kompetenz der Grünen bei diesem Thema war ohnehin völlig unbestritten. Die Umfragewerte für die Grünen haben sich überdies durch Fukushima gar nicht signifikant verbessert. Sie schwankten seit November 2010 um die 25 Prozent.[261]

---

[261] Vgl. Abbildung 1 in Dieter Roth 2011, S. 25.

Hinzu kommt selbstredend der Personenfaktor, welcher den Grünen nutzte. Der Wunsch, Kretschmann als künftigen Regierungschef zu bekommen, erhöhte die Wahrscheinlichkeit für die Wahl der Grünen deutlich. Auch die stark gestiegene Wahlbeteiligung in allen Altersgruppen wie bei Männern und Frauen (landesweit +12,9 Prozentpunkte) spielte den Grünen mehr in die Karten als den anderen Parteien. Insgesamt betrachtet war der sozioökonomische und mentale Boden für ein sehr gutes Abschneiden der Grünen schon viel länger bereitet, wovon *Erhard Eppler* ein Lied hätte singen können. Fukushima mag indessen auf der Zielgeraden zu einem allerletzten Swing in der Wählergunst zugunsten der Ökopartei geführt haben.

Der SPD und den von ihr beauftragten Agenturen fehlte die Antenne für die langfristig wirksamen gesellschaftspolitischen Trends. Bei vielen Wordings aus den Reihen der SPD gewann man den Eindruck, dass da über eine Zeit geredet wird, die vorüber ist und auch nicht mehr zurückkommen wird. Und deshalb streift das sozialdemokratische Zeitalter bisweilen auch haarscharf am Lebensgefühl der jungen, modernen Funktionseliten vorbei. Nicht immer war in der Geschichte von Partei und Fraktion der SPD Baden-Württemberg die beliebte Formel „*Auf der Höhe der Zeit*" politikpraktisch auf der Höhe der Zeit. Auch bei der Wahl 2011 machte sich überdies negativ bemerkbar, dass die SPD in Baden-Württemberg im Gegensatz zu anderen Bundesländern „*keine Basis unter der (gewerkschaftlich gebundenen) Arbeiterschaft hatte*".[262] Sie litt unter dem Mangel eines sozialstrukturell determinierten stabilen Sockels von Stammwählern.

---

[262] Vgl. Marc Debus, *Verrückte Verhältnisse? Wahlverhalten und Parteienwettbewerb in Baden-Württemberg zwischen 2011 und 2016*, in: Felix Hörisch/Stefan Wurster, (Hrsg.): *Das grün-rote Experiment in Baden-Württemberg. Eine Bilanz der Landesregierung Kretschmann 2011-2016*, Wiesbaden 2017, S. 15-45, hier S. 34.

Die Koalitionsgespräche zwischen Grünen und SPD über die Bildung einer Regierung verliefen zunächst in ruhigem Fahrwasser, wie eben üblich bei einer Eheschließung. Sand ins Getriebe kam erwartungsgemäß durch die Modalitäten eines Volksentscheids über *Stuttgart 21*, durch die notwendige Haushaltskonsolidierung, die mögliche Streichung von Lehrerstellen angesichts vermeintlich zurückgehender Schülerzahlen, durch den Ausbau der Bürgerbeteiligung und die von den Grünen vorangetriebene *„Politik des Gehörtwerdens“*.[263] Aber auch persönliche Antipathien zwischen einzelnen Protagonisten vergifteten zeitweise immer wieder ganz gehörig die Atmosphäre im bevorstehenden Bündnis. Auf Seiten der SPD war hier Fraktionschef Schmiedel Täter und Opfer zugleich.

Nach Ostern 2011 war der Koalitionsvertrag mit dem Titel *„Der Wechsel beginnt“* unter Dach und Fach.[264] Am *7. Mai 2011* segnete der *SPD-Landesparteitag* in *Sindelfingen* den grün-roten Kontrakt ab. Mit ganz radikalen Umwälzungen war auf keinem Politikfeld zu rechnen, denn Kretschmann und Schmid agierten als in der politischen Mitte verortete gemäßigte Reformer, die für eine dialogorientierte, seriöse, solide und verantwortungsbewusste Politik standen, die

---

[263] Vgl. Oscar W. Gabriel/Bernhard Kornelius 2011, S. 798ff.; ferner Rüdiger Bäßler, Koalitionsverhandlungen: Gestörte Harmonie in Baden-Württemberg, in: Zeit Online, 18.04.2011, https://www.zeit.de/politik/deutschland/2011-04/spd-gruene-baden-wuerttemberg?page=5, Die Welt, 15.04.2011, Grün-Rot ist „Liebesheirat mit getrennten Betten“, https://www.welt.de/politik/deutschland/article13185118/Gruen-Rot-ist-Liebesheirat-mit-getrennten-Betten.html, Der Spiegel, 31.03.2011, Grün-Rot startet Koalitionsverhandlungen, https://www.spiegel.de/politik/deutschland/baden-wuerttemberg-gruen-rot-startet-koalitionsverhandlungen-a-754366.html.

[264] Der Verfasser und sein Kollege *Rudi Hoogvliet*, damals PR-Chef der grünen Landtagsfraktion und enger Kretschmann-Vertrauter, übernahmen über Ostern 2011 Schlussredaktion und Lektorat des Textes streng nach dem Prinzip, dass der eine das übernimmt, was dem anderen besonders am Herzen liegt. Der Verfasser durfte also z. B. das Kapitel zu *Stuttgart 21* sprachlich auf Vordermann bringen.

niemand im baden-württembergischen Bürgertum in Schrecken zu versetzen brauchte. SPD-Mann Nils Schmid gab bei der Vorstellung des Koalitionsvertrags „*Maß und Mitte*" als Richtschnur des politischen Handelns aus. Als spezifisch sozialdemokratische Leitlinie innerhalb des grün-roten Bündnisses nannte der 37-jährige designierte Superminister für Finanzen und Wirtschaft „*solide Finanzen, wirtschaftliche Vernunft und sozialen Ausgleich*"[265] Und so lautete das Urteil der Wochenzeitung *Die Zeit* aus gutem Grund ausgesprochen wohlwollend: „*Grün-Rot ist klug gestartet*".[266]

Bei den Verhandlungen über die Besetzung der Ministerien erwies sich die SPD als bockelharter, durchsetzungsstarker Widerpart der Grünen. Die Augenhöhe ließ grüßen. In der personellen Gesamtbilanz ging die SPD „*als klarer Sieger aus den Verhandlungen*" hervor.[267] Sie erhielt sieben von den zwölf Ministerposten, darunter die klassischen Ressorts. Allerdings kamen nur vier der sieben Minister aus der Landtagsfraktion, was bis zu einem gewissen Grad dem Proporzdenken des Spitzenkandidaten geschuldet war. An *Nils Schmid* fiel getreu dem „*Augenhöhe*"-Prinzip ein Superministerium aus Finanzen und Wirtschaft. Ferner besetzte die SPD folgende Ressorts: *Peter Friedrich* (Bundesrat, Europa und internationale Angelegenheiten), *Gabriele Warminski-Leitheußer* (Kultus), *Katrin Altpeter* (Soziales), *Reinhold Gall* (Innen), *Rainer Stickelberger* (Justiz) und *Bilkay Öney* (Integration). Als Fraktionsvorsitzender wurde *Claus Schmiedel* am 29. März 2011 einstimmig wiedergewählt. Damit war

---

[265] Vgl. Rüdiger Soldt, Ein grün-roter Wettstreit um Bürgerlichkeit, Frankfurter Allgemeine, 28.04.2011, https://www.faz.net/aktuell/politik/inland/baden-wuerttemberg-ein-gruen-roter-wettstreit-um-buergerlichkeit-1623754.html
[266] Vgl. Michael Schlieben, Grün-Rot ist klug gestartet, in: Zeit Online, 27.04.2011, https://www.zeit.de/politik/deutschland/2011-04/gruen-rot-baden-wuerttemberg-koalitionsvertrag?sort=desc&page=3.
[267] Vgl. Oscar W. Gabriel/Bernhard Kornelius 2011, S. 801.

klar, dass auf Seiten der SPD in der grün-roten Landesregierung bei Schmid und Schmiedel die Musik spielte, aber auch Misstöne vorprogrammiert waren, und zwar in den eigenen Reihen, gegenüber dem grünen Koalitionspartner sowieso.

Parlamentarische Initiativen der SPD von 2011 bis 2016

In der 15. Wahlperiode brachten die Fraktionen von Grünen und SPD gemeinsam *acht Gesetzentwürfe* in den Landtag ein. Das sind fast exakt so viele wie in der Großen Koalition von 1992 bis 1996, als CDU und SPD gemeinsam auf neun Gesetzentwürfe kamen. Bei den grün-roten Vorhaben sind hervorzuheben die Absenkung des Quorums bei Volksabstimmungen auf ein Fünftel der Stimmberechtigten, die Einführung eines Bürgerbeauftragten beim Landtag als neutrale Beschwerdestelle, die Änderung der Landesbauordnung mit dem verpflichtenden Einbau von Rauchmeldern und die Anhebung der Besoldung von Landräten und Bürgermeistern in Gemeinden über 30.000 Einwohner.

Die SPD-Fraktion stellte von 2011 bis 2016 insgesamt *16 Große Anfragen* an die Landesregierung, davon allerdings lediglich die Hälfte, also acht, an die eigenen Ministerien. Vier Große Anfragen beantwortete das Innenministerium, etwa zu Wirtschaftskriminalität und Internet, zur Bekämpfung von illegalem Glücksspiel im Internet und zum Frauenanteil in Gemeinderäten und Kreistagen.

Es verwundert, dass die SPD das parlamentarische Instrument der Großen Anfrage nicht stärker genutzt hat, um das Regierungshandeln, die Leistungen und die Konzepte der eigenen Ministerien in ein positives öffentliches Licht zu rücken. Besonders auffällig ist, dass Superminister Nils Schmid mit nur einer Großen Anfrage zu Elektromobilität und Wertschöpfung bedient wurde. Überhaupt nicht nachvollziehbar ist, warum die sozialpolitischen Fortschritten in besonderer Weise verpflichtete SPD-Fraktion an das eigene Sozialressort keine einzige Große Anfrage richtete.

Zu erwähnen ist hier noch, dass Große Anfragen in der Regel zu Themen von „*erheblicher politischer Bedeutung*" – wie es in der Geschäftsordnung des Landtags heißt – erarbeitet und meistens auch im Plenum des Parlaments diskutiert werden, was den Antragstellern wie auch dem zuständigen Fachminister eine exponierte Plattform verschafft und zumindest eine Chance auf mediale Resonanz eröffnet.

In der 15. Wahlperiode wurden vom Landtag *drei Untersuchungsausschüsse* eingesetzt, und zwar zum „*EnBW-Deal*" (2011–2014), zum „*Polizeieinsatz Schlossgarten II*" (2013–2016) und zum „*Rechtsterrorismus/NSU BW*" (2014–2016). Am 25. März 2014 beschloss der Landtag nach einem überfraktionellen Antrag die Einsetzung einer Enquetekommission „*Pflege in Baden-Württemberg zukunftsorientiert und generationengerecht gestalten*", wobei die Initiative dafür von einem Antrag der CDU-Fraktion vom 25. Februar 2014 ausging.

Nach längerem Streit im Vorfeld kam es am 30. April 2014 im Landtag zur Einsetzung einer Enquetekommission „*Konsequenzen aus der Mordserie des Nationalsozialistischen Untergrunds (NSU)/Entwicklung des Rechtsextremismus in Baden-Württemberg – Handlungsempfehlungen für den Landtag und die Zivilgesellschaft*". CDU und FDP hatten mit Änderungsanträgen vergeblich versucht, den Auftrag auf Linksextremismus und islamistischen Extremismus zu erweitern.

Am 5. November 2014 beschlossen dann alle Fraktionen, die Arbeit dieser Enquetekommission ruhen zu lassen bis zur Beschlussfassung des Landtags über den Abschlussbericht des am selben Tag eingesetzten Untersuchungsausschusses „*Die Aufarbeitung der Kontakte und Aktivitäten des Nationalsozialistischen Untergrunds (NSU) in Baden-Württemberg und die Umstände der Ermordung der Polizeibeamtin M. K.*" Vorsitzender des NSU-Untersuchungsausschusses wurde SPD-Mann *Wolfgang Drexler*, der sich in die Materie tief hinein stürzte und sein Talent als Mehrzweckwaffe der SPD-Landtagsfraktion erneut unter Beweis stellte.

Regierungshandeln der SPD in der grün-roten Wechselkoalition, die spezifische Rolle der Landtagsfraktion und ihres streitlustigen Frontmanns Claus Schmiedel

Was ist der Unterschied zwischen einem Regierungswechsel, einem Machtwechsel und einem Politikwechsel? Der *Politikwechsel* entspricht am stärksten den hohen programmatischen Ansprüchen von neu an die Regierung kommenden Reformparteien in entwickelten, reifen parlamentarischen Demokratien. Er passt empirisch auch treffend zu den theoretischen Erwartungen der sogenannten *Parteiendifferenztheorie*, der zufolge *Policy-Output* (Politikproduktion) und *Policy-Outcome* (Politikergebnis) der Staatstätigkeit in starkem Maße von der parteipolitischen Färbung der jeweiligen Regierung abhängen. Eine Vielzahl von wissenschaftlichen Studien hat in den letzten Jahren die grundlegende Richtigkeit der Annahmen der Parteiendifferenzthese bestätigt.[268] Aber auch Annahmen aus der Theo-

[268] Vgl. Manfred G. Schmidt/Tobias Ostheim, *Die Lehre von der Parteiendifferenz*, in: Manfred G. Schmidt/Tobias Ostheim/Nico A. Siegel/Reimut Zohlnhöfer (Hrsg.), *Der Wohlfahrtsstaat. Eine Einführung in den historischen und internationalen Vergleich*,

rie der *Pfadabhängigkeit*[269], also des institutionellen Beharrungsvermögens und der Handlungskontinuität von Akteuren aufgrund zurückliegender Entscheidungen und Weichenstellungen, sowie der positiven wie negativen *Feedback-Effekte* finden im Regierungshandeln von Grün-Rot ihre Belege.

Im Fall des grün-roten Wechsels stellt sich die Frage, welchen tatsächlichen Handlungsspielraum (Landes)Regierungen für Reformen angesichts erheblicher rechtlicher, institutioneller, ökonomischer und finanzieller Restriktionen besitzen. Ferner gilt es im Einzelfall zu prüfen, wie groß denn die Differenz in welchen und wie vielen Politikfeldern ausfällt und welche gesamtpolitische Relevanz sie für die einzelne Partei hat. Warum ist das eine wichtige Fragestellung? Insbesondere Reformparteien neigen dazu, im Interesse ihrer Legitimation gegenüber den eigenen Wählergruppen Ausmaß und Tiefe des in der Regierung bewirkten Politikwechsels stark zu überhöhen. Da wird schnell eine Mücke zum Elefanten aufgeblasen.

Winfried Kretschmann probierte es in seiner ersten *Regierungserklärung* als Ministerpräsident am *25. Mai 2011* im Landtag von Baden-Württemberg genau andersherum. Obwohl er selbst gleich zu Beginn seiner Rede auch von einem bevorstehenden „*Politikwechsel*“ sprach, dämpfte er überzogene Hoffnungen und beruhigte ohnehin abwegige Befürchtungen. „*Baden-Württemberg steht keine politische Revolution bevor, sondern eine ökologisch-soziale Erneuerung.*“, sagte Kretschmann zur angestrebten Reichweite der Reform-

---

Wiesbaden 2007, S. 51-62, hier S. 55.

[269] Vgl. etwa die Studie von Jürgen Beyer, *Pfadabhängigkeit. Über institutionelle Kontinuität, anfällige Stabilität und fundamentalen Wandel*, Frankfurt am Main 2006.

politik seiner grün-roten Landesregierung.[270] Damit war klar, wohin die Reise führte und wohin nicht, zumal speziell der deutsche Revolutionär ja bekanntermaßen vom Umsturzversuch absieht, weil er dazu auch das Warnschild „*Rasen betreten verboten*“ missachten müsste, wie ein alter, auf den sowjetischen Diktator Stalin zurückgehender Scherz besagt.

Zur Einordnung der Reichweite von Reformpolitiken wird in der einschlägigen Literatur immer noch auf die bereits 1993 in die politökonomische Debatte eingeführte Typologie von *Peter A. Hall* zum Politikwandel zurückgegriffen.[271] Hall unterscheidet Reformen erster, zweiter und dritter Ordnung, was die Steigerung ihrer Intensität erfasst. Bei der schwächsten Stufe werden lediglich bereits vorhandene Instrumente und Strukturen ergänzt und angepasst. Bei der zweiten Kategorie kommen neue Instrumente und/oder Institutionen hinzu. Beim Paradigmenwechsel auf der dritten Ebene vollzieht sich schließlich überdies eine grundlegende Zieländerung. Wir werden auf das Schema von Hall vor allem bei der Durchleuchtung der grün-roten Reformen durch die Blume immer wieder Bezug nehmen.

Aber werfen wir im Folgenden einen ausführlicheren Blick auf das Regierungshandeln speziell der SPD-geführten Ministerien in der grün-roten Koalition und auf die relevanten Kontexte, in denen es sich vor allem koalitionsintern, aber auch bundespolitisch abspielte. Immerhin handelt es sich hier in den 70 Jahren Politik der SPD-Landtagsfraktion seit 1952 um die bislang einzige Phase, in der die

---

270 Vgl. Regierungserklärung von Ministerpräsident Winfried Kretschmann am 25. Mai 2011 im Landtag von Baden-Württemberg, https://www.baden-wuerttemberg.de/fileadmin/redaktion/dateien/Altdaten/202/110525_Regierungserklaerung_MP_Kretschmann_Protokollfassung.pdf
271 Vgl. Peter A. Hall, *Policy Paradigms, Social Learning, and the State: The Case of Economic Policymaking in Britain*, in: Comparative Politics, 1993, 25, S. 275-296.

SPD an der Regierung beteiligt und zugleich ambitioniert und messbar reformpolitische Akzente setzen wollte. Insofern ist Grün-Rot auch nicht wirklich mit der Regierungsbeteiligung der SPD in anderen, früheren politischen Konstellationen vergleichbar oder gar auf eine Stufe zu stellen.

Reformeuphorie für neue Schulstruktur, gescheiterte Kultusministerin Warminski-Leitheußer und um ruhiges Fahrwasser bemühter Nachfolger Andreas Stoch

Dass es der SPD gelang, in den Koalitionsverhandlungen mit den Grünen für sich das *Kultusministerium* herauszuschlagen, war mehr als nur ein Prestigegewinn (vielleicht aber auch ein Pyrrhussieg!?), und zwar aus vielerlei sichtbaren Gründen:

Zum *Ersten* kam nach der kurzen, keine Spuren hinterlassenden Amtszeit von *Gotthilf Schenkel* in den Jahren 1952/1953 mit *Gabriele Warminski-Leitheußer* zum ersten Mal wieder eine SPD-Politikerin an die Spitze des Kultusministeriums (Ende Januar 2013 dann *Andreas Stoch*), nach fast 60 Jahren ununterbrochener Regentschaft der CDU; zum *Zweiten* war das Kultusministerium nicht einfach ein Ministerium unter all den anderen, sondern gilt mit seiner Hoheit über die gesamte Schulpolitik als Inbegriff der Länderkompetenz im föderalen Bundesstaat und verfügt damit über ein herausragendes Gewicht im Machtgefüge jeder Landesregierung und im „*Wünsch-Dir-Was*" ihrer Haushaltspolitik; zum *Dritten* sah die SPD gerade in diesem Politikbereich durch ideologisch bedingte Versäumnisse der CDU-geführten Landesregierungen mit den größten Reformbedarf und last but not least zum *Vierten* hatte die SPD in den Jahren vor der Regierungsbeteiligung im grün-roten Bündnis mit dem „*Bildungsaufbruch*" eine ausgefeilte, anspruchsvolle Reformagenda ausgearbeitet, die nun endlich in politische Praxis umgesetzt werden konnte. Dies sind zugleich die Aspekte, die uns zu einer gründlichen Betrachtung der grün-roten Schulreformen führen.

Den Grünen konnte es angesichts einer weitgehenden Deckungsgleichheit der schulpolitischen Positionen sogar gefallen, dass sich die SPD und deren Ministerin und nicht sie im konservativen Haifischbecken des jahrzehntelang CDU-dominierten und damit rabenschwarzen Kultusressorts abstrampeln und ganz sicher mit dem einen oder anderen Querschuss oder Störmanöver von Reformgegnern im Beamtenapparat rechnen mussten.[272]

Die neue Kultusministerin war eine (Aus)Wahl von SPD-Landeschef *Nils Schmid* und genoss sein persönliches Vertrauen. In der Landtagsfraktion rief diese Personalentscheidung indessen von Anfang an eine gewisse Verärgerung, ja Verbitterung hervor, denn man hegte die berechtigte Erwartung, mit dem ausgewiesenen Bildungsexperten *Frank Mentrup* selbst zum Zuge zu kommen. Dieser musste sich jedoch mit der Rolle des parlamentarischen Staatssekretärs und einem weithin auf frühkindliche Bildung begrenzten Aufgabengebiet begnügen. Schmid kam es bei der Besetzung im Sinne eines gewissen Proporzdenkens darauf an, die Kriterien „*Frau*" und „*Kommunen*" zu bedienen. Warminski-Leitheußer passte dazu, Mentrup hingegen nicht. Überdies auch ein Plus: Warminski-Leitheußer wurde dem eher linken Parteiflügel zugerechnet und kam aus Nordbaden.

Sehr schnell kam vor allem bei Abgeordneten der SPD-Fraktion allerdings die Befürchtung auf, das politisch wie administrativ schwierige Ministeramt könnte für die Mannheimer Schulbürgermeisterin nicht nur eine Nummer zu groß sein. „*Sie kann es nicht*", lautete schnell ein verbreitetes Urteil. Für Missbehagen sorgte na-

272 Vgl. zur bildungspolitischen Reformdiskussion vor und nach dem Regierungswechsel 2011 kompakt und erhellend Valentin Merkelbach, *Schulreform im Südwesten: Ein Beitrag zum Schulfrieden in Baden-Württemberg?*, in: bildungsklick 20.02.2012, https://bildungsklick.de/schule/detail/ein-beitrag-zum-schulfrieden-in-baden-wuerttemberg

türlich auch die Befürchtung, ausgerechnet Warminski-Leitheußer werde womöglich die Früchte der jahrelangen programmatischen Arbeit der SPD-Bildungsexperten von Zeller über Bayer bis zu Mentrup ernten. Fraktionschef *Claus Schmiedel* beschlich in weiser Vorausschau schon rasch nach dem Start der frisch gebackenen Kultusministerin das ungute Gefühl, man werde die Dame wohl in „*Manndeckung*" nehmen müssen.[273]

Der Versuch, Warminski-Leitheußer politisch und disziplinarisch an die Kandare zu nehmen und ihr bei Patzern auf die Finger zu klopfen, vermochte am Ende nicht ihren Kopf zu retten, sondern kulminierte in massiven Tritten aus der SPD-Landtagsfraktion zum scheinbar freiwilligen Rücktritt bereits im Januar 2013. Doch dazu später noch einige weitere anekdotisch wie historisch wertvolle Informationen und Sachverhalte. Los ging es aber in der grün-roten Wechselkoalition zunächst mit richtig Reformeifer auf dem verminten Gelände der Schulpolitik.[274]

---

[273] Vgl. Schwäbische, 07.01.2013, Ministersturz soll Befreiungsschlag für Südwest-SPD werden, https://www.schwaebische.de/regional/baden-wuerttemberg/ministersturz-soll-befreiungsschlag-fuer-suedwest-spd-werden-906762

[274] Vgl. detailliert zu Art, Umfang und Gegenstand der schulpolitischen Reformen von Grün-Rot die Analyse von Marius R. Busemeyer/Susanne Haastert, *Bildungspolitik: Nicht alles anders, aber manches*, in: Felix Hörisch/Stefan Wurster (Hrsg.): *Das grün-rote Experiment in Baden-Württemberg. Eine Bilanz der Landesregierung Kretschmann 2011-2016*, Wiesbaden 2017; vgl. ferner Helmar Schöne/Stefan Immerfall, *Grün-Rote Bildungspolitik in Baden-Württemberg*, in: Der Bürger im Staat, Heft 4-2015, S. 186-194, vor allem die Chronologie wichtiger Entscheidungen S. 189, vgl. überdies, jedoch noch mit zu wenigen, da nur den Regierungsbeginn erfassenden Maßnahmen und zudem sehr nebulös, auch fehlerhaft und teilweise abstrus in den Befunden Uwe Wagschal, *Politikwechsel nach dem Machtwechsel: Die Regierungstätigkeit von Grün-Rot in Baden-Württemberg*, in: Uwe Wagschal/Ulrich Eith/Michael Wehner (Hrsg.), *Der historische Machtwechsel: Grün-Rot in Baden-Württemberg*, S. 247-267, hier S. 249-251. Ein Beispiel: Anhaltende Probleme im Politikfeld Schule *„führten im Januar 2013 schließlich zum Rücktritt der Kultusministerin Warminski-Leitheußer"*, so der Autor, was ja in der Analyse die Ursache-Wirkung-Relation glatt auf den Kopf stellt.

Die grün-roten Schulreformen schreiten zur Tat: Abschaffung der verbindlichen Grundschulempfehlung

Vorneweg: Die Voraussetzungen für strukturelle Reformen im Bildungsbereich waren nicht schlecht. *Erstens* konnte das überkommene dreigliedrige Schulwesen aufgrund sinkender Schülerzahlen und des Akzeptanzverlusts der Haupt- und Werkrealschule nicht mehr die Vielfalt der Abschlüsse in der Fläche gewährleisten. *Zweitens* war gerade in Baden-Württemberg der Bildungserfolg von Kindern in starkem Maße von der sozialen Herkunft der Eltern abhängig. *Drittens* gab es einen Nachholbedarf beim Angebot an Ganztagsschulen. *Viertens* war das Recht von behinderten Menschen auf eine inklusive Beschulung immer noch nicht im Schulgesetz verankert, obwohl Deutschland die UN-Behindertenrechts- konvention bereits 2009 ratifiziert hatte. Insgesamt gesehen „*waren die Ausgangsbedingungen für ambitiöse grün-rote Bildungsreformen bei dem Machtwechsel im Jahr 2011 daher nicht ungünstig*“[275] – zumal auf diesem Politikgebiet die Differenzen zwischen den beiden Koalitionspartnern sehr gering ausfielen.

Die erste richtige schulpolitische Reform von Grün-Rot war die *Abschaffung der verbindlichen Grundschulempfehlung*, welche der Landtag bereits am 17. Dezember 2011 mit einer entsprechenden Änderung des Schulgesetzes beschloss.[276] Es bestand zwar keinerlei erkennbare sachlich gebotene Wichtigkeit und Dringlichkeit, gerade dieses Wahlversprechen besonders rasch einzulösen, aber es konnte damit entschlossener reformpolitischer Umsetzungswille demons-

---

[275] Vgl. Marius R. Busemeyer/Susanne Haastert, 2017, S. 134.
[276] Vgl. Stuttgarter Zeitung, 07.12.2011, Grundschulempfehlung: Der Elternwille zählt, https://www.stuttgarter-zeitung.de/inhalt.grundschulempfehlung-der-elternwille-zaehlt.7550b6f7-5033-4efb-be67-2ad21ab22313.html

triert werden, der keinen übermäßigen Ärger auslöste, weil er keine zusätzlichen Haushaltsmittel erforderte und auf eine breite Akzeptanz der Elternschaft zählen konnte, die ja künftig nach einem Beratungsverfahren allein über die weiterführende Schulart ihrer Kinder bestimmen konnte. Kultusministerin Warminski-Leitheußer geißelte die bisherige verbindliche Grundschulempfehlung stark übertrieben als *„unsägliche Bevormundung der Eltern“*[277], was letztlich nichts anderes war als ein tiefes Misstrauen gegenüber den pädagogischen Kompetenzen der Lehrerschaft.

Die Opposition aus CDU und FDP hielt die Reform zwar für überhastet und unnötig, ließ aber keine Absicht erkennen, sie wieder zurückzudrehen, was auf einen positiven *Feedback-Effekt* der vorgenommenen Gesetzesänderung schließen ließ, zumal sich im Schulwahlverhalten der Eltern keine gravierenden Änderungen in die eine oder andere Richtung zeigten. Allerdings plädierten knapp 10 Jahre später mehrere Lehrerverbände nach einer Umfrage an Realschulen und Gymnasien für die Wiedereinführung der verbindlichen Grundschulempfehlung und führten dafür die Überforderung von Kindern, demotivierende Misserfolge und den Abwärtstrend beim Schulerfolg ins Feld.[278]

In der Forschung galt die Abschaffung der verbindlichen Grundschulempfehlung als Beleg für die *mittlere Reichweite* der grün-roten Reformtätigkeit im ersten Regierungsjahr und ebenfalls für nur mittlere programmatische Unterschiede zur Vorgängerregierung.[279]

---

[277] Vgl. Der Spiegel, 30.10.2011, https://www.spiegel.de/lebenundlernen/schule/baden-wuerttemberg-kultusministerin-haelt-grundschulempfehlung-fuer-bevormundung-der-eltern-a-794803.html

[278] Vgl. https://www.swr.de/swraktuell/baden-wuerttemberg/grundschulpflicht-schulen-bildung-lehrer-realschule-gymnasium-philologenverband-100.html

[279] Vgl. dazu in allen Politikfeldern die Tabelle *„Politikwechsel nach dem Regie-*

Einführung der Gemeinschaftsschule: Sargnagel für das überkommene dreigliedrige Schulsystem?

Über viele Jahre hinweg hatten die Bildungsexperten der SPD-Landtagsfraktion an pädagogisch innovativen und politisch zustimmungsfähigen Konzepten für eine Reform des starren dreigliedrigen Schulsystems gearbeitet. Ein Kernelement der Überlegungen war die sogenannte *Gemeinschaftsschule*, die früher auch als Regionalschule tituliert wurde. Die Reformpläne entsprangen mitnichten einer gleichmacherischen ideologischen Denke, sondern zum einen dem Anspruch auf mehr Bildungsgerechtigkeit und gleiche Erfolgschancen für alle Schüler sowie zum anderen der schlichten Wahrnehmung von massiven Funktionsstörungen des gegliederten Schulwesens, die insbesondere an einem zugunsten höherer Abschlüsse ausgerichteten Schulwahlverhalten (*Übergangsquote*) und an einem rasch voranschreitenden Sterben von Hauptschulen ablesbar waren. Die CDU-geführten Landesregierungen hatten diesen Entwicklungen weitgehend tatenlos zugeschaut und sich an bloß kosmetische Korrekturen geklammert, wie etwa die Einführung der Werkrealschule.

Die *Einführung der Gemeinschaftsschule* bildete zweifellos das konzeptionelle Kernstück der grün-roten Reformvorhaben im Bildungsbereich. Es geriet dadurch aber auch zum politisch in hohem Maße aufgeladenen Prestigeprojekt, bei dem möglichst keine Kinderkrankheiten auftauchen sollten und in der handwerklichen Umsetzung nichts schieflaufen durfte. Aus Sicht der Bildungsexperten der

---

rungswechsel 2011" in: Uwe Wagschal 2013, S. 265. Allerdings kann man in einzelnen Politikfeldern, wie etwa der Hochschulpolitik, auch zu deutlich abweichenden Bewertungen kommen, weil Symbolpolitik nicht für bare Münze genommen werden darf.

SPD-Fraktion, in den 2000er Jahren namentlich *Norbert Zeller*[280], später dann auch *Christoph Bayer*, *Frank Mentrup* und *Stefan Fulst-Blei*, sollte die Gemeinschaftsschule einen Stachel im Fleisch des dreigliedrigen Systems verankern und so letztlich den unumkehrbaren Weg zur Zweigliedrigkeit der Schulstruktur ebnen. Die Gemeinschaftsschule kam, die Zweigliedrigkeit aber nicht.

Am *21. April 2012* verabschiedete der Landtag eine *Änderung des Schulgesetzes*, mit der die Gemeinschaftsschule auf eine rechtliche Basis gestellt und ihre Ausgestaltung wie das Zulassungsverfahren geregelt wurde. Bereits zum Schuljahr 2012/2013 gingen 42 Gemeinschaftsschulen an den Start, obschon die baulichen Voraussetzungen, die Lehrerbildung, die Lehrpläne und die Ressourcenausstattung nicht endgültig geklärt waren. Doch bereits nach vier Jahren war mit 280 Gemeinschaftsschulen im Schuljahr 2015/16 annähernd das heutige Niveau (2021/2022) mit etwas über 300 erreicht.[281] Die Gemeinschaftsschule war als gebundene integrative und inklusive Ganztagsschule mit rhythmisiertem Unterricht konzipiert, in der die Schüler je nach individuellem Leistungsstand und zunächst ohne Noten und Sitzenbleiben auf dem Niveau der Hauptschule, der Realschule oder des Gymnasiums lernten.

[280] Zeller wurde 2011 unter Kultusministerin Warminski-Leitheußer Leiter einer neu geschaffenen Stabsstelle für die Einführung der Gemeinschaftsschule, der Inklusion wie überhaupt der Schulentwicklung. Der 2011 aus dem Landtag ausgeschiedene SPD-Bildungsexperte genoss bei den Oppositionsfraktionen seit langem den Ruf eines Überzeugungstäters und dogmatischen Hardliners in Sachen Überwindung des dreigliedrigen Schulsystems.

[281] Vgl. Benedict Haase/Philipp Heugel, *10 Jahre Gemeinschaftsschule in Baden-Württemberg – ein Zwischenfazit*, Statistisches Monatsheft Baden-Württemberg 10/2022, https://www.statistik-bw.de/Service/Veroeff/Monatshefte/PDF/Beitrag22_10_03.pdf

Diejenigen Schulen und/oder Schulträger, die an ihrem Standort eine Gemeinschaftsschule gründen wollten, mussten ein innovatives pädagogisches Konzept vorlegen, das längeres gemeinsames Lernen ermöglichte. Die Gemeinschaftsschule wurde also von unten beantragt, nicht von oben verordnet. Das war ein entscheidender Unterschied zur späteren regionalen Schulentwicklung mit strengeren Regeln und Vorgaben der Schulverwaltung. Aus gutem Grund hieß es in einer Argumentationskarte des SPD-Landesverbands zur Gemeinschaftsschule *„Jede Schule kann, keine muss“*.[282] Sehr schnell fanden auch CDU-Bürgermeister Gefallen an der neuen Schulart, denn sie erlaubte gerade im ländlichen Raum die Sicherung von Standorten mit allen Abschlüssen und dies bei privilegierter Ressourcenausstattung. Während auf Landesebene zur Gemeinschaftsschule noch eine erbittert geführte, ideologisch aufgeladene Altschlacht tobte, wurde auf kommunaler Ebene versucht, dank eines schon immer herrschenden Schulfriedens möglichst rasch in den Genuss der Annehmlichkeiten der Gemeinschaftsschule zu gelangen.

Allerdings zeigte sich rasch die bildungspolitische Achillesferse der Gemeinschaftsschule: Bis zum Schuljahr 2021/2022 konnte man an lediglich acht Standorten das Abitur ablegen, was nicht gerade gleichgewichtige integrative Brillanz zum Ausdruck brachte.[283] Für die grün-rote Landesregierung bedeutete die Gemeinschaftsschule ein Stück weit mehr Bildungsgerechtigkeit und aus schulstruktureller Sicht die Sicherung einer breiten Palette an Abschlüssen in Zeiten rückläufiger Schülerzahlen in der gesamten Fläche. Um

---

[282] Vgl. Argumentationskarte des SPD-Landesverbands Baden-Württemberg, https://www.spd-bw.de/dl/2014_Argukarte_Gemeinschaftsschule.pdf

[283] Vgl. Pressemitteilung der Landesregierung vom 22.01.2021 https://www.baden-wuerttemberg.de/de/service/presse/pressemitteilung/pid/vier-weitere-oberstufen-an-gemeinschaftsschulen

Kritikern, die eine nivellierende Einebnung der Schullandschaft befürchteten, den Wind aus den Segeln zu nehmen, wurde Kultusministerin *Warminski-Leitheußer* nicht müde zu betonen, dass die Gemeinschaftsschule *keine Gesamtschule* sei.[284] Den Befürwortern der Gemeinschaftsschule bereitete nach den ersten Zulassungstranchen umso mehr der Umstand Kopfschmerzen, dass die weit überwiegende Anzahl der Antragsteller Haupt- und Werkrealschulen waren, jedoch kaum Realschulen und schon gar nicht Gymnasien. Die Opposition vermutete rasch nur ein modernes, neues „*Türschild*" für die alte Hauptschule, die ja gar keine *Haupt*schule mehr war.

Das konnte nicht verwundern, denn selbst die angepeilte Zweigliedrigkeit sah ja das Nebeneinander von integrativer Gemeinschaftsschule und Gymnasium vor. Dafür gab es nicht unbedingt pädagogische Gründe, aber handfeste politische Hemmnisse, denn ein Angriff auf die Existenzberechtigung des Gymnasiums hätte im nach wie vor weithin konservativen Baden-Württemberg bei der Elternschaft, den betroffenen Lehrerverbänden und im statusbewussten Bürgertum ein mittelschweres politisches Erdbeben ausgelöst und der grün-roten Reformkoalition glatt den Boden unter den Füßen weggezogen. Zweigliedrigkeit des Schulwesens ist demnach – wie auch immer inzwischen in den Bundesländern ausgestaltet – vor allem ein Begriff und eine Struktur, welche das Gymnasium politisch für sakrosankt erklären, obwohl mit einer Gemeinschaftsschule als echte „*gemeinsame Schule für alle*" durchaus ein alternatives Modell denkbar wäre.[285]

---

[284] Vgl. Frankfurter Allgemeine, 05.08.2011, „*Die Gemeinschaftsschule ist keine Gesamtschule*", https://www.faz.net/aktuell/politik/inland/im-gespraech-kultusministerin-gabriele-warminski-leitheusser-die-gemeinschaftsschule-ist-keine-gesamtschule-11109306-p2.html

[285] Vgl. zu den Varianten der Zweigliedrigkeit Klaus-Jürgen Tillmann, *Das Sekundarschulsystem auf dem Weg in die Zweigliedrigkeit. Historische Linien und aktuelle*

Aber in einen solchen politischen Clinch einzusteigen, erschien selbst den radikalsten Schulreformern von Grün-Rot als zu riskant, ja aussichtslos. Das Abschmettern der *Hamburger Schulreform* zum längeren gemeinsamen Lernen in einer sechsstufigen Grundschule durch einen Volksentscheid im Juli 2010 wurde als konservativer Warnschuss registriert, gegen eine vermeintliche Demontage des Gymnasiums und gegen ein Herumdoktern an der Schulstruktur überhaupt.

Wo aber vor Ort bzw. in Wohnortnähe in Baden-Württemberg ein Gymnasium im schulischen Angebot war, hatte die Gemeinschaftsschule als Konkurrenz zum höheren Abschluss kaum eine reelle Chance. Selbst sozialdemokratisch gesinnte und auf „*Aufstieg durch Bildung*" setzende Eltern schickten in einer solchen Konstellation ihre Kinder selbstredend aufs Gymnasium.

Dass die Gemeinschaftsschule den Schritt zur echten Zweigliedrigkeit nicht wagte, sondern der bisherigen ausufernden Vielfalt nur noch ein weiteres Standbein auf dem Weg zur Viergliedrigkeit hinzufügte, wollten Warminski-Leitheußer und später auch ihr Nachfolger *Andreas Stoch* nicht als Gegenargument gelten lassen. Die Kultusministerin entgegnete, das Problem mit dem Wirrwarr an Schultypen in Baden-Württemberg habe es schon vor der Einführung der Gemeinschaftsschule gegeben, und sie fügte humorvoll hinzu: „*Als ich zum ersten Mal ein Schaubild mit den Wegen zum Abitur in Baden-Württemberg sah, da dachte ich: Meine Güte, das sieht*

Verwirrungen, Bundeszentrale für politische Bildung, 16.11.2015, https://www.bpb.de/themen/bildung/dossier-bildung/215556/das-sekundarschulsystem-auf-dem-weg-in-die-zweigliedrigkeit/, zur kontroversen Debatte in Baden-Württemberg vgl. Stuttgarter Zeitung, 26.10.2012, Bildung zwischen allen Säulen, https://www.stuttgarter-zeitung.de/inhalt.das-schulsystem-soll-zweigliedrig-werden-bildung-zwischen-allen-saeulen.04d033ed-38ed-4793-b003-49cc57718a82.html

ja aus wie der Nahverkehrsplan des Ruhrgebiets, wo ich aufgewachsen bin.[286] Stoch zeigte sich trotz der Kritik an der fehlenden Radikalität der Strukturreformen davon überzeugt, dass der Weg zur Zweigliedrigkeit vorgezeichnet sei und sich bis in fünf Jahren verfestigen werde: „*Wir werden die Gymnasien in der einen Säule haben. Und in der anderen Säule werden die Schularten sein, die verschiedene Abschlüsse anbieten, wie die Realschule und die Gemeinschaftsschule.*"[287]

Realität ist inzwischen allerdings ein vielfältiges Spektrum an Bildungswegen, das nur mit vielen Verrenkungen unter das Dach einer Zweigliedrigkeit gepresst werden kann. Geht es nach den Plänen der SPD-Landtagsfraktion, gäbe es selbst im Gymnasium die Wahlmöglichkeit zwischen G8 und G9 – ein bildungspolitisch fragwürdiges und ressourcenmäßig kostspieliges Unterfangen, bei dem Stoch in seiner neuen Funktion als SPD-Fraktionschef später zwar widerwillig mitmachte, aber schon als Kultusminister keineswegs davon überzeugt war. Denn mit dem Beruflichen Gymnasium gab es ja bereits eine Art G9 und mit der Gemeinschaftsschule sollte möglichst weit verbreitet eine weitere Variante hinzukommen. Beide Bildungswege kämen aber durch eine zusätzliche Binnendifferenzierung des Gymnasiums unnötig unter Druck, von den nötigen Finanzmitteln ganz zu schweigen.

Grün-Rot und die beiden sozialdemokratischen Kultusminister konnten sich zugutehalten, die Gemeinschaftsschule nach einigen

---

286 Vgl. Der Spiegel, 30.10.2011.

287 Vgl. Südkurier, 09.03.2016, „*Großes Gemeinschaftsschul-Interview mit Kultusminister Andreas Stoch*", https://www.suedkurier.de/region/kreis-konstanz/konstanz/Grosses-Gemeinschaftsschul-Interview-mit-Kultusminister-Andreas-Stoch;art1343659,8576835

wenigen Geburtswehen als neue Schulart erfolgreich im baden-württembergischen Bildungswesen etabliert zu haben. Alle landesweiten Trends bei den Übergangsquoten auf das Gymnasium – vor allem im urbanen Milieu (insgesamt zum Schuljahr 2022/23 bei 45%, in einer kleinen Universitätsstadt wie Tübingen indes bereits bei 75%) – weisen indessen darauf hin, dass das Gymnasium längst die neue *Haupt*schule ist und die Gemeinschaftsschule es nur zu einem Standbein in der zweiten integrativen Säule der Zweigliedrigkeit schaffen wird. Von einer kompletten Überwindung des gegliederten Schulwesens konnte allerdings keine Rede sein.[288]

Deshalb kann man in der grün-roten Schulpolitik auch nicht von einem hohen Reformniveau mit Paradigmenwechsel sprechen. Der eingeleitete Systemwandel mit modernisierten Strukturen wird in der Literatur nicht als transformativer Wandel eingestuft, sondern lediglich als ein inkrementeller. Dies könnte auch daran liegen, dass der grün-roten Landesregierung „*nach dem bildungspolitischen Übermut der ersten Stunde*" gerade beim sowieso widersprüchlichen schulstrukturellen Umbau „*ein wenig der Mut verloren gegangen ist*".[289] Letztlich werden aber auch die Eltern durch ihre künftige Nachfrage nach Schularten mit darüber entscheiden, in welche Richtung sich das Schulwesen in Baden-Württemberg weiterentwickelt.

Die von Grün-Rot angepackte zentrale Veränderung der baden-württembergischen Schullandschaft löste bei allen Betroffenen und Beteiligten, erst recht bei den politisch Verantwortlichen, ordentlich

---

[288] Vgl. Marius R. Busemeyer/Susanne Haastert 2017, S. 148; ferner die Broschüre „Bildungswege in Baden-Württemberg. Abschlüsse und Anschlüsse Schuljahr 2022/2023", https://km-bw.de/site/pbs-bw-km-root/get/documents_E1501867801/KULTUS.Dachmandant/KULTUS/KM-Homepage/Publikationen%202021/Bildungswege%20in%20BW%202022_2023_barr.pdf
[289] Vgl. Helmar Schöne/Stefan Immerfall 2015, S. 193.

Stress aus. Schließlich ging es um die Einführung einer völlig neuen Schulart mit einem neuartigen pädagogischen Konzept. Das Reformmanagement verlangte großes Fachwissen, handwerkliches Können, ausgeprägtes menschliches Fingerspitzengefühl, eine argumentationsstarke Kommunikation, politisches Stehvermögen und eben auch eine glückliche Hand. Kultusministerin *Gabriele Warminski-Leitheußer* kam in ihrer Amtsführung all dies zunehmend abhanden. Und so wurde sie rasch selbst zu einem die forsche Wechselregierung belastenden Problemfall der ohnehin umstrittenen Schulreformen.

Kultusministerin Warminski-Leitheußer wird zurückgetreten und ihr Nachfolger Stoch lässt Dampf aus dem Kessel der grün-roten Bildungsreformen

Nach monatelanger Kritik an ihrem Arbeits- und Führungsstil selbst aus den eigenen Reihen erklärte Kultusministerin *Gabriele Warminski-Leitheußer* am 7. Januar 2013 ihren Rücktritt. Vorausgegangen war Ende Dezember noch ein Entlassungsantrag der CDU/FDP-Opposition gegen sie wie auch gegen Finanz- und Wirtschaftsminister *Nils Schmid*, den die beiden Regierungsfraktionen von Grünen und SPD jedoch abschmetterten.[290] Letztlich mag der Versuch der Opposition, Warminski-Leitheußer aus der Regierung zu entlassen, sogar zu einer kurzen Verlängerung ihrer Amtszeit beigetragen haben. Denn auch SPD-Chef *Nils Schmid* war längst klar, dass in der aus unterschiedlichen bildungspolitischen Ecken publik gewordenen Kritik ein starkes Korn Wahrheit steckte und an einer Auswechslung

---

[290] Vgl. News4Teachers, 15.12.2012, Tumulte im Stuttgarter Landtag: Rücktrittsforderung an Warminski-Leitheußer, https://www.news4teachers.de/2012/12/tumulte-im-stuttgarter-landtag-rucktrittsforderung-an-warminski-leitheuser/

der Kultusministerin kein Weg mehr vorbeiführte. Hinter den Kulissen machte die SPD-Spitze der angeschlagenen Kultusministerin in langatmigen Wortgefechten ohne Mitleid klar, dass sie als Ministerin auch für die eigenen Leute nicht länger tragbar sei und gefälligst ihren Hut zu nehmen habe. Schlussendlich hatte Warminski-Leitheußer keine andere Wahl mehr, als den Rauswurf zähneknirschend und widerwillig hinzunehmen. Natürlich ließ sie in ihrer Pressemitteilung aus Gründen der Selbstachtung erkennen, wem sie für ihre ungewollte Demission die Schuld gab, nämlich vornehmlich fehlender Rückendeckung aus der SPD-Landtagsfraktion. Sie habe erkennen müssen, dass sie vor allem dort keine Unterstützung mehr genieße. Dieser Schritt sei *„sehr schmerzhaft für mich, denn ich brenne für die Bildungspolitik und werde mich auch weiter für ein gerechtes Schulsystem einsetzen.“*[291] In der einschlägigen Literatur wurden die Gründe für den Abgang von Warminski-Leitheußer nüchtern zusammengefasst: *„Öffentlich scharf kritisiert, im eigenen Ministerium ungeliebt, vor allem aber ohne den Rückhalt in der eigenen Fraktion blieb der Ministerin nach nicht einmal zwei Jahren Amtszeit nur der Rücktritt.“*[292]

[291] Vgl. Pressemitteilung des Ministeriums für Kultus, Jugend und Sport vom 07.01.2013 in bildungsklick, https://bildungsklick.de/bildung-und-gesellschaft/detail/ruecktritt-von-gabriele-warminski-leitheusser; nach ihrem Rücktritt wurde bekannt, dass Warminski-Leitheußer nicht gedenkt, für den Bundestag zu kandidieren, vgl. Bild, 25.01.2013, https://www.bild.de/regional/stuttgart/warminski-leitheusser-kandidiert-nicht-fuer-28260206.bild.html, aus SPD-Kreisen hieß es immerhin, man werde Warminski-Leitheußer nicht fallen lassen. Bekannt wurde später indes nur ihr Austritt aus der SPD. Was sie inzwischen macht, wo sie wohnt und wie sie lebt, ist ein blinder Fleck. Der aber kündet vom Befund: Die ehemalige Kultusministerin kann als ganz trauriger Fall des Scheiterns in und mit der Politik festgehalten werden; vgl. Südkurier, 18.07.2018, Was die SPD-Minister der einstigen grün-roten Landesregierung heute machen; https://www.suedkurier.de/baden-wuerttemberg/Was-die-SPD-Minister-der-einstigen-gruen-roten-Landesregierung-heute-machen;art417930,9822161

[292] Vgl. Helmar Schöne/Stefan Immerfall 2015, S. 188.

Wirklich nachtrauern wollte in der SPD-Fraktion der zurückgetretenen Kultusministerin indessen niemand so recht, denn ihr Sündenregister hatte sich in wenigen Monaten mit allerhand Fehltritten und Pannen gefüllt. Warminski-Leitheußer galt als fachlich überfordert und den anspruchsvollen Reformprojekten nicht gewachsen, kam zu spät und schlecht vorbereitet selbst zu eigenen Terminen und verschanzte sich im Ministerium mit einer kleinen getreuen Schar an Vertrauten statt den riesigen Sachverstand der Experten ihres Ressorts abzurufen und wertschätzend einzubinden. Mit ihrer unzulänglichen Kommunikation brachte sie selbst Reformanhänger wie die Bildungsgewerkschaft GEW gegen sich auf und fiel zudem menschlich dadurch in Ungnade, dass sie offenbar mehr Zeit für Shopping und Friseur als fürs Aktenstudium am Büroschreibtisch verbrachte.[293]

Ministerpräsident Kretschmann nahm den erzwungenen Rücktritt natürlich an und würdigte pflichtschuldigst, dass Warminski-Leitheußer „*zentrale Projekte*“ auf den Weg gebracht habe. Doch nun sei es Aufgabe des künftigen Kultusministers, „*alle Beteiligten besser einzubinden, als es in der Vergangenheit der Fall war*“.[294] Für Warminski-Leitheußer war dies nach dem schmallippigen Lob noch eine saftige Ohrfeige zum Abschied hinterher. Ihr Nachfolger begriff sofort, was sein Regierungschef als Erstes von ihm erwartete. Und er machte sich unverzüglich ans Werk. Die Reformvorhaben mussten auf Kurs gebracht werden, konzeptionell, handwerklich und kommunikativ.

---

[293] Vgl. Die Welt, 07.01.2013, Überfordert und zu spät – Ministerin tritt zurück, https://www.welt.de/politik/deutschland/article112446813/Ueberfordert-und-zu-spaet-Ministerin-tritt-zurueck.html
[294] Vgl. Die Welt, 07.01.2013.

Als Nachfolger von Warminski-Leitheußer nominierte die SPD den Parlamentarischen Geschäftsführer der SPD-Fraktion, den Heidenheimer Abgeordneten und 43-jährigen Juristen *Andreas Stoch*. Das war in zweierlei Hinsicht keine Banalität. Denn zum einen genoss Stoch zwar das Image eines hellen, analysestarken Kopfes mit großer Lernfähigkeit und schneller Auffassungsgabe, hatte diese Talente aber bislang noch nicht in der Bildungspolitik zur Geltung bringen können. Zum anderen musste Fraktionschef *Claus Schmiedel* beim SPD-Landesvorsitzenden *Nils Schmid* gehörig Druck machen, dass nun überhaupt ein Abgeordneter aus der Fraktion zum Zuge kam. Denn es kursierten intern anfänglich auch Namen aus dem „*Netzwerker*"-Netz von *Nils Schmid*, namentlich Europaminister *Peter Friedrich* und die Bundestagsabgeordnete und SPD-Generalsekretärin *Katja Mast*, mit denen zusammen sich Schmid ein schlaues Revirement ausgemalt hatte.

Schmiedel und seine Gefolgsleute ließen aber entschlossen erkennen, dass sie ein derartiges Arrangement keinesfalls mittragen würden. Kultusstaatssekretär *Frank Mentrup* – die wahrscheinlich fachlich beste Lösung für das Ministeramt, und zwar schon im Jahr 2011 – war zu diesem Zeitpunkt längst auf dem Sprung zum Oberbürgermeister-Sessel in Karlsruhe, den er im März 2013 nach seinem klaren Wahlsieg am 2. Dezember 2012 einnahm. Neue Staatssekretärin im Kultusministerium wurde unter Stoch die DGB-Vizevorsitzende *Marion von Wartenberg*, womit die SPD vor allem aus Sicht Schmids wieder mehrere politische Fliegen mit einer Klappe schlagen konnte.

Der neue Kultusminister *Andreas Stoch* kündigte sofort an, im Ministerium und bei allen Verbänden und Institutionen vertrauensbildende Maßnahmen zu ergreifen. Das hieß zuvörderst, über die bevorstehenden Reformschritte ins Gespräch zu kommen. Furcht vor einer alles nivellierenden Einheitsschule begegnete Stoch mit einer die Reformradikalität in Richtung Zweigliedrigkeit konservativ abschwächenden Versicherung, die Gemeinschaftsschule sei „*keine Konkurrenz zum bestehenden Bildungsangebot, sondern eine Ergänzung.*" Er und die SPD seien demnach nicht mit dem Anspruch unterwegs, „*eine bestimmte Schulform mit einer Art Zwangsmissionierung unters Volk zu bringen.*"[295]

Damit hatte Stoch kurz nach Amtsantritt die reformpolitische Reichweite seiner Innovationsbereitschaft klar abgesteckt und de facto reduziert. Was sonst als noch ein Glied mehr im gegliederten Schulwesen sollte die politische Definition der Gemeinschaftsschule als bloße „*Ergänzung*" bedeuten? Von einer Überwindung des dreigliedrigen Schulsystems konnte nicht mehr die Rede sein, wenn dies jemals die Zielmarke war. Der Stabsstellenleiter im Kultusministerium für die Umsetzung der Gemeinschaftsschule, der frühere SPD-Bildungssprecher *Norbert Zeller*, dürfte *not amused* gewesen sein und nicht ohne Grund eine Verwässerung des ursprünglichen SPD-Reformansatzes befürchtet haben.[296]

---

[295] Vgl. Tagesspiegel, 20.01.2013, Schulpolitik in Baden-Württemberg: Weiter mit der Gemeinschaftsschule, https://www.tagesspiegel.de/wissen/weiter-mit-der-gemeinschaftsschule-6979405.html

[296] Zum 01.02.2015 löste Kultusminister Stoch die Stabsstelle auf und Gemeinschaftsschul-Vorkämpfer Zeller ging mit 64 Jahren auf eigenen Antrag in den Ruhestand. Ein Schelm, wer Böses dabei denkt. Aus Sicht der Ministerialbürokratie galt Zeller als besserwisserischer Unruhestifter, dieser selbst hielt sich womöglich sogar für den besseren Minister, zumindest besser als Warminski-Leitheußer. Das von Stoch besiegelte Aus für die Stabsstelle markierte auch das Ende der Einführungs- und Aufbauarbeit und versetzte die Reformen gleichsam in einen Normalmodus; vgl. Stuttgarter Zeitung, 20.01.2015, Norbert Zeller geht in den Ruhestand: Kämpfer für die neue Schulart, https://www.stuttgarter-zeitung.de/inhalt.norbert-zeller-geht-in-den-ruhestand-kaempfer-fuer-die-neue-schulart.1825e4f2-5486-47e2-a98e-6c165bdf0204.html

Stoch selbst konnte jedenfalls mit seinem Start als Kultusminister in einer schwierigen Ausgangslage zufrieden sein. Von unterschiedlichen bildungspolitischen Akteuren wurden ihm Fachkenntnis, Ernsthaftigkeit, Verbindlichkeit, Fleiß und Kommunikationsstärke bescheinigt. Das war in einer immer noch aufgeheizten politisierten Reformatmosphäre und bei einer hohen Unzufriedenheit der Lehrerschaft kein schlechtes Pfund, mit dem der Neue wuchern konnte.[297]

Was sonst noch alles geschah: Bildungsreformen ohne Ende, aber kein parteiübergreifender „Schulfrieden"

Die erste Herkulesaufgabe für den neuen Kultusminister Stoch war die Festlegung eines Verfahrens für die *regionale Schulentwicklung*. Letztlich ging es auch hier um eine Anpassungsleistung angesichts veränderter gesellschaftlicher Bedingungen. Für Stoch bedeutete die Einleitung einer regionalen Schulentwicklung eine Garantie für Qualität und Stabilität des Schulwesens mit Blick auf den demographischen Druck. Zustande kam dieses komplexe Beteiligungs- und auf Konsensfindung ausgerichtete Dialogverfahren auf Antrag von Schulträgern, Landkreisen und Kommunen sowie bei Unterschreitung einer Mindestschülerzahl. Am 22. Mai 2014 beschloss der Landtag mit der Mehrheit der grün-roten Regierungsfraktionen eine Änderung des Schulgesetzes.[298]

---

[297] Vgl. News4Teachers.Das Bildungsmagazin, 25.01.2014, Andreas Stoch – ein Jahr zwischen Lob und Kritik; https://www.news4teachers.de/2014/01/andreas-stoch-ein-jahr-zwischen-lob-und-kritik/

[298] Vgl. Staatsanzeiger, 30.04.2014, Gesetzentwurf zur regionalen Schulentwicklung in den Landtag eingebracht; https://www.staatsanzeiger.de/debatten-im-landtag/gesetzentwurf-zur-regionalen-schulentwicklung-in-den-landtag-eingebracht/

Dass ausgerechnet die konservativ-liberale Opposition, die in den letzten Jahren ein Sterben von mehreren Hundert Schulstandorten zu verantworten hatte, das Gesetz als „*Schulschließungsprogramm*" tadelte, schlug dem Fass den Boden aus und brachte Kultusminister Stoch zu Recht verärgert in Wallung. Allerdings gab es bei SPD und Grünen auch intern die Selbstkritik, man habe die Reformen wie das Pferd beim Schwanz aufgezäumt. Kurzum: die regionale Schulentwicklung hätte am Anfang stehen müssen und alle anderen Schritte wären dann davon abgeleitet worden.

Und was hatte Grün-Rot in der Schulpolitik sonst noch auf der Pfanne? Die Ausgestaltung von Unterricht, Übungen, Fördermaßnahmen und Kreativphasen in der *Ganztagsgrundschule* wurde nach viel zu langen Jahren des Modellversuchs endlich gesetzlich geregelt. Zum Ausbau der Ganztagsschulen startete die SPD-Landtagsfraktion gegen Ende der Legislaturperiode eine Kampagne mit landesweiten Veranstaltungen nach einem einheitlichen Format. Auch eine 12-seitige Broschüre „*Ganztagsschulen machen schlau. Clever für ein gutes Land. Konzeption–Praxis–Perspektiven*" vom Oktober 2014 gehörte zu der Kampagne.[299]

Im Zuge der Umsetzung von *inklusiver Beschulung* konnten die Eltern nach umfassender Beratung entscheiden, ob ihr Kind in einer allgemeinen Regelschule oder in einem Sonderpädagogischen Bildungs- und Beratungszentrum (SBBZ) seinen pädagogisch geförderten Bildungsweg gehen sollte. Allerdings wurde die Sonderschulpflicht erst mit der Schulgesetzänderung vom 15. Juli 2015 abgeschafft.

---

299 Die Broschüre ist als PDF noch abrufbar unter https://www.hans-peter-storz.de/dl/broschuere_ganztagsschulen_a4.pdf, leider jedoch nicht auf der Homepage der SPD-Landtagsfraktion, die generell ein Archiv mit historisch bedeutsamen Dokumenten zu ihrer parlamentarischen und politischen Arbeit vermissen lässt.

Schließlich ging es noch darum, auch den *Realschulen* in der fiktiven Zweigliedrigkeit mit einer sichtbaren Stärkung ihren Platz zu sichern.[300] Sie bekamen mehr Mittel für die individuelle Förderung und konnten auf heterogenen Lernniveaus für den Hauptschul- und Realschulabschluss vorbereiten. Damit trug Kultusminister Stoch auch der Befürchtung Rechnung, die Realschule könne über kurz oder lang mit regierungsoffiziellem Druck im Rücken von einer integrativen Gemeinschaftsschule geschluckt werden.

Zu einem Aufregerthema entwickelte sich die Ausgestaltung der *Bildungspläne* und insbesondere die Einführung von „*Leitperspektiven*", die sich wie ein roter Faden durch alle Fächer ziehen sollten.[301] Erzkonservative und rechtspopulistische Kräfte störten sich insbesondere an der Leitperspektive „*Bildung für Toleranz und Akzeptanz von Vielfalt*", der sie einen moralischen Ausverkauf und eine sexualisierte Umerziehung unterstellten. Die Kontroverse erzielte über Baden-Württemberg hinaus Aufmerksamkeit. Kultusminister Stoch wurde als „*Sexminister*" beschimpft. Angesichts der kaum für möglich gehaltenen Heftigkeit der Kontroverse wusste dieser wohl nicht, in welch schrägen Film er da geraten war.[302] Letztlich erwies sich der halbgare Kulturkampf als viel heiße Luft um nichts, angestachelt von einer reaktionären Online-Petition, in der auch schlicht

---

300 Zu den Einzelheiten der Weiterentwicklung der Realschule vgl. Deutschlandfunk, 21.11.2014, Realschulreform: Auf dem Weg zum Schulfrieden im Ländle, https://www.deutschlandfunk.de/realschulreform-auf-dem-weg-zum-schulfrieden-im-laendle-100.html

301 Vgl. Leitperspektiven und Leitfaden Demokratiebildung; https://www.bildungsplaene-bw.de/,Lde/LS/BP2016BW/ALLG/LP

302 Vgl. Süddeutsche Zeitung, 01.04.2016, Für Baden-Württembergs Schüler gehört sexuelle Vielfalt künftig zum Unterricht; https://www.sueddeutsche.de/bildung/schule-baden-wuerttemberg-schueler-sollen-verschiedenheit-akzeptieren-lernen-1.2929977; Interview mit Stoch in der Zeit, 20.11.2017, Sexualkunde: „*Und die Lawine ging ab*", https://www.zeit.de/2017/47/sexualkunde-bildungsplan-andreas-stoch-kultusminister-baden-wuerttemberg

Unwahrheiten verbreitet wurden. Stoch setzte im Frühjahr 2016 als seine letzte relevante Amtshandlung als Kultusminister seine Unterschrift unter die neuen Bildungspläne.[303] Zu seiner Genugtuung gab es auf einer großen Lehrerkonferenz viel Applaus und Lob für die Pläne und Leitperspektiven. Kurze Zeit später war der Pulverdampf bereits verraucht.

Haben die Einführung der Gemeinschaftsschule, die regionale Schulentwicklung und die Stärkung der Realschulen nun wirklich einen Politikwechsel in die Wege geleitet? Sicherlich ist es nicht zu bestreiten, dass diese Reformen eine überfällige Anpassung des Schulwesens an veränderte gesellschaftliche und demografische Bedingungen bewerkstelligten. Die SPD besaß dafür die nötigen Konzepte und den Mut wie die Entschlossenheit, diese politisch umzusetzen. Aber es bestehen erhebliche Zweifel, dass diese Veränderungen eine Zweigliedrigkeit etabliert haben, die diesen Namen verdient. Widerspruch ist auch anzumelden gegen die Einschätzung, die genannten Bildungsreformen hätten *„einen strukturellen Wandel im Schulsystem initiiert“*[304], - und selbst wenn sie diesen ausgelöst hätten, könnte er empirisch keinesfalls, wie dies die Autoren tun, *„anhand der Wahlprogramme der Parteien“* abgeleitet werden, sondern nur am *policy-output* und letztlich natürlich am tatsächlichen *policy-outcome*.

Zweigliedrigkeit bezeichnet bei Grün-Rot ein grobes Schema für die Schularten und die Abschlüsse, aber keine echte Struktur. Es kann indessen festgehalten werden, dass es der grün-roten Schulpolitik unter Federführung von sozialdemokratischen Kultusministern ge-

303 Vgl. Süddeutsche Zeitung, 30.03.2016, In letzter Sekunde; https://www.sueddeutsche.de/bildung/baden-wuerttemberg-in-letzter-sekunde-1.2927271
304 Vgl. die Einschätzung von Marius R. Busemeyer/Susanne Haastert 2017, S. 145.

lang, die sogenannte *Pfadabhängigkeit* in diesem Politikfeld aufzuknacken und zumindest einen inkrementellen Wandel anzustoßen und voranzutreiben. Charakter und Reichweite der in Gang gesetzten Schulreformen wurden treffend durch den Begriff der „*nachholenden Modernisierung*"[305] auf den Punkt gebracht, denn sie nahmen größtenteils Dinge in Angriff, welche die bisherige CDU/FDP-Landesregierung wegen ideologischer Borniertheit verschlafen hatte.

11.600 weniger: Streit um Lehrerstellen, Unterrichtsqualität und Klassenteiler – nur ein „running gag"?

Zu einem heftigen, aber über weite Strecken zumindest sachlich ausgetragenen, jedoch eine lange Zeit schwelenden Konflikt innerhalb der grün-roten Regierungskoalition wie auch innerhalb der beiden Regierungsfraktionen kam es seit Juli 2012 an einer Schnittstelle zwischen Bildungs- und Finanzpolitik. Ministerpräsident *Winfried Kretschmann* hatte angesichts eines rapiden Rückgangs der Schülerzahlen überraschend die Streichung von 11.600 Lehrerstellen angekündigt und auch vom Kultusressort einen kräftigen Beitrag zur Haushaltskonsolidierung verlangt.[306] Der Landesrechnungshof sah in seinen Berechnungen sogar Spielraum für die Streichung von 14.000 Lehrerstellen. Kretschmann stellte sich hinter die Forderung der Ausgabenkontrolleure, im Schulbereich müsse es eine effizientere Steuerung der Ressourcen geben. „*Mehr Bildung für das gleiche*

---

[305] Vgl. die Bewertung von Helmar Schöne/Stefan Immerfall 2015, S. 193.

[306] Zur Ankündigung Kretschmanns und zu den ersten Reaktionen vgl. Stuttgarter Nachrichten, 10.07.2012, Kretschmann schockt Lehrer: 11.600 Stellen fallen weg, https://www.stuttgarter-nachrichten.de/inhalt.in-den-naechsten-jahren-kretschmann-schockt-lehrer-11600-stellen-fallen-weg.71ae78f5-bac7-4202-8463-f4e8800accf5.html

Geld muss da wirklich mal Einzug halten", mahnte der Regierungschef leicht genervt an. Und er setzte seiner Ansage zum Entsetzen aller Bildungsgewerkschaften noch ein Itüpfelchen obendrauf. Kretschmann, bekanntlich selbst ehemaliger Gymnasiallehrer, bezweifelte einen direkten Zusammenhang zwischen Größe einer Klasse und gutem, gelingenden Unterricht. *„Seit ich in der Landespolitik bin, ist der Klassenteiler der „running gag" der Bildungspolitik*", schrieb der grüne Regierungschef allen Betroffenen und den Bildungsexperten im eigenen Lager ins Stammbuch. Er sei ein *„grobes Instrument*", das er *„nicht wirklich für zielführend halte*". Steckte in dieser groben Analyse nicht ein Stück Wahrheit? Denn kaum war der Klassenteiler einmal gesenkt, erschien er den am Schulleben Beteiligten schon wieder zu hoch. Und hatte nicht schon der konservative CDU-Kultusminister *Gerhard Mayer-Vorfelder* Anfang der 1980er Jahre keck verkündet, er habe das Abi in einer Klasse mit 40 Schülern schließlich auch gepackt? Die Bildungsgewerkschaft GEW zeigte sich nach den Ankündigungen Kretschmanns jedenfalls nicht ohne Grund geschockt und wies diese als *„bildungspolitische Bankrotterklärung*" zurück.

Aber auch bereits Kultusministerin *Gabriele Warminski-Leitheußer* ließ erkennen, dass man nicht alle Strukturen im Schulwesen so wie bisher durchfinanzieren könne. So wolle sie sich genau anschauen, warum *„etwa 9.000 Deputate praktisch schulfremd genutzt werden, ohne dass tatsächlich eine pädagogische Arbeit am Kind stattfindet.*"[307] Die mitregierende SPD hatte neben all dem ohnehin sich breit machenden bildungspolitischen Reformstress noch ein Problem mehr an der Backe: Kretschmann war auch ihr Chef für Richt-

---

[307] Vgl. Deutschlandfunk, 12.07.2012, Stuttgarts Kultusministerin: Spardruck macht auch vor Schulen nicht Halt, https://www.deutschlandfunk.de/stuttgarts-kultusministerin-spardruck-macht-auch-vor-100.html

linien, sie stellte überdies mit *Nils Schmid* den sparbewussten Finanzminister, der neue Kultusminister *Andreas Stoch* benötigte jedoch zusätzliche Ressourcen für die Umsetzung der Reformen von Gemeinschaftsschule über Ganztagsschule bis hin zur Inklusion und zur Stärkung der Realschule. Und die Experten in der SPD-Landtagsfraktion empfanden die Ankündigung der Streichung als Affront gegen den gesamten Bildungsaufbruch der grün-roten Koalition. *„11.600"* wurde so gleichsam zur Chiffre eines komplexen koalitionsinternen Konflikts, bei dem die SPD sich in der Rolle der entschlossenen Bildungsreformer und Qualitätsbewahrer sah und die dogmatischen grünen Sparkommissare zum Buhmann erklärte. *Nils Schmid* hörte aber in der Gemengelage zwei Herzen in seiner politischen Brust schlagen. Das eine hieß Finanzminister, das andere nannte sich SPD-Landesvorsitzender.

In den Reihen der SPD-Landtagsfraktion regte sich von Anfang an Widerstand gegen die von Kretschmann in die Welt gesetzte Kürzungsabsicht. Man sah darin eine rein rechnerische Erbsenzählerei von Statistikern jenseits des tatsächlich *politisch* identifizierten Ressourcenbedarfs. Zurückgehende Schülerzahlen wurden von der SPD gar nicht in Abrede gestellt. Wie auch, denn sie waren erst einmal Fakt. Und sie waren ja mit ein Impulsgeber für die angestrebten Strukturreformen im Schulwesen. Doch die *rechnerisch* freiwerdenden Ressourcen sollten nach dem Willen der SPD-Bildungsexperten wie auch von Kultusminister Andreas Stoch *„im System"* verbleiben. Im Laufe der Zeit mussten die Zahlen sowieso immer weiter korrigiert werden, sowohl die nicht so stark wie angenommen sinkenden Schülerzahlen (nicht zuletzt wegen des Zustroms an Flüchtlingen) als auch der daraus abgeleitete Spielraum für die Streichung von Lehrerdeputaten. Zum Ende der Legislaturperiode war die Kürzung von 11.600 Lehrerstellen nur noch Schall und Rauch.[308]

Allerdings konnte die SPD-Seite in der Landesregierung ihre Hände nicht völlig in Unschuld waschen, denn sie trug die Kürzungspläne sowohl im Kabinett als auch in der Haushaltsstrukturkommission zunächst mit. Und der SPD-Finanzminister preiste sie in seine Finanzplanung mit ein. Der damals noch neue Kultusminister *Andreas Stoch* erklärte, in der Diskussion um die Einsparung von 11.600 Lehrerstellen *„ist das letzte Wort noch nicht gesprochen"*.[309] Er beabsichtige, die Sparvorgaben jedes Jahr zu überprüfen, denn die Qualität des Unterrichts dürfe keinesfalls leiden. Durch sinkende Schülerzahlen freiwerdende Mittel *„muss ich nutzen können, die dürfen nicht eingespart werden"*, erklärte Stoch konfliktbereit.[310] Man könne nicht kürzen und zugleich das Schulsystem weiterentwickeln: *„Wir stehen deshalb vor einer Entweder-oder-Frage"*, sagte er fast ultimativ. Das werde er Ministerpräsident Kretschmann und Finanzminister Schmid darlegen.

Mitte Oktober 2013 ließ schließlich auch Schmid wortgleich erkennen, bei der Streichung der Lehrerstellen sei *„das letzte Wort noch nicht gesprochen."*[311] Die Zahl 11.600, die man mit Blick auf das Jahr 2020 errechnet habe, *„ist nicht in Stein gemeißelt"*. Es handele sich

---

[308] Zur Ausweisung von Lehrerstellen in den einschlägigen Haushaltsplänen vgl. Marius R. Busemeyer/Susanne Haastert 2017, S. 138.

[309] Vgl. Interview mit Kultusminister Andreas Stoch, *„Die Spardiskussion belastet Reformen"*, Stuttgarter Zeitung, 18.06.2013, https://www.stuttgarter-zeitung.de/inhalt.interview-mit-kultusminister-andreas-stoch-spd-die-spardiskussion-belastet-reformen.02ea2b10-5f6a-40d9-9b0f-f7dbd93a1d0d.html

[310] Vgl. Die Welt, 15.09.2013, Grün-Rot droht Konflikt um Lehrer, https://www.welt.de/regionales/stuttgart/article120044114/Gruen-Rot-droht-Konflikt-um-Lehrer.html

[311] Vgl. Interview in der Südwest Presse vom 18.10.2013, online noch verfügbar auf https://www.spd-bw.de/meldungen/nils-schmid-im-interview-vorfahrt-fuer-bildung/

um eine Kalkulation auf Grundlage der rückläufigen Schülerzahlen, „*die derzeit aktualisiert wird.*“ Trotz aller nötigen Anstrengungen bei der Haushaltskonsolidierung gelte weiter „*Vorfahrt für Bildung*“. Man müsse für jedes Haushaltsjahr neu abwägen, welche Mittel „*für den überragend wichtigen Bildungsaufbruch*“ in die Hand genommen werden könnten. „*Deshalb geht die strenge Fixierung auf 11.600 Deputate fehl*“, unterstrich Schmid und gab zugleich das Signal, „*im Konfliktfall kommen Bildungsinvestitionen vor allen anderen Ausgaben im Land.*“

Die Reaktion des grünen Partners auf diese Einlassungen ließ nicht lange auf sich warten. Die Fraktionsvorsitzende der Grünen, *Edith Sitzmann*, griff die widersprüchliche Doppelrolle von Schmid clever-süffisant auf: Immerhin seien die 11.600 Stellen, die nach Auffassung des SPD-Parteichefs Schmid nicht in Stein gemeißelt seien, Grundlage des Finanzplans 2020 des Finanzministers Schmid.[312]

Nach der Winterklausur der SPD-Landtagsfraktion Anfang 2014 konkretisierte ihr Vorsitzender *Claus Schmiedel* die Abneigung gegen die Stellenkürzungen im Lehrerbereich. Für die SPD sei die ursprünglich von Grün-Rot angestrebte Zahl von 11.600 einzusparenden Lehrerstellen bis 2020 ausdrücklich „*nicht das Maß der Dinge*“. Man gehe nicht von Einsparüberlegungen aus, sondern von einer guten Unterrichtsversorgung. Die Zahl 11.600 werde „*auf die Seite gelegt*“, kündigte Schmiedel an.[313] In einem Zeitungsinterview hatte

---

[312] Vgl. Pressemitteilung der Landtagsfraktion der Grünen vom 18.10.2013, 11.600 Lehrerstellen nicht in Stein gemeißelt, aber Grundlage des Finanzplans 2020, https://www.gruene-landtag-bw.de/presse/aktuelles/11600-lehrerstellen-nicht-in-stein-gemeisselt-aber-grundlage-des-finanzplans-2020/

[313] Vgl. Staatsanzeiger für Baden-Württemberg, 10.01.2014, SPD legt Zahl von 11.600 zu streichenden Lehrerstellen beiseite, https://archiv.staatsanzeiger.de/staatsanzeiger/nachrichten/archiv/nachricht/?tx_ttnews%5Btt_news%5D=1973&cHash=

der SPD-Fraktionschef klar benannt, was Vorrang genieße, nämlich die Sicherung des Pflichtunterrichts, die individuelle Förderung, die Ganztagsbetreuung und Zug um Zug auch inklusive Lehrangebote. Auf die Frage des Redakteurs, was dann von der Streichung der 11.600 Stellen netto noch übrigbleibe, rechnete Schmiedels Mathematik kurz und bündig vor: *„11.600 minus X“*.[314]

Erneut zeigten sich die grünen Regierungspartner irritiert über dieses Vorpreschen. In einem Kommentar in der *Stuttgarter Zeitung* wurde bezweifelt, dass die SPD aus ihrem Nein zu den Abbauplänen einen Nutzen ziehen könne. Schließlich habe die grün-rote Koalition die Entscheidung gemeinsam getroffen: *„Ob die SPD auf ihrer steten Suche nach Profil damit durchkommt, sich aus dem Konsens zu stehlen, ist noch nicht erwiesen.“*[315] Das Akzeptanzproblem der SPD bestand in der Tat nicht darin, dass sie sich für eine vermeintlich falsche Sache stark machte, sondern dass sie und ihre Vormänner verbreitet als Urheber von Streit in der grün-roten Koalition wahrgenommen wurden. Es ist ganz offensichtlich immer noch ein Merkmal der politischen Kultur in Deutschland, dass eine ruhige Sachdiskussion schnell als Konflikt eingestuft wird – befeuert durch den neuen Strukturwandel in den Medien –, dieser noch negativer als Streit und dieser ganz negativ wahlweise als Zoff oder Gezänk, ganz so als ob dieser gar keinen relevanten Gegenstand habe.

---

eca6fcf6f02bcc3c8e0bcee2f374dee2

[314] Vgl. Schwäbische Zeitung, 04.01.2014, *„11.600 minus X“*: Claus Schmiedel relativiert die Zahl für den Abbau von Lehrerstellen, https://www.schwaebische.de/regional/baden-wuerttemberg/11600-minus-x-claus-schmiedel-relativiert-die-zahl-fuer-den-abbau-von-lehrerstellen-833142

[315] Vgl. Stuttgarter Zeitung, 10.01.2014, Kommentar zu Lehrerstellen: *Die Grünen sollen schuld sein*, https://www.stuttgarter-zeitung.de/inhalt.kommentar-zu-lehrerstellen-die-gruenen-sollen-schuld-sein.023e1ec2-c2ba-44e7-96c8-a8fd5ab55b10.html

Im Juni 2014 legte Grün-Rot den umstrittenen Kürzungsplan endgültig zu den Akten. Zum einen fiel der Schülerrückgang nicht so stark aus wie ursprünglich statistisch vorhergesagt, zum anderen wurde nun im Lichte der Zuwanderung sogar ein Lehrermehrbedarf errechnet. „*Deshalb ist es für mich selbstverständlich, dass wir bei dieser Entwicklung deutlich mehr Lehrer brauchen, als bisher angenommen*", betonte Kultusminister Stoch. Auch SPD-Fraktionschef Schmiedel gab dieselbe Richtung vor: „*Wir müssen uns darauf einstellen, dass wir im erheblichen Umfang einen Mehrbedarf an Lehrern haben als ursprünglich geplant.*"[316] Kretschmann strich als Auslöser des Themas nun die Segel, freilich nicht ohne den Auftrag an seinen SPD-Finanzminister, zur neuen Deckungslücke im Haushalt „*entsprechende Vorschläge*" zu liefern.

Immerhin: Einer der heftigsten Konflikte innerhalb der grün-roten Koalition wurde letztlich von der Wirklichkeit beendet. So gesehen hatte trotz aller bildungs- und finanzpolitischen Positionsdifferenzen zwischen Grünen und SPD am Ende doch erneut die nackte Statistik das Wort.

G8 oder G9: Wie lange soll Weg bis zum Abitur dauern?

Zu einem über weiter Strecken sachlich ausgetragenen Konflikt innerhalb der grün-roten Koalition wie auch zwischen SPD-Landtagsfraktion und SPD-Kultusminister *Andreas Stoch* schaukelte sich die Frage nach dem Weg bis zum Abitur auf. In der SPD gab es starke

---

[316] Vgl. Stuttgarter Nachrichten, 12.06.2014, Lehrerstellenabbau im Südwesten: Grün-Rot rudert wohl zurück, https://www.stuttgarter-nachrichten.de/inhalt.lehrerstellenabbau-im-suedwesten-gruen-rot-rudert-wohl-zurueck.25b4234e-bed6-4ebd-90e0-fd8644a515fe.html

Befürworter einer flächendeckenden Wahlfreiheit zwischen G8 und G9, und dies schon seit 2008, als die Fraktion eine Elternbefragung zum G8 startete. Der Erfolg war damals mit rund 10.000 Rückmeldungen riesig und die politische Tendenz glasklar: 72 Prozent der Teilnehmenden hatten sich bei Wahlfreiheit für den G9-Zug ausgesprochen.[317] Der grüne Koalitionspartner stand bei diesem Thema aber nachdrücklich auf der Bremse. Und so konnte im Vertrag eine Verständigung auf nur 44 Modellversuche erzielt werden.

Damit konnten Schüler ab dem Schuljahr 2013/2014 an insgesamt 44 allgemeinbildenden Gymnasien in Baden-Württemberg das Abitur nach neun Jahren ablegen. Nach einer Modellrechnung des Kultusministeriums werden bis zum Ende des G9-Schulversuchs im Schuljahr 2027/2028 insgesamt 133 zusätzliche Lehrerdeputate dafür benötigt. Ein Gymnasiallehrer-Deputat kostet etwa 58.000 Euro. Damit beliefen sich die Kosten für den gesamten Schulversuch auf rund 8 Millionen Euro. Leicht konnten sich die Anhänger einer Doppelstruktur von G8 und G9 ausmalen, welche Kosten durch deren Einführung entstehen würden.[318] SPD-Fraktionschef *Claus Schmiedel* zeigte sich angesichts der Anmeldezahlen jedoch ermutigt, dem breiten Wunsch von Eltern und Schülern nach einer flächendeckenden Alternative zum achtjährigen Gymnasium Rechnung zu tragen. *„Alle, die das G9 weiter deckeln wollen, haben angesichts der Zahlen allen Grund, noch einmal in sich zu gehen*“, gab Schmiedel zu beden-

---

[317] Vgl. Pressemitteilung der SPD-Landtagsfraktion Baden-Württemberg, 10.09.2008, Zwangs-G8 gescheitert: Konsequenzen aus der Elternbefragung, https://www.spd-landtag-bw.de/zwangs-g8-gescheitert-konsequenzen-aus-der-elternbefragung/

[318] Vgl. Pressemitteilung des Kultusministeriums vom 24.01.2013, Kultusminister stellt 22 G9-Modellschulen vor, https://www.baden-wuerttemberg.de/de/service/presse/pressemitteilung/pid/kultusminister-stellt-22-g9-modellschulen-vor

ken.[319] Er selbst konnte sich eine Anhebung der G9-Zahl auf 120 vorstellen, der nach dem Gesetz vorgesehenen Obergrenze für einen Schulversuch.

Aber weder die Grünen noch der eigene Kultusminister ließen erkennen, dass sie einen solchen Weg mitzugehen bereit waren. Schmiedel machte daraufhin zunächst einen Rückzieher, hielt das Thema damit aber keineswegs für erledigt. Spätestens in der nächsten Legislaturperiode müsse man den Schulversuch auswerten und daraus Schlüsse ziehen.[320] Kultusminister Stoch markierte jedoch alsbald seine Differenz zu SPD-Fraktionschef Schmiedel. Im Gegensatz zu seinem Parteifreund schloss er eine Ausweitung von G9 noch vor der nächsten Landtagswahl de facto aus. In der Sache wandte Stoch ein, dass es neben den 44 Gymnasien mit G9 viele weitere Angebote für eine verlängerte Schulzeit gebe, etwa an den beruflichen Gymnasien und an den sich im Aufbau befindenden Gemeinschaftsschulen. Weitere G9-Gymnasien sah er zu diesen Angeboten in eine unnötige Konkurrenz treten. Stoch kündigte an, er werde dafür werben, dass die SPD im nächsten Wahlkampf nicht wieder mit der Forderung nach einer Wahlfreiheit zwischen dem G8 und G9 in den Ring steige.[321]

---

[319] Vgl. Pressemitteilung der SPD-Landtagsfraktion, 22.03.2013, https://www.spd-landtag-bw.de/g9-anmeldezahlen-belegen-klare-praeferenz-der-eltern/

[320] Vgl. Stuttgarter Zeitung, 27.08.2013, G9-Gymnasien: SPD-Fraktionschef Schmiedel gibt Kampf für mehr G9-Gymnasien vorerst auf, https://www.stuttgarter-zeitung.de/inhalt.g9-gymnasien-spd-fraktionschef-schmiedel-gibt-kampf-fuer-mehr-g9-gymnasien-vorerst-auf.fa400342-e453-4da4-902b-e78cbc4df4ad.html

[321] Vgl. Stuttgarter Nachrichten, 11.09.2014, Kultusminister Stoch: Keine Ausweitung von G9-Gymnasien, https://www.stuttgarter-nachrichten.de/inhalt.kultusminister-stoch-keine-ausweitung-von-g9-gymnasien.b2b0351f-c44f-485c-8421-45174c9d7b7b.html

Auf der *Klausurtagung* der *SPD-Landtagsfraktion* im *September 2014* in *Schwäbisch-Hall* kam es erneut zu kontroversen Diskussionen zu dem Thema, wobei Kultusminister Stoch sich mit seiner Sichtweise weitgehend durchsetzen konnte. Natürlich gab es in der Fraktion auch genügend bildungsferne Abgeordnete, die schlicht keine Lust verspürten, den eigenen Minister zu demontieren. Fraktionschef Schmiedel gab sich gnädig und verkündete nach der Tagung, der Kultusminister habe überzeugend dargelegt, „*dass die rasche Ausweitung technisch und organisatorisch nicht möglich sei.*“[322] Zumindest in dieser Wahlperiode werde man das Thema also nicht mehr anfassen. Die Grünen zeigten sich zufrieden mit der Entscheidung der SPD. Für das nächste Jahr kündigten Schmiedel und Stoch jedoch eine umfassende Beurteilung der Arbeit an den 44 bestehenden G9-Gymnasien an. Auch werde es eine Qualitätsoffensive für das G8 geben.

Im Frühjahr 2015 präsentierte der Kultusminister eine Studie des Tübinger Bildungsforschers *Ulrich Trautwein*, die Stochs Kurs bestätigte und befürwortete, die Zahl der 44 G9-Modellschulen in der laufenden Legislaturperiode nicht zu erhöhen. „*Für mich wäre das auch darüber hinaus gültig*“, gab Stoch zu Protokoll. Die Reform aus dem Schuljahr 2004/2005 schränke auch das Freizeitverhalten der Schüler nicht spürbar ein, hieß es in der Studie weiter. Neunjährige Gymnasien stellten überdies eine unnötige Konkurrenz für Real- und Gemeinschaftsschulen dar. Diese Erkenntnis erinnerte an Stochs frühere zugespitzte Bemerkung: „*Man könnte das G9-Gymnasium als natürlichen Feind der Gemeinschaftsschule bezeichnen.*“[323]

---

[322] Vgl. https://www.news4teachers.de/2014/09/stoch-setzt-sich-durch-bis-2016-keine-weiteren-g9-gymnasien-im-suedwesten/

[323] Vgl. Focus Online, 20.04.2015, https://amp.focus.de/regional/stuttgart/schulen-stoch-praesentiert-studie-zu-leistungen-von-g8-schuelern_id_4623582.html, ferner

Im Jubiläumsjahr „*70 Jahre Baden-Württemberg*“ war das Tempo zum Abitur immer noch ein heißes Eisen. Der Widerstand gegen das scheinbar stressige G8 wollte nicht verstummen. Ganz im Gegenteil: Es gab unter dem entschleunigenden Motto „*Gebt unseren Kindern die Zeit zurück!*“ eine Initiative zu einem Volksantrag „*G9-Gesetz*“, für den bis 11. November 2023 Unterschriften gesammelt werden konnten.[324] Auf der Homepage der Antragsteller wurde auch die bemerkenswerte Stimme des früheren Kultusministers und jetzigen SPD-Fraktionsvorsitzenden *Andreas Stoch* zitiert: „*Es ist jetzt an der Zeit, dass wir diese Rufe aus den Schulen, vor allem auch von den Eltern und den Schülerinnen und Schülern hören. Es ist nicht ehrenrührig, einen Fehler zu korrigieren, aber es wäre dumm, an einem Fehler festzuhalten!*“ Was aber war, mit Verlaub (wie Stoch gerne sagt), in der Sache und fachlich der Fehler an seiner früheren Haltung? Man kann gespannt sein, wie dieses honorige Eingeständnis bei den von der SPD ins Auge gefassten Zielgruppen zu Buche schlägt, und wie stichhaltig und vor allem glaubwürdig der ehemalige Kultusminister seine früheren Argumente als Fehlurteile entlarvt.

Trotz alledem bleibt die grundsätzliche Frage im Raum, ob sich der Bildungs- und Wirtschaftsstandort Baden-Württemberg mit einem entspannteren Weg zum Abitur im beschleunigten europäischen, ja internationalen Wettbewerb um hoch qualifizierte, erkleckliche Steuern und Sozialabgaben zahlende Fachkräfte einen Gefallen tut.

---

den kritischen Kommentar in Stuttgarter Nachrichten, 21.04.2015, Achtjähriges Gymnasium: Hinsehen https://www.stuttgarter-nachrichten.de/inhalt.kommentar-achtjaehriges-gymnasium-hinsehen.46f9a867-bd10-44b7-9bcf-99f947156 2e4.html

[324] Bis zum Jahresende 2023 kamen über 100.000 Unterschriften für die Rückkehr zum G9 zusammen. Auch das von der Landesregierung selbst eingesetzte Bürgerforum plädierte für das G9. Damit war das Thema politisch de facto entschieden. Es ging nicht mehr um das Ob, sondern nur noch um das Wie einer Rückkehr zum G9.

Zwei Anläufe der SPD zu einem überparteilichen „Schulfrieden" scheitern, weil CDU lieber Opposition pur will

Mitte Oktober 2013 startete die SPD einen Anlauf zu einem sogenannten „*Schulfrieden*".[325] Damit sollten nach skandinavischem Vorbild die grundlegenden Strukturen des Schulsystems zwischen allen Parteien einvernehmlich festgezurrt und dem üblichen Wettbewerb entzogen werden, ohne freilich für Auseinandersetzungen über die Ausgestaltung Friedhofsruhe zu verordnen. Zunächst stand es um die Erfolgschancen des Vorstoßes gar nicht so schlecht, zumal es auch innerhalb der CDU unverkennbar Aufweichungstendenzen gab. Die Christdemokraten würden angesichts des Schülerschwunds langsam die Waffen strecken, hieß es in einer Agenturmeldung im Lichte eines Plädoyers des CDU-Landesfachausschusses Bildung für ein Zwei-Säulen-Modell. Der Haken: „*in der CDU-Fraktion scheint es noch letzte Widerstandsnester zu geben.*"[326]

Der Vorstoß von SPD-Parteichef *Nils Schmid* besaß in *fünffacher* Hinsicht politischen Charme wie auch taktische Cleverness. Zum *Ersten* griff er die vor allem bei Eltern und Lehrern verbreitete Sehnsucht nach einem Minimalkonsens über die Schulstrukturen und die Ablehnung von Dauerreformen auf. Zum *Zweiten* streckte die grün-rote

---

[325] Vgl. Marius R. Busemeyer/Susanne Haastert 2017, S. 148. Die beiden Autoren bemängeln, dass die grün-rote Landesregierung nicht „*bereits zu Anfang ihrer Regierungszeit*" den Schulterschluss mit der Opposition gesucht habe, „*um im Rahmen eines ‚Schulkompromisses' oder eines ‚Bildungsfriedens' Strukturreformen auszuhandeln*". Allerdings erwähnen sie an der Stelle mit keinem Wort, dass der SPD-Landesvorsitzende *Nils Schmid* in den Jahren 2013/2014 zweimal einen Anlauf für einen parteiübergreifenden „*Schulfrieden*" startete, - was wissenschaftlich nicht sauber gearbeitet ist.

[326] Vgl. News4Teachers, 15.10.2013, Schulfrieden in Sicht: Kretschmann ermutigt CDU zum Kurswechsel, https://www.news4teachers.de/2013/10/schulfrieden-in-sicht-kretschmann-ermutigt-cdu-zum-kurswechsel/?amp

Regierung damit der Opposition in staatstragender Manier die Hand zu einer Verständigung aus, die als solche eigentlich schon sympathisch wirken musste, weil sie ihr eine im parlamentarischen Regierungssystem streng genommen gar nicht vorgesehene korporatistische Mitwirkungsrolle eröffnete. Zum *Dritten* lag es im egoistischen Interesse der neuen Regierung, ihre zentralen Vorhaben im Bildungsbereich dauerhaft im Sinne von Pfadabhängigkeit abzusichern und politisch im Parteien- wie auch Verbändespektrum auf möglichst breite Beine zu stellen. Zum *Vierten* war damit die Hoffnung verbunden, der CDU einen entscheidenden oppositionellen Zahn zu ziehen. Zugleich war offenkundig, dass man ihr im Falle einer Absage für jeden nachvollziehbar und schlüssig die Schuld in die Schuhe schieben konnte. Und last but not least zum *Fünften* ermöglichte die auf der Parteischiene laufende Initiative dem SPD-Landesvorsitzenden und Vize-Regierungschef *Nils Schmid* neben SPD-Kultusminister *Andreas Stoch* eine öffentlichkeitswirksame Profilierung auf dem Feld der Bildungspolitik.

Die CDU saß angesichts dieser Konstellation in der Falle: Wenn sie sich auf einen „*Schulfrieden*" einließ, gönnte sie automatisch der SPD unabhängig von den inhaltlichen Verabredungen den Erfolg der Initiative. Allerdings hätte sie auch ihren eigenen konstruktiven Beitrag zu einer Einigung positiv kommunizieren können. Wenn die CDU sich aber aus welch guten Gründen auch immer verweigerte, landete automatisch der Schwarze Peter bei ihr und ihr Ruf als Spielverderber wäre perfekt gewesen.

Schmid machte Anfang Dezember 2013 in einem Brief an CDU-Parteichef *Thomas Strobl* klar, dass er einen „*Schulfrieden*" auf der Basis der Zweigliedrigkeit anstrebe, man aber über die konkrete Ausgestaltung der beiden Säulen „*ohne ideologische Scheuklappen*" reden wolle.[327] Nachdem Grüne und FDP bereits ihre Teilnahme zugesagt hatten, die CDU jedoch noch immer zauderte und zögerte, blies Schmid die Gespräche Mitte Dezember 2013 abrupt ab und warf der CDU „*ständige Ausweichmanöver*“ vor und ein Verharren „*in ihren ideologischen Schützengräben*“.[328]

Ein Jahr später im Oktober 2014 kam erneut Bewegung in die Debatte. So wünschte sich etwa der Landeselternbeirat „*sehnlichst*“ einen „*Schulfrieden*“ in Baden-Württemberg herbei. Man finde es „*schauerlich, wenn Politiker meinen, sich beim Thema Schule auf Kosten von Schülern, Eltern und Lehrern profilieren zu müssen*“.[329] Schmid selbst ging auf dem *Zukunftskongress Bildung* der SPD am *22. November 2014* in *Ludwigsburg* erneut in die Offensive und schlug nach Abschluss der grundlegenden Schulreformen von Grün-Rot sprachlich raffiniert vier „*Ausgangspunkte*“, bewusst nicht Vorbedingungen, für gemeinsame Gespräche vor: „*Die Grundschulempfehlung bleibt abgeschafft und die Gemeinschaftsschule wird akzeptiert. Die Realschule bekommt eine Existenz- und Entwicklungsperspektive. Und die Gymnasien behalten ihre starke Stellung im Schulsystem.*“ Damit hätte die CDU eigentlich gut leben können.

---

[327] Vgl. Stuttgarter Nachrichten, 09.12.2013, Brief an CDU-Chef Strobl: Nils Schmid um Schulfrieden in Baden-Württemberg bemüht, https://www.stuttgarter-nachrichten.de/inhalt.brief-an-cdu-chef-strobl-nils-schmid-um-schulfrieden-in-baden-wuerttemberg-bemueht.fa05b7a9-b6eb-40ae-95c1-8d4fc65184df.html

[328] Vgl. Stuttgarter Zeitung, 15.12.2013, Schulfrieden: Schmid bläst Gespräche ab und gibt der CDU die Schuld, https://www.stuttgarter-zeitung.de/inhalt.schulfrieden-schmid-blaest-gespraeche-ab-und-gibt-der-cdu-die-schuld.7dfa6b96-6a70-4526-900d-bfd6bfb65a47.html

[329] Vgl. PZ-News, 01.10.2014, Eltern im Land sehnen sich nach Schulfrieden, https://www.pz-news.de/baden-wuerttemberg_artikel,-Eltern-im-Land-sehnen-sich-nach-Schulfrieden-_arid,514286.html; zu den Vorstellungen der SPD vgl. Pressemitteilung der SPD-Landtagsfraktion vom 01.10.2014, https://www.spd-landtag-bw.de/schulfrieden-mit-zwei-saeulen-modell-wuenschenswert/?doing_wp_cron=1682420828.1966640949249267578125

Schmid ließ sofort erkennen, wo er die Achillesferse für Gespräche sah. Die CDU müsse prüfen, *„ob sie sich wirklich als Störenfried allein ins Abseits stellen will“.*[330] Unterstützung bekam der neuerliche Vorstoß für einen *„Schulfrieden“* unterdessen aus Wirtschaft, Handwerk und GEW. In typischem, unnachahmlichem Schmiedel-Sprech hämmerte der SPD-Fraktionsvorsitzende den gut 400 Gästen mit Blick auf den Ausbau der Ganztagsschule zum Schluss noch die Lektion ins Selbstbewusstsein: *„Hausis in der Schule gemacht – das ist SPD!“*[331]

In einem Schreiben an die Parteivorsitzenden von Grünen, CDU und FDP vom 22. November 2014 erneuerte Schmid sein Angebot, *„über einen parteiübergreifenden Grundkonsens im Hinblick auf unsere Schulstrukturen in Baden-Württemberg zu sprechen.“*[332] Der SPD-Chef hegte dabei die Erwartung, dass nun vor allem die oppositionelle CDU eher über ihren Schatten springen könnte, nachdem die Akzeptanz der Gemeinschaftsschule weiter stieg und auch die Realschule von Grün-Rot *„Planungssicherheit und Perspektive“* in Aussicht gestellt bekam. Schmid erläuterte in dem Brief auch sein Verständnis von *„Schulfrieden“*. Er verstehe eine derartige überparteiliche Verständigung nicht *„als Wert an sich, sondern als Mittel zu einem wichtigen Zweck: Eltern, Schüler und Lehrer sollen auf verlässliche Schulstrukturen im Land vertrauen können.“* Schmid bekräftigte, dass natürlich auch künftig über bildungspolitische Fragen gerungen werden müsse, *„aber eben über Inhalte und nicht über Strukturen“*.

---

[330] Vgl. https://www.spd-bw.de/dl/2014_newsletter_zukunftskongress.pdf; vgl. ferner Interview mit Nils Schmid in der Stuttgarter Zeitung, 21.11.2014, *„Jetzt ist der Zeitpunkt für den Schulfrieden“*, https://www.stuttgarter-zeitung.de/inhalt.nils-schmid-zur-bildungspolitik-jetzt-ist-der-zeitpunkt-fuer-den-schulfrieden.ea3c0c9e-35e4-49c5-9506-7cd238f1c877.html

[331] Vgl. Newsletter Zukunftskongress 2014.

[332] Vgl. Wortlaut des Briefes von Schmid online auf https://www.spd-bw.de/meldungen/nils-schmid-bietet-erneut-schulfrieden-an/

Nach einem eineinhalbstündigen Meinungsaustausch zwischen SPD, Grünen und FDP am *13. November 2014* sprach Schmid von *„großer Annäherung“*,[333] aber eben ohne die CDU. Es sei Konsens, *„dass die Schullandschaft weiterhin Gymnasien, Realschulen, Gemeinschaftsschulen, Werkrealschulen sowie Sonderschulen umfasse“*, was eine konzeptionell merkwürdige Auffassung von Zweigliedrigkeit zum Ausdruck brachte. Der SPD-Landesvorsitzende ermunterte die CDU, die *„ausgestreckte Hand“* anzunehmen und nicht länger den *„Störenfried“* zu spielen. Zu den offensichtlich destruktiven Motiven der CDU mutmaßte Schmid: *„Sie wollen das Pulver trocken halten für einen spalterischen Wahlkampf.“* Dabei sei doch die Erwartung aller, *„wesentliche Bildungsfragen aus dem Parteiengezänk fernzuhalten“*.

Die SPD gehorchte mit dem Vorstoß für einen *„Schulfrieden“* wieder einmal ihrem seit der Landesgründung vorherrschenden Ansatz, Interessen des Landes und Fortschritte in einer zentralen Sache über kurzfristig erzielbare taktische Vorteile für die Partei zu stellen. Deshalb lief auch der CDU-Vorwurf einer *„Alibi-Veranstaltung“* ins Leere und hörte sich im ganzen Duktus eher wie eine beleidigte Leberwurst an. Trotz aller Annäherungen gegenüber dem Austausch Ende 2013 landete jedoch auch der SPD-Vorstoß Ende 2014 in der Sackgasse, herbeigeführt letztlich durch die Verweigerungshaltung der CDU, denn sie hätte inhaltlich wie strategisch auch ihre Chance bei einem solchen Deal erkennen müssen. *Schmid* merkte schlussendlich jedoch überdeutlich, dass er ein totes Pferd ritt, und stieg ab.

---

[333] Vgl. Agenturmeldung *„Schulfrieden: Schmid spricht von „großer Annäherung“*, online verfügbar auf https://www.spd-bw.de/meldungen/schulfrieden-schmid-spricht-von-grosser-annaeherung/

Superminister Schmid im finanzpolitischen Spagat zwischen Konsolidieren, Sanieren, Investieren und Profilieren – aber auch mit dummen Pannen

Der SPD-Landesvorsitzende und Spitzenkandidat *Nils Schmid* übernahm nach der Bildung der grün-roten Koalition ein Doppelministerium aus Finanzen und Wirtschaft. Für eine solche Konstruktion gab es zwar keine zwingenden konzeptionellen oder gar sparpolitischen Gründe (und entsprechend kritisch fielen auch viele Reaktionen aus), aber sie erlaubte dem neuen Superminister, in der Öffentlichkeit wie auch in den eigenen Reihen sichtbar als politisches Schwergewicht auf der vielfach geforderten Augenhöhe gegenüber den Grünen und Ministerpräsident Kretschmann in Erscheinung zu treten und von sich reden zu machen. Für die SPD bekam Platz 2 hinter den Grünen emotional und mental gleichsam den pathologischen Charakter einer posttraumatischen Belastungsstörung, die sich auf gar keinen Fall wiederholen durfte.[334] Auf der politischen Überholspur sollte zunächst das „*Augenhöhe*"-Prinzip für den nötigen Ausgleich in der angestrebten gleichgewichtigen Machtarithmetik mit den Grünen sorgen.

Die *äußeren* ökonomischen und finanziellen Rahmenbedingungen für die neue grün-rote Koalition hätten besser kaum sein können. Die Wirtschaft brummte wieder, die Steuerquellen sprudelten kräftig Geld in die Staatskasse und die Arbeitslosigkeit verharrte auf einem derart niedrigen Niveau, dass einige Experten es schon an der Grenze zur Vollbeschäftigung einstuften. Das Wirtschaftswachstum lag seit 2011 in Baden-Württemberg deutlich höher als im gesamt-

[334] In einem Interview des Verfassers mit dem damaligen SPD-Fraktionsvorsitzenden am 08.12.2022 sagte dazu Andreas Stoch: „*Das konnte ja wohl nicht wahr sein. Aber es wird nie mehr passieren!*"

deutschen Durchschnitt wie auch im Vergleich der westdeutschen Bundesländer. Von einer Lage am Arbeitsmarkt mit anhaltend lediglich um die vier Prozent Arbeitslosenquote konnten anderen Länder nur träumen. Allerdings galt es auch noch einige Nachwehen der Euro- und Finanzkrise zu verdauen. Hinzu kamen gewaltige Altlasten der Vorgängerregierung. Die sogenannte Deckungslücke wurde vom neuen SPD-Finanzminister *Nils Schmid* nach einem Kassensturz auf sage und schreibe 2,5 Mrd. Euro beziffert.

In die strukturelle *Konsolidierung des Haushalts* steckte der neue Finanzminister seinen ganzen Ehrgeiz. Solide Finanzen hielt der zu einem Thema der Staatsfinanzen promovierte Jurist für das Fundament eines verantwortungsbewussten, nachhaltigen und generationengerechten Wirtschaftens wie eines handlungsfähigen Staates überhaupt. Schmid ließ von Anfang an keinen Zweifel aufkommen, dass hierfür und für die Einhaltung der Schuldenbremse 2020 eine enorme Kraftanstrengung notwendig sein werde. Wie schon frühere Landesregierungen setzte auch Grün-Rot eine „*Kommission für Haushalt und Verwaltungsstruktur*“ ein, die mit Einsparvorschlägen den Weg zur Nullverschuldung ebnen sollte.

Dies sorgte immer wieder für Zündstoff zwischen Grünen und SPD einerseits, aber auch andererseits zwischen beiden Koalitionspartnern und dem Finanzminister, dessen Sparhunger bedient werden musste. Und der grüne Regierungschef Kretschmann stand bekanntermaßen ohnehin auf der Ausgabenbremse, wie kurz nach Regierungsantritt sein Vorschlag zur Streichung von 11.600 Lehrerstellen erkennen ließ. Schmids Janusgesicht bestand indessen darin, dass er zugleich als Wirtschaftsminister Ausgabenwünsche an sich selbst als Finanzminister richtete, etwa bei der Aufstockung der Wohnraumförderung.

Schmid ging es in seinem Handeln wohl auch darum, das gerade in bürgerlichen Kreisen und in der Wirtschaft immer noch beliebte Vorurteil zu widerlegen, die Sozis könnten eben nicht mit Geld umgehen. Das war natürlich Unfug, trotz aller gelegentlich aufkeimenden Akzentunterschiede zwischen angebots- und nachfrageorientierter Wirtschaftspolitik. Schließlich waren auch die für Finanzen und Wirtschaft zuständigen SPD-Politiker allesamt überzeugte Anhänger einer sozialen Marktwirtschaft. Von daher gab es auf diesem Politikfeld überhaupt keine programmatischen Bestrebungen von Grün-Rot – um die wissenschaftliche Debatte zur Reformintensität kurz wieder aufzugreifen –, einen Paradigmenwechsel in Angriff zu nehmen, von bundes- wie europarechtlichen Restriktionen und innenpolitischen Widerständen ganz zu schweigen. Was freilich das erfolgreiche Sparen anbelangt, verspürten in der SPD-Landtagsfraktion immer weniger Abgeordnete Lust darauf, je länger die Legislaturperiode dauerte und je stärker die Umfragewerte in den Keller sackten. „*Mit Sparen kann gerade die SPD keine Wahlen gewinnen*", lautete eine rasch an Boden gewinnende Überzeugung von Parlamentariern, die lieber Wohltaten für alle verkünden wollten. Schmid jedoch blieb hart und hielt Kurs.

Bereits in den Haushalten 2011 und 2012 gelang es dem Finanzminister, eine sogenannte „*schwarze Null*" zu schreiben. Wenn diesbezüglich oft von *Nullverschuldung* die Rede ist, ist damit nicht gemeint, dass gar keine neuen Schulden mehr gemacht werden, sondern eben nur zu den bisher geplanten in den entsprechenden Jahren keine weiteren dazu gekommen sind und der Haushalt eben „*ausgeglichen*" war. Dabei wurde noch lange nicht an Tilgung gedacht.[335]

---

335 Vgl. Felix Hörisch, *Mehr Industrie wagen? Die Finanz- und Wirtschaftspolitik der*

Schmid ließ sich vor dem Finanzministerium beim Schlossplatz in Stuttgart öffentlichkeitswirksam neben einer großen schwarzen Pappnull ablichten, um sichtbar zu machen, dass dies sein persönliches Ding war. Aus gehässigen Kreisen der Opposition und anderer Kritiker hieß es voller Hohn: *„Zwei Nullen nebeneinander"*. Die Nullverschuldung schien wie ein Befreiungsschlag für Schmid zu sein: *„Ein Erfolg, der auf seine Rechnung geht"*.[336] Auch in den Folgejahren sahen die Haushalte ganz ordentlich aus. Schmid wies in seinem Finanzplan 2020 sogar den Weg zur Nettonullverschuldung. Vorerst türmte sich aber noch ein Schuldenberg in Höhe von über 45 Mrd. Euro auf. Ende Mai 2014 ließ er verlauten, schon 2016 einen ausgeglichenen Landeshaushalt vorzulegen – und nicht erst 2020, wie dies bislang vorgesehen war. *„Die Nullverschuldung in 2016 ist finanziell machbar, und zwar bei weiteren Investitionen in Bildung und fortgesetzter Sanierung von Landesstraßen und Gebäuden"*, begrüßte der SPD-Fraktionschef das Vorhaben.[337] Bereits im Sommer 2013 machte Schmiedel allerdings auch in der Finanzpolitik seinem Hang zu eigenwilligen Politikansätzen wieder einmal alle Ehre, als er die drollige Parole ausgab, die Koalition wolle *„sparen, wo es der Bürger*

---

ersten grün-roten Landesregierung, in: Der Bürger im Staat, (hrsg. von der Landeszentrale für politische Bildung Baden-Württemberg), Heft 4-2015, S. 207-213; Felix Hörisch, *Finanz- und Wirtschaftspolitik unter dem Eindruck der Finanzkrise*, in: Felix Hörisch/Stefan Wurster (Hrsg.), *Das grün-rote Experiment in Baden-Württemberg. Eine Bilanz der Landesregierung Kretschmann 2011-2016*, Wiesbaden 2017, S. 64. Felix Hörisch 2017 ist mit Felix Hörisch 2015 weitgehend textidentisch, was der Autor leider nicht transparent macht.

[336] Vgl. taz, 15.03.2015, Nils Schmid ist kein „Bubi" mehr, https://taz.de/SPD-in-Baden-Wuerttemberg/!5016606/

[337] Vgl. Stuttgarter Nachrichten, 28.05.2014, SPD steht hinter Schmid: Nullverschuldung rückt näher, https://www.stuttgarter-nachrichten.de/inhalt.spd-steht-hinter-schmid-nullverschuldung-rueckt-naeher.7897172c-c427-4341-8990-f2bb83aa6924.html, ferner Stuttgarter Zeitung, 24.06.2014, Interview mit Nils Schmid, *„Irgendwann muss man entscheiden"*, https://www.stuttgarter-zeitung.de/inhalt.interview-mit-nils-schmid-irgendwann-muss-man-entscheiden.4b12f7af-3fda-4804-96c1-df39d17c4d55.html

nicht merkt".[338] Regierungschef Kretschmann und auch sein SPD-Finanzminister tickten da ganz anders. Für sie zeitigten Sparen und Schuldenabbau überhaupt erst *politisch* relevante Wirkung, wenn es die Bürgerschaft spürte, ja sogar schmerzte. Die strukturelle Haushaltskonsolidierung zählte auf jeden Fall über die gesamte Legislaturperiode zu den Pluspunkten der Regierungstätigkeit von Schmid, zumindest in den Augen von Experten.

Auch die in Angriff genommene Sanierung von Altlasten bei Straßen, Brücken und Gebäuden sowie Hochschulen und Krankenhäusern verbuchte der Finanzminister letztlich als Sparen. Denn die Bereitstellung einer üppigen *Sanierungsrücklage* heute vermied noch höhere Kosten für Reparaturen morgen. Für Unmut in der politisch interessierten Öffentlichkeit wie auch partiell in den eigenen Reihen sorgte freilich der massive *Stellenaufwuchs in den Ministerien,* den sich Grün-Rot gleich zum Auftakt der Regierungsarbeit gönnte.[339] Die deutlich gestiegenen Personalausgaben wurden mit dem Ausmaß des Politikwechsels nach jahrzehntelanger CDU-Herrschaft und mit den neu geschaffenen bzw. neu strukturierten Ministerien begründet, die nun einmal auch neue Leute gerade auf der Leitungsebene erforderten. Doch der SPD-Finanzminister war nicht nur bemüht, die Ausgabenseite in den Griff zu bekommen, sondern auch die *Einnahmeseite* des Staatshaushalts sozialverträglich zu stärken. Dies versuchte er vornehmlich mit drei Instrumenten.

---

338 Vgl. Stuttgarter Zeitung, 27.06.2013, SPD-Fraktionschef Schmiedel im Interview: *„Sparen, wo es der Bürger nicht merkt"*, https://www.stuttgarter-zeitung.de/inhalt.spd-fraktionschef-schmiedel-im-interview-sparen-wo-es-der-buerger-nicht-merkt.728c9052-98cc-47e7-8771-85b6ebdd76bd.html

339 Vgl. Uwe Wagschal 2013, S. 256.

Zum *Ersten* erhöhte die Regierung mit Wirkung bereits zum 5. November 2011, wie von den sie tragenden Parteien schon frühzeitig kommuniziert, die *Grunderwerbsteuer* von 3,5% auf 5% des Kaufpreises, - und das war nun eine Maßnahme, welche die Betroffenen im Land der „*Häuslebauer*" sehr wohl im Geldbeutel spürten.[340] Grün-Rot hatte allerdings auch angekündigt, diese vom Volumen her bedeutsame, reine Landessteuer nicht zum Stopfen von Haushaltslöchern bzw. zum Auffüllen der Staatskasse zu erhöhen, sondern um damit den Ausbau der frühkindlichen Bildung und der Kleinkindbetreuung in einem „*Pakt für Familien*" zu stärken. Dafür gab es zwar keine *rechtlich* irgendwie verpflichtende Zweckbindung, aber eben eine glasklare *politische* Willensbekundung.[341] Die Erhöhung der Grunderwerbsteuer spülte jährlich rund 355 Millionen Euro zusätzlich in die Landeskasse, wie die Summe in der Pressemitteilung der Landesregierung beziffert wurde.

Zum *Zweiten* war die neue Landesregierung im Gegensatz zu Schwarz-Gelb nicht abgeneigt, sogenannte *Steuersünder-CDs* aufzukaufen. Diese enthielten Daten von mutmaßlichen Steuerhinterziehern, die Kunden von Schweizer Banken waren. Dieser Schritt wurde auch als Beitrag zu mehr Steuergerechtigkeit verstanden. In dieses Bild passte auch, dass Grün-Rot eine Initiative im Bundesrat ergriff, die *Verjährungsfrist für Steuerhinterziehung* zu verlängern.

---

[340] Vgl. Pressemitteilung des Staatsministeriums, 19.08.2011, Was hat Grün-Rot bisher erreicht?, https://www.baden-wuerttemberg.de/de/service/alle-meldungen/meldung/pid/was-hat-gruen-rot-bisher-erreicht/, überdies Tagesspiegel, 26.04.2011, Grün-Rot: Neuanfang aus Grund und Boden, https://www.tagesspiegel.de/politik/neuanfang-aus-grund-und-boden-6736780.html

[341] Es verwundert, warum die Analyse von Felix Hörisch den politischen Zusammenhang von Erhöhung der Grunderwerbsteuer und Ausbau der frühkindlichen Bildung mit keinem Wort in den Blick nimmt; vgl. Felix Hörisch 2015, S. 211, Felix Hörisch 2017, S. 57 und 64; korrekt dagegen Uwe Wagschal 2013, S. 255.

Zum *Dritten* wurde die *Steuerverwaltung* personell aufgestockt. Bis 2015 kamen 500 zusätzliche Steuerprüfer hinzu wie auch 500 Ausbildungsstellen in diesem Bereich. Die erwarteten Mehreinnahmen für die Staatskasse übertrafen die Kosten für die neuen Abgabenkontrolleure um ein Vielfaches.

In anderen Bereichen seines Zuständigkeitsgebiets verfolgte Schmid eine typisch sozialdemokratische Ausrichtung der Wirtschaftspolitik, die einerseits insbesondere die sozialen Interessen der Arbeitnehmerschaft bedienen, aber andererseits auch für gesellschaftspolitisch angezeigte Innovationen sorgen sollte. Gleich zu Beginn von Grün-Rot rief Schmid eine *„Allianz für Fachkräfte“* ins Leben mit dem Ziel, den bereits in Gang kommenden Fachkräftemangel u. a. durch Stärkung von Weiterbildung, Erhöhung der Frauenerwerbstätigkeit, gesteuerter Zuwanderung, Integration von Migranten in den Arbeitsmarkt und Maßnahmen gegen Langzeitarbeitslosigkeit zu bekämpfen.[342] Die Fachkräfteallianz mit ihren regionalen Unterebenen gehorchte dem typisch sozialdemokratischen Politikansatz, alle betroffenen Verbände und Institutionen korporatistisch an einen Tisch zu bringen und als Regierung gleichsam nur wie ein edler, die unterschiedlichen Interessen ausgleichender Moderator zu fungieren. Dasselbe Prinzip kam bei der *Initiative „Industrie 4.0“* zum Tragen. Dabei ging es im Konzert von rund 50 Organisationen um die Beschleunigung der Digitalisierung in der Wirtschaft überhaupt, aber vor allem um die Förderung der digitalen Vernetzung in der industriellen Produktion auch in kleinen und mittelgroßen Firmen.[343]

---

[342] Vgl. Felix Hörisch 2017, S. 57; zur Vereinbarung von 2011 und den Maßnahmen bis 2015 ferner https://www.suedwestmetall.de/SWM/medien.nsf/gfx/med_SWEB-BAPGJT_441566/$file/Fachkraefteallianz_BW_Ziele__Bilanz_und_Massnahmen_2015.pdf

In Ermangelung eigener Kompetenzen sah sich Minister Schmid gezwungen, bei einem zentralen Anliegen der sozialdemokratischen Wirtschafts- und Sozialpolitik auf die Bühne des Bundesrats auszuweichen, um sich zu profilieren. Gemeinsam mit der rot-grünen Landesregierung von Rheinland-Pfalz brachte Baden-Württemberg bereits im Dezember 2011 eine Bundesratsinitiative ein mit dem Ziel, einen flächendeckenden gesetzlichen *Mindestlohn* von mindestens 8,50 Euro einzuführen. In eigener Regie unterstrich die neue Landesregierung ihren sozialpolitischen Ansatz in der Wirtschaftspolitik mit dem *Tariftreuegesetz* vom Juli 2013. Damit wurde gewährleistet, dass öffentliche Aufträge künftig nur an solche Unternehmen vergeben werden, die ihre Beschäftigten mindestens nach Tarif entlohnen.[344]

Übertragung von Tarifabschlüssen auf die Beamten

Den ersten größeren Konflikt gleich zu Beginn des grün-roten Politikwechsels löste die Frage aus, inwieweit auch die Staatsdiener zur Haushaltskonsolidierung herangezogen werden müssen und ob *Tarifabschlüsse* immer eins zu eins auf die Beamten übertragen werden können. Für die grüne Seite und speziell für Kretschmann war klar, dass der Landesetat bei einem Personalanteil von 40 Prozent ohne ein Opfer auch der Beamten nicht auf Vordermann gebracht werden kann. Aus der SPD empfingen die Beamten wechselnde Signale. Vor allem Fraktionschef *Claus Schmiedel* zeigte sich – wie auch noch zu

---

343 Vgl. https://www.i40-bw.de/

344 Vgl. die Argumente des SPD-Landesverbands Baden-Württemberg, https://www.spd-bw.de/tariftreuegesetz-baden-wuerttemberg-10-gute-gruende/, ferner Pressemitteilung der SPD-Landtagsfraktion Baden-Württemberg, 09.05.2012, Tariftreuegesetz verhindert Lohndumping und Wettbewerbsverzerrung, https://www.spd-landtag-bw.de/tariftreuegesetz-verhindert-lohndumping-und-wettbewerbsverzerrung/

Oppositionszeiten[345] – zunächst als treuer Partner des Öffentlichen Dienstes. Bereits Ende 2011 bezeichnete er aber plötzlich Kürzungen für Beamte als unumgänglich. *„Es ist klar, dass es ohne strukturelle Einsparungen überhaupt nicht abgehen kann"*, stellte Schmiedel bei einer Debatte im Landtag klar.[346] Zugleich bot er aber wieder ganz im Sinne des korporatistischen Politikansatzes der SPD Gespräche an, um eine *„einvernehmliche Lösung"* zu finden. Der nüchterne Finanzminister *Nils Schmid* goss aber sofort reichlich Wasser in den erhofften Wein für die Beamten: *„Die Politik des Gehörtwerdens heißt nicht, dass man immer erhört wird"*.

Zu Beginn des Jahres 2012 knallte es dann in der Regierung zwischen Grünen und SPD richtig heftig. Das lag nicht nur an unterschiedlichen Positionen zu Sachfragen, sondern auch an Differenzen zum Grundverständnis des gemeinsamen Regierens. SPD-Fraktionschef Schmiedel inszenierte sich nun wieder als Herold der Beamtenschaft und verkündete: *„Die Staatsdiener können sich darauf verlassen, dass die SPD keinen Kürzungen ihres Einkommens oder der Beihilfe zustimmen wird"*.[347] Was die Grünen noch mehr als seine apodiktisch klingende Aussage in der Sache erzürnte, war der Umstand, dass Schmiedel die Botschaft auf einer gemeinsamen Pres-

---

345 Vgl. Pressemitteilung der SPD-Landtagsfraktion Baden-Württemberg, 08.12.2010, SPD und Beamtenbund wollen konstruktives Vorgehen bei Einsparungen in der Landesverwaltung, https://www.spd-landtag-bw.de/spd-und-beamtenbund-wollen-konstruktives-vorgehen-bei-einsparungen-in-der-landesverwaltung/

346 Vgl. Stuttgarter Nachrichten, 07.12.2011, Schmiedel kündigt Kürzungen für Beamte an, https://www.stuttgarter-nachrichten.de/inhalt.spd-schmiedel-kuendigt-kuerzungen-fuer-beamte-an.83f57f10-adc0-4078-bf7f-2d4eb4f55937.html

347 Vgl. Pressemitteilung der SPD-Landtagsfraktion Baden-Württemberg, 27.02.2012, SPD und DGB: Nein zu Kürzungen bei den Beamten, https://www.spd-landtag-bw.de/spd-und-dgb-nein-zu-kuerzungen-bei-den-beamten/, Schwarzwälder Bote, 27.02.2012, Koalitionsstreit: Beamtenbund bedankt sich bei der SPD, https://www.schwarzwaelder-bote.de/inhalt.koalitionsstreit-beamtenbund-bedankt-sich-bei-der-spd.b9fcaead-747e-408b-af00-dddbe8ce33d3.html

sekonferenz mit dem DGB-Landesvorsitzenden *Nikolaus Landgraf* verkündete. Und der pflichtete Schmiedel entzückt bei: „*Wir lehnen Einkommenskürzungen zur Sanierung des Landeshaushalts ab.*" Die Beamten seien „*nicht die Melkkühe der Regierung*". Und die Begeisterung des Beamtenbunds über die Weigerung der SPD, den Staatsdienern ein Sonderopfer in Form struktureller Eingriffe zuzumuten, ließ nicht lange auf sich warten. Nur die Grünen fragten sich irritiert und stinksauer, ob der SPD-Partner nun als Regierung oder Opposition oder als beides zugleich je nach politischem Bedarf handeln wolle.

Bereits gegen Ende 2012 verdüsterte sich die Stimmung in der Allianz zwischen SPD, Gewerkschaften und Beamtenbund wieder, als es in Gesprächen um den Knackpunkt von Höhe und Zeitpunkt der Einkommenssteigerungen für Beamte ging. Schmiedel änderte nun seinen Zungenschlag wieder und wies Vorwürfe des DGB zu Sparmaßnahmen bei Beamten zurück.[348] Es gehe bei den derzeitigen Gesprächen nicht um Kürzungen, sondern um die Ausgestaltung von Erhöhungen, so schlitzohrig die Botschaft. Der DGB forderte aber, dass die Tarifabschlüsse für die Angestellten im öffentlichen Dienst zum selben Zeitpunkt und in gleicher Höhe auf die Beamten übertragen werden. Schmiedels Bestreben, mit dem Beamtenbund einen Pakt über Kürzungen beim Personal zu schließen, wies dieser zurück. Daraufhin sah der SPD-Fraktionschef auch keinen Sinn mehr, über Gehälter und Pensionen zu verhandeln.[349]

---

[348] Vgl. Schwäbische, 23.09.2012, Beamtengeld: SPD-Fraktionschef Schmiedel weist DGB-Vorwürfe zurück, https://www.schwaebische.de/regional/baden-wuerttemberg/spd-fraktionschef-schmiedel-weist-dgb-vorwuerfe-zurueck-923608

[349] Vgl. Pressemitteilung der SPD-Landtagsfraktion Baden-Württemberg, 02.10.2012, Zum Nein des Beamtenbunds zu einem Vertrag mit der Landesregierung über Einsparungen beim Personal erklärt Fraktionschef Claus Schmiedel, https://www.spd-landtag-bw.de/zum-nein-des-beamtenbunds-zu-einem-vertrag-mit-der-landesregierung-ueber-einsparungen-beim-personal-erklaert-fraktionschef-claus-schmiedel/

Was die Umsetzung der Tarifabschlüsse des öffentlichen Dienstes auf die Beamten anbelangt, kam es in den Folgejahren zu einem Kompromiss: zwar wurden sie inhaltsgleich übernommen, jedoch zeitversetzt und nach Gehaltsstufen sozial gestaffelt. Das war nun wirklich nicht die schlechteste Lösung für beide Seiten.[350] Doch das Verhältnis zwischen Beamtenbund und SPD bzw. Grün-Rot schwankte weiterhin zwischen Eiszeit und Tauwetter. SPD-Fraktionschef *Claus Schmiedel* ließ Kritik des Verbands nicht lange auf sich sitzen, sondern stieg sofort in den Ring und boxte mit einer Mischung aus Zuckerbrot und Peitsche zurück.[351]

Rettungsversuch für insolvente Drogeriemarktkette Schlecker

Anfang März 2012 kam es für Wirtschaftsminister Schmid zu einer Bewährungsprobe für die soziale, beschäftigungsorientierte Ausrichtung seiner Politik. Nachdem die in Baden-Württemberg ansässige Drogeriemarktkette *Schlecker* Insolvenz angemeldet hatte, legte sich Schmid mächtig ins Zeug, um für die knapp 12.000 von Kündigung bedrohten Jobs vor allem von nicht so toll bezahlten Frauen eine Zukunftsperspektive zu eröffnen. Als Instrument dafür hatte sich Schmid eine von mehreren betroffenen Bundesländern abgesicherte Bürgschaft in Höhe von 70 Mio. Euro zur *Finanzierung einer Transfergesellschaft* ausgedacht.[352] In langen Verhandlungen fast

---

[350] Vgl. Pressemitteilung der SPD-Landtagsfraktion Baden-Württemberg, 20.03.2013, Beamtenbesoldung: *„Ausgewogener Kompromiss“*, https://www.spd-landtag-bw.de/beamtenbesoldung-ausgewogener-kompromiss/

[351] Vgl. Pressemitteilung der SPD-Landtagsfraktion Baden-Württemberg, 20.07.2015, Beamtenbund schießt mit Kritik weit übers Ziel hinaus, https://www.spd-landtag-bw.de/beamtenbund-schiesst-mit-kritik-weit-uebers-ziel-hinaus/

[352] Vgl. Frankfurter Rundschau, 05.03.2012, Nils Schmid stellt Schlecker Staatshilfen in Aussicht, https://www.fr.de/wirtschaft/nils-schmid-stellt-schlecker-staatshilfen-aussicht-11318178.html, Schwäbische, 27.03.2012, Schmid glaubt an Lösung für Schlecker-Auffanggesellschaft, https://www.schwaebische.de/regional/baden-wuerttemberg/schmid-glaubt-an-loesung-fuer-schlecker-auffanggesellschaft-950316, Stuttgarter Nachrichten, 28.03.2012, Schlecker-Rettung: Nils Schmid, der

rund um die Uhr gelang es dem Wirtschaftsminister sogar, das CSU-regierte Bayern wie auch die CDU im Finanzausschuss des baden-württembergischen Landtags mit ins Boot für eine fachlich solide und rechtlich korrekte Schlecker-Rettungsaktion zu bekommen.

Doch Ende März machte der bayerische FDP-Wirtschaftsminister *Martin Zeil* mit seinem Nein dem ausgehandelten Lösungsvorschlag einen Strich durch die Rechnung.[353] Schmid zeigte sich verständlicherweise sehr traurig, verwundert, ja empört, dass die kleine FDP bei ihrer Entscheidung nicht an Menschen, sondern an parteipolitisches Kalkül gedacht habe.[354] Schmid hatte für die Verliererinnen der Schlecker-Insolvenz gekämpft wie ein Löwe. Doch das abrupte Scheitern der Verhandlungen kurz vor dem Zieleinlauf bedeutete *„auch für ihn selbst eine Niederlage"*[355].

---

einsame Kämpfer, https://www.stuttgarter-nachrichten.de/inhalt.schlecker-rettung-nils-schmid-der-einsame-kaempfer.e763a800-5328-4589-b76d-f5849dd799ed.html

[353] Vgl. Stern, 29.03.2012, Schlecker-Rettung scheitert an Liberalen: FDP steht am Pranger, https://www.stern.de/wirtschaft/news/schlecker-rettung-scheitert-an-liberalen-fdp-steht-am-pranger-3277316.html; Spiegel, 29.03.2012, Gescheiterte Schlecker-Verhandlung: FDP ist pleite, https://www.spiegel.de/politik/deutschland/massive-kritik-an-fdp-wegen-gescheiterter-schlecker-verhandlungen-a-824676.html; Süddeutsche Zeitung, 29.03.2012, Insolvenz bei Schlecker: Überzeugungstäter von der FDP, https://www.sueddeutsche.de/wirtschaft/insolvenz-bei-schlecker-ueberzeugungstaeter-von-der-liberalen-partei-1.1322082; Zeit Online, 29.03.2012, Rettungsaktion für Schlecker-Beschäftigte scheitert an FDP, https://www.zeit.de/news/2012-03/29/handel-rettungsaktion-fuer-schlecker-beschaeftigte-scheitert-an-fdp-29175209

[354] Vgl. Erklärung von Finanz- und Wirtschaftsminister Nils Schmid zum Scheitern der Auffanglösung für die Schlecker-Beschäftigten, 29.03.2012, https://www.spd-bw.de/meldungen/finanz-und-wirtschaftsminister-nils-schmid-zum-scheitern-der-auffangloesung-fuer-die-schlecker-beschaeftigten/

[355] Vgl. Frankfurter Allgemeine, 30.03.2012, Schlecker-Transfergesellschaft gescheitert: Bittere Niederlage für Nils Schmid, https://m.faz.net/aktuell/wirtschaft/unternehmen/schlecker-transfergesellschaft-gescheitert-bittere-niederlage-fuer-nils-schmid-11701936.amp.html

Obendrauf kamen *drei* weitere Fälle während der Regierungszeit von Schmid, die man wohlwollend unter der Rubrik „*Pleiten, Pech und Pannen*“ verbuchen kann.

Entgleisungen von Schmids Amtschef Daniel Rousta

Der *erste* Fall betraf Schmids Amtschef *Daniel Rousta*, der auch bereits den Wahlkampf der SPD geleitet hatte und zuvor Geschäftsführer der sogenannten „*Netzwerker*“ der SPD in Berlin war. Der 38-Jährige hatte sich die Finger verbrannt, weil er in den sozialen Medien sich mehrfach zu unflätigen, ja geschmacklosen Einträgen hatte hinreißen lassen. So hatte Rousta etwa die Liberalen wegen deren Nein zur Gründung einer Schlecker-Auffanggesellschaft als „*FDPisser*" beschimpft, was indessen im Lichte der Abläufe verbreitet als legitimer zorniger Ausrutscher goutiert wurde.

Noch eine Schublade weiter unten leistete sich der SPD-Spitzenbeamte, als er ein im Netz kursierendes Foto der in gebückter Haltung, im kurzen, geschlitzten Kleid in einen Helikopter einsteigenden Gattin von Ex-Bundespräsident Christian Wulff mit den sexistischen Worten kommentierte: „*Es war nicht alles schlecht.*“[356] Natürlich konnten sich viele Männer im politischen Stuttgart, die nach außen die strenge Miene der *political correctness* aufsetzten, ein sattes Schmunzeln nicht verkneifen. Verschärfend hinzu kam allerdings, dass Rousta seine Entgleisungen zwar auf seiner privaten Facebook-Seite zum Besten gab, er diese aber mit dem offiziellen Landeswappen geschmückt hatte. Überdies hatte er offenbar nicht

[356] Vgl. Stern, 21.04.2012, Nils Schmid entlässt Ministerialdirektor: Rousta, Bettina und die „FDPisser", https://www.stern.de/amp/politik/deutschland/nils-schmid-entlaesst-ministerialdirektor-rousta—bettina-und-die—fdpisser—3063388.html, ferner Die Welt, 19.04.2012, SPD-Mann stolpert über „FDPisser" und sexy Fotos, https://www.welt.de/politik/deutschland/article106205325/SPD-Mann-stolpert-ueber-FDPisser-und-sexy-Fotos.html

auf dem Schirm, dass es die klassische Trennung von privat und dienstlich in den neuen asozialen Medien gar nicht mehr gibt.

Sein Chef Nils Schmid reagierte sofort empört: *„Ich missbillige ausdrücklich die privaten Postings von Daniel Rousta, sie sind eines Beamten unangemessen"*[357] Das Trommelfeuer der Opposition, die ein gefundenes Fressen serviert bekam, hatte da längst Fahrt aufgenommen. Nur Stunden später blieb Schmid gar keine andere Wahl, als Rousta zu entlassen. Dieser setzte für seine Fangemeinde im Netz selbst den Schlussakkord in diesem kleinen Skandal: *„Game over, Freunde"*.[358] In der SPD-Landtagsfraktion zeigte sich die Mehrzahl der Abgeordneten erleichtert, zumal man für diese Person schon immer nur wenig Begeisterung empfand. Allerdings bewies Schmid bei der Besetzung dieses Spitzenpostens weiterhin keine glückliche Hand. Als Nachfolger berief der Finanz- und Wirtschaftsminister den ehemaligen Oberbürgermeister von Schwäbisch Gmünd, *Wolfgang Leidig*, den er aber bereits am 15. April 2014 ohne Angabe von Gründen seines Amtes enthob. Politische Relevanz gewannen diese Vorgänge letztlich dadurch, dass sie auf Minister Nils Schmid und seine Personalpolitik kein gutes Licht warfen.

Originelle Ausrichtung der Förderpolitik für den ländlichen Raum

Der *zweite* Fall rankte sich um eine kabarettreife Aussage zur Förderpolitik für den ländlichen Raum: *„Dann wächst im Schwarzwald halt mal ein Tal zu."*[359] Da sie indessen aus dem Munde des stellver-

---

[357] Vgl. Hamburger Abendblatt, 20.04.2012, Affäre um SPD-Ministerialdirektor: Daniel Rousta und die „FDPisser", https://www.abendblatt.de/politik/deutschland/article107787044/Daniel-Rousta-und-die-FDPisser.html

[358] Vgl. Der Spiegel, 21.04.2012, SPD-Minister entlässt pöbelnden Amtschef, https://www.spiegel.de/politik/deutschland/poebelei-gegen-fdp-stuttgarter-spitzenbeamter-rousta-wird-entlassen-a-828938.html

[359] Vgl. zu den folgenden Zitaten Stuttgarter Zeitung, 31.07.2012, Förderpolitik: Ab-

tretenden Ministerpräsidenten und nicht eines Comedians kam, schossen CDU, FDP, aber auch die Grünen aus allen Rohren mit zum Teil gespielter Empörung auf Schmids Wortakrobatik. In einem Gespräch mit der *Stuttgarter Zeitung* hatte er konstatiert, die allermeisten Baden-Württemberger lebten in städtischen Verflechtungsräumen und hätten andere Sorgen als Landwirtschaft. Schmid hielt den alten Gegensatz von ländlichem Raum und städtischen Zentren für eine veraltete Sichtweise. Ihm schwebte hingegen eine Politik vor, die der SPD und der grün-roten Koalition eine „*strukturelle Mehrheitsfähigkeit in den semiurbanen Verflechtungsräumen*" einbringt. „*Bildung und Betreuung sind wichtiger als die Frage, ob es einen Bauern mehr oder weniger gibt*", gab Schmid bissig zu bedenken.

Kretschmann warnte milde gestimmt davor, Bildung und Landwirtschaft gegeneinander auszuspielen. Und der grüne Agrarminister *Alexander Bonde* ließ ressortgerecht verlauten: „*Eine Schwächung des ländlichen Raums ist mit mir nicht zu machen.*"[360] Ein Parteifreund von Bonde watschte Schmid allerdings deutlich kräftiger ab und geißelte die „*wirtschaftspolitische Geisterfahrt eines schnöseligen Technokraten*". Die grüne Attacke auf Schmid rief selbstredend SPD-Fraktionschef *Claus Schmiedel* auf den Plan. Es könne nicht sein, dass Ministerpräsident Kretschmann eben noch ohne Absprache mit der SPD die Streichung von 11.600 Lehrerstellen verkünde, und dann auf einmal „*seine Hand schützend*" über die Landwirtschaft halte: „*Grüne Erbhöfe wird es bei den anstehenden Haushaltsverhandlungen nicht geben*", keilte Schmiedel beherzt zurück. Und

---

schied vom ländlichen Raum, https://www.stuttgarter-zeitung.de/inhalt.foerderpolitik-abschied-vom-laendlichen-raum.12ce2a0e-ba73-4dd9-8fd4-541a9ca76531.html

[360] Vgl. zum Folgenden Süddeutsche Zeitung, 04.08.2012, Streit bei Grün-Rot in Baden-Württemberg: Hoher Druck im Stuttgarter Kessel, https://www.sueddeutsche.de/politik/streit-bei-gruen-rot-in-baden-wuerttemberg-hoher-druck-im-stuttgarter-kessel-1.1431916

benannte damit zugleich des Pudels politischen Kern: nämlich die Aufstellung des nächsten Landeshaushalts. Schmid selbst hielt sich an dem rhetorischen Fauxpas nicht mehr länger auf, sondern verkrümelte sich in einen längeren, mehrwöchigen Sommerurlaub in die Türkei, der ihm aber wegen der laufenden Aufstellung des Landesetats schon wieder Gegenwind eintrug.

Verkauf von Wohnungen an die Immobilienfirma Patrizia

Mit dem *dritten* Fall setzte sich Schmid vor allem in den eigenen Reihen und an der SPD-Basis so richtig in die Nesseln, obschon für ihn nicht mehr als *symbolischer* politischer Interventionsspielraum bestand: Die Landesbank Baden-Württemberg verkaufte gut 21.000 Wohnungen für rund 1,435 Milliarden Euro an die Immobilienfirma *Patrizia*. Ein kommunales Konsortium um die Stadt Stuttgart zog beim Zuschlag den Kürzeren, weil es als Kaufpreis rund 30 Millionen Euro weniger bot, allerdings mehr soziale Sicherheiten für die Mieter in Aussicht stellte.[361]

Schon kurz nach der Entscheidung kochte die Wut innerhalb der SPD Stuttgart hoch. Man sah das Markenzeichen der SPD gefährdet, für sozialen Wohnraum zu erschwinglichen Preisen zu sorgen. Und ausgerechnet die CDU konnte sich nun scheinheilig als Wächter von Mieterinteressen aufspielen. Wirtschaftsminister *Nils Schmid* sah sich aus diesem Grund genötigt, in einem Schreiben an SPD-Funktionäre die Vergabe zu erläutern und zu rechtfertigen und so die

---

[361] Vgl. Schwarzwälder Bote, 17.02.2012, LBBW-Wohnungen: SPD-Landeschef rechtfertigt Wohnungsverkauf, https://www.schwarzwaelder-bote.de/inhalt.lbbw-wohnungen-spd-landeschef-rechtfertigt-wohnungsverkauf.0053c749-9593-4ff3-8bb2-679fdf62f86a.html, ferner Stuttgarter Zeitung, 21.02.2012, LBBW-Wohnungen: SPD-Basis entsetzt über Wohnungsverkauf, https://www.stuttgarter-zeitung.de/inhalt.lbbw-wohnungen-spd-basis-entsetzt-ueber-wohnungsverkauf.67d45c94-57b1-4e2e-a7b7-a532c91f1ccc.html

Wogen etwas zu glätten.[362] Er sah keine „*Heuschrecke*" am Werk. Auch in einer Landtagsdebatte stellte er getreu der Devise „*Hier stehe ich und konnte nicht anders*" klar, dass ein anderes Vorgehen nicht möglich gewesen wäre: „*Es war eine wirtschaftliche Entscheidung und der Meistbietende hat den Zuschlag bekommen. Dabei waren rechtliche Bedingungen ausschlaggebend,*" so Schmid. „*Es gab keine Möglichkeit der Nachverhandlung.*"[363]

Für die Landesbank, in deren Aufsichtsrat Schmid saß, sei der größtmögliche wirtschaftliche Erfolg erzielt worden, wobei die vereinbarte Sozialcharta den Mietern Sicherheiten böte, die über das vorgeschriebene gesetzliche Niveau hinausgingen. Der Verkauf habe sich nach Grundsätzen der Wirtschaftlichkeit und der Diskriminierungsfreiheit gerichtet. Eine Vorfestlegung auf das kommunale BW-Konsortium sei nicht möglich gewesen, ebenso wenig wie ein Verkauf unter Marktpreis. Zwänge des Europarechts hätten dies verhindert. Schmid betonte später auch, dass es beim Verkauf der Wohnungen an die *Patrizia* gar nicht um eine politische Entscheidung gegangen und das Land bzw. die Landesregierung deswegen auch „*nicht aktiv beteiligt*" gewesen sei.[364]

Nichtsdestotrotz sah sich Schmid dem Vorwurf eines sozialpolitischen Versagens ausgesetzt. Kritiker dieses Deals sahen sich bereits

---

[362] Vgl. Stuttgarter Nachrichten, 17.02.2012, LBBW-Wohnungen: SPD-Landeschef rechtfertigt Wohnungsverkauf, https://www.stuttgarter-nachrichten.de/inhalt.lbbw-wohnungen-spd-landeschef-rechtfertigt-wohnungsverkauf.0053c749-9593-4ff3-8bb2-679fdf62f86a.html

[363] Vgl. Staatsanzeiger, 19.04.2012, CDU kritisiert den Verkauf der LBBW-Immobilien an das Patrizia-Konsortium, https://www.staatsanzeiger.de/debatten-im-landtag/cdu-kritisiert-den-verkauf-der-lbbw-immobilien-an-das-patrizia-konsortium/

[364] Vgl. Schwäbische, 11.08.2013, CDU wirft Nils Schmid Lüge vor, https://www.schwaebische.de/regional/baden-wuerttemberg/cdu-wirft-nils-schmid-luege-vor-868630

gute drei Jahre später in ihren schlimmsten Befürchtungen bestätigt. Denn die Immobilienfirma verkaufte einen Großteil der erst erworbenen Wohnungen bereits wieder weiter. „*Die Patrizia AG hat ihren Reibach gemacht. Das Drehen an der Mietpreisschraube wird weitergehen*“, urteilte *Rolf Gaßmann* erbost, Vorsitzender des Mieterbundes Baden-Württemberg und des Mietervereins Stuttgart, von 1992 bis 1996 und erneut von 2001 bis 2006 Mitglied der SPD-Landtagsfraktion. Der neue Eigentümer *Deutsche Annington* bezahle ja nicht ohne Grund 450 Millionen Euro mehr als die Patrizia vor drei Jahren.[365]

Der Vorgang fügte dem sozialen Image von Schmid jedenfalls schweren, anhaltenden Schaden zu, zumal er vor allem die eigene Anhängerschaft innerhalb der Partei gegen ihn aufbrachte. Aus politikwissenschaftlicher Sicht auf die Debatte um die Intensität von Reformen zeigt sich hier indes, dass reformbereiten Akteuren die Bereitschaft zu einem Paradigmen- oder zumindest Zielwechsel in einem Politikfeld wie hier der Wohnungspolitik nicht wirklich nützt, wenn ihnen fehlende Zuständigkeit und rechtliche Restriktionen die Hände binden.

Von solchen Einsichten wollte freilich die erzürnte SPD-Basis nichts hören. Dort wie auch auf höheren Ebenen kursierte allen Ernstes eher der interventionistische Vorschlag, man hätte dem kommunalen BW-Konsortium rechtzeitig vertraulich einen Wink geben müssen, dass es sein Kaufangebot um einige Millionen erhöhen solle, damit die Entscheidung der Landesbank politisch korrekt und rechtlich konform zu seinen Gunsten hätte ausfallen können. Hinzuge-

---

[365] Vgl. Stuttgarter Nachrichten, 16.06.2015, Weiterverkauf LBBW-Wohnungen: Die Angst vor der Preisschraube, https://www.stuttgarter-nachrichten.de/inhalt.weiterverkauf-lbbw-wohnungen-die-angst-vor-der-preisschraube.b1793268-bfc1-47ca-965c-260c00e35f2a.html

fügt wurde zugleich die Gewissheit, dass ein solcher Trick am Rande der Legalität schon nicht herauskommen werde. Mit dem durch und durch seriösen Politikstil Schmids hatten solche schrägen, politisch wie rechtlich völlig abwegigen Gedankenspiele von leichtgewichtigen Genossen am abendlichen Stammtisch freilich absolut nichts zu tun.

Die politisch eigentlich verheerende Wirkung des *Patrizia*-Geschäfts bestand darin, dass darüber die durchaus vorzeigbare Erfolgsbilanz von Schmid in der *Wohnraumförderung* des Landes völlig in Vergessenheit geriet. „*Wir sind die Koalition des bezahlbaren Wohnraums*", lobte sich Finanz- und Wirtschaftsminister *Nils Schmid* in einer Landtagsdebatte über die Wohnraumsituation in Baden-Württemberg. Das bereits angeschobene Umsteuern in der Wohnraumförderung erhob er gar überschwänglich in den Rang eines „*Paradigmenwechsels*", zu dem auch das 2013 verabschiedete *Zweckentfremdungsgesetz* zählte.[366] In den Jahren 2013 und 2014 wurde das Fördervolumen für Bau, Erwerb und Modernisierung von bezahlbarem Wohnraum bereits von 48 auf 63 Millionen Euro erhöht. Im Doppelhaushalt 2015/2016 wurde das Programm dann auf jährlich 75 Millionen Euro aufgestockt. Dabei lag der Schwerpunkt auf der Mietwohnraumförderung, die von bisher 40 Millionen Euro auf 50,5 Millionen Euro angehoben wurde.[367] Im Herbst 2015 wurde eine bessere Förderung für Investitionen in sozialen Wohnungsbau angeboten, so wie dies auf einem *Wohnungsbaugipfel* am 14. Oktober 2015 verabredet worden war.[368]

---

[366] Vgl. Pressemitteilung des Ministeriums für Finanzen, 07.07.2013, Wohnraum darf nicht zweckentfremdet werden, https://fm.baden-wuerttemberg.de/de/service/presse-und-oeffentlichkeitsarbeit/pressemitteilung/pid/wohnraum-darf-nicht-zweckentfremdet-werden-2/

[367] Vgl. Pressemitteilung der Landesregierung, 21.10.2014, Landesregierung baut Landeswohnraumförderung weiter aus, https://www.baden-wuerttemberg.de/de/service/presse/pressemitteilung/pid/landesregierung-baut-landeswohnraumfoerderung-weiter-aus-1

[368] Vgl. Pressemitteilung der Landesregierung vom 05.11.2015, Bessere Förderungen

Schmid konnte unter dem Strich eine sehenswerte Leistungsbilanz vorlegen, die sich vor allem an der Konsolidierung des Haushalts festmachen lässt. Und diese fiel dem Finanzminister nicht einfach in den Schoß, sondern musste an mehreren Fronten hart erkämpft werden. Zugleich stellte Schmid als mit 38 Jahren jüngstes Kabinettsmitglied unter Beweis, dass er vollumfänglich ministrabel war. Zu seinen Stärken gehörten sein Fachwissen, sein Fleiß, seine Ruhe, seine Zurückhaltung und Souveränität.[369] Aus den Schuhen vom „*kleinen Nils*", wie sein Spitzname anfangs noch spöttisch hieß, wuchs er rasch heraus und in die „*Nerven wie Eiswasser*"[370] hinein. Schmids entscheidende Schwäche bestand darin, dass er im Auftreten Emotionalität, sprich Leidenschaft und Angriffslust, vermissen ließ. Aber dass er keinen Alkohol trank und Feste nicht als Letzter verließ, konnte man ihm ja nicht ernsthaft zum Vorwurf machen. Intellektuell jedenfalls steckte der „*Musterschüler*" die allermeisten Mitspieler und Widersacher locker in die Tasche. Um im komplexen Regierungsgeschäft den Durch- und Überblick zu behalten, war dies nun wirklich kein Nachteil. Auf Schmids gesamter Performance lastete freilich von Anfang an die lästige Rolle als Juniorpartner der Grünen, die in jedem noch so kleinen Konflikt den SPD-Partner bisweilen hochnäsig daran erinnerten und spüren ließen, wer Koch und wer Kellner ist.

---

für Investitionen in sozialen Wohnungsbau, https://www.baden-wuerttemberg.de/de/service/presse/pressemitteilung/pid/landeswohnraumfoerderungsprogramm-20152016-wird-fuer-investoren-noch-attraktiver-1

[369] Vgl. Frankfurter Allgemeine, 28.03.2011, SPD-Mann aus Baden-Württemberg: Der leise und fleißige Nils Schmid, https://m.faz.net/aktuell/wirtschaft/wirtschaftspolitik/spd-mann-aus-baden-wuerttemberg-der-leise-und-fleissige-nils-schmid-1606551.amp.html

[370] Vgl. taz, 06.03.2016, SPD-Frontmann in Baden-Württemberg: Verkalkuliert, https://taz.de/SPD-Frontmann-in-Baden-Wuerttemberg/!5280406/

Gegen den immer mehr an Beliebtheit gewinnenden Landesvater Kretschmann mit seinem zunehmend präsidialen Regierungsstil machte der SPD-Spitzenmann letztlich keinen Stich. Aber konnte man ihm deswegen ein persönliches Defizit stricken? Und wer hätte im Verlauf der grün-roten Koalition gegen den Ministerpräsidenten besser ausgesehen? Schmid wurde schließlich zum Gefangenen der für die SPD sich verschlechternden objektiven Umstände, die absehbar für die Landtagswahl 2016 nichts Gutes verhießen. Aber von einigen wirklich dummen Pannen abgesehen, stellte Schmid als Superminister souverän unter Beweis, dass er „*kein Bubi*“ mehr war.[371]

Eine personelle Alternative zu ihm für die Landtagswahl 2016 war weit und breit nicht in Sicht. Ganz wenige Spitzengenossen, die sich fälschlicherweise für eine hielten oder von einzelnen Medien als Kandidat für das Amt des Ministerpräsidenten ins Spiel gebracht wurden, blieben aus gutem Grund in der Deckung. Denn Schmid agierte schon immer gewiefter als es sein Ruf verkündete – und er konnte sich überdies unter Beschuss auf sein machtbewusstes „*Netzwerker*“-Netz verlassen.

[371] Vgl. taz, 15.03.2015, Nils Schmid ist kein „Bubi“ mehr, https://taz.de/SPD-in-Baden-Wuerttemberg/!5016606/

Innenminister Reinhold Gall verpasst der Polizei neue Struktur und beweist einmal mehr, dass auch die SPD innere Sicherheit und wehrhafte Demokratie kann

Der Neckarsulmer Abgeordnete *Reinhold Gall*, seit 2001 im Landtag, war ein erfahrener Innenpolitiker und Polizeifachmann, zudem seit Jahr und Tag bei der Feuerwehr aktiv. Seine Berufung in das Amt des Innenministers war eine völlig klare, unumstrittene Sache. Dies war mit ein Grund, warum Gall gut vorbereitet und mit klaren Vorstellungen für seine Reformprojekte das Innenressort übernahm. Nach *Fritz Ulrich* (1952-1956), *Viktor Renner* (1956-1960), *Walter Krause* (1966-1972) und *Frieder Birzele* (1992-1996) war er bereits der fünfte Sozialdemokrat, der beweisen konnte, dass die innere Sicherheit bei der SPD in guten Händen ist. Im innerparteilichen wie koalitionären Meinungsgeflecht hatte Gall jedoch bisweilen einen schweren Stand und Mühe, seine Mitte-Position deutlich zu machen. Denn in Sachen „*law and order*" und Kompetenzzuschreibung für die innere Sicherheit hatte die CDU immer noch die besseren Karten. Zugleich aber teilte Gall nicht die in weiten Teilen der Grünen und bei den Jusos wie auch bei linken Sozialdemokraten vorherrschenden staats- und repressionskritischen Attitüden. Nicht erspart blieb dem neuen Innenminister, gelegentlich in die Schublade der SPD-Hardliner gesteckt zu werden.[372] Dies hing vor allem mit seinem Eintreten für die Vorratsdatenspeicherung und gegen eine Kennzeichnungspflicht für Polizeibeamte zusammen. Und dann gab es da noch einen blöden Tweet.

---

[372] Vgl. im Spiegel, 13.01.2014, die Fotostrecke „*Innere Sicherheit: Die Law-and-Order-Minister der SPD*", in der Gall an vierter Stelle genannt wird, https://www.spiegel.de/fotostrecke/innere-sicherheit-die-law-and-order-minister-der-spd-fotostrecke-105788.html

Das zentrale Projekt der Regierungstätigkeit von Innenminister Gall war die *Polizeistrukturreform*.[373] Um die bestehende Organisation effektiv und funktionstüchtig für die Gewährung von Sicherheit und die Bekämpfung von Kriminalität zu halten, hätte es weiterer 1.000 Stellen für das System bedurft. Da diese aber mit Blick auf die angespannte Haushaltslage nicht zu bekommen waren, blieb nur der Ausweg zu einer Strukturreform an Haupt und Gliedern. Kernstück der bereits kurz nach Regierungsantritt in Angriff genommenen Reform war die Bündelung der bisherigen 35 Polizeipräsidien und der vier Landespolizeidirektionen in 12 schlagkräftigen regionalen Großpräsidien, die direkt dem Innenministerium nachgeordnet sind („*Zwei-Ebenen-Modell*"). Hinzu kamen drei neue Präsidien für die Bereiche „*Einsatz*", „*Technik, Logistik, Service*" und „*Bildung und Personalgewinnung*". Gall verfolgte mit der Strukturreform zwei übergeordnete Zielsetzungen: zum einen sollten die Leitungsebenen gestrafft und zum anderen sollten mehr Kräfte in den Streifendienst und vergleichbare Aufgaben gebracht werden. Gall schwebte vor, aus dem System knapp 900 Stellen für mehr Präsenz vor Ort herauszuschwitzen. An der Basisstruktur mit 150 Polizeirevieren und 360 Polizeiposten wurde sowieso gar nicht gerüttelt. Deshalb konnten die allermeisten Polizeipraktiker auch den Vorwurf der CDU, die Reform beschädige die Bürgernähe der Polizei, nicht nachvollziehen. Denn wer „*110*" wählte, sollte ja auch künftig die Streife zeitnah, oder eher noch schneller, am Ort des Geschehens sehen.

---

[373] Vgl. dazu Helge Staff/Georg Wenzelburger, *Innere Sicherheit und Justiz: Zwischen Großreform und Kontinuität*, in: Felix Hörisch/Stefan Wurster (Hrsg.): *Das grün-rote Experiment in Baden-Württemberg. Eine Bilanz der Landesregierung Kretschmann 2011-2016*, Wiesbaden 2017, S. 97-123, hier S. 111-114; ferner Rüdiger Soldt, *Die Innen- und Rechtspolitik der grün-roten Regierung*, in: Der Bürger im Staat, (hrsg. von der Landeszentrale für politische Bildung Baden-Württemberg), Heft 4-2015, S. 203-206, hier S. 203/204.

Ein ausgebuffter Schachzug Galls bestand darin, die Grundzüge der angepeilten Strukturreform nicht von einer externen Beratungsfirma ausarbeiten zu lassen, sondern von einer Projektgruppe „*Polizeireform BW*“, der bewährte Experten aus allen Bereichen der baden-württembergischen Polizei angehörten. Diese wurde zugleich von einem hochrangig besetzten Lenkungsausschuss unter die Fittiche genommen. Durch diese Art der Einbindung gelang es dem Innenminister, die Reformideen innerhalb der Polizei fruchtbar zu machen und zugleich für eine vergleichsweise hohe Akzeptanz der vorgeschlagenen Änderungen zu sorgen. Die Polizeireform wurde so trotz Kritik der Polizeigewerkschaften *DPolG* und *GdP* an einzelnen Auswirkungen der neuen Organisationsstruktur auch zu einem Beispiel für gelungene, erfolgreiche Reformkommunikation.

Bereits im Januar 2012 legte die Projektgruppe in einem über 50 Seiten starken Papier ihre „*Eckpunkte*“ für die künftige Struktur der Polizei Baden-Württemberg vor.[374] Darin wurden folgende Leitprinzipien formuliert: „*mehr Bürgerorientierung, mehr Flexibilität, mehr Kompetenz, mehr Wirtschaftlichkeit, weniger Hierarchien, weniger Dienststellen, weniger Schnittstellen, weniger Bürokratie*“. Die Kritik der Opposition und der Polizeigewerkschaften störte sich vor allem an einer angeblich zu erwartenden Zentralisierung mit Rückzug der Polizei aus der Fläche.[375] Diesen Vorwurf wiesen indessen selbst Spitzenleute der Polizei im Zuge der parlamentarischen Beratungen zurück. Dass zur

---

[374] Vgl. Projektgruppe „*Polizeistruktur BW*“, Eckpunkte, im Januar 2012, https://www.spd-bw.de/dl/Eckpunkte_Struktur_Polizei_BW.pdf, zu den Argumenten der SPD zugunsten der Reform vgl. https://www.spd-bw.de/dl/Argumentationskarte_Polizei_web.pdf

[375] Vgl. Stuttgarter Nachrichten, 27.04.2012, Polizeigewerkschaft: Harsche Kritik an grün-roter Polizeireform, https://www.stuttgarter-nachrichten.de/inhalt.polizeigewerkschaft-harsche-kritik-an-gruen-roter-polizeireform.032232a5-occf-476d-af3d-049903a8e870.html

räumlichen Verteilung der neu zugeschnittenen 12 Großpräsidien und zur Dauer der Anfahrtswege zu den Tatorten Interessenskonflikte aufbrechen würden, lag in der Natur der Sache.[376]

Aber einen Tod musste der Innenminister an dieser Ecke der Reform sterben. Denn alles ohne eine erkleckliche Zahl zusätzlicher Stellen so zu belassen, wie es war, kam als Alternative nicht in Betracht. Ende Juni 2013 entbrannte bei der Einbringung des Gesetzentwurfs ein Schlagabtausch zwischen Gall und den Regierungsfraktionen einerseits und der CDU/FDP-Opposition andererseits.[377] Am 18. Juli 2013 verabschiedete der Landtag das Polizeistrukturreformgesetz, das im Januar 2014 in Kraft trat.

Im Zuge seiner Umsetzung kam es getreu der Devise „*Personal folgt Aufgabe*“ zu über 3.000 reformbedingten Dienstortwechseln. In einem vorgelagerten Interessenbekundungsverfahren konnten die betroffenen Beamten ihre bevorzugte Verwendung anmelden. Laut Abschlussbericht des Innenministeriums zur Polizeistrukturreform konnten in 80% der Fälle die Wünsche des Personals berücksichtigt werden. Innenminister *Reinhold Gall* konnte unterm Strich mehr als zufrieden sein. Er hatte bei diesem hürdenreichen Mammutprojekt das Allermeiste richtig gemacht. Dass in der Umsetzung die eine oder andere Anpassung vorgenommen werden musste, verstand sich auch für Gall als Selbstverständlichkeit. Dies hatte er auch in

---

376 Vgl. beispielsweise Forderungen des Karlsruher Polizeipräsidenten Günther Freisleben noch eineinhalb Jahre nach dem Inkrafttreten der Polizeistrukturreform, Die Welt, 25.06.2015, Nachbesserungen an Polizeireform gefordert, https://www.welt.de/regionales/baden-wuerttemberg/article143027595/Nachbesserungen-an-Polizeireform-gefordert.html;

377 Vgl. Staatsanzeiger, 20.06.2013, Polizeireform erhitzt erneut die Gemüter, https://archiv.staatsanzeiger.de/staatsanzeiger/debatten-im-landtag/nachricht/?tx_ttnews%5Btt_news%5D=1722&cHash=6f553443090abbecfdb058531ea31127

der Opposition Ende 2016 im Lichte bescheidener Noten bei einer Beamtenumfrage zur Polizeireform erneut bekräftigt: *„Auf der Strecke muss man bei jeder Reform einzelne Stellschrauben nachjustieren. Das gilt auch für die Polizeistrukturreform.* Sie bleibe aber unter dem Strich *„ein großer Wurf, der unsere Polizei für die Herausforderungen der Zukunft gerüstet hat.*“[378]

Ende 2015/Anfang 2016 hatte Professor *Joachim Jens Hesse* vom Internationalen Institut für Staats- und Europawissenschaften der Polizeireform in einer unabhängigen Strukturanalyse ein hervorragendes Zeugnis ausgestellt.[379] *„Im Ergebnis stellt die Organisationsreform eine deutliche problemorientierte Straffung der Polizeiorganisation dar, die einen erkennbaren Kapazitäts- und Kompetenzgewinn auf der Führungsebene mit einer Stärkung der Basiseinheiten verbindet*“, hieß es in der Untersuchung. Schließlich wurde darauf verwiesen, *„dass die Polizei Baden-Württemberg derzeit eine gewisse Führungsrolle für sich reklamieren kann. Das verbindet sich mit dem methodisch anspruchsvollen Vorgehen, der ungewöhnlich breiten empirisch-analytischen Fundierung und einem politisch sensiblen Verfahren.*“ Am Ende des Tages (ein Lieblingsspruch von Gall) hatte der

---

[378] Vgl. Pressemitteilung der SPD-Landtagsfraktion Baden-Württemberg, 29.12.2016, SPD-Statement zur Umfrage Polizeireform, https://www.spd-landtag-bw.de/spd-statement-zur-umfrage-polizeireform/?doing_wp_cron=1686230142.1712129116058349609375

[379] Vgl. Pressemitteilung der Landesregierung, 25.01.2016, Hervorragendes Zeugnis für die Polizeireform, https://www.baden-wuerttemberg.de/de/service/presse/pressemitteilung/pid/externe-untersuchung-der-polizeireform-veroeffentlicht, ferner Zusammenfassung der Untersuchungsergebnisse in Leitsätzen, https://www.baden-wuerttemberg.de/fileadmin/redaktion/m-im/intern/dateien/pdf/PM_Anlage_20160125_Managementfassung_Prof_Hesse.pdf; die Langfassung der Studie von Professor Hesse zur Polizeireform Baden-Württemberg gibt es noch hier: https://www.baden-wuerttemberg.de/fileadmin/redaktion/m-im/intern/dateien/pdf/PM_Anlage_20160125_Polizeireform_BW_Gesamtdokument.pdf

Innenminister im Lichte dieser Befunde allen Grund, sich selbst auf die Schulter zu klopfen. Auf SPD-Seite gehörte er zweifelsohne zu den politischen Aktivposten, mit denen sich bei der Wählerschaft in der breiten Mitte der Mehrheitsgesellschaft punkten ließ.

Als Reaktion auf die Terroranschläge in Paris zu Beginn des Jahres 2015 legte Gall sehr rasch zwei *Sicherheitspakete* auf, mit denen die Sicherheitsbehörden mit 200 Personalstellen und 30 Millionen Euro zusätzlich bei der Ausrüstung gestärkt wurden.[380] Vor allem die Staatsschutzabteilungen bekamen mehr Stellen, um islamistische Bedrohungen rechtzeitig zu erkennen. Die Polizei erhielt moderne Maschinenpistolen und optimierte Schutzausrüstung. Schon kurze Zeit später ließ Gall ein weiteres Sicherheitspaket folgen, das die sprunghaft gestiegenen *Einbruchszahlen* ins Visier nahm, die auf Raubzüge von hochmobilen georgischen und albanischen Banden entlang der Autobahnen zurückzuführen waren. Ursprünglich zur Streichung vorgesehene 226 Polizeistellen blieben für die Verbrechensbekämpfung erhalten.[381] Zudem wurden die Ausbildungskapazitäten erhöht. Aufhorchen ließ in diesem Kontext ein *„Anti-Einbruch-Pakt“*, den Gall im Juli 2015 mit seinem bayerischen Kollegen

---

[380] Vgl. Pressemitteilung der Landesregierung, 12.02.2016, Neue Maschinenpistole und optimierte Schutzausstattungen für die Polizei, https://www.baden-wuerttemberg.de/de/service/presse/pressemitteilung/pid/neue-maschinenpistole-und-optimierte-ballistische-schutzausstattungen-fuer-die-polizei-baden-wuertte-1, ferner Schwäbische, 05.02.2015, Anti-Terror-Paket kommt für Opposition schnell und doch zu spät, https://www.schwaebische.de/regional/baden-wuerttemberg/anti-terror-paket-kommt-fuer-opposition-schnell-und-doch-zu-spaet-717781

[381] Vgl. Rüdiger Soldt 2015, S. 204/205; Stimme, 13.03.2015, Innenminister Gall: Mehr Polizisten für Jagd auf Einbrecher, https://www.stimme.de/ueberregional/baden-wuerttemberg/nachrichten/pl/innenminister-gall-mehr-polizisten-fuer-jagd-auf-einbrecher-art-3326545, Stuttgarter Zeitung, 12.03.2015, Innenminister Gall legt Plan vor: 226 Stellen bleiben erhalten, https://www.stuttgarter-zeitung.de/inhalt.innenminister-gall-legt-plan-vor-226-stellen-bleiben-erhalten.81e11062-d39d-4e28-a874-9609a6df43d8.html

Joachim Herrmann (CSU) schmiedete. Die Kooperationsvereinbarung zielte auf gemeinsame Fahndungen und Kontrollen auf den Verkehrs- und Fluchtwegen der Einbrecher. Geplant waren länderübergreifende Kontrollen auch auf Autobahnen. Darüber hinaus waren die Sicherheitsbehörden angehalten, relevante Ermittlungsdaten auszutauschen und eine verfügbare Prognosesoftware gemeinsam zu nutzen.[382]

Was die einschlägige Bilanz-Literatur zu Grün-Rot komplett ausblendet (und das ist ärgerlich und symptomatisch zugleich), ist die von Gall bereits Anfang 2013 angestoßene *Novelle zum Landespersonalvertretungsgesetz*, mit der er den Personalräten neue und stärkere Rechte verleihen wollte. „*Wir wollen die Beteiligungsrechte stärken, die Freistellungsregeln zugunsten der Beschäftigten verbessern und die Amtszeiten der Personalräte von vier auf fünf Jahre verlängern*", erläuterte Gall.[383] Ende Oktober 2013 verabschiedete das grün-rote Kabinett nach einem umfänglichen Anhörungs- und Beteiligungsverfahren den Gesetzentwurf und gab damit den Startschuss für die parlamentarischen Beratungen. Bereits zum 1. Januar 2014 trat das modernisierte Landespersonalvertretungsgesetz in Kraft.

In der Ressortzuständigkeit von Gall lassen sich vor allem drei Themen identifizieren, in denen der eher liberale, repressions- und polizei-

---

[382] Vgl. Die Welt, 15.07.2015, Südschiene schmiedet Anti-Einbruch-Pakt, https://www.welt.de/regionales/baden-wuerttemberg/article144020003/Sued-schiene-schmiedet-Anti-Einbruch-Pakt.html

[383] Vgl. Die Welt, 12.02.2013, Innenminister Gall will Stellung der Personalräte stärken, https://www.welt.de/newsticker/dpa_nt/regiolinegeo/badenwuerttemberg/article113587521/Innenminister-Gall-will-Stellung-der-Personalraete-staerken.html, Pressemitteilung der Landesregierung, 24.10.2013, Neues Landespersonalvertretungsgesetz: Wir wollen starke Personalvertretungen, https://www.baden-wuerttemberg.de/de/service/presse/pressemitteilung/pid/gesetzentwurf-zur-novellierung-des-landespersonalvertretungsgesetzes

kritische Ansatz der Grünen auf das eher staatszentriert-wehrhafte Denken von Innenminister Gall prallte: *erstens* die *Kennzeichnungspflicht* für Polizisten, *zweitens* die *Vorratsdatenspeicherung* (VDS) und *drittens* die Behandlung des *Verfassungsschutzes*. Das Dumme an der politischen Konstellation war, dass die Grünen vergleichsweise geschlossen auftraten, während der SPD-Innenminister auch aus den eigenen Reihen zugigen Gegenwind zu spüren bekam.

Lavieren bei Einführung der Kennzeichnungspflicht für Polizisten

Die Einführung einer anonymisierten, aber individuell identifizierbaren *Kennzeichnungspflicht für Polizisten* vor allem bei Großveranstaltungen war zwischen Grünen und SPD eigentlich koalitionsvertraglich beschlossene Sache.[384] Und so startete im Juli 2011 auch der Gesetzgebungsprozess, allerdings mit dem Hinweis auf die Erwartung einer bundeseinheitlichen Regelung. Innenminister *Reinhold Gall* machte freilich von Anfang an aus seinem Herzen keine Mördergrube. Es war ein offenes Geheimnis in der Regierung wie auch innerhalb der SPD, dass er der Kennzeichnungspflicht skeptisch bis ablehnend gegenüberstand und am liebsten darauf verzichtet hätte.[385]

Verhaltenen Druck machten allerdings die Grünen und die beiden Jugendorganisationen von SPD und Grünen. Auch in einigen linksliberalen Medien schwang unverhohlen der Vorwurf eines Wortbruchs mit,[386] zumal auch im Regierungsprogramm der SPD die

---

[384] Vgl. Helge Staff/Georg Wenzelburger 2017, S. 114-116.
[385] Vgl. Stuttgarter Zeitung, 29.10.2013, Kennzeichnungspflicht lässt auf sich warten, https://www.stuttgarter-zeitung.de/inhalt.kennzeichnungspflicht-fuer-polizeibeamte-kennzeichnungspflicht-laesst-auf-sich-warten.1eee1909-a138-44b6-8783-cdccc9949e07.html
[386] Vgl. Kontextwochenzeitung, Ausgabe 176, 13.08.2014, Versprochen! Gebrochen?, https://www.kontextwochenzeitung.de/politik/176/versprochen-gebrochen-

Einführung der Kennzeichnungspflicht unzweideutig verankert war. Als Grünen-Parteichef *Oliver Hildenbrand* bereits Ende Dezember 2013 offen monierte, der Innenminister mache *„zu viel Blaulicht und zu wenig Grün-Rot"*, kam vom Innenexperten der SPD-Landtagsfraktion *Nikolaos Sakellariou* prompt die Retourkutsche: der Grünen-Vorsitzende lasse *„Durchblick, Reife und Manieren"* vermissen. Zum hohen Konfliktniveau innerhalb der grün-roten Landesregierung und zur Intensität des verbalen Konfliktaustrags werden später einige analytische Bemerkungen folgen.

Gall selbst fand im Angesicht der Gefechtslage zunächst ein Schlupfloch, indem er die Bildung einer Arbeitsgruppe der Polizei ankündigte und diese mit den Details der Ausgestaltung beauftragte.[387] Zugleich betonte er jedoch erneut etwas verschwurbelt, *„dass die anonymisierte Kennzeichnungspflicht für Polizisten geschlossener Einheiten nicht die höchste Priorität auf meiner Agenda genießt."* Nachdem aber bereits fünf Bundesländer eine solche Pflicht eingeführt hätten und sich drei weitere damit beschäftigten, sei dies auch für den Südwesten sinnvoll. Zugleich wollte der Innenminister aber mit den Koalitionsfraktionen zusammen beraten, ob man die Kennzeichnungspflicht tatsächlich einführen wolle.

Gall (er)fand immer neue Stolpersteine, die den Gesetzgebungsprozess behinderten. Er machte ganz unverhohlen keinen Hehl daraus,

---

2384.html

[387] Vgl. Staatsanzeiger, 05.03.2014, Gewerkschaften wehren sich gegen Kennzeichnungspflicht für Polizeibeamte, https://archiv.staatsanzeiger.de/staatsanzeiger/nachrichten/archiv/nachricht/?tx_ttnews%5Btt_news%5D=2066&cHash=a7d2d73e9315fe2775ecdf5a0ab57302, Stuttgarter Nachrichten, 30.12.2014, Kennzeichnungspflicht: Auch Südwest-Polizei soll Nummern tragen, https://www.stuttgarter-nachrichten.de/inhalt.kennzeichnungspflicht-auch-suedwest-polizei-soll-nummern-tragen.37ec8423-3a2c-45f3-a2f1-fca68fa355bd.html

dass die Kennzeichnungspflicht für ihn *„keine Herzensangelegenheit"* war. Zudem könne man Regelungen in anderen Ländern nicht *„1:1 abkupfern"*. Und schließlich müsse auch der Datenschutzbeauftragte noch gehört werden.[388] Auch eine besondere Fürsorgepflicht gegenüber den Polizeibeamten gebiete Sorgfalt vor Schnelligkeit. Anfang Dezember 2015 erhielt die Kennzeichnungspflicht in Baden-Württemberg unter dem Beifall der Opposition und Polizeigewerkschaften für die laufende Legislaturperiode schlussendlich ein Begräbnis erster Klasse. Als vorläufige Kompensation verständigte sich Grün-Rot auf die Schaffung eines unabhängigen Bürgerbeauftragten beim Landtag, bei dem Betroffene sich auch über wahrgenommenes Fehlverhalten von Polizeibeamten beschweren konnten.

Beharrliches Vorpreschen für die Vorratsdatenspeicherung

Ein weiteres Streitthema innerhalb der grün-roten Koalition war die sogenannte *Vorratsdatenspeicherung*, also die anlasslose, befristete Sicherung von Telekommunikations-Verbindungsdaten, die Ermittlungen bei schweren Straftaten erleichtern sollte. Die Konfliktlinie verlief aber auch innerhalb der SPD selbst, und zwar bis in die Parteiführung hinein. Die Differenzen wurden auch öffentlich immer wieder mit harten Bandagen ausgetragen. Innenminister *Reinhold Gall* war ein glühender Befürworter der Vorratsdatenspeicherung und für viele Grüne und Linke allein schon deshalb ein rotes Tuch. Selbst nach den Urteilen des Bundesverfassungsgerichts aus dem Jahre 2010 und des Europäischen Gerichtshofs aus dem Jahre 2014,

---

[388] Vgl. Schwäbische, 11.06.2015, Gall bremst bei Kennzeichnung von Polizisten, https://www.schwaebische.de/regional/baden-wuerttemberg/gall-bremst-bei-kennzeichnung-von-polizisten-680553, Die Welt, 11.06.2015, Kennzeichnungspflicht „keine Herzensangelegenheit", https://www.welt.de/regionales/baden-wuerttemberg/article142368584/Kennzeichnungspflicht-keine-Herzensangelegenheit.html

welche die bestehenden gesetzlichen Regelungen kippten, war Gall davon überzeugt, dass man eine juristisch wasserdichte Ausgestaltung der Vorratsdatenspeicherung hinbekommen könne.[389] SPD-Bundesvize *Ralf Stegner* aus Schleswig-Holstein und auch Bundesjustizminister *Heiko Maas* signalisierten demgegenüber ziemlich dezidiert, die Vorratsdatenspeicherung nach dem EuGH-Urteil nun endgültig zu den Akten legen zu wollen.[390]

Aus Galls Sicht musste abgewogen werden zwischen dem berechtigten Bedürfnis der Bürger, sicher zu leben, und ihren Freiheitsrechten. Die SPD habe sich darauf festgelegt, Verbindungsdaten drei Monate lang zu speichern und anschließend zu löschen, aber nur *„in besonderen Einzelfällen aus einem begründeten Anlass heraus zur Verfolgung schwerer Straftaten auf eine richterliche Anordnung“* hin. Unter diesen Bedingungen hielt Gall eine Vorratsdatenspeicherung für rechtsstaatlich bedenkenlos vertretbar.[391]

Er kündigte schon Ende Juni 2011 an, diese Position in die Konferenz der Landesinnenminister einzubringen, mit dem sozialdemokratischen NRW-Kollegen *Ralf Jäger* an seiner Seite.[392] In der grün-roten Regierung sorgte diese Initiative für allerhand Trubel und setzte eine

---

389 Vgl. Deutschlandfunk, 23.04.2014, Vorratsdatenspeicherung: *„Offene Flanke schließen“*, https://www.deutschlandfunk.de/vorratsdatenspeicherung-offene-flanke-schliessen-100.html

390 Vgl. Der Spiegel, 05.01.2014, Umstrittene EU-Richtlinie: Justizminister Maas legt Vorratsdatenspeicherung auf Eis, https://www.spiegel.de/politik/deutschland/justizminister-maas-legt-vorratsdatenspeicherung-auf-eis-a-941848.html, ferner Der Spiegel, 12.01.2014, Vorratsdatenspeicherung: Innenminister stellen sich gegen Justizminister Maas, https://www.spiegel.de/politik/deutschland/vorratsdatenspeicherung-innenminister-gegen-justizminister-maas-a-943060.html

391 Vgl. Gespräch mit Innenminister Gall, Deutschlandfunk, 23.04.2014.

392 Vgl. Zeit Online, 21.06.2011, Rot düpiert Grün bei der Vorratsdatenspeicherung, https://www.zeit.de/politik/deutschland/2011-06/spd-gruene-vorratsdatenspeicherung?utm_referrer=https%3A%2F%2Fwww.google.com%2F

kleine Lawine von Pressemitteilungen in Gang. Auch von Seiten der SPD-Landtagsfraktion bemühte man sich argumentativ nach Kräften, den Eindruck zu zerstreuen, Gall verfolge eine nicht koalitionskonforme Linie.[393] Ganz im Gegenteil: der grüne Partner wurde schlicht an den eindeutigen Wortlaut der Koalitionsvereinbarung erinnert, und dieser hieß: „*Bei der Vorratsdatenspeicherung setzen wir uns dafür ein, die Vorgaben des Bundesverfassungsgerichts präzise einzuhalten.*" Da wurden tobende Grüne auf dem falschen Fuß erwischt, denn aus dieser Formulierung konnte natürlich keineswegs ein generelles Nein zu jeder Form von Vorratsdatenspeicherung abgeleitet werden. Die SPD-Landtagsfraktion mit ihrem damaligen Rechtsexperten *Andreas Stoch* versuchte sogar raffiniert, das Vorpreschen Galls gleichsam als konsequente Umsetzung des Koalitionsvertrags umzudeuten und auszugeben. Ministerpräsident *Winfried Kretschmann* ließ landesväterlich erkennen, dass ein Fachminister im Kreis der Ressortkollegen schon einmal einen Stein ins Wasser werfen könne, dies dadurch jedoch nicht automatisch Haltung der baden-württembergischen Landesregierung werde.

Bestimmt zur Weißglut brachte Gall die völlig überzogene Reaktion des Landesbeauftragten für Datenschutz und Informationsfreiheit *Jörg Klingbeil*. Dieser trat dem Innenminister mit dem kühnen Vorwurf vors Schienbein, er erweise sich „*als sicherheitspolitischer Hardliner in der Tradition der Union*".[394] Für Gall sollte es wenige

---

[393] Vgl. Pressemitteilung der SPD-Landtagsfraktion Baden-Württemberg, 21.06.2011, Vorratsdatenspeicherung: Gall agiert koalitionskonform, https://www.spd-landtag-bw.de/vorratsdatenspeicherung-gall-agiert-koalitionskonform/?doing_wp_cron=1686653293.2005009651184082031250

[394] Vgl. Pressemitteilung des Landesbeauftragten für Datenschutz, 21.06.2011, Innenminister Gall erweist sich als sicherheitspolitischer Hardliner in der Tradition der Union, https://www.baden-wuerttemberg.datenschutz.de/pm-innenminister-gall-erweist-sich-als-sicherheitspolitischer-hardliner-in-der-tradition-der-union/

Jahre später jedoch noch härter kommen. Im Vorfeld des Berliner Parteikonvents am 20. Juni 2015, der endlich eine Entscheidung in der Sache fällen sollte, warb Gall noch einmal mit Nachdruck für die Wiedereinführung der Vorratsdatenspeicherung.[395] Nachdem die Delegierten sich in der Hauptstadt hinter verschlossenen Türen auch auf Druck von SPD-Parteichef *Sigmar Gabriel* mit 56% knapp dafür ausgesprochen hatten, wurde Gall im Hochgefühl des Erfolgsglücks übermütig und zwitscherte spontan und ziemlich sicher aus eigener Feder den folgenden Tweet, der den Innenminister aus Baden-Württemberg als von allen guten Geistern verlassen erscheinen ließ:

Der Eintrag brachte alles durcheinander, was man zu diesem Thema nur durcheinanderbringen kann. Vom Kommafehler einmal abgesehen, war die kurze Reaktion in ihrer sprachlichen Logik unter aller Kanone und vor allem politisch von einem fahrlässigen Duktus durchzogen. Der Tweet bescherte Gall im Netz bundesweit einen veritablen Shitstorm.[396] Letztlich verscherzte er sich mit wenigen un-

[395] Vgl. Die Welt, 19.06.2015, Gall wirbt vor SPD-Konvent für Vorratsdatenspeicherung, https://www.welt.de/regionales/baden-wuerttemberg/article142788284/Gall-wirbt-vor-SPD-Konvent-fuer-Vorratsdatenspeicherung.html

[396] Vgl. ntv, 21.06.2015, Tweet zur Vorratsdatenspeicherung: Für SPD-Innenminister hagelt es Kritik, https://amp.n-tv.de/politik/Fuer-SPD-Innenminister-hagelt-es-Kritik-article15345861.html

überlegt herunter getippten Zeichen auf *Twitter* alle noch vorhandenen Sympathien im linksliberalen Milieu.

Selbst der renommierte Publizist, Blogger und Netzaktivist *Sascha Lobo* sah sich genötigt, den Text sprachanalytisch in allen Details kritisch zu zerlegen. Sein Gesamturteil fiel verheerend aus: *„Dieser Tweet des SPD-Innenministers Reinhold Gall ist in wirklich jedem einzelnen Wort eine Katastrophe. Buchstäblich mit jedem einzelnen Wort.“*[397] Lobo zählte Gall *„zur postschilyschen Scharfmacherfraktion der SPD, die bezeichnenderweise allesamt bei „Law and Order“ das wichtigste Gesetz - das Grundgesetz - schlicht ausklammern.“* Der durchaus SPD-gewogene Netzexperte prangerte zugleich die seiner Meinung nach falsche und schlechte Überzeugung der SPD an, *„man müsse für die innere Sicherheit einen ‚harten Hund‘ politisch inszenieren.“* Auch vom renommierten Blogger und Netzpolitiker *Markus Beckedahl* bekam Gall sein Fett weg. Der inkriminierte Tweet offenbare *„seine mangelhaften Kenntnisse des deutschen Rechtsstaates“*. Und der Kabarettist *Claus von Wagner* entlarvte schließlich den eigentlichen Kern von Galls Aussage, nämlich dass die Vorratsdatenspeicherung sehr wohl Freiheitsrechte einschränke, auch wenn es sich in diesem Fall für Gall lediglich um *„vermeintliche“* handelte.[398] Mit einem neuerlichen Tweet versuchte er zu retten, was zu retten war.

---

397 Vgl. Sascha Lobo, 22.06.2015, Wie man nicht für die Vorratsdatenspeicherung argumentiert, https://saschalobo.com/2015/06/22/wie-man-nicht-fur-die-vorratsdatenspeicherung-argumentiert/

398 Vgl. Netzpolitik.Org, 22.06.2015, SPD-Innenminister Gall erklärt das mit den „vermeintlichen Freiheitsrechten“, https://netzpolitik.org/2015/spd-innenminister-gall-erklaert-das-mit-den-vermeintlichen-freiheitsrechten/

Reinhold Gall MdL
@reinholdgall · 22. Juni 2015
Sorry,...wollte sagen, dass die VDS nur ein"vermeintlicher" neuer Eingriff in Freiheitsrechte ist. Telekom & Co dürfen ja schon speichern
171 37 14

Mehr als eine gut gemeinte Verschlimmbesserung war der Text freilich nicht. Das Kind war längst in den Brunnen gefallen und Galls Image fürs Erste ziemlich ramponiert bzw. als „*Hardliner*" gefestigt. Am 10. Dezember 2015 wurde in Deutschland die Einführung einer Speicherpflicht mit Mindestdauer für Verkehrsdaten der Telekommunikation gesetzlich geregelt. Dagegen hagelte es umgehend zahlreiche Verfassungsbeschwerden. Im Lichte eines Beschlusses des EuGH vom 20. September 2022 urteilte das Bundesverfassungsgericht am 30. März 2023, dass das deutsche Gesetz zur Vorratsdatenspeicherung nicht anwendbar und mit europäischem Recht unvereinbar ist.

Umstrittene Rolle für den künftigen Verfassungsschutz

Über die gesamte Legislaturperiode hinweg flackerten zwischen Grünen und SPD immer wieder Scharmützel auf zur künftigen Rolle des *Verfassungsschutzes*, seines Aufgabenprofils, seiner Ausstattung und Finanzierung. Während bei den Grünen zumindest auf ihrem linken Flügel und in der Grünen Jugend der Verfassungsschutz als überkommenes Instrument der Gefahrenabwehr erschien, ja sogar die Falschen ins Visier nahm, sah man auf SPD-Seite im Lichte islamistischer und rechtsextremer Anschläge und einer abstrakt gestiegenen Bedrohungslage sogar eher Anlass für eine Stärkung des Dienstes.

Obwohl es aus der Landtagsfraktion der Grünen immer dezidiert hieß, man wolle den Verfassungsschutz keineswegs abschaffen, konnte eine entsprechende Beschlusslage der *Grünen Jugend* dazu nicht geleugnet werden. In einer Verlautbarung vom 3. Juni 2012 hieß es: *„Die Grüne Jugend Baden-Württemberg spricht sich für die Abschaffung des Landesamtes für Verfassungsschutz aus. Ihr Versagen im Kampf gegen Rechts haben die Verfassungsschutzorgane zuletzt selbst und auf traurige Weise unter Beweis gestellt: Neonazis haben in Deutschland jahrelang gemordet und der Verfassungsschutz hat es nicht verhindert.“*[399]

Für erhöhten Pulsschlag in der grün-roten Landesregierung sorgte Mitte November 2013 eine Ansage der grünen Landtagsfraktionschefin *Edith Sitzmann*, der zufolge beim Personal des Verfassungsschutzes *„30 bis 50 Prozent an Stelleneinsparung“* drin seien.[400] Auch das SPD-geführte Innenministerium könne beim Sparen für sich *„keine Ausschließeritis“* beanspruchen. Später legte der grüne Innenexperte *Hans-Ulrich Sckerl* die versöhnlich klingende Spur, es gehe nicht darum, möglichst viele Stellen einzusparen, sondern den Verfassungsschutz effektiv aufzustellen. Die CDU-Opposition im Landtag sah hingegen einen *„Riss“* in der Regierung und *„Machtspiele“* auf dem Rücken des Verfassungsschutzes.[401]

---

[399] Vgl. Grüne Jugend, 03.06.2012, Kriminalisierung von AntifaschistInnen unter Grün-Rot beenden, https://gjbw.de/kriminalisierung-von-antifaschistinnen-unter-gruen-rot-beenden

[400] Vgl. Focus, 16.11.2013, Haushalt: Sitzmann sieht Einsparmöglichkeiten beim Verfassungsschutz, https://www.focus.de/regional/baden-wuerttemberg/haushalt-sitzmann-sieht-einsparmoeglichkeiten-beim-verfassungsschutz_id_3060836.html

[401] Vgl. Stuttgarter Nachrichten, 26.06.2014, Verfassungsschutz nach NSU-Affäre: Südwest-Opposition kritisiert Grün-Rot, https://www.stuttgarter-nachrichten.de/inhalt.verfassungsschutz-nach-nsu-affaere-suedwest-opposition-kritisiert-gruen-rot.a3bd3c67-7ad2-439d-9da4-5519f304a267.html

In einer Landtagsdebatte im Februar 2014 widersprach Innenminister *Reinhold Gall* den Rechenkünsten von Sitzmann zu möglichen Stelleneinsparungen beim Personal des Verfassungsschutzes. „*Dies ist nicht leistbar*", sagte Gall. Er habe zudem die dem Verfassungsschutz angehängte „*Schlapphut-Mentalität*" noch nie geteilt.[402] Gall hielt das Amt für „*bereits gut organisiert.*" Der Verfassungsschutz sei „*schlank aufgestellt, was das Personal und die Mittelausstattung anbelangt.*"[403]

Zu Beginn des Jahres 2015 verlangte SPD-Fraktionschef *Claus Schmiedel* nicht zuletzt unter dem Eindruck der islamistischen Terroranschläge in Paris und der mörderischen Umtriebe des „*Nationalsozialistischen Untergrunds*" (NSU) eine Stärkung des Verfassungsschutzes. „*Die Bedrohung hat zugenommen, das Problem potenzieller Anschläge liegt vor der Haustür*", begründete er seine Initiative.[404] Der Geheimdienst sei die „*Frühabwehr*", er skizziere Entwicklungen in einem Stadium, in dem die Polizei noch nicht tätig sei. Da die Grünen jedoch an der beschlossenen Streichung von 20 Stellen im laufenden Haushalt festhalten wollten, äußerte sich Schmiedel dazu salomonisch: der Stellenabbau könne durch „*Optimierung der Abläufe*" aufgefangen werden.

---

[402] Vgl. Staatsanzeiger, 26.02.2014, Innenminister Gall: Personaleinsparungen beim Verfassungsschutz nicht machbar, https://www.staatsanzeiger.de/debatten-im-landtag/innenminister-gall-personaleinsparungen-beim-verfassungsschutz-nicht-machbar/

[403] Vgl. Die Welt, 15.06.2014, Verfassungsschutz: Grüne und Innenminister Gall uneins über Reform, https://www.stuttgarter-nachrichten.de/inhalt.verfassungsschutz-nach-nsu-affaere-suedwest-opposition-kritisiert-gruen-rot.a3bd3c67-7ad2-439d-9da4-5519f304a267.html

[404] Vgl. Stuttgarter Nachrichten, 17.01.2015, Streit bei Grün-Rot: Für und wider den Verfassungsschutz, https://www.stuttgarter-nachrichten.de/inhalt.streit-bei-gruen-rot-fuer-und-wider-den-verfassungsschutz.ed70fcf8-a06e-4557-91d4-19a1a971fe50.html

Als Konsequenz aus der jahrelang unerkannt gebliebenen Mordserie des rechtsterroristischen NSU verständigten sich alle Landtagsfraktionen, den Verfassungsschutz im Südwesten künftig stärker vom Landtag kontrollieren zu lassen. Als letztes Bundesland führte Baden-Württemberg ein eigenständiges parlamentarisches Kontrollgremium für den Geheimdienst ein. Eine große Reform des Verfassungsschutzes wollten Grüne und SPD bis zur Landtagswahl im März 2016 indessen nicht mehr anpacken.

Angesichts des hohen medialen und breitenwirksamen Aufmerksamkeitsvorsprungs von konfliktreichem Regieren scheint komplett in den Hintergrund zu treten, dass im Politikfeld der Inneren Sicherheit in Wirklichkeit eine große konsensuale Gemeinsamkeit vorherrschte. So wurden 22 der 25 Gesetze in diesem Bereich einstimmig zwischen allen Fraktionen beschlossen.[405] Dazu zählten nicht nur Routineentscheidungen und Anpassungen an bundes- wie europarechtliche Vorgaben, sondern durchaus auch reformpolitische Schritte wie die Verabschiedung eines *Informationsfreiheitsgesetzes*, auf dessen Grundlage alle Bürger das Recht auf Informationen aus der Verwaltung ausüben können. Einschränkungen gab es dabei dort, wo die öffentliche Sicherheit und personenbezogene Daten tangiert waren.

Rumgeeiere beim Untersuchungsausschuss zu den NSU-Morden

Für viele Beobachter irritierend war die Haltung der SPD zur Einsetzung eines *Untersuchungsausschusses* des Landtags zu den Morden des *NSU* und dessen rechtsterroristischem Treiben auch in Baden-Württemberg. Lange Zeit standen die SPD-Fraktion und insbesondere Gall hier auf der Bremse und befürworteten eine polizeiinterne Sonderermittlungsgruppe und eine Enquetekommission. Dies

---

[405] Vgl. die Angaben bei Helge Staff/Georg Wenzelburger 2017, S. 108.

waren jedoch angesichts der Tragweite der Geschehnisse erkennbar die falschen, weil ungeeigneten Aufklärungsinstrumente. Im November 2014 entschied sich der Landtag letztlich doch für einen Untersuchungsausschuss zu den Aktivitäten des NSU und zur Ermordung einer Polizistin in Heilbronn. Er bestimmte *Wolfgang Drexler*, *„das alte Schlachtross der SPD"*, zu seinem Vorsitzenden, und dieser verschaffte in der Rolle des *„Sherlock Holmes von Esslingen"* sowohl dem ersten als auch dem zweiten NSU-Untersuchungsausschuss hohe überparteiliche Anerkennung.[406] Drexler war im Umgang mit zur Schau getragener rechtsextremer Gesinnung von Zeugen, speziell aus der Polizei, nicht zimperlich und ließ auch alkoholbedingte Exzesse nicht als Ausrede gelten: *„Man kann mir literweise Wodka einflößen, und ich stelle mich trotzdem nicht vor eine Hakenkreuzfahne"*, stellte Drexler einmal einen Zeugen herzerfrischend barsch in den Senkel.[407]

Was zumindest eine kurze Erwähnung verdient: Am 11. April 2013 wurde das Gesetz zur *Einführung des aktiven Wahlrechts ab 16 Jahren bei Kommunalwahlen* vom Landtag mit grün-roter Mehrheit verabschiedet. Die Oppositionsfraktionen CDU und FDP kritisierten die Pläne als parteitaktisch motiviert und warnten vor einer Regelung, die junge Menschen zu *„Versuchskaninchen"* der Demokratie mache. Innenminister *Reinhold Gall* argumentierte demgegenüber: *„Demokratie muss auch erlernt werden können."* Dafür sei die kommunale Ebene besonders geeignet.[408]

---

[406] Vgl. für einen Eindruck von der Ermittlungsarbeit des Ausschusses und der knallharten Arbeitsweise von Drexler beispielsweise Süddeutsche Zeitung, 30.07.2015, NSU-Ausschuss: Sherlock Holmes von Esslingen, https://www.sueddeutsche.de/politik/baden-wuerttemberg-der-sherlock-holmes-von-esslingen-1.2587151

[407] Vgl. Süddeutsche Zeitung, 30.07.2015.

[408] Vgl. Landeszentrale für politische Bildung Baden-Württemberg, Wählen ab 16 in

Was aber zeichnet nun die Regierungstätigkeit von Grün-Rot im Politikfeld der Inneren Sicherheit und damit der Zuständigkeit von Minister Gall aus? „*Eine Großreform, aber auch viel Kontinuität*“, urteilt eine knappe bilanzierende Analyse.[409] Abwandeln möchte man dieses theorielastige, um Pfadabhängigkeit und Parteiendifferenz kreisende Diktum zum differenzierteren Fazit „*Eine Großreform, allerhand kleine, aber wichtige Neuerungen und Anpassungen, aber auch viel Kontinuität*“. Weitergehende Maßnahmen wurden – wie gezeigt – durch innerkoalitionäre Blockaden sowie bundes- und europarechtliche Restriktionen ausgebremst.

Baden-Württemberg, https://www.lpb-bw.de/waehlen-ab-16

409 Vgl. Helge Staff/Georg Wenzelburger 2017, S. 119.

Im Justizressort verwaltet Minister Rainer Stickelberger ruhiges Regieren – bis Todesfälle ihm Stress bescheren

Justizminister im ersten Kabinett Kretschmann wurde der Lörracher Abgeordnete *Rainer Stickelberger*, rechtspolitischer Sprecher der SPD-Landtagsfraktion. Der erfahrene, überparteilich geschätzte Jurist, bekennender „*waffenloser Kleinwagen-Fahrer*“, zählte sich zum „*bodenständigen Flügel*“ innerhalb der SPD. Er war der erste sozialdemokratische Justizminister seit 1972. Von Anfang an war klar, dass in der Justizpolitik kein Kurswechsel erfolgen würde, sondern weitgehend Projekte der Vorgängerregierung fortgesetzt werden.[410]

Lediglich in einem Bereich vollzog sich eine wichtige Änderung, in welcher der staatszentrierte Politikansatz der SPD und deren Skepsis gegenüber marktliberalen Lösungen zum Ausdruck kam. So wurde die Teilprivatisierung der *Justizvollzugsanstalt Offenburg*, vor allem aber die Privatisierung der *Bewährungs- und Gerichtshilfe* sowie des Täter-Opfer-Ausgleichs rückgängig gemacht und im Sommer 2015 erneut in staatliche Verantwortung übertragen.[411] Bereits der grün-rote Koalitionsvertrag stellte eine kritische Evaluation der Übertragung auf die gemeinnützige Neustart GmbH in Aussicht. Die Durchleuchtung des Vertrags und der Praxis bestätigte die Vorbehalte gegen die Privatisierung allerdings nicht. Es stellte sich

[410] Vgl. Frankfurter Allgemeine, 18.05.2011, Rainer Stickelberger: Weder Ferrari noch Revolver, https://www.faz.net/aktuell/politik/staat-und-recht/rechtspersonen/rainer-stickelberger-weder-ferrari-noch-revolver-1635828.html

[411] Vgl. Stuttgarter Nachrichten, 26.01.2015, Private Bewährungshilfe: Erfolgsmodell unter Druck, https://www.stuttgarter-nachrichten.de/inhalt.private-bewaehrungshilfe-erfolgsmodell-unter-druck.ac6a9541-eb71-4ce3-a50d-f121646948b9.html; Stuttgarter Zeitung, 23.03.2015, Zukunft der Bewährungshilfe: Zurück zum Staat, https://www.stuttgarter-zeitung.de/inhalt.zukunft-der-bewaehrungshilfe-zurueck-zum-staat.9abfacb3-5ee5-43a1-bc93-3bdb18329524.html; ferner Helge Staff/Georg Wenzelburger 2017, S. 109-111 und Rüdiger Soldt 2015, S. 205.

sogar heraus, dass das System mit mehr Personal effektiver und preiswerter arbeitete und zu Qualitätsverbesserungen geführt hatte.

Forciert wurde die Rückabwicklung der Privatisierung schließlich durch ein abschließendes *Urteil des Bundesverwaltungsgerichts* im November 2014. Dieses gab einem verbeamteten Mitarbeiter in der Bewährungshilfe Recht, der sich gegen die Weisungsbefugnis eines privaten Trägers zur Wehr setzte.

Ende 2014 kam Stickelberger aus heiterem Himmel durch zwei Todesfälle in Gefängnissen und unhaltbare Zustände bei der medizinischen und psychiatrischen Betreuung von Häftlingen in Bedrängnis.[412] Ein stark gewalttätiger Gefangener war in Einzelhaft in der JVA Bruchsal einen Hungertod gestorben. Die Opposition versuchte nach Kräften, ihm wegen der Vorfälle persönlich einen Strick zu drehen. Zweimal wurde der Justizminister in den zuständigen Landtagsausschuss vorgeladen, um gleichsam im Kreuzverhör Rede und Antwort zu stehen. Aber auch einen Entlassungsantrag der CDU, dem sich die FDP wegen laufender staatsanwaltschaftlicher Ermittlungen nicht anschloss, überlebte Stickelberger unbeschadet.[413] Er schickte den Leiter der JVA Bruchsal in die Wüste und den Leiter der Strafvollzugsabteilung in seinem Ministerium gleich hinterher.

---

[412] Vgl. Soldt, a.a.O., S. 206, Stuttgarter Nachrichten, 24.10.2014, JVA Bruchsal: Justiz untersucht zweiten Todesfall, https://www.stuttgarter-nachrichten.de/inhalt.jva-bruchsal-justiz-untersucht-zweiten-todesfall.d71e7ee5-38b3-4d17-b894-bb1e38163901.html, Pressemitteilung der Landesregierung, 07.07.2015, Todesfall eines Strafgefangenen in der JVA Bruchsal im August 2014, https://www.baden-wuerttemberg.de/de/service/presse/pressemitteilung/pid/todesfall-eines-strafgefangenen-in-der-jva-bruchsal-im-august-2014/

[413] Vgl. Staatsanzeiger, 26.11.2014, Entlassungsantrag gegen Justizminister Stickelberger gescheitert, https://www.staatsanzeiger.de/debatten-im-landtag/entlassungantrag-gegen-justizminister-stickelberger-gescheitert/

Einen Rücktritt lehnte Stickelberger mit folgender Begründung ab: *„Politische Verantwortung wahrzunehmen heißt für mich, Missstände zu erkennen, offen zu benennen und sodann entschlossen und tatkräftig anzugehen."*[414] Rückendeckung bekam der Justizminister vom Regierungschef und auch von SPD-Fraktionschef *Claus Schmiedel*. Er verwies darauf, dass Stickelberger nach Bekanntwerden der schlimmen Vorfälle rasch reagiert und personelle wie konzeptionelle Konsequenzen gezogen habe. So seien Maßnahmen für eine bessere ärztliche Betreuung von psychisch kranken Gefangenen veranlasst worden. Stickelberger setzte auch eine Kommission ein, die Vorschläge für Verbesserungen im Umgang mit einsitzenden auffälligen Straftätern ausarbeiten sollte.

Drei politische Neuerungen verdienen hier noch Erwähnung: Seit dem 1. April 2013 gibt es für jeden Bürger die Möglichkeit zu einer *Landesverfassungsbeschwerde*. Damit kann man gegen ein Landesgesetz oder eine Gerichtsentscheidung direkt beim Staatsgerichtshof klagen. Zum 1. April 2012 wurde in Freiburg eine *Schwerpunktstaatsanwaltschaft Doping* eingerichtet. Überdies konnten *eingetragene Lebenspartnerschaften* auf den Standesämtern beurkundet werden und waren nicht mehr auf den Sonderweg zu den Landratsämtern verpflichtet.

Ein Eigentor mit Potential zum politischen Selbstmord schoss SPD-Justizminister Stickelberger bereits am *8. Oktober 2011* als Gastredner auf dem *Landesparteitag* der *Grünen* in *Aalen*. Er ging dort mit seiner eigenen Partei scharf ins Gericht und lobte zugleich seine sehr guten Erfahrungen in der Zusammenarbeit mit den Grünen. *„Ich*

---

[414] Vgl. Die Welt, 15.04.2015, Justizminister Stickelberger gerät unter Druck, https://www.welt.de/regionales/baden-wuerttemberg/article139562767/Justizminister-Stickelberger-geraet-unter-Druck.html

gebe es zu, manchmal bessere Erfahrungen als mit der eigenen Partei", ergänzte Stickelberger vor den staunenden grünen Delegierten.[415] Und ohne Schmiedel und Schmid beim Namen zu nennen, warnte er die SPD-Spitze, die Menschen im Land hätten kein Verständnis für „*taktische Spielchen und schrille Töne*". Schmiedel kündigte umgehend ein Nachspiel in der nächsten Fraktionssitzung an. Dort musste sich der Justizminister nur drei Tage nach seinem Gastauftritt bei den Grünen geharnischte, erboste Vorwürfe zahlreicher SPD-Abgeordneter anhören, die ihm in höchstem Maße unsolidarisches Verhalten, ja Eigenprofilierung durch Nestbeschmutzung zur Last legten. Es hätte nicht viel gefehlt und Stickelberger wäre einen Kopf kürzer und ohne Ministeramt aus der Aussprache herausgekommen.

Nachdem sich die dicke Luft etwas aufgehellt hatte, einigte sich die Fraktion mit Stickelberger letztlich auf „*Schwamm drüber*". Dieser entschuldigte sich aufrichtig für seine von vielen Genossen als unsäglich empfundenen Einlassungen. „*Er hat die Wirkung seiner Rede bedauert und gesagt, er würde das so nicht nochmals machen*", zog SPD-Fraktionschef *Claus Schmiedel* einen Schlussstrich.[416]

---

[415] Vgl. zum Auftritt Stickelbergers beim Grünen-Landesparteitag Merkur, 09.10.2011, Grüne in BW wählen neue Spitzen und kritisieren SPD, https://www.merkur.de/politik/gruene-waehlen-neue-spitzen-kritisieren-zr-1438665.html; Die Welt, 08.10.2011, Kretschmann warnt SPD vor einer Konfliktkoalition, https://www.welt.de/politik/deutschland/article13648845/Kretschmann-warnt-SPD-vor-einer-Konfliktkoalition.html; Frankfurter Allgemeine, 08.10.2011, Neue Grünen-Spitze gewählt, https://m.faz.net/aktuell/politik/neue-gruenen-spitze-gewaehlt-11486583.amp.html

[416] Vgl. Stuttgarter Nachrichten, 11.10.2011, Koalitionsstreit: Stickelberger entschuldigt sich, https://www.stuttgarter-nachrichten.de/inhalt.koalitionsstreit-stickelberger-entschuldigt-sich.604ee13c-41df-435c-9d7a-da5c5242b538.html

Der ganze schräge Vorgang wurde zum guten Schluss sogar noch vom Nebenkriegsschauplatz auf die scheinbar rein spaßige Ebene gezogen, indem eine Woche später am *15. Oktober 2011* der grüne Agrarminister *Alexander Bonde* als Gastredner auf dem *SPD-Landesparteitag* in *Offenburg* Stickelbergers Auftritt bei den Grünen in der Vorwoche gleichsam karikierte und konterte. Die Streitereien zwischen Grünen und SPD dürften nicht überbewertet werden: „*Was sich liebt, das neckt sich*", sagte Bonde schmunzelnd.[417] Und der Grünen-Politiker setzte in gelungener Anspielung auf Stickelbergers Aussage noch einen drauf: Er selbst arbeite als Landwirtschaftsminister „*sehr gut*" mit der SPD-Fraktion zusammen, „*manchmal auch geräuschloser als mit dem eigenen Laden*". Die Delegierten des SPD-Konvents krümmten sich vor Lachen. Damit war zumindest diese ja eher SPD-interne Konfliktepisode zwischen Rot und Grün durch. Alles nur viel Lärm um nichts? Wir werden auf weitere „*humorvolle Bemerkungen*" (Winfried Kretschmann) in den Konflikten zwischen Akteuren von SPD und Grünen noch zu sprechen kommen.

Nach dem Verlust des Ministeramts infolge des Wahlausgangs im Jahre 2016 schaffte es Stickelberger in das formal und rechtlich wichtige Amt des Vorsitzenden des Finanzausschusses des Landtags. Im Jahr 2021 kandidierte er dann nicht mehr für den Landtag.

---

[417] Vgl. Schwäbische, 15.10.2011, SPD entschärft internen Streit um Stuttgart 21, https://www.schwaebische.de/regional/baden-wuerttemberg/spd-entschaerft-internen-streit-um-stuttgart-21-974394

Sozialministerin Katrin Altpeter nimmt eine Reform nach der anderen in Angriff und kann das Profil der SPD als Gerechtigkeitspartei dennoch nicht schärfen

Zur neuen Sozialministerin (offiziell: Ministerin für Arbeit und Sozialordnung, Familie, Frauen und Senioren) wurde die 47-jährige Waiblinger Landtagsabgeordnete *Katrin Altpeter* berufen. Die gelernte Altenpflegerin und Lehrerin für Pflegeberufe war bislang sozialpolitische Sprecherin der SPD-Landtagsfraktion und stellvertretende Fraktionsvorsitzende. Für das Selbstverständnis der Landtagsfraktion war es wichtig, dass sich auf diesem für das SPD-Profil zentralen Politikfeld eine Politikerin aus ihren Reihen durchsetzen konnte. Auf der Strecke kursierten intern freilich auch andere Namen, vornehmlich die ausstrahlungsstarke, nicht auf den Mund gefallene Verdi-Gewerkschafterin und spätere Kurzzeit-SPD-Landesvorsitzende *Leni Breymaier*. Doch einer cleveren Pressearbeit des hauptamtlichen Umfelds von Altpeter gelang es, sie in den Medien als quasi beschlossene Sache zu platzieren, so dass auch SPD-Chef *Nils Schmid* nicht mehr an ihrer Nominierung vorbeikam. Andernfalls hätte er in der Landtagsfraktion und darüber hinaus für erhebliche Unruhe gesorgt.

Während der Regierungstätigkeit von Sozialministerin Altpeter wurden zahlreiche Reformgesetze angestoßen und auf den Weg gebracht, die wir nun kurz streifen wollen.[418] Diese waren indes zwei

---

[418] Vgl. Frank Bandau, *Arbeitsmarkt- und Sozialpolitik: Begrenzte Handlungsspielräume genutzt?*, in: Felix Hörisch/Stefan Wurster (Hrsg.) 2017, S. 69-96. Befremdlich, ja wissenschaftlich unsolide erscheint, dass in der Bilanz *„Fünf Jahre Grün-Rot"* der von der Landeszentrale für politische Bildung herausgegebenen Zeitschrift *„Der Bürger im Staat"*, Heft 4/2015 die gesamte Sozialpolitik komplett ausgeblendet wird. So kommt jedes Politikgebiet bis hin zur Europapolitik in einem eigenen Aufsatz zum Zuge, nur Sozialministerin Katrin Altpeter geht mit ihren Re-

wirkmächtigen Restriktionen ausgesetzt: *Zum einen* liegt die Hauptzuständigkeit für die gesamte Sozialgesetzgebung beim Bund und *zum anderen* musste sich auch die Sozialpolitik den begrenzten finanziellen Handlungsspielräumen angesichts der von Finanzminister Nils Schmid angestrebten und vorangetriebenen Haushaltskonsolidierung stellen. Kurzum: Nicht alles war machbar, nur weil es als notwendig, überfällig oder auch nur wünschenswert erschien. Altpeter agierte in diesem Spannungsfeld mit ihren Reforminitiativen dennoch durchaus erfolgreich und lieferte zahlreiche innovative Gesetzesvorstöße auf ihren Politikfeldern ab. Warum das alles letztlich nicht messbar auf das politische Konto der SPD einzahlte, wird noch zu erörtern sein.

Millionen für das Landesarbeitsmarktprogramm

Das oberste arbeitsmarktpolitische Ziel von Ministerin Altpeter war, Baden-Württemberg zum „*Musterland für gute und sichere Arbeit*" zu machen. Für diesen Zweck legte die grün-rote Landesregierung seit 2012 mehrfach ein millionenschweres *Landesarbeitsmarktprogramm* auf.[419] Das Programm umfasste die folgenden fünf Elemente: *Baustein 1*: Modellhafte Entwicklung eines Sozialen Arbeitsmarktes mit dem Passiv-Aktiv-Tausch (PAT); *Baustein 2*: Assistierte Ausbildung für Benachteiligte / Teilzeitausbildung für Alleinerziehende;

---

formen leer aus.

[419] Vgl. Frank Bandau 2017, S. 78-80; Pressemitteilung der Landesregierung, 21.11.2013, Landesarbeitsmarktprogramm als Erfolgsmodell, https://www.baden-wuerttemberg.de/de/service/presse/pressemitteilung/pid/landesarbeitsmarktprogramm-als-erfolgsmodell; Pressemitteilung der Landesregierung, 08.12.2014, Landesprogramm „Gute und sichere Arbeit" geht weiter, https://www.baden-wuerttemberg.de/de/service/presse/pressemitteilung/pid/landesprogramm-gute-und-sichere-arbeit-geht-weiter-1; Pressemitteilung der Landesregierung, 03.02.2016, Auf dem Weg zu einem Musterland für gute und sichere Arbeit, https://www.baden-wuerttemberg.de/de/service/presse/pressemitteilung/pid/auf-dem-weg-zu-einem-musterland-fuer-gute-und-sichere-arbeit

Baustein 3: Nachhaltige Integration von Langzeitarbeitslosen in den ersten Arbeitsmarkt; *Baustein 4*: Modellhafte Unterstützung von Arbeitslosenberatungszentren; *Baustein 5*: Arbeit und Gesundheit. Zielsetzung des Programms war, vor allem Langzeitarbeitslosen wieder einen Weg in dauerhafte Beschäftigung auf dem ersten Arbeitsmarkt zu ebnen. Vor allem der PAT genoss den Ruf eines bundesweit einzigartigen arbeitsmarktpolitischen Projekts. Beim PAT wurden Arbeitgeber mit Zuschüssen etwa für sozialpädagogische Begleitung animiert, Langzeitarbeitslose sozialversicherungspflichtig zu beschäftigen. „*Wir finanzieren Arbeit statt Arbeitslosigkeit*", lautete die Devise. Für die fünf Bausteine standen in der Verlängerungsphase ab 2015 insgesamt fast 22 Millionen Euro Landesmittel und aus dem europäischen Sozialfonds zur Verfügung. Insgesamt wurden für das Landesarbeitsmarktprogramm während der Legislaturperiode 2011-2016 fast 73 Millionen Euro eingesetzt.

Aufstockung der Mittel für die Krankenhausförderung

Ein weiterer Schwerpunkt der Maßnahmen der Sozialministerin war die *Krankenhausförderung*. Hier musste Altpeter einem von der Vorgängerregierung hinterlassenen Antragsstau von weit über einer Milliarde Euro entgegenwirken. Bereits im Nachtragshaushalt für 2011 wurden für das Krankenhausbauprogramm 50 Millionen Euro zusätzlich ausgelobt, 2012 waren es noch einmal 45 Millionen zusätzlich. In 2013 und 2014 wurden jeweils 65 Millionen zusätzlich zur ursprünglichen Planung draufgesattelt. Die Investitionsmittel für Sanierung, Um- und Neubau konnten Jahr für Jahr auf einem deutlich aufgestockten Niveau gehalten werden.[420] Altpeter stellte im

[420] Vgl. Frank Bandau 2017, S. 83 (Abb. 2); Die Welt, 17.12.2013, Grün-Rot gibt 250 Millionen Euro für Bauprojekte aus, https://www.welt.de/regionales/stuttgart/article123047030/Gruen-Rot-gibt-250-Millionen-Euro-fuer-Bauprojekte-aus.html; Pressemitteilung der Landesregierung, 28.07.2011, Land stockt Fördergelder für

September 2015 im Bundesrat darüber hinaus mehrere Änderungsanträge zum Entwurf des Krankenhausstrukturgesetzes der Großen Koalition. Das Gesetz führe nicht zu den dringend nötigen Verbesserungen bei der Betriebskostenfinanzierung durch den Bund, sondern zwinge *„jedes zweite Krankenhaus in die roten Zahlen"*.[421]

Wohnen zwischen häuslicher Pflege und stationärer Versorgung

Innovative Wege beschritt Altpeter seit Mitte 2012 bei der Novellierung des Heimgesetzes durch das neue *Wohn-, Teilhabe- und Pflegegesetz (WTPG)*.[422] Während das alte Heimgesetz nur die Alternative „Pflegeheim" oder „Häuslichkeit" gekannt hatte, förderte das neue Gesetz *„eine bisher nie dagewesene Vielfalt von Wohn- und Versorgungsformen zwischen der Pflege zu Hause und stationären Einrichtungen"*. Das WTPG sollte Anreize schaffen zur nachhaltigen Etablierung ambulant betreuter Wohngemeinschaften (bis zu acht Personen) wie auch selbstverantworteter gemeinschaftlicher Wohnformen (bis zu 12 Personen). Entsprechend wurde die Heimaufsicht auf die jeweilige Wohnform flexibel zugeschnitten. Je weniger der

---

Krankenhausinvestitionen auf, https://www.baden-wuerttemberg.de/de/service/presse/pressemitteilung/pid/land-stockt-foerdergelder-fuer-krankenhausinvestitionen-auf/;

[421] Vgl. Pressemitteilung der Landesregierung, 14.09.2015, Altpeter besteht auf Korrekturen an der Krankenhausreform des Bundes, https://www.baden-wuerttemberg.de/de/service/presse/pressemitteilung/pid/altpeter-besteht-auf-korrekturen-an-der-krankenhausreform-des-bundes-1

[422] Vgl. Die Welt, 25.07.2012, Landesregierung fördert alternative Wohnformen, https://www.welt.de/regionales/stuttgart/article108382838/Landesregierung-foerdert-alternative-Wohnformen.html; Pressemitteilung der Landesregierung, 28.02.2014, Kabinett bringt Wohn-, Teilhabe- und Pflegegesetz auf den Weg, https://www.baden-wuerttemberg.de/de/service/presse/pressemitteilung/pid/kabinett-beschliesst-einbringung-des-wohn-teilhabe-und-pflegegesetzes-in-landtag/; Pressemitteilung der Landesregierung, 21.03.2014, Neues Heimrecht ermöglicht vielfältige Wohnformen, https://www.baden-wuerttemberg.de/de/service/presse/pressemitteilung/pid/neues-heimrecht-ermoeglicht-vielfaeltige-wohnformen/

Einzelne über seine Wohn- und Lebensform selbst bestimmen kann, desto stärker sollte die Heimaufsicht greifen und die Qualität in der Pflege überprüfen. In den langwierigen, zähen Verhandlungen zu dem neuen Gesetz, das die Sozialministerin erst am 14. Mai 2014 dem Landtag vorlegte, kämpfte Altpeter für einen ihrer Grundsätze: „*Als Sozialdemokratin bin ich nah am Staat, der für die Daseinsvorsorge Verantwortung trägt.*" Sie bekannte sich zwar zu bürgerschaftlichem Engagement auch in der Betreuung und Pflege, allerdings müsse man „*im Interesse der Bedürftigen verhindern, dass Schindluder getrieben wird*"[423] und selbstbestimmte Wohnformen im Alter ohne Qualitätsstandards zu einem Feld „*wilden Herumexperimentierens*" entarteten.

Umsetzung der UN-Behindertenrechtskonvention

Auch auf dem Feld der Behindertenpolitik wurde Altpeter als Reformerin aktiv. Am 17. Dezember 2014 verabschiedete der Landtag das neue *Landesbehindertengleichstellungsgesetz.*[424] Es orientierte sich durchgängig am *Prinzip der Inklusion* und nicht mehr wie bisher am Prinzip der Fürsorge. Grün-Rot vollziehe damit den von der UN-Behindertenrechtskonvention vorgegebenen „*Paradigmenwechsel*" in der Behindertenpolitik. Anders als das bisherige Landesbehindertengleichstellungsgesetz gelte das neue Regelwerk zudem auch für die Kommunen. Als erstes Bundesland verpflichtete Baden-Württemberg alle 44 Stadt- und Landkreise gesetzlich, Behindertenbeauftragte zu bestellen, egal ob haupt- oder ehrenamtlich. Auch die Unabhängigkeit und Weisungsungebundenheit der Behindertenbeauftragten

---

423 Vgl. Schwäbische, 24.02.2014, Die Frau vom Fach, https://www.schwaebische.de/regional/baden-wuerttemberg/die-frau-vom-fach-819246

424 Vgl. Pressemitteilung der Landesregierung, 17.12.2014, https://www.baden-wuerttemberg.de/de/service/presse/pressemitteilung/pid/landtag-verabschiedet-gesetz-zur-gleichstellung-von-menschen-mit-behinderungen-1/

schrieb das Gesetz fest. Altpeter wies darauf hin, dass die Kosten in Höhe von etwa 2,8 Millionen Euro vom Land getragen werden.

Dem Landesbehindertengleichstellungsgesetz ließ Altpeter Anfang Juni 2015 unter tatkräftiger Mitwirkung des Landes-Behindertenbeauftragten *Gerd Weimer* (SPD) einen *Aktionsplan Inklusion zur Umsetzung der UN-Behindertenrechtskonvention* folgen. Sozialministerin Altpeter verfolgte dabei das Ziel, *„dass Menschen mit und ohne Behinderungen von Anfang an gemeinsam in allen Lebensbereichen selbstbestimmt und zusammen leben.“*[425] Der rund 250 Seiten starke Aktionsplan listete etwa 230 Maßnahmenvorschläge für 11 Handlungsfelder zur Förderung der Inklusion auf.[426]

Erster Armuts- und Reichtumsbericht für Baden-Württemberg

In der Erarbeitung des ersten *Armuts- und Reichtumsberichts* für Baden-Württemberg war zunächst etwas der Wurm drin. Sozialministerin Altpeter konnte das 900 Seiten dicke Werk mit Daten, Analysen und zahlreichen Handlungsempfehlungen erst zum Ende der Legislaturperiode im November 2015 der Öffentlichkeit vorstellen.[427] Zum einen wurde bei den Sozialverbänden befürchtet, dass

---

[425] Vgl. Aktionsplan zur UN-Behindertenrechtskonvention beschlossen, 09.06.2015, https://www.spd-bw.de/meldungen/aktionsplan-zur-un-behindertenrechtskonvention-beschlossen/; Flugblatt der SPD Baden-Württemberg zum Aktionsplan Inklusion, https://www.spd-bw.de/dl/2015_flugblatt_aktionsplan_inklusion.pdf

[426] Vgl. das Dokument zum Download als PDF https://sozialministerium.baden-wuerttemberg.de/fileadmin/redaktion/m-sm/intern/downloads/Downloads_Menschen_mit_Behinderungen/Aktionsplan_UN-BRK_Aug-2016_barrierefrei.pdf

[427] Vgl. Pressemitteilung der Landesregierung, 23.11.2015, Erster Armuts- und Reichtumsbericht für Baden-Württemberg vorgelegt, https://www.baden-wuerttemberg.de/de/service/presse/pressemitteilung/pid/erster-armuts-und-reichtumsbericht-fuer-baden-wuerttemberg-vorgelegt/; Feinschmecker können den Bericht hier nach wie vor aufrufen, ausdrucken und sich dann zu Gemüte führen, https://www.baden-wuerttemberg.de/fileadmin/redaktion/m-sm/intern/downloads/Anhang_PM/Armuts_und_Reichtumsbericht_25_11_2015.pdf

die Diskussion über Konsequenzen deshalb im „*Wahlkampfgetöse*" untergehe. Zur Begründung für die Verspätung hieß es aus dem Sozialministerium mit einer typischen Pressestellen-Floskel, Qualität gehe vor Schnelligkeit. Zum anderen schien der lange Vorlauf bis zur Publikation des Berichts der Bremse des Finanzministeriums bezüglich zusätzlicher Ausgaben geschuldet. Diese schätzten die Kirchen, Sozial- und Wohlfahrtsverbände auf jährlich vier bis sechs Millionen Euro.

Schließlich konnte der Bericht „*keine bahnbrechenden neuen Befunde*" liefern, was diese aber politisch nicht weniger erschreckend oder „*hammerhart*" machten für ein wohlhabendes Land wie Baden-Württemberg.[428] So waren 1,6 Millionen Menschen in Baden-Württemberg in Gefahr, arm zu werden, was 14,7 Prozent der Bevölkerung ausmachte. Rund 450.000 Menschen lebten der Studie zufolge gar in „*strenger Armut*".[429] Fakt war, dass Kinder für Eltern das größte Armutsrisiko darstellten, noch einmal gesteigert für Alleinerziehende mit mehreren Kindern: „*Die Daten zeigen, dass Alleinerziehende und ihre Kinder besonders armutsgefährdet sind, und zwar mit zunehmender Tendenz.*" Altpeter sprach sich vor diesem Hintergrund dafür aus, das Kindergeld für Alleinerziehende um 100 Euro für das erste Kind und 20 Euro für das zweite und alle weiteren Kinder zu erhöhen.

---

428 Vgl. Frank Bandau 2017, S. 82; PZ-News, 25.08.2015, „Hammerharte Zahlen" im erwarteten Armutsbericht, https://www.pz-news.de/baden-wuerttemberg_artikel,-Hammerharte-Zahlen-im-erwarteten-Armutsbericht-_arid,1042633.html

429 Vgl. Kontextwochenzeitung, Ausgabe 228, 12.08.2015, Halbherzig gegen die Armut, https://www.kontextwochenzeitung.de/gesellschaft/228/halbherzig-gegen-die-armut-3072.html

Weitere Reformvorstöße von Sozialministerin Katrin Altpeter

Auch auf dem Feld der *Jugendarbeit* bewies Altpeter Geschick bei der Kooperation mit den anspruchsvollen, die Hände aufhaltenden Verbänden wie auch bei der regierungsinternen Rekrutierung neuer finanzieller Mittel. Mit dem „*Zukunftsplan Jugend*“ sollte die Weiterentwicklung der Kinder- und Jugendarbeit und der Jugendsozialarbeit im Landesjugendplan verankert werden. Zugleich garantierte die Landesregierung in einer Vereinbarung mit den Organisationen eine verlässliche Finanzierung für die Jahre 2013-2016 mit insgesamt 10 Mio. Euro zusätzlich aus Landesmitteln.[430]

Zu erheblichen Konflikten mit den Wirtschaftsverbänden führte die Absicht der grün-roten Landesregierung, die Weiterbildungsbereitschaft der Beschäftigten mit einem *Bildungszeitgesetz* zu stärken. Obwohl es auch regierungsintern nicht unumstritten war, beharrte gerade die SPD auf dem Vorhaben. Es sah eine Freistellung von bis zu fünf Tagen im Jahr für Weiterbildung vor, und zwar nicht nur für die berufsbezogene, sondern auch für die allgemeine und politische Bildung. Arbeitgeber betrachteten die Gesetzesinitiative als Verschwendung von Zeit und Geld. Befürchtet wurde, Arbeitern und Angestellten unter dem Etikett der Weiterbildung den „*Tauchurlaub auf Mallorca*“ finanzieren zu müssen.[431] Die SPD ließ sich indes von Kritik und Bedenken nicht sonderlich beirren. Und so passierte das Bildungszeitgesetz im Frühjahr 2015 den Landtag. Mit Blick auf die

---

[430] Vgl. Pressemitteilung der Landesregierung, 06.02.2015, Halbzeitgespräch zu „Zukunftsplan Jugend“, https://www.baden-wuerttemberg.de/de/service/presse/pressemitteilung/pid/halbzeitgespraech-zu-zukunftsplan-jugend; Pressemitteilung der Landesregierung, 08.02.2016, Zwischenbericht zum „Zukunftsplan Jugend“: Neue Kinder- und Jugendarbeit kommt gut voran, https://sozialministerium.baden-wuerttemberg.de/de/service/presse/pressemitteilung/pid/zwischenbericht-zum-zukunftsplan-jugend-neue-kinder-und-jugendarbeit-kommt-gut-voran/

[431] Vgl. Frank Bandau 2017, S. 78.

Umsetzung durch die *Ehrenamtsverordnung* sahen sich die Arbeitgeber in ihrer Warnung vor einer Ausuferung der Weiterbildungsansprüche für alle möglichen ehrenamtlichen Tätigkeiten bestätigt. Nicht zum ersten Mal sei man in dem Gesetzgebungsverfahren „*hinter die Fichte geführt*" worden.[432]

Für Schlagzeilen sorgte Altpeter Anfang 2014 mit ihrem Vorstoß zu einem *Prostitutionsverbot* und einer Ächtung und *Bestrafung von Freiern* nach schwedischem Vorbild.[433] Denn diese sind es ja, die den Markt für den Frauenkauf überhaupt erst schaffen. Sie unterstützte damit einen Appell der feministischen Zeitschrift EMMA und kündigte zugleich an, eine Bundesratsinitiative bei ihren Länderkollegen auszuloten. Unterstützung für ein Prostitutionsverbot erhielt Altpeter von der Verdi-Chefin und SPD-Parteivize *Leni Breymaier*. Prostitution galt in ihren Augen als „*moderne Sklaverei*" und zudem zu etwa 90 Prozent als Armuts-, Elends- und Zwangsprostitution und keinesfalls als freie Berufswahl der selbstbestimmten Anbieterinnen von häufig auch ungeschütztem Sex. Der grüne Koalitionspartner indessen verhielt sich auffällig zurückhaltend und befürwortete lieber kurzfristige Hilfen für die ausgebeuteten Frauen.

Sozialpolitische Reformbilanz und Gerechtigkeitsprofil der SPD

Welchen Ertrag konnte Sozialministerin Altpeter nun als Bilanz ihrer Regierungstätigkeit verbuchen? Rechnet man zu den soeben abge-

---

[432] Vgl. Stuttgarter Zeitung, 10.02.2016, Bildungszeitgesetz in Baden-Württemberg: Arbeitgeber fühlen sich „*hinter die Fichte geführt*", https://www.stuttgarter-zeitung.de/inhalt.bildungszeitgesetz-in-baden-wuerttemberg-arbeitgeber-fuehlen-sich-hinter-die-fichte-gefuehrt.3d76044e-e6ab-474f-90c3-fa485828d658.html
[433] Vgl. Stuttgarter Nachrichten, 13.01.2014, Katrin Altpeter ist für ein Prostitutionsverbot, https://www.stuttgarter-nachrichten.de/inhalt.arbeits-und-sozialministerium-katrin-altpeter-ist-fuer-ein-prostitutionsverbot.2effa745-1e9f-46dc-9542-8c6d4dd5d494.html; Emma, 15.01.2014, SPD-Ministerin: Freierbestrafung!, https://www.emma.de/artikel/spd-ministerin-fuer-freierbestrafung-313273

handelten Reformschritten den „*Pakt für Familien und Kinder*“ mit der massiven Ausweitung der Übernahme von Betriebsausgaben der Kitas und den Wiedereinstieg in die Drittelfinanzierung der Schulsozialarbeit noch hinzu, so addierten sich diese in der gesamten Sozialpolitik trotz gesetzgeberischer und fiskalischer Beschränkungen zu einer klaren Akzentverschiebung mit erkennbar sozialdemokratischer Färbung. Unterm Strich kam es „*durchaus zu einigen beachtlichen Neuerungen und Veränderungen*“[434], bis hin zu einem Paradigmawechsel etwa beim neuen Heimgesetz und einer konsequenten Inklusion.

Warum aber konnte Altpeter keinen relevanten Beitrag zur Schärfung des Profils der SPD als Partei der sozialen Gerechtigkeit leisten? Es hat offenkundig nicht mit fehlendem oder unzulänglichem Policy-Output zu tun. Auch nicht mit Unfähigkeit der zuständigen Ministerin oder falschen inhaltlichen Akzentsetzungen. Also bleibt als zentraler Erklärungsfaktor wieder einmal die *Politikvermittlung*. Man muss zunächst davon ausgehen, dass die vielfältigen Zielgruppen der Sozialpolitik allesamt eher politikfern sind. Hinzu kommt, dass sie in der Regel gar nicht mitbekommen, wer *politisch* mit oft hohem Aufwand für bestimmte Leistungen gesorgt hat. Denn gerade sozial benachteiligte Gruppen lesen nicht den Landesteil einer Tageszeitung. Und sie führen sich auch nicht einen Hunderte Seiten dicken Armutsbericht zu Gemüte, und auch nicht dutzende Vorschläge für die Gleichstellung und Inklusion von Behinderten. Die Erhöhung des Ausstoßes von Broschüren der SPD-Landtagsfraktion oder die Produktion eines Image-Films zur Stärkung des sogenannten Markenkerns liefen daher ins Leere und waren nur bedingt, ja bescheiden geeignet, für eine positive Rezeption von politischen Maßnahmen zu sorgen.

---

[434] Vgl. Frank Bandau 2017, S. 91/92.

Es scheint sich auch so zu verhalten, dass die Empfänger von staatlichen Wohltaten diese als legitim, ja überfällig betrachten und gar keinen Grund sehen, politisch gegenüber der treibenden Kraft, also in der Eigenwahrnehmung häufig der SPD, Dank zu zeigen, sofern der Urheber überhaupt als solcher erkannt und wahrgenommen wird. Soziale Gerechtigkeit ist wie auch der demokratische Sozialismus überdies eine ständige Aufgabe, und gestaltet sich so als Fass ohne Boden. Um den Befund zuzuspitzen: Kaum ist der Mindestlohn eingeführt, gibt es auch schon Gründe, ihn zu erhöhen. Und kaum wurde die Kindergartenfinanzierung massiv aufgestockt, erklingt umgehend die Wehklage, das könne nur ein erster Tropfen auf den heißen Stein gewesen sein. Die Beispiele ließen sich noch eine Weile fortsetzen. Eine Partei wie die SPD, die sich zu Reformen für mehr soziale Gerechtigkeit bekennt, steht politisch wie kommunikativ vor einem *objektiven* Problem: Offenbar sieht sie sich nämlich mit einer chronisch dauerunzufriedenen Klientel konfrontiert.

Altpeter strampelte sich in ihrem Ressort nach Kräften ab, doch in bare Münze auszahlen wollten sich die zahllosen Anstrengungen nicht. Selbst partei- und regierungsintern genoss die Sozialpolitik den Ruf eines Politikgebiets, das eben nebenher so mitläuft. Altpeter agierte *„bienenfleißig und beharrlich“*[435], war aber nicht der schillernde Typ, der im Politmarketing groß auf den Putz haute und sich medienwirksam selbst inszenierte.

Man kann das lästige Problem der SPD mit der sozialen Gerechtigkeit natürlich auch so sehen wie die frühere baden-württembergische Integrationsministerin *Bilkay Öney*, die im Januar 2017 in einem kecken, zur provokanten Zuspitzung neigenden Gastbeitrag für den

---

[435] Vgl. Schwäbische, 24.02.2014.

Tagesspiegel[436] meinte, mit der gebetsmühlenhaften Wiederholung der sozialen Fragen nerve die SPD die Menschen nur noch, zumal es aktuell ganz andere Themen wie Europa, Migration und Islamismus an die Spitze der politischen Agenda geschafft hätten.

Als Öney diese mutige Sichtweise in einem internen Spitzenzirkel noch während Grün-Rot einmal aufs Tapet brachte, entlockte sie nur Fraktionschef Schmiedel ein dezent zustimmendes Nicken, während ihr von anderen Genossinnen und Genossen blankes Unverständnis entgegenschlug. Die immer wiederkehrende, wenig erfolgreiche Thematisierung von sozialer Gerechtigkeit in den Wahlkämpfen der SPD erinnerte Öney an den Wortlaut eines Stickers, den sie noch während ihrer Ministerzeit an der Bürotür von Schmiedel im Landtag entdeckt hatte: „*Kannste schon so machen, aber dann wird's halt Kacke.*"

---

[436] Vgl. Tagesspiegel, 31.01.2017, SPD und soziale Gerechtigkeit: „*Wir wiederholen uns. Das nervt!*", Gastbeitrag von Bilkay Öney, https://www.tagesspiegel.de/politik/wir-wiederholen-uns-das-nervt-5490148.html

Integrationsministerin Bilkay Öney leitet neues Ressort und muss mit wenig Geld und Personal die Teilhabe von Migranten stärken und die Flüchtlingskrise meistern

Die Schaffung eines neuen Ministeriums speziell für Integration war eine Idee der SPD, die Parteichef *Nils Schmid*, der selbst mit einer türkischstämmigen Frau verheiratet ist, letztlich gegen überrumpelte grüne Partner durchsetzte. Es ging ihm um ein politisches Signal, zu dem Kretschmann trotz gewissen Vorbehalten schlecht Nein sagen konnte. Mit einem eigenständigen Ressort wollte Schmid *„den Willen zu einer aktiven Integrationspolitik dokumentieren und institutionell absichern“*.[437] Er besetzte das Ressort mit einem türkischstämmigen Import aus Berlin, der 40-jährigen attraktiven, schlagfertigen Journalistin und Politikerin *Bilkay Öney*, die zunächst von 2006 bis 2009 für die Grünen Mitglied des Abgeordnetenhauses war, danach dann für die SPD bis zu ihrer Ernennung als Integrationsministerin in Baden-Württemberg.[438]

Öney war bei der SPD im Südwesten ein völlig unbeschriebenes Blatt ohne jeden Hauch von Stallgeruch. Sie selbst sah darin nicht wirklich ein Problem, denn weil es in Berlin so viele Baden-Würt-

---

[437] Vgl. Stuttgarter Zeitung, 21.04.2016, Was tun mit dem Integrationsministerium? Bilkay Öney hinterlässt ein schweres Erbe, https://www.stuttgarter-zeitung.de/inhalt.was-tun-mit-dem-integrationsministerium-bilkay-oeney-hinterlaesst-ein-schweres-erbe.d08f978f-d044-466f-b2e4-66b00156fe2c.html

[438] Vgl. zum Wechsel Öneys von den Grünen zur SPD Berliner Morgenpost, 15.05.2009, Berliner Ex-Grüne Bilkay Öney ist jetzt SPD-Mitglied, https://www.morgenpost.de/berlin/article104133773/Berliner-Ex-Gruene-Bilkay-Oeney-ist-jetzt-SPD-Mitglied.html, Öney sagte zu ihrem Schritt: *„Ernüchtert hat mich zu sehen, dass die Grünen eben nur die Gutmenschen sind und nicht die besseren Menschen.“*, ferner taz, 04.05.2011, Integrationsministerin Baden-Württemberg: Die für den neuen Job, https://taz.de/Integrationsministerin-Baden-Wuerttemberg/!5121414/, die zu Öney primitives Schubladen-Denken parat hat: *„Kritik übte sie stets am linken Flügel der Grünen, die „immer gegen alles" seien – und landete in der SPD bei den Parteirechten.“*

temberger gebe, „*bin ich mit der Mentalität bereits vertraut*".[439] Und ihr erster Mentor an der Uni sei schließlich „*ein schwuler Schwabe*" gewesen. Öney gestand überdies, sie habe in Stuttgart „*einen Döner entdeckt, der an Berliner Verhältnisse heranreicht.*"[440] Ihre Berufung fand parteiintern trotzdem nicht überall Gefallen, obschon die Platzierung einer Ex-Grünen auf einem Ministerposten für die SPD durchaus einen positiven Reiz versprühte.

Über die gesamte Legislaturperiode wollte die Diskussion über Sinn und Zweck eines eigenständigen Ministeriums für Integration nicht abebben. Öney räumte selbst einmal – „*ehrlich, wie ich bin*" – ein, man hätte es möglicherweise auch beim Staatsministerium ansiedeln können.[441] Kritiker aus den Reihen der Opposition bezweifelten, dass ein derart schwach mit Geld und Personal ausgestattetes und neu aufzubauendes Ressort ein Querschnittsthema wie Integration federführend stemmen könne. Auf der Strecke vermisste auch der Landesrechnungshof in einem Prüfbericht das gebotene positive Kosten-Nutzen-Verhältnis und tadelte das begrenzte Aufgabengebiet des Integrationsministeriums. Öney wies die Kritik an ihrem Ressort missgestimmt zurück und rückte die Relationen zurecht: „*Wenn ich es richtig interpretiere, wirft man uns als Kleinwüchsigem vor, von Zwergen gezeugt worden zu sein.*"[442]

---

[439] Vgl. Berliner Morgenpost, 04.05.2011, Was Öney als erste Integrationsministerin vorhat, https://www.morgenpost.de/politik/article104963890/Was-Oeney-als-erste-Integrationsministerin-vorhat.html

[440] Vgl. Deutschlandfunk Kultur, 01.10.2011, „*Integrationspolitik nicht ohne Mehrheitsgesellschaft*", Interview mit Bilkay Öney, https://www.deutschlandfunkkultur.de/integrationspolitik-nicht-ohne-mehrheitsgesellschaft-100.html

[441] Vgl. Deutschlandfunk Kultur, 01.10.2011.

[442] Vgl. Stuttgarter Zeitung, 29.06.2015, Öney verteidigt ihr Ressort, https://www.stuttgarter-zeitung.de/inhalt.integrationsministerium-oeney-verteidigt-ihr-ressort.4f860ed4-4409-42f6-acd9-0cb625dc1517.html; Schwäbische, 29.06.2015, Prüfer: Öneys Ressort rechnet sich nicht, https://www.schwaebische.de/regional/baden-wuerttemberg/pruefer-oeneys-res-

Öney zeigte bei der Erledigung ihrer Aufgaben von Anfang an einen eigenen, unkonventionellen Kopf, der sich um die Beschlusslagen der SPD recht wenig scherte, aber auch gegenüber Migranten und Flüchtlingen Klartext getreu der Devise „*Fordern und Fördern*" anmeldete. Sie pflegte zudem ein erfrischend kesses Mundwerk, sprich eine „*unverstellte Sprache*", die auch Ministerpräsident Kretschmann Laune machte. Dass das Integrationsministerium gegen Ende der Legislaturperiode infolge der im Laufe des Jahres 2015 immer stärker anschwellenden Flüchtlingszahlen gleichsam krisenhaft ins Zentrum der Landespolitik und der SPD-internen Ansprüche rücken würde, hätte sich Öney zu Beginn ihrer Amtszeit wohl nicht träumen lassen. Öneys Amtszeit lässt sich bezüglich ihrer politischen Rahmenbedingungen grob in drei Phasen einteilen. Zunächst *Phase 1* mit dem Ausbau von Integration und Teilhabe für Bestandsmigranten, danach folgte *Phase 2* mit der Willkommenskultur im Geiste von Kanzlerin Merkels „*Wir schaffen das*"-Motto zu Beginn der Flüchtlingswelle und schließlich *Phase 3* mit dem Kippen der Stimmung hin zu Überfremdungs- und Überlastungsängsten in weiten Teilen der Bevölkerung und dem rasanten Aufstieg der AfD in den Meinungsumfragen (von 3-5% noch Mitte 2015 auf 10-12% schon Anfang 2016) auf dem Höhepunkt der Flüchtlingskrise um die Jahreswende 2015/2016.[443]

sort-rechnet-sich-nicht-675110

443 Vgl. zu den politischen und gesetzgeberischen Vorstößen von Öney den Beitrag von Sandra Kostner, *Asyl und Integration: Aufbrüche in stürmischen Zeiten*, in: Felix Hörisch/Stefan Wurster (Hrsg.) 2017, S. 185-222, insbes. die Abb. auf S. 200/201; ferner Sandra Kostner, *Integrationspolitik: Neuausrichtung und/oder Kontinuität*, in: Der Bürger im Staat, (hrsg. von der Landeszentrale für politische Bildung Baden-Württemberg), Heft 4-2015, S. 214-222; Uwe Wagschal 2013, S. 260/261, für ihn fällt die Bilanz nach einem Jahr „*sehr bescheiden aus, da kaum Politikvorhaben realisiert wurden*", was jedoch erstens so nicht stimmt und zweitens von einer unrealistischen Erwartungshaltung zeugt.

Das Politikfeld *Integration* bekam gleich zu Beginn von Grün-Rot einen medialen wie gesellschaftlichen Aufmerksamkeitszuwachs natürlich allein durch das neu geschaffene Integrationsministerium und dessen personelle Besetzung mit einer türkischstämmigen Berlinerin. Aber auch die Absicht zu einer „*Neuausrichtung der Integrationspolitik*" wurde im Koalitionsvertrag verkündet. Durch die CDU/FDP-Vorgängerregierung aufgestaute Integrationshemmnisse sollten abgebaut werden. Demgegenüber bestand auf dem Gebiet der *Asyl- und Fluchtmigration* zunächst kein evidenter politischer Handlungsdruck. Die Zahl der Asylbewerber war inzwischen so niedrig, dass die Thematik im „*Winterschlaf*"[444] versunken war.

Das erste Handlungsfeld der grün-roten Landesregierung betraf die Erleichterung von *Einbürgerungen*. Bereits am 29. Juni 2011 wurde der sogenannte „*Gesprächsleitfaden*" zum Test der Akzeptanz der deutschen Werte- und Rechtsordnung abgeschafft. Das Papier kam über Baden-Württemberg hinaus in den unrühmlichen Ruf eines „*Gesinnungstests für Muslime*". In den Jahren 2012 und 2013 nutzte das Land seinen begrenzten Spielraum für Verfahrenserleichterungen bei der Einbürgerung und vor allem für die Hinnahme von Mehrstaatigkeit. Zudem wurde eine Kampagne „*Deutsche Sprache. Deutsche Vielfalt. Deutscher Pass*" gestartet mit dem Ziel, mehr Menschen mit Migrationshintergrund zur Einbürgerung zu motivieren. Wenngleich ein unmittelbarer Zusammenhang kaum nachweisbar ist, sticht auffällig ins Auge, dass die Zahlen bei den Einbürgerungen stetig gestiegen sind, von 14.223 im Jahr 2011 auf 17.546 im Jahr 2015. Auf Bundesebene machte sich Grün-Rot für die Abschaffung der sogenannten Optionspflicht und für eine größere Akzeptanz der doppelten Staatsbürgerschaft stark.

[444] Vgl. Sandra Kostner 2017, S. 188.

Obwohl der Koalitionsvertrag die Schaffung eines *Partizipations- und Integrationsgesetzes* gleichsam als Herzstück einer neuen Integrationsstrategie festlegte, sollte es bis Juli 2015 dauern, bis ein entsprechender Gesetzentwurf endlich in den Landtag eingebracht wurde.[445] Sein Anspruch war, die Teilhabe von Migranten in verschiedenen Bereichen des gesellschaftlichen Lebens zu steigern. So sollten etwa die Bedürfnisse von Menschen mit Migrationshintergrund in besonders sensiblen Bereichen (Unterbringung, Justizvollzug, Maßregelvollzug) berücksichtigt werden. Für die kommunale Ebene stellte das Gesetz Leitbilder auf. Auf Ebene des Landes war ein Landesbeirat für Integration vorgesehen. Menschen mit Migrationshintergrund sollten zudem in Gremien, auf deren Besetzung das Land Einfluss nehmen kann, angemessen vertreten sein. Schließlich bekamen Beschäftigte muslimischen und alevitischen Glaubens die Möglichkeit, sich zur Begehung ihrer wichtigsten religiösen Feiertage für den Besuch des Gottesdienstes von der Arbeit freistellen zu lassen.

Am 5. Dezember 2015 trat das Gesetz in Kraft.[446] Integrationsministerin *Bilkay Öney* bekräftigte dabei den Grundsatz „*Fordern und Fördern*", den so auch die CDU hätte unterschreiben können. Aber Öney wurde noch etwas konkreter: „*Wir erwarten von Migranten mehr Engagement – insbesondere beim Erlernen der deutschen Sprache. Wir wollen ihnen aber auch ein deutliches Signal geben, dass sie*

[445] Vgl. Pressemitteilung der Landesregierung, 21.07.2015, Landesregierung bringt Partizipations- und Integrationsgesetz auf den Weg, https://www.baden-wuerttemberg.de/de/service/presse/pressemitteilung/pid/landesregierung-bringt-partizipations-und-integrationsgesetz-auf-den-weg/

[446] Vgl. Pressemitteilung der Landesregierung, 04.12.2015, Partizipations- und Integrationsgesetz tritt in Kraft, https://www.baden-wuerttemberg.de/de/service/presse/pressemitteilung/pid/partizipations-und-integrationsgesetz-tritt-in-kraft/

dazugehören und ein gleichberechtigter Teil unserer Gesellschaft sind." Je besser Integration gelinge, umso mehr würden sich Migranten aktiv für die hiesige Gesellschaft einsetzen und von extremistischen Positionen Abstand nehmen, so Öneys Erwartung. Baden-Württemberg war damit nach Berlin (2010) und Nordrhein-Westfalen (2012) das dritte Bundesland, das überhaupt ein Partizipations- und Integrationsgesetz umgesetzt hat.

Auf dem Gebiet der *Asyl- und Flüchtlingspolitik* waren die landespolitischen Handlungsmöglichkeiten noch begrenzter als in der Integrationspolitik. Verschärfend hinzu kam, dass neue politische Fakten wie der dramatische Anstieg der Flüchtlingszahlen die ganze grün-rote Reformagenda für eine Liberalisierung und Humanisierung der Asylpolitik über den Haufen zu werfen drohte. Spätestens ab Mitte 2014 war es auch für die Integrationsministerin zwingend, einen „*Wechsel vom Reform- in den Krisenmodus*"[447] vorzunehmen. In der Phase der krisenhaften Zuspitzung der Lage im Jahr 2015 nahm zudem Ministerpräsident Kretschmann in der Flüchtlingspolitik immer sichtbarer selbst das Zepter in die Hand („*Wir können auch Krise*"). Wieder einmal zeigte sich, dass unvorhersehbare externe politische Faktoren eine noch so weitsichtige, ausgeklügelte und programmatisch abgesicherte Planung aus den Angeln heben können und völlig neuartige Herangehensweisen verlangen.

Zunächst aber verfolgte Grün-Rot seinen humanitären Ansatz und erließ bereits am 14. Februar 2012 im Rahmen seiner Kompetenzen eine Verordnung zur Lockerung der sogenannten *Residenzpflicht*. Mit der Novelle zum *Flüchtlingsaufnahmegesetz* vom 1. Januar 2014 verwirklichte die Landesregierung weitere Erleichterungen und Ver-

---

[447] Vgl. Sandra Kostner 2017, S. 193.

besserungen, etwa die Zugangsmöglichkeiten von Asylbewerbern zum Arbeitsmarkt und zu Deutschkursen, die Erhöhung der Wohn- und Schlaffläche von 4,5 auf 7 qm, die Unterbringung in Wohnungen anstelle von Gemeinschaftsunterkünften und mehr Leistungen als Geldmittel. Kretschmann hatte im Gegenzug zum Missfallen vieler Grüner der Einstufung mehrerer Balkanstaaten als sichere Herkunftsländer im Bundesrat zugestimmt. Öney hielt prinzipiell an der Humanisierung des Flüchtlingsaufnahmerechts fest und gab zu bedenken: „*Humanität ist kein Saisonartikel, den man einmottet, wenn die Rahmenbedingungen schwieriger werden.*“[448]

Der Druck im Kessel nahm bereits im Jahr 2014 spürbar zu. Die Zahl der Asylanträge war von 13.852 im Jahr 2013 auf 25.673 im Jahr 2014 nach oben geschnellt. Aber das war nur ein Vorbote der eigentlichen Flüchtlingskrise im Jahr 2015. Jedenfalls reagierte die grün-rote Landesregierung bereits am 13. Oktober 2014 mit einem *Ersten Flüchtlingsgipfel* auf die neue, beunruhigende Entwicklung. Das beschlossene Maßnahmenpaket stand freilich „*noch weitgehend im Zeichen einer gestaltenden und reformorientierten Politik*“.[449] Es umfasste ein Sonderkontingent zur Aufnahme von 1.000 traumatisierten Frauen und Mädchen aus Syrien und dem Nordirak, eine Landesförderung für Kommunen bei der Beschaffung von Wohnraum für Flüchtlinge, ein Stipendienprogramm für 50 syrische Flüchtlinge und ein Ausbildungsprogramm für Jugendliche mit Bleibeperspektive.

Der *Zweite Flüchtlingsgipfel* vom 27. Juli 2015 schrieb zwar einige auf Integration und Partizipation abzielende Programme fort, sah sich

---

[448] Vgl. Pressemitteilung der Landesregierung, 27.09.2012, Öney fordert zügigere Asylverfahren, https://www.baden-wuerttemberg.de/de/service/presse/pressemitteilung/pid/oeney-fordert-zuegigere-asylverfahren?type
[449] Vgl. Sandra Kostner 2017, S. 208.

aber in deutlich stärkerem Maße zu *„reaktiv-restriktiven Handlungsstrategien"*[450] genötigt. Regelungen aus dem novellierten Flüchtlingsaufnahmegesetz zum Wohnraum konnten angesichts der im Jahr 2015 explodierenden Zuzugszahlen nicht umgesetzt werden. Außerdem betonte die grün-rote Regierung nun zum ersten Mal glasklar die Notwendigkeit der Rückführung von Flüchtlingen ohne jede Bleibechance, wobei der Freiwilligkeit Vorrang vor der Abschiebung eingeräumt wurde. Das konnte in Einzelfällen Reibereien zwischen dem sozialdemokratischen Innenminister Gall und Teilen der Grünen wie auch Ehrenamtlichen in der Flüchtlingshilfe nicht verhindern.

Ins Zentrum der gesellschaftlichen Wahrnehmung wie auch des landespolitischen Handelns rückte immer stärker allein die Frage der *Unterbringung von Flüchtlingen*. War schon der Anstieg der Zahlen im Jahr 2014 im Vergleich zum Vorjahr alarmierend, so knallte die Zunahme im Jahr 2015 geradezu durch die Decke, nämlich von 25.673 hinauf auf 97.822 Anträge. Das Integrationsministerium strampelte sich bei der Bereitstellung von Erstaufnahmeplätzen redlich ab, hechelte indes der rasanten Entwicklung immer kurzatmiger hinterher. Zudem nahm Baden-Württemberg deutlich mehr Erstantragsteller auf, nämlich 20,5% aller Fälle, wohingegen der sogenannte *Königsteiner Schlüssel* lediglich rund 13% vorsah.[451]

Obwohl nach zunächst nur Karlsruhe weitere Landeserstaufnahmeeinrichtungen in Meßstetten, Ellwangen und Heidelberg hinzukamen, platzten die Kapazitäten immer schneller und schwerwiegender aus allen Nähten. Die krasse Überbelegung der Unterkünfte steigerte unweigerlich das Konfliktpotential. Für eine Verfahrens-

---

450 Vgl. Sandra Kostner 2017, S. 209.
451 Vgl. Sandra Kostner 2017, S. 207 (Tab. 2).

bündelung und -beschleunigung sorgte ab Herbst 2015 das bundesweit einmalige Registrierungszentrum in Heidelberg. Bereits am 18. November 2014 wurde die LEA Meßstetten eröffnet, die innerhalb von nur zehn Wochen in einer beispiellosen Zusammenarbeit von Land, Kommune und Ehrenamtlichen aus dem Boden gestampft worden war. Integrationsministerin Öney zeigte sich beeindruckt vom Engagement und von der Menschlichkeit der „*Mutbürger*" in Meßstetten.[452]

Die Mitte 2015 immer noch große Hilfsbereitschaft und Aufgeschlossenheit gegenüber Flüchtlingen geriet indessen zunehmend ins Rutschen in Richtung erster Abwehrreaktionen. Grund dafür waren vor allem die explodierenden Belegungszahlen. In Ellwangen waren statt 500 schließlich 1.500 Flüchtlinge untergebracht, in Meßstetten statt 500 sogar 1.850. Das Land hatte die Zahl der Erstaufnahmeplätze zwar von 900 auf 9.000 gesteigert, aber Personal für eine ordentliche Betreuung der Flüchtlinge und eine schnelle Abwicklung der Verfahren war nur für maximal 3.000 Flüchtlinge vorhanden.[453]

Öneys Manager beim Ausbau der Erstaufnahmekapazitäten war ihr Ministerialdirektor *Wolf-Dietrich Hammann*, der bei der Bewältigung der Herausforderung zunächst auf sich allein gestellt war, dann allerdings eingebunden wurde in eine Task Force. Ihr gehörten die Amtschefs der Ministerien Integration, Finanzen, Inneres und des Staatsministeriums an. Das Gremium war in allen Fragen der Flücht-

---

[452] Vgl. Pressemitteilung der Landesregierung, 18.11.2014, Landeserstaufnahmeeinrichtung für Flüchtlinge in Meßstetten offiziell eröffnet, https://www.baden-wuerttemberg.de/de/service/presse/pressemitteilung/pid/landeserstaufnahmeeinrichtung-fuer-fluechtlinge-in-messstetten-offiziell-eroeffnet

[453] Vgl. Frankfurter Allgemeine, 28.07.2015, Wahlkämpfer fürchten heikles Flüchtlingsthema, https://www.faz.net/aktuell/politik/inland/fluechtlinge-und-asylbewerber-es-ist-drei-vor-zwoelf-13720588.html

lingsunterbringung entscheidungsbefugt.[454] War Öney damit als Ministerin entmachtet? Das sicherlich nicht, aber sie wurde aus dem operativen Geschäft abgezogen und begrenzt auf die politische Vermittlung und Akzentsetzung. Und auf diesem Gebiet nahm Öney weiterhin kein Blatt vor den Mund.

So sprach sie sich angesichts steigender Flüchtlingszahlen für konsequente Abschiebungen abgelehnter Asylbewerber aus. Das sei im politisch-medialen Diskurs zwar unpopulär, gehöre aber auch dazu, *„wenn wir das Asylrecht für die wirklich politisch Verfolgten erhalten wollen."*[455] Die Stimmung in der Bevölkerung sei gut: *„Aber man darf den guten Willen der Bürger nicht missbrauchen. Sie mögen es nicht, wenn das Asylrecht missbraucht wird."* Der Spitzenkandidat der CDU für die Landtagswahl 2016, *Guido Wolf*, fand es erfreulich, dass die SPD-Ministerin auf die von der CDU seit Jahren vertretene Linie einschwenke. Öney selbst brachte ihr Dilemma so auf den Punkt: *„Integrationspolitik ist kein Schönheitswettbewerb."*

Die Integrationsministerin äußerte sich zum Jahresende 2015 indirekt auch zurückhaltend bis kritisch zur *„Wir schaffen das"*-Devise von Bundeskanzlerin *Angela Merkel* vom 31. August 2015. Den Flüchtlingszustrom nach Deutschland betrachte sie mit Sorge. Und: *„Wir können es schaffen - aber nicht in diesem Tempo, und nur mit mehr Personal und mehr Geld!"* Öney sprach sich entschieden dafür aus, bei den Flüchtlingen stärker nach Gründen für politisches Asyl und sonstigen Fluchtursachen zu unterscheiden und dies öffentlich klar zu kommunizieren.

---

[454] Vgl. Süddeutsche Zeitung, 27.07.2015, Dame, König, Asyl, https://www.sueddeutsche.de/politik/baden-wuerttemberg-dame-koenig-asyl-1.2583859

[455] Vgl. Die Welt, 16.04.2015, Öney bekommt Zustimmung aus ungewohnter Ecke, https://www.welt.de/regionales/baden-wuerttemberg/article139616765/Oeney-bekommt-Zustimmung-aus-ungewohnter-Ecke.html

Die Politik – und damit meinte Öney offensichtlich auch Kanzlerin Merkel – habe falsche Signale gesetzt, die nicht innerhalb kurzer Zeit zu korrigieren seien. Man könne es den Flüchtlingen nicht zum Vorwurf machen, dass die deutsche Regierungschefin die Zuständigkeitsregeln von Dublin für die Flüchtlingsregistrierung de facto ausgesetzt habe. „*Das hat sich rumgesprochen, und viele kommen, weil sie wissen, dass die Grenzen offen sind. Das muss sich die Politik selber anrechnen lassen*", kritisierte Öney unverblümt die Kanzlerin.[456]

Kurz vor ihrem Ausscheiden als Integrationsministerin plädierte Öney für eine Flüchtlingsverteilung weg von der Konzentration auf wenige Bundesländer und weg von einer Massierung in urbanen Ballungszentren. Gerade auf dem Land sei das ehrenamtliche Engagement sehr stark ausgeprägt. Die Voraussetzungen für Integration hielt Öney dort sogar für besser als in den städtischen Ballungsgebieten. Und die türkischstämmige Noch-Ministerin setzte noch ein bemerkenswert einleuchtendes Argument obendrauf: Zudem sei nämlich der Integrationsdruck für Migranten dort auch größer, „*weil sie sich nicht in eine Parallelwelt zurückziehen können. Da gibt's keine Shisha-Bar, da müssen sie bei der freiwilligen Feuerwehr mithelfen.*"[457]

Ministerpräsident Kretschmann prägte angesichts der Entwicklung die Leitlinie eines „*pragmatischen Humanismus*", der zwar am individuellen Recht auf Asyl für politische Verfolgte und für die befristete Aufnahme von Flüchtlingen aus Bürgerkriegsgebieten festhielt,

---

[456] Vgl. Stuttgarter Nachrichten, 09.12.2015, Flüchtlingskrise: Besorgte Öney kritisiert Kanzlerin Merkel, https://www.stuttgarter-nachrichten.de/inhalt.fluechtlingskrise-besorgte-oeney-kritisiert-kanzlerin-merkel.14c8d880-5d9a-4095-8882-426c0fa80a41.html

[457] Vgl. Interview mit Öney in der Zeit, 03.05.2016, „*Wir brauchen Sie hier nicht*", https://www.zeit.de/politik/deutschland/2016-05/integrationsministerium-baden-wuerttemberg-bilkay-oeney

dies aber zugleich in der Einsicht tat, dass die Zahl der Flüchtlinge dringend begrenzt werden muss und die Integrationskraft einer Gesellschaft nicht beliebig ausdehnbar ist.[458] Öney hatte keine Probleme damit, dieser Marschroute in ihrer Politik zu folgen, ja sie war sogar inhaltlich ihre Vorläuferin.

Sie zeigte sich am Ende ihrer Amtszeit *„stolz, in einem Land Ministerin gewesen zu sein, in dem es so viel Herzlichkeit, Humanität und Engagement gibt"*.[459] Sie habe *„viel auf den Weg gebracht"* und verlasse ihr Ressort *„erhobenen Hauptes"*. Allerdings brachte ihr flinkes, bisweilen schnoddriges Mundwerk sie gelegentlich in Bedrängnis, so etwa nach ihrer Bemerkung zum Rassismus in der CDU oder ihrem Vergleich der Mordserie des rechtsterroristischen NSU mit dem *„tiefen Staat"* in der Türkei, der dort für eine Verquickung von staatlichen Behörden und organisiertem Verbrechen steht. Aber Öney fuhr auch gegenüber Eingewanderten und Flüchtlingen nicht nur einen humanitären Kuschelkurs. So verteidigte sie zunächst ein Kopftuchverbot im Öffentlichen Dienst oder stellte klar, dass Antisemitismus und Schwulenhass in einer demokratischen Gesellschaft nichts verloren hätten. Die Ministerin erwartete von Flüchtlingen auch, sich nicht in einer Opferrolle einzuigeln, sondern sich mittels konsequenter Wahrnehmung ihrer Rechte am eigenen Schopfe aus dem Sumpf zu ziehen.

Mit der SPD indessen haderte Öney des Öfteren – umgekehrt freilich auch. Viele, auch in der Landtagsfraktion, kamen mit ihrer Art nicht richtig klar. Während der Flüchtlingskrise stand Öneys Ministerium im Rampenlicht. Aber das Personal in ihrem Haus wurde während

---

[458] Vgl. Sandra Kostner 2017, S. 212.
[459] Vgl. Stuttgarter Zeitung, 21.04.2016.

der Legislaturperiode lediglich von 60 auf 72 Mitarbeiter erhöht. Da kamen andere SPD-geführte Ressorts besser weg. Dass es der SPD-Spitze nicht gelang, der prominenten und resoluten Ministerin für die Landtagswahl 2016 einen aussichtsreichen Landtagswahlkreis anzubieten, war auch kein Ruhmesblatt.[460]

Immerhin erhielt Öney für ihr Ministerium von Fraktionschef Schmiedel eine Bestandsgarantie auch für die Zeit nach der Landtagswahl.[461] Mit *Bilkay Öney* habe das Land *„eine hochmotivierte und erfolgreiche Ministerin, die nicht das Gefühl haben soll, dass ihre Arbeit infrage gestellt wird"*. Die wegen der Flüchtlingskrise gut beschäftigte Integrationsministerin blieb mit Blick auf ihre politische Zukunft betont gelassen und zuversichtlich: *„Da ich die Kinderbibel gelesen habe, weiß ich: Der Herr ist mein Hirte, es wird mir an nichts mangeln."*[462]

---

[460] Vgl. Schwäbische, 22.06.2015, Kein Wahlkreis für SPD-Ministerin Bilkay Öney, https://www.schwaebische.de/regional/baden-wuerttemberg/kein-wahlkreis-fuer-spd-ministerin-bilkay-oeney-677370

[461] Vgl. Stuttgarter Nachrichten, 30.06.2015, Integrationsministerium: Schmiedel gibt Öneys Ressort Bestandsgarantie, https://www.stuttgarter-nachrichten.de/inhalt.integrationsministerium-schmiedel-gibt-oeneys-ressort-bestandsgarantie.5cd4862b-90bf-4b00-ba6a-79aea73123eb.html

[462] Vgl. Schwäbische, 22.06.2015.

Europaminister Peter Friedrich muss sich in Brüssel, in Berlin und im Maschinenraum von Grün-Rot bewähren

Der junge, erst 39-jährige Bundestagsabgeordnete *Peter Friedrich*, ein alter Spezi von *Nils Schmid* noch aus Juso-Zeiten, später bei den „*Netzwerkern*“ mit die Strippen ziehend und im Bundestag Sprecher der jungen Abgeordneten „*Youngsters*“, wurde Minister für Europa und Internationale Angelegenheiten und zugleich Beauftragter des Landes Baden-Württemberg beim Bund. Friedrich hatte demnach Büros in Stuttgart, Brüssel und Berlin. Und gleichsam virtuell ein weiteres im „*Maschinenraum*“ der grün-roten Koalition, denn er hatte zusammen mit seiner grünen Kollegin, Staatsministerin *Silke Krebs*, die Aufgabe, für ein möglichst geräuschloses Funktionieren des Regierungsbündnisses zu sorgen und sich abzeichnende Konflikte im Vorfeld abzuräumen oder zumindest ohne Knall abzufedern. In dieser „*Scharnierfunktion*“ fühlte sich Minister Friedrich besonders wohl. Das A und O für den Politmanager war, dass die SPD ihre Regierungsfähigkeit unter Beweis stellte. Dafür nahm er auch in Kauf, dass auf die SPD-Minister weniger Glanz abfiel als auf den Regierungschef: „*Das Kapitänsdinner findet manchmal ohne uns statt.*“[463]

Was die Außen- und Europapolitik von Grün-Rot anbelangt, wird man dem in der Literatur formulierten Befund zustimmen müssen, „*dass trotz neuer Akzente, z.B. der stärkeren Betonung von Nachhaltigkeit und Zivilgesellschaft, unter Grün-Rot kein fundamentaler Wandel in der Außen- und Europapolitik Baden-Württembergs stattge-*

[463] Vgl. Stuttgarter Zeitung, 02.11.2012, SPD-Minister Peter Friedrich: Der Mann für den Maschinenraum, https://www.stuttgarter-zeitung.de/inhalt.spd-minister-peter-friedrich-der-mann-fuer-den-maschinenraum.27f9e0a7-79b6-4d26-95e0-e5f5b5b4bb33.html

funden hat.“[464] An anderer Stelle heißt es fast inhaltsgleich, „*dass am Ende der Legislaturperiode in diesem Politikfeld sehr viel mehr Kontinuität als Wandel festzustellen ist*“.[465] Einmal abgesehen davon, dass ein solcher Wandel angesichts von bundesstaatlichen und europapolitischen Hindernissen bzw. Konsenserfordernissen schwierig gewesen wäre, gab es selbst aus reformpolitischer Sicht gar keinen Grund, eine solche grundsätzliche Kehrtwende anzustreben und einzuleiten. In ihrer europapolitischen Programmatik legten Grüne und SPD freilich in stärkerem Maße mehr wert als früher auf ökosoziale Aspekte, etwa Klimaschutz und Arbeitnehmerinteressen, und eine stärkere Rolle des Staates bei der Sicherung der öffentlichen Daseinsvorsorge.

Dass ein grundlegender Politikwandel auf diesem Feld nicht konstatiert werden kann, muss keinen Widerspruch zu den Annahmen der Parteiendifferenzhypothese bedeuten. Denn selbst wenn zwischen den Parteien der demokratischen Mitte in der Europapolitik ein weitgehender Konsens besteht, schlägt sich die Programmatik ja trotzdem im Regierungshandeln nieder. Wo aber keine Differenz hereinkommt, kann logischerweise auch keine Differenz herauskommen. Relativieren müsste man die Parteiendifferenzhypothese nur, wenn solche Fälle überhandnähmen, bei denen sich trotz starker Differenz der Parteienprogrammatik *kein* signifikanter Niederschlag in der nachfolgenden Regierungstätigkeit wiederfände, also der Policy-Input gar keine relevante Veränderung des Policy-Output

[464] Vgl. Hanno Degner/Daniela Annette Kroll, *Viel Kontinuität und wenig Wandel: Die Außen- und Europapolitik des Landes Baden-Württemberg unter Grün-Rot,* in: Felix Hörisch/Stefan Wurster (Hrsg.) 2017, S. 279-303, hier S. 279.

[465] Vgl. Martin Große Hüttmann, *Eine Bilanz der Europapolitik der grün-roten Landesregierung,* in: Der Bürger im Staat, (hrsg. von der Landeszentrale für politische Bildung Baden-Württemberg), *Fünf Jahre Grün-Rot,* Heft 4-2015, S. 231-239, hier S. 231.

bewirken konnte. Dann hätte freilich die Stunde einer knallharten, sehr wirkungsmächtigen Pfadabhängigkeit geschlagen.

Überdies kann es reformpolitischen Anliegen durchaus auch einmal genügen, wenn in einem Politikfeld Kontinuität stabil gewahrt und ein von politischen Gegnern betriebener Richtungswechsel abgewehrt werden kann. Schließlich gab die Euro-Krise seit 2010 allerlei Anlass zu europakritischen Angriffen auf den Mainstream. Und mit der AfD stand eine dezidiert Euro- und EU-kritische neue Partei mit dicken Muskeln in den Startlöchern. So paradox die Einsicht klingen mag: Kontinuität kann auch fortschrittlichen Parteien in manchen Fällen durchaus gut zu Gesicht stehen. Status-quo-Sicherung wird so plötzlich zu einer eigenen Variante von Reformpolitik, so die hier verfochtene These.

Bereits im ersten Regierungsjahr von Grün-Rot gab Europaminister *Peter Friedrich* am 28. September 2011 im Landtag eine Regierungserklärung ab, in deren Mittelpunkt das politische Management der Eurokrise stand. Friedrich verteidigte dabei die geplante Ausdehnung des Europäischen Rettungsschirms (EFSF) und des Europäischen Stabilitätsmechanismus (ESM). Auch in den europapolitischen Berichten der Landesregierung der folgenden Jahre spielte die Rettung des Euro eine maßgebliche Rolle.[466]

Wegen der anhaltenden Krise in Europa – und zwar sowohl der Finanzkrise als auch jener des Vertrauens in die EU-Politik – hielt es Friedrich für dringend notwendig, dass Baden-Württemberg sich mit Reformvorschlägen in die Europapolitik einbringt. Dies gelte vor allem für die Demokratisierung der Europäischen Union als auch

---

466 Vgl. Hanno Degner/Daniela Annette Kroll 2017, S. 291.

für eine gerechtere Wirtschafts- und Währungsunion. So habe sich Baden-Württemberg dafür eingesetzt, dass Bundestag und Länder an den Entscheidungen zur Euro-Rettung umfassend beteiligt werden. Friedrich verbuchte auf seinem Konto aber auch konzeptionelle Überlegungen, wie eine solche Rettung besser funktionieren könnte. Der Minister hatte zusammen mit *Nils Schmid* ein Konzept formuliert, das auf vier Säulen beruhte: Bankenregulierung, Altschuldenmanagement, Steuerharmonisierung und Wachstumsanreize.[467] Auch die Bundes-SPD stützte sich später im Wesentlichen auf diese Überlegungen.

In einem gemeinsamen Namensbeitrag für die *Frankfurter Rundschau* machten sich Friedrich und der Außenexperte der SPD-Bundestagsfraktion, *Gernot Erler*, für eine rasche Beitrittsperspektive für Serbien in die EU stark.[468] Die beiden SPD-Politiker warfen Bundeskanzlerin *Angela Merkel* vor, den ungelösten Konflikt mit dem Kosovo als Vorwand zu benutzen, um Serbien trotz wirtschaftlicher, rechtlicher und institutioneller Fortschritte einen Kandidatenstatus zu verweigern.

Europapolitische Einflussnahme konnte prinzipiell auf zwei Wegen erfolgen: zum einen *indirekt* über den Bundesrat oder Bund-Länder-Koordinierungen, zum anderen *direkt* durch Lobbyarbeit auf EU-Ebene in Brüssel oder durch zwischenstaatliche Zusammenarbeit. Minister *Peter Friedrich* war auf allen Kanälen rastlos unterwegs, um die Interessen Baden-Württembergs dort einzuspeisen. Das war natürlich alles sehr wichtig und durchaus verdienstvoll, nur der Normalbürger bekam davon absolut nichts mit.

---

[467] Vgl. Mitteilung der SPD Baden-Württemberg, 26.11.2013, Zwischenbilanz der Landesregierung / Peter Friedrich: Verantwortung im Bund und darüber hinaus, https://www.spd-bw.de/meldungen/zwischenbilanz-der-landesregierung-peter-friedrich-verantwortung-im-bund-und-darueber-hinaus/

[468] Vgl. Frankfurter Rundschau, 08.12.2011, Gernot Erler und Peter Friedrich, Serbien gehört in die EU, https://www.fr.de/meinung/serbien-gehoert-11373630.html

Eine große Rolle auf den Handlungsfeldern des Europaministers spielte natürlich in zunehmendem Maße auch die Flüchtlingspolitik und die Koordinierung der Länderposition zu den beiden Asylpaketen im Bundesrat. Baden-Württemberg drängte bereits im Juni 2015 mit einer „*Europäischen Migrationsagenda*" auf eine faire Lastenverteilung zwischen den europäischen Staaten bei der Flüchtlingsaufnahme, und stand damit prinzipiell in Übereinstimmung mit der CDU.

Ein besonderes Augenmerk richteten die grün-rote Landesregierung und ihr Europaminister auf eine Weiterentwicklung der *Donauraumstrategie.*[469] Hier Impulse einzubringen, wurde durch den Umstand begünstigt, dass Baden-Württemberg für zwei Jahre den Vorsitz des Jahresforums der Donauraumstrategie innehatte. Sie galt als europapolitisches Prestigeprojekt von Grün-Rot, bei dem sich eigene wirtschaftliche Interessen mit der politischen Verantwortung für ein größeres, zusammenwachsendes Europa verknüpfen ließen.[470] Schon im Frühsommer 2012 startete Minister Friedrich eine betont bürgernahe, originelle Reise, die ihn in sieben Tagen vom 28. Mai bis zum 3. Juni mit dem Fahrrad und dem Kleinbus von Ulm bis ans Eiserne Tor an der serbisch-rumänischen Grenze führte.[471]

---

[469] Die Donauraumstrategie ist eine seit Juni 2011 in Gang gekommene Strategie der EU, die von mehreren Landesregierungen und anderen lokalen und regionalen Gebietskörperschaften im EU-Teil des Donauraums angestoßen wurde. Ziel der Strategie ist es, die grenzüberschreitende bi- und multilaterale Zusammenarbeit der im Donauraum befindlichen Akteure zu stärken und durch Projekte voranzubringen. Gemeinsam soll eine wohlhabende Region mit einer gesunden Umwelt, gleichberechtigten Gesellschaften und mit hohem Lebensstandard aufgebaut werden; vgl. zu näheren Informationen https://donauraumstrategie.de/

[470] Vgl. Große Hüttmann 2015, S. 235/236; Ähnliches gilt für das interregionale Projekt „*Vier Motoren für Europa*", in dem sich wirtschafts- und forschungsstarke Regionen wie Baden-Württemberg, Katalonien, Lombardei und Rhône-Alpes seit 1988 zusammengeschlossen haben, um ihre künftige dynamische Entwicklung zu fördern.

Allerdings warf die sich verschärfende Flüchtlingskrise und die fehlende Solidarität zwischen den EU-Staaten einen Schatten auf die weitere Umsetzung der Donauraumstrategie. Zu dieser Einschätzung gelangte im Vorfeld eines Strategietreffens in Ulm am 29./30. Oktober 2015 auch Minister Friedrich. Und er erhob mahnend und erzürnt seinen Zeigefinger: „*Ich habe auch nicht Lust, eitel Sonnenschein vorzuspielen in Ulm, wenn die Staaten so miteinander umgehen wie jetzt.*“[472] An die Adresse Ungarns richtete der SPD-Politiker scharfe Vorwürfe. Dessen Strategie sei es, Flüchtlinge so schlecht zu behandeln, „*dass sie von allein einen Bogen um Ungarn machen wollen.*“ Man laufe derzeit Gefahr, dass die europäischen Werte in nationale Egoismen zerfielen.[473]

Im Bereich der *Entwicklungspolitik* versuchte die grün-rote Landesregierung, die seit langem bestehende *Partnerschaft mit Burundi*, ein kleines, armes Land in Ostafrika, mit neuem Leben zu erfüllen. Am 16. Mai 2014 wurde sogar eine förmliche Partnerschaftserklärung unterzeichnet und ein Partnerschaftszentrum für alle Fragen der Zusammenarbeit in Stuttgart ins Leben gerufen. Die Hoffnungen auf eine Stärkung der Zivilgesellschaft in Burundi und eine demokratische Stabilisierung mit Beachtung der Menschenrechte erfüllten sich indessen nicht, was ein Schlaglicht auf die grundlegende Problematik entwicklungspolitischer Zusammenarbeit zwischen

---

[471] Vgl. Pressemitteilung der Landesregierung, 01.06.2012, Minister Friedrich auf Radtour durch den Donauraum, https://www.baden-wuerttemberg.de/de/service/alle-meldungen/meldung/pid/minister-friedrich-auf-radtour-durch-den-donauraum

[472] Vgl. Tiroler Tageszeitung, 26.09.2015, Flüchtlinge - Politiker sieht Gefahr für EU-Donauraumstrategie, https://www.tt.com/artikel/10558269/fluechtlinge-politiker-sieht-gefahr-fuer-eu-donauraumstrategie

[473] Vgl. Die Welt, 16.09.2015, Friedrich fürchtet Spirale der Abschreckung in Europa, https://www.welt.de/regionales/baden-wuerttemberg/article146457617/Friedrich-fuerchtet-Spirale-der-Abschreckung-in-Europa.html

freiheitlichen Demokratien und autokratischen Systemen in Afrika und anderswo wirft. Aufgrund gewaltsamer Ausschreitungen und des autoritären Regierungsstils der Ein-Parteien-Herrscher in dem ostafrikanischen Kleinstaat wurden im Herbst 2015 regierungsoffizielle Kontakte vorerst ausgesetzt. Erst im Sommer 2023 fand wieder eine Delegationsreise unter Leitung des grünen Staatssekretärs *Rudi Hoogvliet* nach Burundi statt, um das neue Tauwetter zu verstetigen, weiter anzuheizen und zu vertiefen.[474]

Europaminister *Peter Friedrich* schöpfte den Spielraum, den ihm die Geschäftsordnung der Landesregierung eröffnete, clever aus. Dass er auf seinem Politikfeld schalten und walten konnte, wie es seinem politischen Ideenreichtum beliebte, lag aber auch daran, dass Ministerpräsident Kretschmann offenbar keine störenden Profilierungsabsichten verfolgte. Seine eigentliche machtpolitische Rolle spielte Friedrich freilich als Koordinator und Konfliktmanager auf SPD-Seite innerhalb von Grün-Rot. Dies tat er in der Regel konstruktiv, entschlossen und lösungsorientiert und meist ohne cholerische Wutausbrüche.

Bei der Landtagswahl 2016 kandidierte er im Wahlkreis Konstanz für den Landtag, verpasste jedoch die Erlangung eines Mandats. Danach verabschiedete sich Friedrich aus der Politik und wechselte in die Wirtschaft als Unternehmensberater. Seit 1. März 2022 arbeitet er als Hauptgeschäftsführer der Handwerkskammer Region Stuttgart.

---

[474] Vgl. Pressemitteilung der Landesregierung, 26.06.2023, Staatssekretär Hoogvliet auf Delegationsreise in Burundi, https://www.baden-wuerttemberg.de/de/service/presse/pressemitteilung/pid/staatssekretaer-hoogvliet-auf-delegationsreise-in-burundi; Kontextwochenzeitung, Ausgabe 642, 19.07.2023, Baden-Württemberg besucht Burundi: Vesperbrettle in der Kaffee-Plantage, https://www.kontextwochenzeitung.de/schaubuehne/642/vesperbrettle-in-der-kaffee-plantage-8969.html, ferner die Homepage der Stiftung Entwicklungs-Zusammenarbeit Baden-Württemberg (SEZ), https://bw-burundi.com/

Großkonflikt um Stuttgart 21, SPD in der Zerreißprobe und Befriedung durch ihre Idee einer Volksabstimmung

Das Bahnprojekt *Stuttgart 21* (S21) verlief zunächst auf recht ruhigen Schienen, rutschte aber Anfang der 2010er Jahre in immer stärkerem Maße in einen gesellschaftlichen und politischen Großkonflikt hinein, der Züge eines religiösen, dogmatischen Glaubenskrieges annahm. Es spaltete die Landeshauptstadt Stuttgart in zunehmend unversöhnlicher Weise und es spaltete die Landespolitik in glühende Befürworter und flammende Gegner – und es trug den Spaltpilz auch in die Mitgliedschaft der SPD hinein trotz aller Bekenntnisse der Partei- und Fraktionsführung für eine bedingungslose Unterstützung von Stuttgart 21.

Zu den hartgesottenen Herolden der S21-Befürworter in der SPD gehörten natürlich an vorderster Front Fraktionschef *Claus Schmiedel* und Landtagsvizepräsident *Wolfgang Drexler*, der auch zeitweise offizieller Projektsprecher für S21 war. Beide Politiker hatten keine Probleme damit, dass sie unter dem Dauerbeschuss der Giftpfeile von S21-Gegnern standen. Da griff offenbar das Motto „*Viel Feind, viel Ehr*"'. Doch vor allem Drexler, der sich im Sommer 2009 von seinem Kumpel Ministerpräsident *Günther H. Oettinger* zur Übernahme des Postens eines S21-Projektsprechers ködern ließ, spürte am eigenen Leib infolge von Morddrohungen und hasserfüllten Mails und Briefen die Eskalation der Proteste. Drexler, fachlich mit Sicherheit einer der besten Kenner der S21-Materie, sagte einmal fast depressiv: „*Sie kriegen Pfiffe, als ob sie ein Atomendlager bauen würden, dabei ist es doch ein umweltfreundliches Schienenprojekt. Wenn Sie sagen, in Stuttgart gibt es dann zwanzig Hektar mehr Grünfläche, mitten in einer Stadt, die nicht mehr wachsen kann, dann schreien die Gegner*

'Lügner'."[475] Auch der kompromissorientierte und eher deeskalierende SPD-Landeschef *Nils Schmid* ließ keinen Zweifel daran aufkommen, dass er ohne Wenn und Aber hinter S21 als einem verkehrlich und städtebaulich sinnvollen Projekt stand.

Doch die jahrelange Nibelungentreue der SPD-Spitzen in Fraktion und Partei zu S21 konnte nicht darüber hinwegtäuschen, dass es sich um eine Geschlossenheit auf dünnem Eis handelte. Und dies spiegelte sich auch in den Umfragewerten für die SPD wieder. Schließlich engagierten sich auch prominente Sozialdemokraten auf der Seite der S21-Gegner. So war die langjährige Vorsitzende des baden-württembergischen Bundes für Umwelt- und Naturschutz (BUND) und Sozialdemokratin *Brigitte Dahlbender* sogar Sprecherin des Aktionsbündnisses gegen Stuttgart 21. Sie nahm für die S21-Gegner an der *„Schlichtung"* des CDU-Altvorderen *Heiner Geißler* teil wie auch der frühere Stuttgarter SPD-Bundestagsabgeordnete *Peter Conradi*, nun wahrlich kein politischer Nobody in der Landeshauptstadt. Im Aktionsbündnis gegen S21 gab es sogar eine Gruppe *„SPD-Mitglieder gegen Stuttgart 21"*. Einen gewissen Bekanntheitsgrad als konsequenter Kämpfer gegen S21 erreichte auch *Klaus Riedel*, SPD-Fraktionsvorsitzender im Gemeinderat Waiblingen und seit gut 40 Jahren Genosse. Das juckte Schmiedel, Drexler und Schmid indessen nicht groß, denn sie allein wähnten sich im Einklang mit dem richtigen Lauf der Geschichte, auf jeden Fall mit dem von S21.

Auf den SPD-Landesparteitagen seit Ende der 2000er Jahre kam immer eine Mehrheit für den Bau bzw. Weiterbau von S21 zustande, sofern es eine Abstimmung überhaupt auf die Tagesordnung

---

[475] Vgl. Frankfurter Allgemeine, 08.08.2010, Stuttgart 21: Zu wenig, zu spät, zu ungeschickt, https://www.faz.net/aktuell/politik/inland/stuttgart-21-zu-wenig-zu-spaet-zu-ungeschickt-11024888.html

schaffte. Keine Zustimmung fanden Initiativen und Anträge, die einen Mitgliederentscheid noch vor der Volksabstimmung und eine Prüfung von Alternativkonzepten wie dem Kombi-Bahnhof begehrten.[476]

Mitten ins politische Sommerloch im Jahr 2010 platzte dann plötzlich ein Appell des ehemaligen SPD-Landes- und Fraktionsvorsitzenden *Erhard Eppler*, mit unterzeichnet von vier weiteren verdienten Schwergewichten der Südwest-SPD, nämlich dem früheren Wirtschaftsminister *Dieter Spöri*, Ex-Umweltminister *Harald B. Schäfer*, dem früheren Justizminister *Rudolf Schieler* und dem ehemaligen Stuttgarter Bundestagsabgeordneten *Ernst-Ulrich von Weizsäcker*. Aus Sorge um den „*inneren Frieden*" in der Landeshauptstadt schlugen Eppler und seine Mitstreiter eine Volksabstimmung vor, an deren Ausgang sich Befürworter und Gegner von S21 zu halten hätten. „*Dass der große alte Mann der Süd-SPD, der als das moralische Gewissen der Partei gilt, sich in diesen Konflikt derart einmischt, ist eine politische Sensation*", befand ehrfurchtsvoll der *Stern*, der den Aufruf als erstes Medium im Wortlaut veröffentlichte.[477] Eppler ging keineswegs blauäugig an den Vorstoß heran, sondern war sich über die rechtlichen Hürden eines Plebiszits völlig im Klaren. Doch es lohne sich, die Hürden zu nehmen, wie es im

---

[476] Vgl. Stuttgarter Zeitung, 09.09.2011, Stuttgart 21: Conradi kämpft für Mitgliederentscheid, https://www.stuttgarter-zeitung.de/inhalt.stuttgart-21-conradi-kaempft-fuer-mitgliederentscheid.27526530-f721-498f-9f38-ebbc41b446b5.html; Stern, 11.12.2010, Protest gegen Stuttgart 21: SPD-Basis verzweifelt an eigener Partei, https://www.stern.de/amp/politik/deutschland/protest-gegen-stuttgart-21-spd-basis-verzweifelt-an-eigener-partei-3874248.html

[477] Vgl. Stern, 07.09.2010, SPD-Politiker fordern: Lasst das Volk entscheiden!, https://www.stern.de/amp/wirtschaft/news/stuttgart-21-spd-politiker-fordern—lasst-das-volk-entscheiden—3883822.html; vgl. in Retrospektive zum Eppler-Appell Kontextwochenzeitung, Ausgabe 492, 02.09.2020, SPD und Stuttgart 21: Wo ein Wille, https://www.kontextwochenzeitung.de/zeitgeschehen/492/wo-ein-wille-6970.html

Papier heißt, *„wenn es darum geht, ein gutes und demokratisches politisches Klima in unserer Landeshauptstadt wiederherzustellen."*

Bei SPD-Chef *Nils Schmid* klingelte es sofort im Kopf. Er erkannte, dass eine Volksabstimmung nicht nur in der Sache eine Entspannung der unversöhnlichen Fronten bewirken, sondern auch ihm selbst und der SPD als Urheber der Idee Wasser auf die Mühlen spülen könnte – gleichsam für einen wahren Schlichter. Es kam nun darauf an, einen gangbaren Weg in die Realisierung einzuschlagen. In einer gemeinsamen Pressemitteilung bereits vom 8. September 2010 priesen Schmid und Schmiedel eine Volksabstimmung als Chance, Akzeptanz für das Bahnprojekt zurückgewinnen.[478] Die SPD-Fraktion beschloss, gestützt auf ein Gutachten der beiden Rechtsprofessoren *Joachim Wieland* und *Georg Hermes*, einen Antrag, mit dem die Landesregierung aufgefordert wird, den Weg für eine Volksabstimmung gemäß Artikel 60 Absatz 3 der Landesverfassung frei zu machen. *„Stuttgart 21 soll verwirklicht werden, aber nicht gegen die Menschen, sondern mit den Menschen*", erklärte Schmid.

Diesen Zungenschlag gilt es als Merkposten für den Wahlkampf zur Volksabstimmung Ende 2011 festzuhalten, denn in Schmids und Schmiedels Lesart besaß die angestrebte Volksabstimmung zunächst rein instrumentellen Charakter, um für S21 eine möglichst breite Legitimationsgrundlage zu schaffen, die auch die S21-Gegner schlucken mussten. Die SPD wollte also ausdrücklich keinen Rückzug in eine gleichsam neutrale Position signalisieren, *„im Gegenteil:*

---

[478] Vgl. Gemeinsame Pressemitteilung von Partei und Fraktion der SPD, 08.09.2010, SPD zu Stuttgart 21: Akzeptanz für Bahnprojekt durch Volksabstimmung zurückgewinnen!, https://www.spd-landtag-bw.de/spd-zu-stuttgart-21-akzeptanz-fuer-bahnprojekt-durch-volksabstimmung-zurueckgewinnen/?doing_wp_cron=1691327484.1787199974060058593750

Die SPD stehe nach wie vor klar und deutlich hinter dem Projekt." In einer parteiinternen Kurzinfo wurde diese Position zugespitzt formuliert: „*Wir werben für eine Volksabstimmung UND für Stuttgart 21!*"[479] Von dieser kühnen, widersprüchlichen und zweischneidigen Doppelstrategie war dann aber in der Stunde der Wahrheit, nämlich der Volksabstimmung Ende 2011, plötzlich nicht mehr die Rede. Wir werden auf diesen Umstand noch verwundert zurückkommen und die Ambivalenz durchleuchten.

Die SPD interpretierte ihren Vorschlag für eine Volksabstimmung als „*das dringend notwendige Instrument zum Brückenbau zwischen Projektgegnern und Projektbefürwortern.*" Das konnte allenfalls symbolpolitisch als Versöhnungsgeste gemeint sein, denn konflikttheoretisch betrachtet waren zwischen Oben und Unten des Bahnhofs die ansonsten üblichen Kompromissfiguren (z.B. ein bisschen von diesem, ein bisschen von jenem, oder irgendein Mittelweg oder beides gleichzeitig) schlicht nicht möglich. Deshalb war auch der Kombi-Bahnhof schon im Ansatz einfach Murks.

Die Initiative der SPD für einen Volksentscheid zeitigte einen politisch wie menschlich nicht zu unterschätzenden Kollateralschaden. S21-Projektsprecher und Landtagsvizepräsident *Wolfgang Drexler* trat am 17. September 2010 mit sofortiger Wirkung von seinem Amt zurück.[480] Nach der Kehrtwende der SPD sah Drexler keine Basis

---

479 Vgl. https://www.spd-bw.de/dl/Kurzinfo_Volksabstimmung_zu_S21_kt.pdf, Großschreibung UND im Original!

480 Vgl. zu den diversen Artikeln mit vielen Hintergründen vornehmlich Stuttgarter Nachrichten, 17.09.2010, Wolfgang Drexler: Der Mann ohne Rückendeckung, https://www.stuttgarter-nachrichten.de/inhalt.wolfgang-drexler-der-mann-ohne-rueckendeckung.16b21449-95e4-4fe6-9332-516b6a3ce1f4.html; Stuttgarter Zeitung, 21.09.2010, Wolfgang Drexler: „*Ich fühle mich gut aufgehoben*", https://www.stuttgarter-zeitung.de/inhalt.wolfgang-drexler-ich-fuehle-mich-gut-aufgebhoben.d0ab7916-000f-456b-b708-bb8cc286d60a.html

mehr für eine gleichzeitige Ausübung seines S21-Sprecherpostens und seines SPD-Mandats. Er könne nicht den weiteren Baufortschritt verkünden, während seine Partei bis zu einer Volksabstimmung für einen Baustopp werbe und die Bagger ruhen lassen wolle.

Ende Oktober 2010 brachte die SPD-Fraktion einen Antrag für ein Ausstiegsgesetz in den Landtag ein, allerdings mit dem Ziel, dieses dort künstlich scheitern zu lassen. Der Dissens zwischen Parlament und Landesregierung hätte dann den Weg für einen Volksentscheid freigemacht. Der Antrag fand absehbar keine Mehrheit, und auch die Grünen stimmten nicht mit, nachdem ihr Änderungsantrag zur Durchführung einer ergebnisoffenen, also politisch unverbindlichen Volksabstimmung keine Mehrheit gefunden hatte.[481]

Im anlaufenden Landtagswahlkampf dominierte dann wieder die sachpolitische Auseinandersetzung. Und diese wurde mit immer härteren Bandagen ausgetragen. Gegner von S21 hatten eine große Neigung zur Wahl der Grünen, Befürworter von S21 fühlten sich am besten bei der CDU aufgehoben. Die Aussicht auf eine Volksabstimmung zu S21 war jedenfalls trotz gegenteiliger Hoffnungen der SPD-Strategen kein hinreichender Grund für das Kreuzchen bei der SPD. Zur Wahl standen schließlich die Inhalte, nicht eine Methode. Wieder einmal war das Wahlvolk nicht gewillt, sich bei der SPD für eine gute Idee zu bedanken, zumal die Volksabstimmung von der SPD anfangs dezidiert als Hebel zur Akzeptanzsteigerung von S21 verkauft wurde und nicht als neutrale Plattform der Politik, um Ja oder Nein zu sagen.

---

[481] Vgl. Frankfurter Allgemeine, 28.10.2010, Stuttgart 21: Landtag lehnt Volksentscheid ab, https://www.faz.net/aktuell/politik/stuttgart-21/stuttgart-21-landtag-lehnt-volksentscheid-ab-11056901.html, Staatsanzeiger, 28.10.2010, Landtagsmehrheit lehnt Volksabstimmung zu Stuttgart 21 ab, https://www.staatsanzeiger.de/debatten-im-landtag/landtagsmehrheit-lehnt-volksabstimmung-zu-stuttgart-21-ab/

S21 war im Vorfeld der Landtagswahl am 27. März 2011, aber auch während der Koalitionsverhandlungen und bis zum Ergebnis der Volksabstimmung am 27. November 2011 immer wieder ein süßsaurer Zankapfel zwischen SPD und Grünen. Der Konflikt besaß eine Positionsdifferenz in der Sache und eine Schärfe im Austrag mit dem Potential, die grün-rote Wechselkoalition platzen zu lassen. Und aus Sicht der SPD war das Dumme dabei, dass sie hinter den Grünen lag. Als S21-Befürworter betrachtete die SPD die Durchführung eines Volksentscheids zu S21 als *conditio sine qua non* einer Koalitionsbildung und brachte damit die Grünen ganz gehörig in die Bredouille.

An welchen Faktoren lag das? Die grünen S21-Gegner hegten die Befürchtung, dass ihre Felle bei einer Volksabstimmung mit dem hohen Quorum von 33 Prozent, das die Landesverfassung für einen Erfolg damals vorsah, davonschwimmen würden. Die Grünen saßen aber in der Falle und hatten bei S21 im Koalitionspoker eine schwache Verhandlungsposition. Denn im Landtagswahlkampf sah man an fast jeder Straßenecke Plakate der Grünen mit dem Schriftzug *„Nein S21. Volks-Abstimmung! Jetzt!“*. Dieses Versprechen holte die Grünen nun ein. Kretschmann hatte danach sogar *„Fehler“* im Umgang mit einer Volksabstimmung eingestanden.[482]

Selbst Starkommentator *Heribert Prantl* von der *Süddeutschen Zeitung* nahm die Taktik der Grünen aufs Korn. Sie hätten im Wahlkampf die Volksabstimmung als den großen Ausweg trotz alter, schlechter Bedingungen gepriesen und würden nun sehen, dass sie den Ausweg erst noch bohren müssen: *„Sie haben Schweinchen*

[482] Vgl. Der Spiegel, 20.04.2011, Stuttgart 21: Das Volk soll entscheiden, https://www.spiegel.de/politik/deutschland/stuttgart-21-das-volk-soll-entscheiden-a-758350.html

Schlau gespielt, waren aber nicht schlau genug.“[483] Aus den Sitzungen des SPD-Fraktionsvorstands war schadenfrohes Gelächter zu vernehmen. Die Grünen hofften inständig, dass sie einer Volksabstimmung entrinnen können, „*weil das Projekt vorher seinen Geist aufgibt.*“ Entweder weil S21 den sogenannten „*Stresstest*“ zu seiner verkehrlichen Leistungsfähigkeit nicht übersteht oder die Kostensteigerungen endgültig durch die Decke knallen oder die Bahn als Bauträger selbst Schicht im Schacht verkündet.

Das von viel zu vielen Akteuren betriebene taktische Denken zur direktdemokratischen Beteiligung – übrigens eine Dimension, die in der Forschung viel zu kurz kommt – manifestierte sich beispielsweise auch auf einer *SPD-Regionalkonferenz* am *11. April 2011* in *Karlsruhe*. Zunächst bestätigte sich, dass die Basis bei S21 längst nicht so geschlossen war, wie es die Parteispitze gerne vorgab. Die meisten S21-Befürworter waren mit einer Volksabstimmung durchaus zufrieden. Nicht jedoch die S21-Gegner, was am scheinbar viel zu hohen Quorum von 33 Prozent lag. Der Volksentscheid diene nur dazu, „*das Projekt am Leben zu halten*“, tadelte ein Genosse.[484] „*Ja, was denn sonst*“, hätten wahrscheinlich Schmiedel und Drexler im Lichte der Begründung zu zahlreichen SPD-Beschlüssen feixend geantwortet. Ein anderer Teilnehmer blies ins selbe Horn und warf der SPD-Parteispitze vor, „*die Volksabstimmung sei nur ein Köder für S-21-Gegner vor der Wahl gewesen*“.

---

[483] Vgl. Süddeutsche Zeitung, 21.04.2011, Stuttgart 21: Dilemma der Grünen - Der Ausweg, der keiner ist, https://www.sueddeutsche.de/politik/stuttgart-21-dilemma-der-gruenen-der-ausweg-der-keiner-ist-1.1087868

[484] Vgl. taz, 12.04.2011, SPD-Basis uneins über Bahnprojekt: Zoff um Stuttgart 21, https://taz.de/SPD-Basis-uneins-ueber-Bahnprojekt/!5122814/

Noch einmal gewendet: Die Auseinandersetzung wirft ein Schlaglicht auf die Einordnung von plebiszitärer Volksbeteiligung. Es wurde schlicht nicht prinzipientreu und demokratietheoretisch argumentiert, sondern rein interessengeleitet und machtpolitisch, und zwar auf beiden Seiten der Kontrahenten, von der dünnen legitimatorischen Basis ganz zu schweigen. Was war an einem Quorum von 33 Prozent der Stimmberechtigten eigentlich hoch, wenn es doch angeblich um eine Richtungsentscheidung in einem militanten Großkonflikt in Stuttgart und darüber hinaus mit erheblichen finanziellen Folgen ging? War es der Anspruch, die demokratische Messlatte immer weiter in Richtung der tatsächlichen schwachen Beteiligung und damit einer sinkenden Legitimation abzusenken mit dem Effekt, dass artikulations- und mobilisierungsfähige Minderheiten über die Geschicke von infrastrukturellen Großprojekten, der Windkraft oder anderen mehr oder weniger progressiven politischen Vorhaben etwa im Bildungsbereich bestimmen konnten? Die Absenkung des Quorums auf 20% eröffnete einflussreichen Veto-Spielern einen erheblichen Spielraum für außerparlamentarische Gegenmacht, natürlich auch für obstruktive Vorhaben. Allerdings galt es bis zu einer Volksabstimmung im Vorfeld einige Hürden zu nehmen.

SPD-Chef *Nils Schmid* stellte den Grünen noch vor Beginn der Verhandlungen zu einer Regierungsbildung quasi ein Ultimatum: “*Es wird keinen Koalitionsvertrag ohne eine Volksabstimmung zu Stuttgart 21 geben.*“[485] Dies sei eine Frage der Glaubwürdigkeit von SPD und Grünen. An die Adresse des künftigen Partners richtete Schmid den unmissverständlichen Appell: “*Wer Volksabstimmung vor der Wahl plakatiert, der sollte sich auch nach der Wahl daran halten.*“

---

[485] Vgl. Merkur, 01.04.2011, SPD: Stuttgart-21-Volksabstimmung Bedingung für Koalition, https://www.merkur.de/politik/spd-stuttgart-21-volksabstimmung-bedinung-koalition-zr-1185923.html

Für Grüne und SPD war völlig klar, dass es zu S21 keine Einigung in der Sache geben würde. Also konnte es in den Koalitionsverhandlungen nur darum gehen, sich auf einen *Modus Vivendi* zu verständigen. Und dies hieß im Kern, Modalitäten für die Durchführung einer Volksabstimmung und deren Umsetzung zu finden. Die Grünen mussten aus Sicht Schmids lernen, *„was es bedeutet, Verantwortung zu übernehmen: Das heißt zum Beispiel auch, die Parkschützer von den Bäumen zu holen"*. Kretschmann hingegen haderte mit dem scheinbar viel zu hohen Quorum von 33 Prozent, das realistischerweise nicht zu erreichen sei. S21 könne auch in einer Volksabstimmung nur noch durch ein „*Wunder*" gestoppt werden. Die Grünen wollten deshalb darüber verhandeln, wie die Koalitionspartner *„mit dem Votum umgingen, wenn es eine Mehrheit beim Volksentscheid gebe, aber das Quorum nicht erreicht werde."*[486] Auf solche taktischen, rechtlich fragwürdigen Spielchen wollte sich die SPD freilich keinesfalls einlassen. Forderungen der Grünen nach einer unverbindlichen Volksbefragung mit anschließender politischer Bewertung durch die Landesregierung wies Schmid brüsk zurück: *„Entweder es gibt eine Volksabstimmung auf einer verfassungsmäßigen Grundlage, oder es wird zu Ende gebaut. Wie die Grünen das dann ihren Wählern erklären wollen, weiß ich auch nicht."* Beide Seiten zeigten sich trotz des Fundamentalkonflikts um S21 optimistisch, dass die Regierungsbildung in Baden-Württemberg nicht an Stuttgart 21 scheitern werde.

---

[486] Vgl. Zeit Online, 19.04.2011, *„Die Grünen müssen die Parkschützer von den Bäumen holen"*, https://www.zeit.de/politik/deutschland/2011-04/schmid-gruene-stuttgart21

Der Durchbruch beim Streitthema S21 und damit zur Bildung der grün-roten Koalition gelang den beiden Unterhändlern *Werner Wölfle* (Grüne) und *Wolfgang Drexler* (SPD).[487] Im Koalitionsvertrag war schlussendlich die Durchführung einer Volksabstimmung zu S21 verankert, im Kern nach den Vorstellungen der SPD.[488] Bis zum Wahltermin bestand indessen noch genügend Zeit und Gelegenheit für Grüne und SPD, sich zu S21 immer wieder giftig zu beharken. Mal spielte der grüne Verkehrsminister *Winfried „Winne" Hermann* den zündelnden Bösewicht, mal übernahm SPD-Fraktionschef *Claus Schmiedel* bereitwillig diese Rolle. Ins historische Gedächtnis des erbittert geführten Konflikts um S21 hat sich die bereits erwähnte Bemerkung Schmiedels auf einer Kundgebung von S21-Befürwortern im Sommer 2011 eingebohrt, dass über dem Bahnprojekt „*Gottes Segen*" liege.[489] Damit handelte sich der SPD-Fraktionschef, der bekanntlich „*der raren Spezies des ironiebegabten Polterers*" angehörte, allerhand Widerspruch auch aus den eigenen frommen Reihen ein, selbst von hochrangigen evangelischen Christen wie dem altersweisen *Erhard Eppler*. So wurde Schmiedel ermahnt, politische Sachkonflikte gefälligst nicht „*religiös aufzuladen*". Eins auf die Mütze bekam er auch von der linken SPD-Landesvize *Leni Breymaier*: „*Wenn man schon höhere Mächte für ein Bahnprojekt in Anspruch nehmen muss, kann es mit den Befürwortern von Stuttgart 21 nicht weit her sein.*" Schmiedel selbst wusch seine Hände alttestamentarisch in Unschuld und wollte seine provokante Aussage nur

---

[487] Vgl. Tagesspiegel, 25.04.2011, https://www.tagesspiegel.de/politik/das-volk-soll-uber-stuttgart-21-entscheiden-6447949.html

[488] Vgl. Zeit Online, 19.04.2011, SPD-Fraktionschef zu S21: „*Die Volksabstimmung wird im Koalitionsvertrag stehen*", https://www.zeit.de/politik/deutschland/2011-04/schmiedel-baden-wuerttemberg

[489] Vgl. dazu im Folgenden erneut Süddeutsche Zeitung, 09.09.2011, Stuttgart 21 sorgt für Streit unter Christen: Ein S21-Befürworter namens Gott, https://www.sueddeutsche.de/politik/stuttgart-21-sorgt-fuer-streit-unter-christen-ein-s21-befuerworter-namens-gott-1.1140772

als Reaktion auf Versuche von Pfarrern aus der S21-Gegnerszene verstanden wissen, *„den Bau des Tiefbahnhofs als unchristliches Vorhaben zu diskreditieren.*"

Kurz zuvor schon hatte Schmiedel dem Kombi-Bahnhof, einem Kompromissvorschlag von Schlichter *Heiner Geißler*, öffentlich eine Absage erteilt, und zwar noch vor den Beratungen der grün-roten Koalition dazu.[490] Kretschmann sprach nur sehr zurückhaltend von einer „*Chance*" und erneut von einem „*Wunder*", das man für einen Ausstieg aus S21 benötige. Verkehrsexperten kritisierten derweil, der Kombi-Bahnhof vereine die Nachteile beider Varianten. SPD-Vizeregierungschef *Nils Schmid* erklärte gar die gesamte Schlichtung für gescheitert, nicht zuletzt, weil sich Geißler an der Aufgabe politisch überhoben habe. Schmiedel hatte ja dem Kombi-Bahnhof sowieso sofort die Türe zugeschlagen. Niemand könne freilich die Grünen daran hindern, *„weiter auf diesem Vorschlag rumzureiten*". Der Kompromiss sei jedoch nicht bezahlbar, würde den Stand der Planung auf null drehen, neue Planfeststellungsverfahren erfordern und so weitere jahrelange Verzögerungen nach sich ziehen.

Am 26. Juli 2011 segnete das grün-rote Kabinett mehrheitlich einen Gesetzentwurf ab, mit dem das Land den Finanzierungsvertrag für das Milliarden-Bahnprojekt kündigen konnte.[491] Auf Seite der SPD stimmte nur der bekennende S21-Gegner Justizminister *Rainer Stickelberger* mit den Grünen. Ziel der Regierung war demgegenüber,

---

[490] Vgl. zum Folgenden beispielsweise Stuttgarter Nachrichten, 05.08.2011, Kombibahnhof: Geißler-Vorschlag zu Stuttgart 21 chancenlos, https://www.stuttgarter-nachrichten.de/inhalt.kombibahnhof-geissler-vorschlag-zu-stuttgart-21-chancenlos.07bb0626-02cb-4eb6-8d39-486d61acc57d.html

[491] Vgl. Zeit Online, 26.07.2011, Grün-Rot beschließt Kündigungsgesetz für Stuttgart 21, https://www.zeit.de/politik/deutschland/2011-07/stuttgart21-gesetz-kretschmann

das Gesetz bewusst im Landtag scheitern zu lassen, um es dann in die Volksabstimmung zu geben. Das vorgesehene Procedere entsprach genau dem von der SPD-Fraktion bereits im September 2010 eingeschlagenen Weg. Dieses Vorgehen hielten allerdings einige Experten für verfassungsrechtlich problematisch. Schon dem früheren Vorstoß der SPD wurde eine mangelnde gesetzgeberische Kompetenz des Landes im Bereich der Bahn vorgehalten. Ferner steche ins Auge, dass der Konflikt zwischen Landesregierung und Landtagsmehrheit lediglich vorgetäuscht und gespielt sei. Und schließlich könne ein Vertrag der Exekutive sowieso nicht durch ein Gesetz aufgehoben werden.[492]

In einer *Sondersitzung* am *28. September 2011* beschloss der *Landtag von Baden-Württemberg* schließlich die Durchführung einer Volksabstimmung, allerdings mit der erwähnten verfassungsrechtlich höchst umstrittenen List.[493] Zuvor hatte das Parlament nämlich das von der Landesregierung eingebrachte Gesetz zur Kündigung der Finanzierungsverträge mit der Mehrheit von SPD, CDU und FDP abgelehnt – so wie von der Regierung trickreich kalkuliert. Danach konnten Abgeordnete von Grünen und SPD im Lichte des Dissenses zwischen Regierung und Landtag mit ihrer Mehrheit im Rücken locker eine Volksabstimmung nach Artikel 60 Absatz 3 der Landesverfassung beantragen. Auch auf die Fragestellung für die Volksab-

---

[492] Vgl. Uwe Wagschal, *Die Volksabstimmung zu Stuttgart 21 – ein direktdemokratisches Lehrstück?*, in: Uwe Wagschal/Ulrich Eith/Michael Wehner (Hrsg.) 2013, S. 181-205, hier S. 184; ferner Uwe Wagschal, *Die Volksabstimmung zu Stuttgart 21: Zwischen parteipolitischer Polarisierung und „Spätzlegraben"*, in: Der Bürger im Staat, Heft 3-2012, S. 168-173.

[493] Vgl. Der Spiegel, 28.09.2011, Stuttgart 21: Volksabstimmung ist beschlossene Sache, https://www.spiegel.de/politik/deutschland/stuttgart-21-volksabstimmung-ist-beschlossene-sache-a-788967.html; Zeit Online, 28.09.2011, Weg für Stuttgart 21-Volksabstimmung ist frei, https://www.zeit.de/politik/deutschland/2011-09/volksabstimmung-stuttgart

stimmung hatten sich die Koalitionsspitzen der grün-roten Regierung einigen können. Die Frage lautete: „*Stimmen Sie der Gesetzesvorlage „Gesetz über die Ausübung von Kündigungsrechten bei den vertraglichen Vereinbarungen für das Bahnprojekt Stuttgart 21 (S21-Kündigungsgesetz)" zu?*" Anhand dieser Fragestellung hätten Anhänger wie Gegner von S21 eigentlich Illusionen begraben und erkennen müssen, dass es bei der Volksabstimmung gar nicht um ein grundsätzliches Ja oder Nein zu dem Bahnprojekt ging, ja noch nicht einmal um ein Ja oder Nein zu einem Baustopp. Entschieden werden sollte lediglich die Alternative, bei der Finanzierungsbeteiligung des Landes in Höhe von etwa 930 Millionen Euro zu bleiben oder Kündigungsrechte mit der Folge immenser, womöglich milliardenschwerer Schadensersatzzahlungen in Anspruch zu nehmen. Dies führte am Wahltag zu einer Art Umkehrung des jeweils nötigen Abstimmungsverhaltens, was die Kommunikation zur Volksabstimmung nicht gerade erleichterte. Denn Befürworter von S21 mussten nämlich mit „Nein" votieren, während Gegner „Ja" sagen mussten.

Im unmittelbaren Vorfeld der Volksabstimmung zu S21 leistete sich die SPD einen merkwürdigen, Freund und Feind gleichermaßen verwirrenden Zick-Zack-Kurs. Die SPD-Führung wollte anscheinend zunächst zusammen mit der CDU eine Kampagne pro S21 fahren.[494] Strategische Möglichkeiten einer solchen Zusammenarbeit wurden am 12. September 2011 bei einem Geheimtreffen im Stuttgarter Rathaus erörtert. Mit von der Partie waren CDU-Oberbürgermeister *Wolfgang Schuster*, CDU-Fraktionschef *Peter Hauk* sowie der CDU-Landesvorsitzende *Thomas Strobl* und auf SPD-Seite Parteichef *Nils Schmid*, Fraktionschef *Claus Schmiedel* und außerdem der Ulmer

[494] Vgl. dazu beispielsweise Zeit Online, 13.09.2011, Stuttgart 21: Südwest-SPD kungelt mit dem Feind, https://www.zeit.de/politik/deutschland/2011-09/s21-bahnhof-spd-cdu/komplettansicht

SPD-Oberbürgermeister *Ivo Gönner*. Die illustre Allianz blieb natürlich nicht lange geheim, sondern wurde flugs an die Regierungszentrale durchgesteckt. Der grüne Ministerpräsident *Winfried Kretschmann* fand das alles gar nicht lustig und geißelte die Planspiele der S21-Hardcorefans aus CDU und SPD als dreiste Provokation: *„Es kann kein Bündnis eines Koalitionspartners mit der Opposition gegen einen Koalitionspartner geben"*, mahnte der Regierungschef. Nils Schmid wollte daraufhin die Gespräche mit der CDU in sophistischer Verharmlosung nur noch als *„gesellschaftliches Bündnis"* verstanden wissen, keinesfalls als ein politisch *„formales"*.

Für landespolitische Beobachter kaum zu fassen war, dass die SPD nur wenige Tage später eine totale Kehrtwende einleitete und sich aus der sachpolitischen Auseinandersetzung um S21 als handelnder Faktor komplett ausklinkte.[495] Moment einmal: Hieß es nicht im Jahr 2010 noch mit einem kühnen Drahtseilakt vollmundig in schön gestalteten Publikationen, man wolle bewusst für die Volksabstimmung *„UND"* für Stuttgart 21 Partei ergreifen? Doch jetzt verpflichtete sich die Südwest-SPD auf einer Sitzung des Landesvorstands am 17. September 2011 – ganz offenkundig mit Rücksicht auf den Frieden in der SPD, nicht den in Stuttgart und in ganz Baden-Württemberg –, vor dem geplanten Volksentscheid zu S21 *nicht* aktiv für das umstrittene Großprojekt zu werben. *„Die SPD Baden-Württemberg wird kein Bündnis mit anderen Parteien oder Verbänden zur Kampagne zur Volksabstimmung eingehen und auch kein Geld für ein solches Bündnis zur Verfügung stellen"*, hieß es in einer fast schon reumütig einstimmig verabschiedeten Resolution. SPD-Mitglieder sollten allerdings für eine Teilnahme an der Volksabstimmung wer-

---

495 Vgl. etwa Stuttgarter Nachrichten, 17.09.2011, Südwest-SPD: Verzicht auf Stuttgart-21-Kampagne, https://www.stuttgarter-nachrichten.de/inhalt.suedwest-spd-verzicht-auf-stuttgart-21-kampagne.2dde8c8a-ba52-4a70-aa4c-d10187747537.html

ben, könnten aber – wie gnädig nach all dem hitzigen Streit – je nach persönlicher Überzeugung für oder gegen den Ausstieg stimmen. Es ist nicht bekannt, ob *Claus Schmiedel* und *Wolfgang Drexler* an dieser denkwürdigen, alle bisherigen Überzeugungen über Bord werfenden Sitzung teilgenommen haben. Ein bisschen Sinn gemacht hätte die neue Position nur, wenn man zugleich auch alle anderen Parteien aufgefordert und schließlich dazu gebracht hätte, keine eigene Kampagne zu fahren, sondern schlicht das Wahlvolk gleichsam unbeeinflusst in eigener Souveränität sprechen zu lassen.

Auf dem *SPD-Landesparteitag* am *15. Oktober 2011* in *Offenburg* wurde diese neutrale, ja nichtssagende Linie allerdings einhellig bestätigt. SPD-Chef *Nils Schmid* freute sich über die neue Einigkeit: *„Die Luft ist raus bei Stuttgart 21.“*[496] Die Luft raus war aber vor allem aus einer halbwegs klaren, nachvollziehbaren und glaubwürdigen Haltung der SPD. Noch kurze Zeit vorher wollte man klammheimlich mit der CDU gemeinsame Sache machen, während man nun den Rückwärtsgang einlegte und ins andere Extrem wechselte, ohne in der Sache weiter Position zu beziehen. SPD-Fraktionschef *Claus Schmiedel* und Ex-Projektsprecher *Wolfgang Drexler* dürften sich gefragt haben, warum sie sich eigentlich – wohlgemerkt im Einklang mit der SPD-Beschlusslage – monatelang für S21 den Mund fusselig geredet und viele gegnerische Pfeile auf sich gezogen hatten. So konnte es am Ende des Konflikts um S21, als es freilich um die Wurst ging, auch nicht verwundern, dass die SPD vermutlich aus Sicht der allermeisten Stimmberechtigten endgültig *„kein deutlich sichtbarer Akteur“*[497]

---

[496] Vgl. Bild, 15.10.2011, SPD-Parteitag bestätigt Verzicht auf S21-Kampagne, https://www.bild.de/regional/stuttgart/spdparteitag-bestaetigt-verzicht-auf-s21kampagne-20478994.bild.html

[497] Vgl. Ulrich Eith/Gerd Mielke, *Volksentscheide versus Parteiendemokratie? Das Lehrstück Stuttgart 21*, in: Uwe Wagschal/Ulrich Eith/Michael Wehner (Hrsg.) 2013, S. 155-165, hier S. 161; ferner Ulrich Eith/Gerd Mielke, *Volksentscheide versus Partei-*

mehr war. Lediglich mit Flyern und Plakaten zur Steigerung der Wahlbeteiligung unter dem Motto *„Stimm ab! Schaff Klarheit!“*[498] trat die SPD in Erscheinung, nicht aber als relevanter politischer Akteur für die Meinungsbildung in der Volksabstimmung.

Kurz vor der Volksabstimmung verlangte SPD-Fraktionschef *Claus Schmiedel* von den Grünen gar eine Änderung des Koalitionsvertrags, die den Umgang mit dem Ergebnis der Volksabstimmung festlegen sollte.[499] Die Grünen müssten akzeptieren, dass der Ausstieg aus der Mitfinanzierung von S21 gescheitert sei, wenn das Quorum nicht erreicht werde – selbst wenn eine Mehrheit für den Ausstieg stimme. *„Man kann nicht ein bisschen schwanger sein. Wir müssen den Bürgerinnen und Bürgern reinen Wein einschenken. Wenn keine verfassungsgemäße Mehrheit für den Ausstieg erreicht wird, müssen wir das Projekt positiv begleiten“*, verlangte Schmiedel von den Grünen. Er befürchtete, dass die Grünen auch nach einer Niederlage bei der Volksabstimmung weiter versuchen, das Projekt zu torpedieren. Der Ausgang der Volksabstimmung war für Schmiedel der Hebel, um von einer Konflikt- zu einer Konsenskoalition zu kommen. Dies müsse nachträglich im Koalitionsvertrag festgeschrieben werden. Der grüne Koalitionspartner ließ sich auf ein derartiges Ansinnen natürlich nicht ein. Es gelte die *„glasklare Aussage“* von Ministerpräsident Kretschmann, dass das Projekt gebaut werde, falls der Ausstieg scheitere, hieß es aus dem Staatsministerium.

---

endemokratie? Das Lehrstück Stuttgart 21, in: Der Bürger im Staat, Heft 3-2012, S. 188-193.

498 Vgl. Internetseite der Kampagnen-Agentur Adverb https://agentur-adverb.de/projekt/spd-baden-wuerttemberg/kampagne-zu-stuttgart-21/

499 Vgl. Frankfurter Allgemeine, 30.10.2011, „Stuttgart 21“: SPD will Koalitionsvertrag ändern, https://www.faz.net/aktuell/politik/inland/stuttgart-21-spd-will-koalitionsvertrag-aendern-11511659.html

Am 27. November 2011 war es schließlich soweit: die Wählerschaft wurde für die Volksabstimmung zu S21, besser zur Finanzierungsbeteiligung des Landes daran, an die Urne gebeten. Das Ergebnis war in seiner Klarheit dann doch etwas überraschend und ersparte Grün-Rot letztlich viel Ärger, etwa bei einem Resultat, bei dem die S21-Gegner gewonnen, aber das Quorum verfehlt hätten.[500] Mit 58,9% der Stimmen wurde ein Ausstieg aus S21 abgelehnt. Lediglich in sieben der 44 Land- und Stadtkreise erzielten die Gegner von S21 eine Mehrheit und diese lagen alle im badischen Landesteil. Mit nur 19,8% der Wahlberechtigten wurde auch das Quorum von einem Drittel klar verpasst. Die Abstimmungsbeteiligung lag bei 48,3%, also deutlich unter den bei Landtags- und Bundestagswahlen erzielten Werten, wurde aber verbreitet dennoch als respektabel, ja gut im Vergleich mit anderen Plebisziten eingestuft. Selbst Regierungschef *Winfried Kretschmann* würdigte die *„hohe Abstimmungsbeteiligung"*. Und sein Vize *Nils Schmid* sprach gar von einer *„außerordentlich starken Wahlbeteiligung"*.[501] Allerdings konnte man auch die Frage aufwerfen, warum selbst das größte, sich immer mehr aufschaukelnde Aufregerthema seit Bestehen des Landes Baden-Württemberg nur knapp jeden Zweiten zur Teilnahme an der Volksabstimmung hinter dem Ofen hervorlockte. Eine Fallanalyse zur direktdemokratischen Partizipation bei S21 titelt bezeichnenderweise: *„Zuhause statt oben bleiben"*.[502]

---

[500] Vgl. Landeszentrale für politische Bildung, Volksabstimmung zu Stuttgart 21 am 27. November 2011, https://www.lpb-bw.de/volksabstimmung-stuttgart21; zu den Pro- und Contra-Argumenten die Infobroschüre der Landesregierung zur Volksabstimmung https://www.lpb-bw.de/fileadmin/lpb_hauptportal/pdf/volksabstimmung/Informationsbroschuere_Volksabstimmung_Stuttgart21.pdf

[501] Vgl. Stuttgarter Zeitung, 28.11.2011, Nils Schmid zu Stuttgart 21: *„Votum schafft Klarheit"*, https://www.stuttgarter-zeitung.de/inhalt.nils-schmid-zu-stuttgart-21-votum-schafft-klarheit.8bd83049-d67d-4dab-ad51-686a0334984b.html

[502] Vgl. Matthias Fatke/Markus Freitag, *Zuhause statt oben bleiben. Stuttgart 21 und die direkte Demokratie in Baden-Württemberg*, in: Uwe Wagschal/Ulrich Eith/Mi-

Diesseits und jenseits vom „*Spätzlegraben*“ gab es sowohl bei der Wahlbeteiligung als auch beim Ergebnis eklatante Unterschiede.[503] In Baden gingen hauptsächlich aufgrund der räumlichen Distanz zu S21 deutlich weniger Bürgerinnen und Bürger zur Wahl als in Württemberg, erst recht in Stuttgart selbst. Zugleich fiel jedoch die Ablehnung von S21 in badischen Landkreisen höher aus als in württembergischen, was auch an der Sorge vor Bindung erheblicher finanzieller Mittel zu Lasten des badischen Landesteils lag. Besonders schmerzhaft für die S21-Gegner musste sich der Umstand anfühlen, dass sie selbst in der Landeshauptstadt, dem Zentrum des Konflikts, klar unterlagen. Ministerpräsident *Winfried Kretschmann* räumte die für ihn harte, schmerzhafte Niederlage in einem *Offenen Brief auf Facebook* ein, sprach nichtsdestotrotz von einem „*guten Tag für die Demokratie*“, betonte das Baurecht der Bahn und die Absicht der gesamten Landesregierung, die Umsetzung von S21 von nun an „*kritisch-konstruktiv*“ zu begleiten. Die grün-roten Regierungsfraktionen zogen aus der Volksabstimmung die Schlussfolgerung, in Gesprächen mit der Opposition eine Erleichterung direktdemokratischer Beteiligung in der Verfassung zu erreichen.

SPD-Chef *Nils Schmid* zeigte sich nach dem Votum für S21 erleichtert. Auch er brach eine Lanze für mehr rechtzeitige Bürgerbeteiligung, speziell bei großen Infrastrukturprojekten.[504] Es bezweifle niemand in Politik und Wissenschaft, dass die Volksabstimmung

---

chael Wehner (Hrsg.) 2013, S. 207-228; ferner Matthias Fatke/Markus Freitag, *Die direkte Demokratie in Baden-Württemberg und Stuttgart 21*, in: Der Bürger im Staat, Heft 3-2012, S. 174-181.

503 Vgl. Uwe Wagschal 2013; Ulrich Eith/Gerd Mielke 2013; ferner Matthias Fatke/Markus Freitag 2013.

504 Vgl. Deutschlandfunk Kultur, 28.11.2011, Interview mit Nils Schmid: Schmid (SPD): Votum für Stuttgart 21 stärkt grün-rote Regierung, https://www.deutschlandfunkkultur.de/schmid-spd-votum-fuer-stuttgart-21-staerkt-gruen-rote-100.html

über S21 dem Bahnprojekt eine höhere, stabilere demokratische Legitimation beschert und den sich immer stärker zuspitzenden Konflikt deutlich befriedet habe.[505] Sonderapplaus für das Gelingen der Volksabstimmung über S21, die schließlich die in der Sache gespaltene SPD in die landespolitische Diskussion eingebracht hatte, hat am Wahlabend indessen niemand vernommen.

Die Befriedung des Konflikts um S21 durch die Volksabstimmung konnte natürlich in der weiteren, mit hohen finanziellen Risiken gespickten Umsetzungsphase gelegentliches Finkerhakeln zwischen Grünen und SPD nicht verhindern, beispielsweise bereits Ende 2012, als ein Sonder-Finanztopf für Verbesserungen der bisherigen S21-Planung am Flughafen im Raum stand, den die SPD befürwortete, die Grünen jedoch kategorisch zurückwiesen. SPD-Fraktionsvize *Rosa Grünstein* stichelte daraufhin, man sei „*nicht mit den Grünen verheiratet*" und es könne dafür auch „*eine Mehrheit ohne die Grünen geben*".[506] Ihr Chef *Claus Schmiedel* warb zwar auch für einen pragmatischen Kostenbeschluss, pfiff seine Stellvertreterin aber flugs mit einem Bekenntnis zur Koalitionstreue und der Ansage zurück, es werde keinen politischen Alleingang der SPD gegen die Grünen geben, denn man wolle mit ihnen gerne über das Jahr 2016 hinaus regieren.

Vor allem die Haltung des grünen Verkehrsministers *Winfried Hermann* ließ auch nach der Volksabstimmung wenig konstruktiven Umgang mit S21 und auch wenig Respekt vor dem Ergebnis des Vo-

---

505 Vgl. auch die Bewertung von Ulrich Eith/Gerd Mielke 2013, S. 162; auch SPD-Chef Nils Schmid stieß ins selbe Horn, vgl. Deutschlandfunk Kultur, 28.11.2011.
506 Vgl. Stuttgarter Nachrichten, 10.11.2012, Stuttgart 21: Abkehr vom Bürgerentscheid?, https://www.stuttgarter-nachrichten.de/inhalt.stuttgart-21-abkehr-vom-buergerentscheid.2c74c148-60fb-42ea-b857-75a4c19313de.html

tums der Wählerschaft von 2011 erkennen. Noch im Jahr 2018 geißelte er S21 in einem großspurigen Urteil als *„die größte Fehlentscheidung der Eisenbahngeschichte“*.[507] SPD-Fraktionsvize *Martin Rivoir* verlangte von Regierungschef Kretschmann daraufhin, er solle seinen Verkehrsminister *„enger an die Leine nehmen“*. Die Volksabstimmung dürfe nicht von einem Regierungsmitglied im Nachhinein diskreditiert werden. In der SPD-Landtagsfraktion war S21 freilich längst kein Aufregerthema mehr, das die Köpfe von Abgeordneten zum Rauchen brachte und Sitzungen unnötig in die Länge zog.

Nur einmal noch sorgte S21 in der SPD-Landtagsfraktion für einen kleinen Lacher. Kurz nach der Wahlschlappe 2016 erklärte *Claus Schmiedel*, nach seinem Mandatsverlust noch von einer gewissen Traurigkeit befallen, in einem Interview auf die Frage, was ihm fehlen werde, dass es schön war, in einer Position der ersten Reihe Dinge beeinflussen zu können. Bevor sich Schmiedel dann endgültig vom Job eines Berufspolitikers verabschiedete, klopfte er sich noch einmal ganz kräftig selbst auf die eigene Schulter: *„Dass Stuttgart 21 kommt, ist vielleicht nicht ganz unmaßgeblich mir zu verdanken.“*[508] Die SPD-Spitze konnte froh sein, dass diesen feinsinnigen Hochmut nicht so arg viele Zeitgenossen zur Kenntnis genommen hatten.

---

[507] Vgl. Süddeutsche Zeitung, 08.06.2018, Hermann: Stuttgart 21 größte Fehlentscheidung, https://www.sueddeutsche.de/wirtschaft/verkehr-stuttgart-hermann-stuttgart-21-groesste-fehlentscheidung-dpa.urn-newsml-dpa-com-20090101-180608-99-637336

[508] Vgl. Interview mit Claus Schmiedel in der Stuttgarter Zeitung, 02.04.2016, *„Es ist eher eine gewisse Traurigkeit“*, https://www.stuttgarter-zeitung.de/inhalt.claus-schmiedel-im-interview-es-ist-eher-eine-gewisse-traurigkeit.5411be3d-f4ea-49f4-bb8d-cda0696f9aae.html

Grün-Rote Konflikte – Art, Gegenstände, Positionsdifferenzen, Austragungsformen und Akteure

Je mehr sich die grün-rote Liebesheirat zu einer reinen Vernunftehe abkühlte, desto stärker stieg auch das Konfliktniveau in der Koalition, wobei einzelne frustrierende Erlebnisse maßgeblicher Akteure nicht unterschätzt werden sollten. Dies betrifft konflikttheoretisch gesprochen die Art der Konflikte, die Vielzahl ihrer Gegenstände, das Ausmaß der Positionsdifferenzen, die Heftigkeit der Austragungsformen und das Naturell der bestimmenden Akteure. Diese Faktoren bewegen sich in einem oft verschlungenen Abhängigkeitsverhältnis. Grundsätzlich gilt, dass die Art eines Konflikts seine Bearbeitung, ja Lösbarkeit maßgeblich mitbestimmt. Werte- und Zielkonflikte sind deutlich schwerer mit friedlichen und kompromissorientierten Ansätzen zu händeln als Interessen- und Mittelkonflikte. Allerdings erzeugen starke Positionsdifferenzen nicht automatisch eine radikale Form des Konfliktaustrags. Auch eine kleine Positionsdifferenz kann ungeahnte Aggressionen der involvierten Akteure auslösen. Umgekehrt kann eine nur kleine Streitlust von Akteuren eine große Positionsdifferenz in der Sache zumindest dämpfen und einer Annäherung dienlich sein.

All diese Zusammenhänge konnte man im Verlauf des Regierungshandelns der grün-roten Koalition gut besichtigen. Triebfeder des Konfliktgeschehens war dabei ein loderndes Gemisch aus Differenzen auf der *strukturellen*, *inhaltlichen* und *personellen* Ebene. Ein Dauerproblem der grün-roten Zusammenarbeit resultierte aus der Art der Partnerschaft, also aus dem für die SPD lästigen machtpolitischen Umstand, dass die Grünen im Bündnis schlicht die Nase vorne hatten.

Dass vernünftige Akteure die sich zwischen Grünen und SPD abzeichnende hohe Konfliktintensität beim gemeinsamen Regieren selbst auf dem Schirm hatten, zeigten bereits die Einlassungen von Ministerpräsident *Winfried Kretschmann* auf dem auch für die SPD besonders relevanten *grünen Landesparteitag* am *8. Oktober 2011* in *Aalen*.[509] Der Regierungschef warnte im Lichte einiger Irritationen mit der SPD wortwörtlich: „*Eine Konfliktkoalition in diesem Land, in dem die CDU noch immer sehr stark ist, wird nicht funktionieren*". Nötig war in seinen Augen eine „*Konsenskoalition*". Als Störenfried des Koalitionsfriedens hatte Kretschmann vor allem SPD-Fraktionschef *Claus Schmiedel* im Visier, der sich bisweilen wie ein Oppositionspolitiker aufführe: „*Solange es nur Knallkörper und keine Granaten sind, die er in die Koalition schmeißt, nehmen wir das mit einigem Humor hin.*" Schmiedel ließ die Attacke nicht lange auf sich sitzen und schoss zurück – eben ganz wie es seine Art war. Beim Blick auf das Agitieren der Grünen zu S21 wirke der Ruf nach Koalitionstreue „*ziemlich unglaubwürdig, wenn man sich gleichzeitig mit der Linken gegen den Koalitionspartner verbündet.*"[510]

Der Kern der anhaltenden Scharmützel zwischen Grünen und SPD war *struktureller* Natur und in der sogenannten *Juniorrolle* begründet. Diese war der SPD verhasst, weil sie im Verhältnis zu den Grünen völlig neu war, ihren historisch gewachsenen Stolz und Führungsanspruch im fortschrittlichen Parteienspektrum verletzte und die eigenen Handlungsmöglichkeiten in der Regierung gewissermaßen an die Kette legte. All dies nagte gehörig am Selbstwert-

---

509 Vgl. Die Welt, 08.10.2011, Kretschmann warnt SPD vor einer Konfliktkoalition, https://www.welt.de/politik/deutschland/article13648845/Kretschmann-warnt-SPD-vor-einer-Konfliktkoalition.html

510 Vgl. Merkur, 09.10.2011, Grüne in BW wählen neue Spitzen und kritisieren SPD, https://www.merkur.de/politik/gruene-waehlen-neue-spitzen-kritisieren-zr-1438665.html

gefühl: „*Umso mehr betonen die gekränkten Genossen, auf Augenhöhe mit den Grünen zu sein.*“[511] Die Vergabe von sechs zentralen Ministerien an die SPD sollte ein kleines Geschenk sein: „*Von wegen Koch und Kellner. Hier sind die Grünen Koch und die Roten auch. So soll es jedenfalls aussehen.*“[512] Die SPD-Abgeordneten spürten im Regierungsalltag zusammen mit den Grünen dennoch fast jeden Tag, dass sie schlicht die zweite Geige spielten. Und daran hatten sie schwer zu knabbern. Das am laufenden Band betonte Prinzip der Augenhöhe konnte an der Tatsache des Juniorpartners nichts ändern. Für SPD-Fraktionschef *Claus Schmiedel* war „*Juniorpartner*“ sowieso das schlimmste politische Unwort.[513]

Es kann nicht in Abrede gestellt werden, dass die SPD während Grün-Rot zunehmend einen Minderwertigkeitskomplex entwickelte, den zumindest Schmiedel durch Aggressivität im Tonfall und ständige Sticheleien gegen die Grünen zu kompensieren suchte. „*Keiner in der Politik muss mich lieben, auch der Koalitionspartner nicht*“, sagte er einmal trotzig.[514] Aus Sicht der SPD neigten die Grünen im Rausch der Machtausübung immer häufiger zu hochnäsiger Arroganz im Verhalten und Auftreten. Wer den Regierungschef stellte, konnte sich das vielleicht auch leisten. Wenn man als SPD-Minister zum Rapport ins Staatsministerium einbestellt wurde, spürte man jedenfalls fast körperlich, wer Chef im Ring war und wer nicht.

---

[511] Vgl. Spiegel, 27.04.2011, Wunde Punkte einer Wackel-Koalition, https://www.spiegel.de/politik/deutschland/gruen-rot-in-stuttgart-wunde-punkte-einer-wackel-koalition-a-759026.html
[512] Vgl. Spiegel, 27.04.2011, Koalition im Ländle: Grüner Koch, roter Koch, https://www.spiegel.de/politik/deutschland/koalition-im-laendle-gruener-koch-roter-koch-a-759316.html
[513] Vgl. Kontextwochenzeitung, Ausgabe 108, 24.04.2013, Der rote Quälgeist, https://www.kontextwochenzeitung.de/politik/108/der-rote-quaelgeist-391.html
[514] Vgl. Kontextwochenzeitung, Ausgabe 108, 24.04.2013.

Umgekehrt waren die Grünen genervt von den ständigen unberechenbaren Rollenwechseln der SPD zwischen Regierungstreue und Oppositionsattitüde. Ein Dorn im Auge war den Grünen auch die angebliche Neigung der SPD-Spitze, im Dauerbemühen um Profil einen Konfliktkurs zu fahren, statt grün-rote Gemeinsamkeiten in den Vordergrund zu rücken und dabei die eigenen Leistungen hervorzustreichen. Ins Gewicht fielen hier auch die zahlreichen politischen Eskapaden von SPD-Fraktionschef Claus Schmiedel, die wir noch gesondert unter die Lupe nehmen werden.

SPD-Mann *Nils Schmid* waren die strukturellen Nachteile der Juniorrolle durchaus bewusst. „*Juniorpartner ist doof!*", urteilte er einmal.[515] Aber auch wenn man sich über die gesamte Legislaturperiode hinweg als Nebenministerpräsident versucht, gibt es kein Entrinnen aus dem Dilemma: „*Das sei nun einmal so als Juniorpartner in einer Koalition, der Ministerpräsident ziehe eben alle Aufmerksamkeit auf sich*", konstatierte Schmid.[516] Der Wähler habe noch nicht verstanden, „*dass es die SPD-Minister gewesen seien, die wesentliche Reformen vorangetrieben haben.*" Aber wie konnte man ihm diese unbestrittene Leistung ins Gehirn hämmern? Auf gemeinsamen Pressekonferenzen von Kretschmann und einem SPD-Minister nahm der Regierungschef regelmäßig die Butter vom Brot und überließ den Ressortzuständigen nur noch die kleinteiligen Brosamen. Die Kameras waren die meiste Zeit auf Kretschmann gerichtet.

Der ehemalige SPD-Fraktionschef und Ex-Wirtschaftsminister *Dieter Spöri*, selbst ein gebranntes Kind als kleinerer Partner in einer Gro-

---

515 Vgl. Schwäbische, 22.03.2011, Nils Schmid im SüdPol-Check, https://www.schwaebische.de/politik/nils-schmid-im-suedpol-check-999995
516 Vgl. taz, 06.03.2016, SPD-Frontmann in Baden-Württemberg: Verkalkuliert, https://taz.de/SPD-Frontmann-in-Baden-Wuerttemberg/!5280406/

ßen Koalition von 1992 bis 1996, brachte das Strukturproblem in einem Interview einmal glasklar auf den Punkt: „*Eine Koalition in der Rolle als Juniorpartner ist immer schwierig. Das ist ein großer struktureller Nachteil, den man nicht einfach über Anstrengung und Engagement einebnen kann*".[517] Die führende Partei in einer Koalition habe „*einen Darstellungsvorteil, mit dem man leben muss.*"

Spöri verwies ferner darauf, dass es für das Innenleben der Sozialdemokratie einen Riesenunterschied ausmacht, „*ob man mit der CDU oder den Grünen koaliert.*" An Große Koalitionen sei man gewöhnt gewesen, zumal die CDU ja immer die dominante Partei in Baden-Württemberg war. „*Für das Selbstwertgefühl der SPD ist es erheblich schwieriger, Juniorpartner der Grünen zu sein. Das erfordert sehr viel Disziplin*", mahnte Spöri. Die Juniorrolle im Bündnis mit den Grünen stufte er als „*zehnmal so schwer*" ein wie in einer Koalition mit der CDU. Die historische Sondersituation sei „*medial so potenziert, dass man das gar nicht mit anderen Juniorrollen vergleichen kann*".[518] Gegen Kretschmann war es aber auch so schwer, weil man gar nicht wusste, was man groß anders machen würde. Innerparteiliche Kritiker erkannten ein „*massives Darstellungs- und Vermittlungsproblem*".

Neben dem geschilderten zentralen Strukturproblem der grün-roten Koalition gab es aber auch auf der *inhaltlichen* Ebene jede Menge Positionsdifferenzen, welche die Konfliktvielfalt steigerten und das Wechselbündnis zudem immer wieder negativ in die Schlagzeilen brachte. Wir können hier nicht in eine tiefere Analyse der Fälle ein-

---

[517] Vgl. Stuttgarter Zeitung, 14.05.2013, Interview mit Dieter Spöri: „*Das Land ist ein Seismograf*", https://www.stuttgarter-zeitung.de/inhalt.interview-mit-dieter-spoeri-das-land-ist-ein-seismograf.232da171-ba9e-471a-ad85-aafc8f6f9978.html
[518] Vgl. taz, 01.10.2012, SPD in Baden-Württemberg: Die Suche nach dem Markenkern, https://taz.de/!5082835/?goMobile2=1578528000052

steigen, sondern müssen uns mit der Benennung einiger Aufsehen erregender Beispiele begnügen.

Der tiefgreifendste Konflikt zwischen Grünen und SPD war zweifellos der um die *Zukunft von S21*. Aber auch Art und Ausmaß der angestrebten *Haushaltskonsolidierung* sorgten immer wieder für Zoff. Auf die grün-roten Differenzen zum *Lehrerstellenabbau* und zu *G8/G9* sowie im Bereich der *inneren Sicherheit* (Verfassungsschutz, Vorratsdatenspeicherung, Kennzeichnungspflicht) haben wir bereits einen analytischen Blick geworfen.

Streit um das Jagdgesetz: Wer darf was wann und wie oft jagen?
Ein heftiges Streitthema war auch die *Reform des Jagdgesetzes*, die die 30.000 Jäger im Südwesten auf die Barrikaden brachte und ganze Salven von Protestschüssen abfeuern ließ.[519] Tier- und Naturschützern gingen die Einschränkungen fürs Jagen und Füttern indessen nicht weit genug. Der Konfliktgegenstand war aber prinzipiell gut kompromissfähig, weil er einem reinen Interessen- und Mittelkonflikt entsprang, der ein Geben und Nehmen erlaubte. Schließlich ging es nicht prinzipiell um „Jagen“ oder „Nicht Jagen“. Nach monatelangem Tauziehen mit dem grünen Agrarministerium stand ein klassischer Kompromiss, mit dem keine Seite so richtig glücklich wurde. SPD-Fraktionschef *Claus Schmiedel* schlug sich in der Auseinandersetzung zwar weithin auf die Seite der Jäger und boxte im September 2014 einen überarbeiteten Gesetzentwurf der Landesregierung durch, der dem Landesjagdverband erhebliche

[519] Vgl. Stuttgarter Nachrichten, 03.09.2014, Grün-Rot wirbt bei Jägern um Kompromiss, https://www.stuttgarter-nachrichten.de/inhalt.neues-jagdgesetz-gruen-rot-wirbt-bei-jaegern-um-kompromiss.1c20e03a-ab0b-42bf-bf1e-bf3c5dfd3cb8.html; Stuttgarter Zeitung, 30.09.2014, Neues Jagdgesetz: Grün-Rot steckt zurück, https://www.stuttgarter-zeitung.de/inhalt.neues-jagdgesetz-gruen-rot-steckt-zurueck.060b3a32-f058-463f-ac09-8ae50ae34d36.html

Zugeständnisse machte. Das Land bewege sich verglichen mit den Ausgangspositionen zu „*80 bis 90 Prozent*", so Schmiedels Kompromissrechnung.[520]

Aber schon vorher hatte er sich als ehrlicher Makler zwischen den Interessen von Jagd-, Natur- und Tierschutzverbänden angeboten. „*Schafft ein Sozialdemokrat Frieden im Wald? SPD-Fraktionschef Claus Schmiedel mag den Streit um die Zukunft der Jagd im Südwesten nicht mehr leiden und will vermitteln. Persönlich.*", schrieb *Die Welt* leicht süffisant.[521] Der SPD-Vermittler verlangte im Gegenzug zu seinen Kompromissbemühungen eine Zurückhaltung der Jäger bei öffentlichen, gegen Grün-Rot gerichteten Protesten. Umstritten war insbesondere die 200 Meter-Pufferzone für die Jagd von Schwarzwild, die Jagdruhezeit, das Fütterungsverbot und das sogenannte „*Schalenmodell*", das die Bejagung von Tieren je nach Schutzstufe regelte. Am 12. November 2014 passierte das umstrittene *Jagd- und Wildtiermanagementgesetz* in einer überarbeiteten Version den baden-württembergischen Landtag. Zum 1. April 2015 trat es in Kraft. Und aus SPD-Sicht war von großer Bedeutung: Ihr Fraktionsvorsitzender *Claus Schmiedel* hatte sich tatsächlich als konstruktiver Konfliktmanager und letztlich erfolgreicher Brückenbauer bewährt.

Musiker Schmiedel stoppt die grüne Reform der Musikhochschulen

Ein harsches Stoppsignal der SPD lösten im Sommer 2013 die Sparpläne von Wissenschaftsministerin *Theresia Bauer* (Grüne) für eine *Reform der Musikhochschulen* aus. Dabei sollten 500 Studienplätze

---

[520] Vgl. Die Welt, 13.09.2014, Grün-Rot ändert Pläne für umstrittenes Jagdgesetz, https://www.welt.de/regionales/baden-wuerttemberg/article132222838/Gruen-Rot-aendert-Plaene-fuer-umstrittenes-Jagdgesetz.html

[521] Vgl. Die Welt, 07.04.2014, Schmiedel will im Streit um Jagdgesetz vermitteln, https://www.welt.de/regionales/stuttgart/article126680768/Schmiedel-will-im-Streit-um-Jagdgesetz-vermitteln.html

und 50 Professoren-Stellen wegfallen und ein paar Millionen eingespart werden.[522] Davon betroffen gewesen wären vor allem die Standorte Mannheim und Trossingen. Aber auch der Jazz-Sparte an der Musikhochschule Stuttgart wäre es durch Zusammenlegungen an den Kragen gegangen wie auch der Popakademie Mannheim. Bauer argumentierte durchaus schlüssig, denn man könne eben nicht an jedem Standort alles anbieten und zugleich auch noch Geld sparen. Der Regierungschef degradierte die Sparpläne und konzeptionellen Entwürfe seiner Ministerin später zu einem „*Vorschlag*", der von einem Kabinettsbeschluss noch weit entfernt sei.

SPD-Fraktionschef *Claus Schmiedel* ließ über die Nachrichtenagentur vermelden (Leitspruch seiner Medienarbeit: „*Da ruf ich mal den Otte bei dpa an*"), dass die Reform so nicht kommen werde und die SPD betrübt darüber sei, dass man sie bei der Entwicklung nicht eingebunden habe. Die geplante Umstrukturierung der Musikhochschulen nannte Schmiedel trotz bedenkenswerter Punkte „*widersprüchlich und nicht schlüssig*". Er signalisierte der grünen Ministerin klipp und klar: „*Wir lassen uns nicht für diese Konzeption verhaften.*" Der Konflikt schien in der Sache, also bei den Positionsdifferenzen, nicht besonders schwerwiegend und mit etwas Kompromisswillen und Verhandlungsgeschick leicht lösbar, gewann jedoch eine gewisse Schärfe dadurch, dass SPD und Grüne zunächst

---

[522] Vgl. Schwäbische Zeitung, 30.08.2013, Streit um die Neuausrichtung der Musikhochschulen: Wenn Musik die politischen Gemüter erhitzt, https://www.schwaebische.de/regional/baden-wuerttemberg/streit-um-die-neuausrichtung-der-musikho chschulen-wenn-musik-die-politischen-gemueter-erhitzt-1098640; ferner Die Welt, 29.08.2013, Grüne Reformpläne weiter unter SPD-Beschuss, https://www.welt.de/regionales/stuttgart/article119522158/Gruene-Reformplaene-weiter-unter-SPD-Beschuss.html; mit weiteren Informationen Stuttgarter Nachrichten, 26.09.2013, Musikhochschulen: Wie das Reformkonzept umsetzen?, https://www.stuttgarter-nachrichten.de/inhalt.musikhochschulen-wie-das-reform-konzept-umsetzen.025dda4b-24a8-4632-8e8d-15efd1803051.html

lediglich über die Medien miteinander kommunizierten.

In einer Landtagsdebatte am 25. September 2013, in der die Opposition bei dem Thema zum Angriff blies, bekräftigte Grün-Rot, dass es keine Standortschließungen geben werde, jedoch bei Wahrung exzellenter Qualität Einsparungen erzielt werden müssten. „*Baden-Württemberg ist das Musikland Nummer 1 und wird dies auch bleiben*", versicherte Schmiedel.[523] Den Vorwurf eines CDU-Abgeordneten an Grün-Rot, wenig Ahnung auf diesem Gebiet zu besitzen, konterte Schmiedel, der in jungen Jahren als Saxophonist in Clubs herumgetingelt war, souverän mit dem Hinweis, er habe „*Klarinette im Musikverein Marbach geblasen und stamme aus einer Musikerfamilie*". Auch Regierungschef Kretschmann, der da nicht hintanstehen wollte, outete sich als Bläser: „*Ich habe in zwei Stadtkapellen Posaune geblasen.*" Damit hatte die grün-rote Musikerkoalition der Opposition endgültig den Zahn gezogen.

Zur Lösung des schwelenden Konflikts oder zumindest zur Versachlichung der Debatte einigte sich Grün-Rot auf die Durchführung einer Konferenz aller Beteiligten und Betroffenen in den Stuttgarter Wagenhallen am 16. Oktober 2013.[524] Nach dem Austausch von Konzepten und Kritik sollten dann im Konsens die Weichen zur Umsetzung einer neuen Struktur der Musikhochschulen gestellt werden. Im Jahr 2014 startete das Wissenschaftsministerium schließlich einen Dialogprozess „*Zukunftskonferenz Musikhochschulen*" mit fünf hochkarätig besetzten Symposien, an deren Ende eine Übereinkunft

---

[523] Vgl. zum Folgenden Staatsanzeiger, 25.09.2013, Über Zukunft der Musikhochschulen soll breit diskutiert werden, https://www.staatsanzeiger.de/debatten-im-landtag/ueber-zukunft-der-musikhochschulen-soll-breit-diskutiert-werden/

[524] Vgl. Stuttgarter Zeitung, 16.10.2013, Musikhochschulen: Neue Töne in der Debatte, https://www.stuttgarter-zeitung.de/inhalt.musikhochschulen-neue-toene-in-der-debatte.bc737351-4224-45d2-8656-c85221fb5e62.html

stand.[525] Dazu gehörte der qualitative Erhalt aller Standorte, deren Profil jedoch in weitaus stärkerem Maße durch Arbeitsteilung und Schwerpunktbildung weiterentwickelt werden sollte. Ferner wurden fünf Landeszentren mit jeweils eigenem Schwerpunkt gebildet. Zum Jahresende 2014 war die Reform der Musikhochschulen längst kein Thema mehr für einen ordentlichen politischen Schlagabtausch, sondern verflüchtigte sich immer mehr auf die gepflegte Diskursebene der Fachleute.

Grün-Roter Clinch in der Verkehrspolitik und beim Straßenbau

Unterschiedliche Akzente von Grünen und SPD prallten auch in der *Verkehrs- und Infrastrukturpolitik* aufeinander. Hier standen sich die wachstums- und autokritischen Positionen der Grünen und die „*Wo-der-Bagger-rollt*“-SPD gegenüber. Vor allem der grüne Verkehrsminister *Winfried Hermann* und SPD-Fraktionschef *Claus Schmiedel* rasselten bei diesem Konfliktgegenstand immer wieder aneinander. Die Grünen erweckten bisweilen den Eindruck, dass sie gar keine neuen Bundesfernstraßen mehr bauen wollten. Schmiedel, auch als „*Beton-Schmiedel*“ verhohnepipelt, sah sich Ende Januar 2012 genötigt, eine Lanze für mehr Straßenbau zu brechen.[526] Es sei ein völlig falscher Eindruck, dass Grün-Rot keine neuen Straßen mehr bauen wolle. Allerdings hatte auch Ministerpräsident Kretschmann erklärt, beim Neubau von Bundesfernstraßen müsse Schluss sein mit der „*Versprechenskultur*“ der schwarz-gelben Vorgängerregierung, solange der Bund nicht mehr Geld bereitstelle. Die Grünen setzten eindeutig stärker auf die Sanierung maroder Stra-

---

525 Vgl. die Referate auf https://mwk.baden-wuerttemberg.de/de/hochschulen-studium/hochschullandschaft/hochschularten/kunst-und-musikhochschulen/zukunftskonferenz-musikhochschulen/

526 Vgl. zum Folgenden Die Welt, 24.01.2012, Grün-Rot will mehr Geld für Straßenbau einsetzen, https://www.welt.de/regionales/stuttgart/article13831523/Gruen-Rot-will-mehr-Geld-fuer-Strassenbau-einsetzen.html

ßen, wo es einen erheblichen Investitionsstau gab. Schmiedel indessen versprach, beim Bund „*wie ein Löwe*“ für mehr Mittel zum Neubau zu kämpfen. Das werde er mit dem grünen Verkehrsminister gemeinsam tun. Kritik der CDU wies Schmiedel schroff zurück. Die CDU habe über Jahrzehnte hinweg versagt. Grün-Rot sei dabei, „*Vorkriegszustände zu beheben*“.

Angesichts des hohen Mittelabflusses für den Straßenbau im Jahr 2014 stimmte der SPD-Fraktionschef Ende Januar 2015 gar eine schmeichlerische Lobeshymne auf den grünen Verkehrsminister an. Er zeigte sich „*hochzufrieden*“ und betonte, dass Grün-Rot mehr Straßen als jede Vorgängerregierung baue und erhalte. Dank Grün-Rot könnten die Bagger rollen. „*Für mich ist Verkehrsminister Winfried Hermann ‚Winne, der Straßenbaumeister‘*“, dichtete Schmiedel zur Erheiterung der Koalitionäre in einer Pressemitteilung.[527] Unterm Strich betrachtet waren beim Straßenbau die persönlichen Anfeindungen größer als die Positionsdifferenzen in der Sache. Der Konflikt an sich war sehr gut kompromissfähig. Mit mehr Geld für Neubau und Sanierung stand ein effektives Schmiermittel bereit.

Hohes Konfliktniveau in der grün-roten Wechselkoalition

War nun Grün-Rot eine „*Konfliktkoalition*“, vor der Kretschmann gleich zu Beginn gewarnt hatte? In einer Gesamtbilanz sicherlich nicht, zumal Konflikte gerade in der parlamentarischen Demokratie nicht prinzipiell verdammt und als lästiger Streit verurteilt werden sollten. Konflikte im Sinne von mehr oder weniger großen Positionsdifferenzen sind ein Wesensmerkmal und eine positive Antriebskraft des politischen Wettbewerbs, auch wenn sie in der Bevölkerung und

---

527 Vgl. Pressemitteilung der SPD-Landtagsfraktion, 27.01.2015, https://www.spd-landtag-bw.de/spd-gruen-rot-tut-mehr-fuer-den-strassenbau-als-jede-vorgaenger-regierung/

in den Medien nicht gelitten sind und oft negativ überzeichnet werden. Zu bunt sollten die Akteure es indessen auch nicht treiben, denn die politische Kultur in Deutschland ist stark korporatistisch geprägt und konsensual ausgerichtet.

Hinzu kommt, dass im geneigten Publikum mit hoher Aufmerksamkeit darauf geachtet wird, welcher Ton die Musik macht. Berücksichtigt werden sollte aber auch, dass in jeder Koalition der Regierungsalltag zu völlig normalen Differenzen in den zahlreichen komplexen Abstimmungsprozessen etwa zwischen bei einem Thema beteiligten Ministerien führt. Von Vorteil ist allerdings für das Image einer Regierung, wenn diese Differenzen möglichst geräuschlos in den Hinterzimmern geregelt und nicht über die Instrumentalisierung von Journalisten (Motto: „*Unserer Redaktion liegt da ein koalitionsinterner Referentenentwurf vor*") auf dem offenen Markt ausgefochten werden.

In der grün-roten Koalition waren die Positionsdifferenzen sehr vielfältig, aber in vielen Fällen nicht besonders groß – von S21 einmal abgesehen. Trotzdem konnte die Art der Konflikte eine fruchtbare Bearbeitung erschweren oder erleichtern. Auch der personelle Faktor sollte in der Konfliktbearbeitung nicht unterschätzt werden. Es macht schon einen Unterschied, welche Naturelle man als Schlichter in einer ohnehin aufgeheizten Stimmung aufeinander loslässt.

Nach der Betrachtung einiger Fälle des grün-roten Regierungshandelns mussten wir feststellen, dass das Konfliktniveau in der Koalition über die gesamte Strecke der Legislaturperiode von 2011 bis 2016 trotz unterm Strich nur mäßiger Positionsdifferenzen überraschend hoch war und auch der Konfliktaustrag viel zu oft gereizt verlief und nicht dem Stil von ziemlich guten Freunden entsprach. Auf vielen Politikgebieten überwogen durchaus gemeinsame Überzeugungen, aber es mangelte an etwas, „*was auch ganz hilfreich wäre: an Sympathie.*"[528] Am Kabinettstisch war die Stimmung ganz gut, aber in den Landtagsfraktionen gab es „*noch Leute, die lieber allein zu Mittag essen als am selben Tisch mit dem Koalitionspartner*". Viele Abgeordnete regierten gerne mit den Grünen zusammen, aber die anderen vielen bliesen immer noch Trübsal angesichts des „*Betriebsunfalls*" bei der Landtagswahl 2011. Die schlechte Stimmung innerhalb von Grün-Rot nahm zu, je mehr sich in den Meinungsumfragen der Abstand zwischen den beiden Parteien vergrößerte – und die SPD und ihre Landtagsfraktion wie Regierungsmitglieder deshalb krampfhaft noch mehr eigenes Profil unter Beweis stellen wollten.

---

[528] Vgl. Süddeutsche Zeitung, 27.03.2013, Zündeln in der Konfliktkoalition, https://www.sueddeutsche.de/politik/zwei-jahre-gruen-rot-in-baden-wuerttemberg-zuendeln-in-der-konfliktkoalition-1.1634279

Auswahl von lustigen und politisch doch brisanten Eskapaden des SPD-Fraktionschefs Claus Schmiedel

Zunächst eine kleine Vorbemerkung: SPD-Fraktionschef *Claus Schmiedel* fand in den letzten Kapiteln schon mehrfach Erwähnung in der einen oder anderen Rolle. Fakt war immer, dass er als Sozialdemokrat durch und durch agierte und mit seiner scheinbar egozentrischen Attitüde „*Ich bin ich*" nichts anderes im Sinn hatte, als das Profil der SPD zu schärfen und zu stärken und dadurch die Partei letztlich wieder nach vorne zu bringen.

Schmiedel war ein prinzipienfestes Original, kein Luftikus mit der Fahne im Wind. Jeder, der sich mit ihm im Landtag und sonst wo anlegte, ahnte sofort, dass er schlechte Karten hatte. Er war im Hauen und Stechen des politischen Wettbewerbs mit allen Wassern gewaschen und überdies auf fast allen Themenfeldern bewandert. Und als Redner eine echte Stimmungskanone, natürlich auch ein Heißsporn. Von seiner eigenen Meinung war Schmiedel in der Regel total überzeugt, so dass Widerspruch und Kritik meistens an ihm abprallten. Auch seine Beratungsfähigkeit hielt sich deshalb in Grenzen. Dem gegenüber stand das ständige Sprudeln von Ideen quer durch den politischen Gemüsegarten. Wenn Schmiedel ins Büro des Fraktionsvorsitzenden kam, hieß das für viele hauptamtliche Berater und, sofern anwesend, für die fachlich zuständigen Abgeordneten immer „*Kurze Sitzung, es gibt neue Projekte*".

Für die einen war Schmiedel innerhalb des Regierungsbündnisses eine tickende Zeitbombe und der „*rote Quälgeist*"[529] – aus seiner Sicht vielleicht sogar eine Auszeichnung –, für die anderen der

[529] Vgl. Kontextwochenzeitung, 24.04.2013.

clevere, stets kampfbereite Haudegen der SPD für das Gelingen der grün-roten Sache. Für die einen war er ein narzisstischer Egozentriker, der überall nur Sand ins Getriebe streute, für die anderen war er der konstruktive Krisenmanager, der hier und dort im grün-roten Maschinenraum leise und effektiv Stolpersteine aus dem Weg räumte.[530]

Es gab allerdings auch einige erwähnenswerte Fälle, bei denen mit Schmiedel der Gaul durchging oder er auf dem falschen Fuß erwischt wurde. Im Kern waren es politische Alleingänge der besonderen Art. Die schauen wir uns nun kurz näher an. Festhalten kann man schon einmal, dass die eine oder andere Eskapade Schmiedel wohl als Fraktionsvorsitzendem das Genick gebrochen hätte, sofern ihm ein ernstzunehmender, starker und ambitionierter Herausforderer im Nacken gesessen hätte, was aber nicht der Fall war. Ein zündelnder Putschist mit dem Zeug zur Mehrheitsfähigkeit in der Fraktion stand nicht in den Startlöchern, und seine Stellvertreter konnte ein politisches Kaliber wie Schmiedel sowieso in der Pfeife rauchen.

Beschimpfung der Schweiz als „Schurkenstaat“

In einer Landtagsdebatte bereits am 14. April 2010 über den umstrittenen Ankauf von Steuersünder-CDs verglich SPD-Fraktionschef *Claus Schmiedel* die Schweiz mit einem „*Schurkenstaat*“, weil sie Steuerhinterzieher durch das Bankgeheimnis schütze. So lade die Schweiz Diktatoren und Verbrecher ein, ihr Blutgeld sicher anzule-

---

[530] Im Interview vom 08.12.2022 mit dem Verfasser sagte der SPD-Fraktionsvorsitzende Andreas Stoch zum Agieren seines Vorgängers: „*Claus Schmiedel hat innerhalb der grün-roten Koalition lösungsorientierter gewirkt als viele vermuten. Zusammen mit seiner grünen Kollegin Edith Sitzmann hat er so manche Hürde intern geräuschlos aus dem Weg geräumt.*“

gen, tadelte Schmiedel.[531] Der CDU/FDP-Landesregierung warf er vor, ihrerseits Steuerhinterziehung zu begünstigen, weil sie die angebotenen Steuersünderdaten nicht kaufe.

Bereits in der Plenarsitzung einen Tag später ruderte Schmiedel kleinlaut zurück und entschuldigte sich für das „*Schurkenstaat*"-Attribut: „*Das war falsch*". Er bedauere diese Formulierung und nehme sie zurück: „*Ich entschuldige mich dafür bei den Schweizer Bürgerinnen und Bürgern, die sich dadurch zu Recht beleidigt fühlen*".[532] Seine Kritik am Schweizer Bankgeheimnis, das Steuerbetrügern nütze, hielt Schmiedel dagegen aufrecht: „*Es kann nicht sein, dass es innerhalb Europas eine Fluchtburg für Steuerhinterzieher aus allen Ländern, auch aus Baden-Württemberg gibt.*" Er kündigte an, sich noch am Nachmittag des 15. April 2010 mit dem Schweizer Generalkonsul *Hans Dürig* zu einer Aussprache zu treffen. Dieser nahm Schmiedels Entschuldigung an und erklärte die Sache als „*damit vom Tisch*". Der baden-württembergische SPD-Fraktionsvorsitzende erhöhte durch die Entgleisung seinen überregionalen Bekanntheitsgrad und schaffte es sogar in die „*Harald-Schmidt-Show*".

Plädoyer für die Schaffung einer Bundessteuerverwaltung

Anfang Mai 2012 regte SPD-Fraktionschef *Claus Schmiedel* an, die Steuerverwaltung komplett auf den Bund zu übertragen und dadurch Personalkosten einzusparen. „*Das wäre ein richtig großer Be-*

---

[531] Vgl. Stuttgarter Nachrichten, 14.04.2010, Schmiedel nennt Schweiz „Schurkenstaat", https://www.stuttgarter-nachrichten.de/inhalt.hitzige-debatte-schmiedel-nennt-schweiz-schurkenstaat.acbc8c51-293c-4b58-8017-3096c34c1b48.html

[532] Vgl. Stuttgarter Zeitung, 15.04.2010, Schmiedel entschuldigt sich: Schweiz doch kein Schurkenstaat, https://www.stuttgarter-zeitung.de/inhalt.schmiedel-entschuldigt-sich-schweiz-doch-kein-schurkenstaat.b0857e8d-1440-49cc-bf50-6939c385efec.html; ferner swissinfo, 15.04.2010, Deutscher Politiker entschuldigt sich für Schurkenstaat-Aussage, https://www.swissinfo.ch/ger/deutscher-politiker-entschuldigt-sich-fuer-schurkenstaat-aussage/8682748

freiungsakt", war Schmiedel überzeugt. Sein Parteifreund, Wirtschafts- und Finanzminister *Nils Schmid*, erteilte dem Vorschlag allerdings eine argumentativ brottrockene, kühle Abfuhr.[533] Die Landesregierung werde eine Bundessteuerverwaltung nicht unterstützen. Es ließen sich hierdurch keine Kostenentlastungen erzielen. Wenn die Länder die Steuerverwaltung aufgäben, wären sie im Bundesrat „*abgeschnitten von der steuerpolitischen Gesetzgebung und dem Bund mit Haut und Haar ausgeliefert*".

Ministerpräsident Kretschmann wies den Vorstoß ebenfalls zurück. Eine Bundessteuerverwaltung sei in zwei Föderalismuskommissionen verhandelt worden, jedoch politisch nicht mehrheitsfähig gewesen. Schmid vergaß nicht zu betonen, dass Schmiedels Initiative nicht mit ihm oder der Landtagsfraktion abgestimmt worden sei. Er sei aber „*unendlich dankbar*", fügte der SPD-Finanzminister leicht hämisch hinzu, „*dass Schmiedel einen Vorschlag zu mehr Einsparungen gemacht hat und nicht für mehr Ausgaben.*" In der SPD-Landtagsfraktion war man über den Chef ebenfalls not amused. Man vernahm zu Schmiedel das launige Verständnis, „*nicht jeder Schuss könne ein Treffer sein.*" Auch der Steuerzahlerbund und der Beamtenbund ließen Schmiedels Idee ins Leere laufen. Beamtenbund-Landeschef *Volker Stich* verlieh ihr gar das Prädikat „*ordentliche Schaunummer*".

---

533 Vgl. Stuttgarter Zeitung, 08.05.2012, Vorschlag zur Steuerverwaltung: Schmid rüffelt Schmiedel, https://www.stuttgarter-zeitung.de/inhalt.vorschlag-zur-steuerverwaltung-schmid-rueffelt-schmiedel.44479e44-470b-47e7-bd6b-134d30541b0a.html; ferner Die Welt, 08.05.2012, Regierung erteilt Schmiedels Steuersparplänen eine Abfuhr, https://www.welt.de/newsticker/news3/article106274308/Regierung-erteilt-Schmiedels-Steuersparplaenen-eine-Abfuhr.html; Die Welt, 08.05.2012, Steuerzahler- und Beamtenbund wenig begeistert von SPD-Sparvorschlägen, https://www.welt.de/newsticker/news3/article106271495/Steuerzahler-und-Beamtenbund-wenig-begeistert-von-SPD-Sparvorschlaegen.html

Absage an den „Einheitslehrer"

Ende Mai 2013 verpasste SPD-Fraktionschef *Claus Schmiedel* einer einheitlichen Ausbildung aller Lehrerberufe für die weiterführenden Schulen mit mehr Fachwissen, mehr Pädagogik und mit einer sonderpädagogischen Grundqualifikation eine Beerdigung erster Klasse.[534] Obwohl eine von der grün-roten Landesregierung bestellte unabhängige, hochrangige Expertenkommission im Kern genau diesen Weg vorgezeichnet hatte, zückte Schmiedel das Stoppsignal. „*Es ist eine besondere Qualifikation für die Sekundarstufe II erforderlich*", meinte er.[535] Es sei ein Unterschied, ob Pädagogen ihre Schüler auf eine Berufsausbildung oder die Universität vorbereiten müssen. Also sei es ein „*Gebot der Vernunft*", die Ausbildung auseinanderzuhalten.

Der grüne Koalitionspartner fühlte sich in seinen Reformbestrebungen ausgebremst, erst recht die für die Lehrerausbildung zuständige grüne Wissenschaftsministerin *Theresia Bauer*. Beifall für seine Position erntete Schmiedel von der Opposition und den Bildungsverbänden innerhalb des Beamtenbunds.[536] Auf ganzer Linie enttäuscht zeigte sich freilich die Gewerkschaft Erziehung und Wissenschaft (GEW). Deren Landesvorsitzende *Doro Moritz* beklagte, „*dass die Landesregierung nicht den Mut hat, die Empfehlungen umfassend umzusetzen*".[537] Die empfohlene Neustrukturierung „*hätte*

---

[534] Vgl. Stuttgarter Zeitung, 25.05.2013, Eigene Ausbildung für Gymnasiallehrer: SPD lehnt Einheitslehrer ab, https://www.stuttgarter-zeitung.de/inhalt.eigene-ausbildung-fuer-gymnasiallehrer-spd-lehnt-einheitslehrer-ab.cd974d74-a347-4f1d-a1d2-6fc08d3fe245.html

[535] Vgl. Schwäbische, 24.05.2013, Baden-Württembergs SPD ist gegen Einheitslehrer, https://www.schwaebische.de/regional/baden-wuerttemberg/baden-wuerttembergs-spd-ist-gegen-einheitslehrer-883478

[536] Vgl. Stimme, 26.05.2013, Beamtenbund lobt Schmiedel für Position gegen Einheitslehrer, https://www.stimme.de/ueberregional/baden-wuerttemberg/nachrichten/pl/beamtenbund-lobt-schmiedel-fuer-position-gegen-einheitslehrer-art-2809059

die angestrebten Schulreformen nachhaltig unterstützt". Die GEW wie auch die Bildungsexperten der Grünen warnten vor einem Abspecken gerade bei der Lehrerbildungsreform, die andernfalls das dreigliedrige Schulsystem zementiere und die Gemeinschaftsschule im Regen stehen lasse.

In der ganzen strittigen Diskussion befand sich das sozialdemokratisch geführte Kultusministerium weitgehend auf Tauchstation, und auch das grüne Wissenschaftsministerium verhielt sich arg wortkarg. Ende November 2013 war die Kuh nach mühsamen Aushandlungsprozessen zwischen den betroffenen Ministerien und den beiden Regierungsfraktionen vom Eis. Die Grünen schwenkten im Großen und Ganzen auf den von Schmiedel vorgegebenen Kurs ein.[538] Wie man das fachlich auch immer bewerten mag, die Radikalität der grün-roten Bildungsreformen bekam einen kräftigen Dämpfer verpasst.

Abwatschen von Lehrerverbänden als „Heulsusen"

Angesichts sinkender Umfragewerte für die SPD machte Fraktionschef *Claus Schmiedel* Ende Mai 2013 die Lehrerverbände im Beamtenbund für den Dauerbeschuss gegen die grün-rote Bildungspolitik verantwortlich.[539] Die Bürger nähmen in der Schulpolitik ein hohes Maß an Unsicherheit wahr. Anstatt aber sich an die eigene Nase zu fassen, warf Schmiedel den Lehrerverbänden im Beamtenbund vor,

---

[537] Vgl. den extrem kritischen Artikel in Kontextwochenzeitung, Ausgabe 141, 11.12.2013, Reform des Lehramts: setzen, sechs!, https://www.kontextwochenzeitung.de/politik/141/reform-des-lehramts-setzen-sechs-1888.html

[538] Vgl. Focus, 19.11.2013, Einheitliche Ausbildung aller Lehrer wohl vom Tisch, https://m.focus.de/regional/baden-wuerttemberg/bildung-einheitliche-ausbildung-aller-lehrer-wohl-vom-tisch_id_2846725.html

[539] Vgl. zum Folgenden Die Welt, 22.05.2013, Schmiedel beschimpft Lehrer als „Heulsusen", https://www.welt.de/regionales/stuttgart/article116431010/Schmiedel-beschimpft-Lehrer-als-Heulsusen.html

diese Unsicherheit bewusst zu schüren. Der ehemalige Berufsschullehrer kanzelte diese als *„Heulsusen“* ab, und stellte sich damit prominent in die unheilvolle Tradition des gehobenen Lehrer-Bashings von Schröders *„faule Säcke“* bis Oettingers *„faule Hunde“*. Schmiedel tadelte einzelne Verbände für verhärtete Positionen und eine Abwehrhaltung, die keine produktive Zusammenarbeit erlaube. Der *VBE* und der *Philologenverband* wiesen die *„Heulsusen“*-Attacke von Schmiedel aufs Schärfste zurück und warfen der SPD vor, damit nur von eigenen Fehlern in der Schulpolitik ablenken zu wollen.[540]

Dass Schmiedel mit seiner Kritik nicht den einzelnen Lehrer im Visier hatte, sondern „nur“ Lehrerverbände und zwar diejenigen im Beamtenbund, ging natürlich an jedem Stammtisch völlig undifferenziert unter und war deshalb auch völlig ungeeignet, die Zustimmungswerte für die SPD in der Bildungspolitik und überhaupt wieder in die Höhe zu treiben. Die Wortwahl Schmiedels hatte von Anfang an das Zeug zum Rohrkrepierer. Intern wurde Schmiedel wieder einmal zu Recht ins Stammbuch geschrieben, dass es sehr schnell geht, Vertrauen zu verlieren, aber äußerst langwierig ist, Vertrauen wiederaufzubauen. SPD-Kultusminister *Andreas Stoch*, der sich gerade für eine neue sachliche Dialogorientierung im Bildungsbereich abstrampelte, dürfte bei der Lektüre des morgendlichen Pressespiegels in die Kante seines Schreibtisches gebissen haben.

---

540 Vgl. Philologenverband Baden-Württemberg, 24.05.2013, PhV BW weist „Heulsusen“-Angriff des SPD-Fraktionsvorsitzenden Schmiedel auf die Lehrerverbände im Beamtenbund scharf zurück, https://www.phv-bw.de/pm-15-13/; Pressemeldung des VBE Baden-Württemberg, 11.06.2013, Nur „Heulsusen“ und „Miesmacher“ in der Lehrerschaft?, https://www.vbe-bw.de/pressemeldungen/nur-heulsusen-und-miesmacher-in-der-lehrerschaft/

Strafbefehl wegen Steuerhinterziehung

Das Stuttgarter Amtsgericht verurteilte SPD-Fraktionschef *Claus Schmiedel* im März 2014 zu einer Geldstrafe in Höhe von 17.500 Euro. Was war passiert?[541] Schmiedel hatte die Abgabefrist für seine Steuererklärung 2008 um vier Jahre überzogen. Der SPD-Fraktionschef erklärte dazu, er habe damals Probleme mit seinem Steuerberater gehabt und danach die Abgabe der Steuererklärung, als er diese selbst in die Hand nehmen wollte, „*verschlampt*". Das, so Schmiedel, hätte ihm nicht passieren dürfen. Dafür kassierte er vom Gericht einen Strafbefehl in Höhe von 70 Tagessätzen. Ab 91 Tagessätzen gilt man als vorbestraft. Schmiedel beglich seine Steuerschuld samt Säumniszuschlägen natürlich umgehend und gestand kleinlaut ein, dass „*ich daraus meine Lehren gezogen habe. Ich wollte und konnte dem Staat Steuern nicht vorenthalten, sehe aber ein, dass die Rechtsprechung mein Verhalten als Steuerhinterziehung wertet.*" Auf Antrag der Staatsanwaltschaft hatte der Ständige Ausschuss des baden-württembergischen Landtags zuvor die Immunität Schmiedels als Abgeordneter aufgehoben.

Es grenzte wahrlich an ein Wunder, dass die CDU/FDP-Opposition und die Boulevardpresse den Vorfall zwar kritisch aufspießten, aber beileibe nicht konsequent weiter skandalisierten. Andernfalls hätte Schmiedel wohl seinen Kopf nicht mehr aus der Schlinge ziehen können, zumal es auch in der Landtagsfraktion deutlich vernehm-

---

[541] Vgl. zum Folgenden Spiegel, 16.03.2014, Schmiedel zahlt Strafe wegen Steuerhinterziehung, https://www.spiegel.de/politik/deutschland/steuerhinterziehung-bawue-spd-fraktionschef-schmiedel-zahlt-strafe-a-958920.html; Zeit Online, 23.01.2014, Ermittlungen gegen SPD-Fraktionschef Schmiedel, https://www.zeit.de/politik/deutschland/2014-01/landtag-immunitaet-schmiedel; Stuttgarter Zeitung, 16.12.2013, Verdacht auf Steuerhinterziehung: Staatsanwalt ermittelt gegen SPD-Politiker Claus Schmiedel, https://www.stuttgarter-zeitung.de/inhalt.verdacht-auf-steuerhinterziehung-staatsanwalt-ermittelt-gegen-spd-politiker-claus-schmiedel.8995e188-41a5-4e7b-9da8-5dd1fa2ea634.html

bar rumorte. Rücktrittsforderungen erhob allerdings niemand in der SPD, auch aus den Reihen der Grünen nicht. Kretschmann sprach zwar von einem „*schweren Fehler*" Schmiedels, sah aber nicht, „*dass der Fraktionschef nicht mehr tragbar wäre.*"[542] So blieb es am Ende dabei, dass die Glaubwürdigkeit der SPD als Partei im Kampf gegen Steuerhinterziehung komplett ruiniert war, und zwar durch ein dummes Missgeschick des Fraktionschefs höchstpersönlich.

Lanze für eine neue Entspannungspolitik mit Russland

Im Spätsommer 2015 verstieg sich Schmiedel zu einer völlig schrägen Initiative. Er verlangte einen SPD-Parteikonvent zur Überprüfung der deutschen Russlandpolitik samt den laufenden Sanktionen.[543] Das war eineinhalb Jahre nach der Besetzung und Annexion der Krim durch Putins Russland wahrlich ein absurder, ja geradezu makabrer und weltfremder Vorstoß. Natürlich gehört es in der SPD als „*Friedenspartei*" zum guten Ton in jeder noch so banalen, gelegentlich auch peinlichen Äußerung zur Sicherheits- und Außenpolitik, die Tradition der Ost- und Entspannungspolitik von *Willy Brandt* zu bemühen, ja regelrecht zu beschwören. Das tat natürlich auch Schmiedel. Einem weiteren Drehen an der Sanktionsspirale erteilte er eine entschiedene Absage. Bereits beschlossene Sanktionen müssten auf den Prüfstand. Irgendein auch nur entfernt

---

542 Vgl. Stuttgarter Zeitung, 18.03.2014, Trotz Steueraffäre: Grün-Rot hält an Schmiedel fest, https://www.stuttgarter-zeitung.de/inhalt.trotz-steueraffaere-gruen-rot-haelt-an-schmiedel-fest.163218b0-a1a6-4c6f-b9b2-0270b2a8f86e.html; Die Welt, 18.03.2014, Regierungsspitze hält an Schmiedel fest, https://www.welt.de/regionales/stuttgart/article125932864/Regierungsspitze-haelt-an-Schmiedel-fest.html

543 Vgl. Stuttgarter Zeitung, 18.09.2015, Claus Schmiedel sucht das Gespräch mit Russland: In der Tradition der Ostpolitik, https://www.stuttgarter-zeitung.de/inhalt.claus-schmiedel-sucht-das-gespraech-mit-russland-in-der-tradition-der-ostpolitik.e9eb1984-0729-499a-9308-f93976bca399.html; Focus Online Regional, o. D., Bericht: Schmiedel fordert Parteikonvent zur Russlandpolitik, https://www.focus.de/regional/ulm/parteien-bericht-schmiedel-fordert-parteikonvent-zur-russlandpolitik_id_4393807.html

realistischer, umsetzbarer Plan im Umgang mit den offen revisionistischen, aggressiven Bestrebungen Russlands war freilich nicht erkennbar.

Schmiedel hatte bei seinem aberwitzigen Vorschlag offenbar nicht auf dem Schirm, was die spezifischen historischen Bedingungen der Brandt'schen Ostpolitik waren. Dazu gehörte, dass diese fest im westlichen Bündnis verankert und durch die westlichen Siegermächte gedeckt war, auf robuster Abschreckung und Verteidigung, aber auch auf Gewaltverzicht und Unverletzlichkeit der bestehenden Grenzen fußte und eine Anerkennung der Ergebnisse des Zweiten Weltkrieges im Auge hatte bei gleichzeitigem Offenhalten der deutschen Frage.

Nach der völkerrechtswidrigen Annexion der Krim durch Russland und vorausgegangenen militärischen Interventionen in Tschetschenien und Georgien wie auch erkennbarer Destabilisierung der Republik Moldau warf freilich für aufgeweckte (Zeit)Genossen die „*Zeitenwende*" des Jahres 2022 ihren Schatten bereits unübersehbar voraus.[544] Das bewusst vielfältig interpretierbare entspannungspolitische Paradigma „*Wandel durch Annäherung*" hatte sich womöglich gedreht in ein neuartiges antirussisches Containment mit der Devise „*Annäherung durch Wandel*". Und ein solcher war hinten und vorne nicht absehbar in einem Russland, in dem Putin nach innen einen immer repressiveren autoritären Kurs fuhr und nach außen offen

---

544 In einer sicherheitspolitischen Grundsatzrede am 18.10.2022 hat schließlich SPD-Parteichef Lars Klingbeil mutig und offen selbstkritisch die Prämissen der deutschen Russland-Politik hinterfragt, Fehler eingeräumt und eingestanden, dass europäische Sicherheit künftig vor, ja gegen Putins aggressiven Revisionismus organisiert werden muss; vgl. https://www.spd.de/fileadmin/Dokumente/Reden/20221018_Rede_LK.pdf

revanchistische, ja expansionistische Ziele verfolgte mit der Bereitschaft, dafür auch militärische Gewalt anzuwenden und alle vertraglichen Verpflichtungen seit der KSZE in die Tonne zu treten, von der NATO-Russland-Grundakte aus dem Jahr 1997 ganz zu schweigen.

Solche realpolitischen Einsichten in die sich radikal ändernden Bedingungen für eine stabile europäische Sicherheitsordnung kümmerten Schmiedel indessen nicht. Ihm ging es allein um die sichtbare Profilierung der SPD als „*Friedenspartei*". Die Forderung verlief aber letztlich irgendwo im Sand. SPD-Chef *Nils Schmid* zeigte sich ob der Schmiedel'schen Einlassungen intern hochgradig irritiert und *Peter Friedrich*, der SPD-Landesminister für internationale Angelegenheiten, schaltete den virtuellen Scheibenwischer ein.

Gemeinsame Sache mit der CDU in der Flüchtlingspolitik

Ende September 2015 tauchte ein „*Roter Überraschungsgast bei den Schwarzen*"[545] auf einer Pressekonferenz des CDU-Spitzenkandidaten zur Landtagswahl *Guido Wolf* auf. Es war kein Geringerer als SPD-Fraktionschef *Claus Schmiedel*, der in der Flüchtlingspolitik gemeinsame Sache mit der CDU schmiedelte. „*CDU-ler zu sein ist keine ansteckende Krankheit*", rechtfertigte Schmiedel wenig einfallsreich seinen Auftritt mit CDU-Spitzenkandidat Wolf. Beide Politiker kündigten eine gemeinsame *Aktuelle Debatte* zur *Flüchtlingspolitik* im Landtag an, gewiss ein historisches Novum in der Zusammenarbeit zwischen einer Regierungs- und Oppositionsfraktion. Nach außen sprachen die Grünen und deren gutmütige Fraktionschefin *Edith Sitzmann* von einem „*ungewöhnlichen*" Vorgang, fühlten sich aber

---

[545] Vgl. Stuttgarter Zeitung, 21.09.2015, Roter Überraschungsgast bei den Schwarzen, https://www.stuttgarter-zeitung.de/inhalt.asylpolitik-in-baden-wuerttemberg-roter-ueberraschungsgast-bei-den-schwarzen.4820c027-50e1-4a6a-b182-13f90ae0eac4.html

in Wirklichkeit bis ins Mark getroffen und tobten. Innerhalb von Grün-Rot wackelten die Wände wieder einmal ganz gewaltig, In Bezug auf Schmiedel seien „*Worte gefallen, die ich noch nie gehört habe*"[546], soll ein Regierungsbeamter die aufgeheizte Stimmung in der landespolitischen Führungsriege beschrieben haben, und er hatte damit keine Lobeshymnen gemeint.

SPD-Fraktionschef *Claus Schmiedel* gab dann auch zu Beginn der mehr als zweistündigen Debatte im Landtag zu, wegen seines Schulterschlusses mit CDU-Fraktionschef *Guido Wolf* „*im Feuer der Grünen, aber auch in der Kritik der eigenen Partei*" zu stehen.[547] Wolf dankte seinem SPD-Kollegen für den außergewöhnlichen Schritt. Dies sei „*kein politischer Gag, kein Schauspiel, sondern der Ausdruck eines überparteilichen Signals*", beteuerte der CDU-Mann. Doch in der Debatte wurde dieses Signal mit den bekannten gegensätzlichen Positionen zerfleddert. Schmiedel verlangte von der CDU ein uneingeschränktes Bekenntnis zum Grundrecht auf politisches Asyl und warnte vor einer Haltung, die von Armut betroffene Deutsche gegen sozialleistungsberechtigte Flüchtlinge ausspiele.

Am Ende der Debatte blieb es immer noch sein persönliches Geheimnis, welches Signal Schmiedel mit seinem gemeinsamen Auftritt mit dem CDU-Spitzenkandidaten wenige Monate vor der Landtagswahl 2016 eigentlich aussenden wollte. In seiner eigenen

---

[546] Vgl. Stuttgarter Nachrichten, 23.09.2015, Flüchtlinge in Baden-Württemberg: Wenn Parteipolitik plötzlich wurst ist, https://www.stuttgarter-nachrichten.de/inhalt.fluechtlinge-in-baden-wuerttemberg-wenn-parteipolitik-ploetzlich-wurst-ist.d99919be-c03d-4eda-a35e-8a22634a1c25.html

[547] Vgl. Staatsanzeiger, 23.09.2015, Landtag debattiert über Flüchtlingspolitik, https://archiv.staatsanzeiger.de/staatsanzeiger/debatten-im-landtag/nachricht/?tx_ttnews%5Btt_news%5D=2746&cHash=632e559e00e48fb89fffba2cce7ef975

Fraktion wurde es jedenfalls durchgängig als *„völlig falsches Signal“*[548] eingestuft. Wieder einmal wurde Schmiedel hinter verschlossenen Türen gehörig der Kopf gewaschen. *„Ein typischer Schmiedel“*, hieß es, und ohne Rücksicht auf die Wirkung *„mal wieder Wirbel“* machen, so der Vorwurf. Konsequenzen blieben aus.

Ein Kommentar in der *Rhein-Neckar-Zeitung*[549] konnte keinen echten, parteiübergreifenden Schulterschluss für eine gemeinsame, ergebnisorientierte Flüchtlingspolitik feststellen. Wolf und Schmiedel hätten der Flüchtlingspolitik im Land einen Bärendienst erwiesen. Sie verspielten leichtfertig ihre Glaubwürdigkeit – ein wichtiges Gut, wolle man von der Entwicklung verunsicherte Bürger nicht an Populisten am rechten Rand verlieren. Genau so wird man den Vorgang unterm Strich wohl bewerten müssen.

Feinstaubalarm in Stuttgart juckt SPD-Fraktionschef nicht

Den Feinstaubalarm in Stuttgart zu Beginn des Jahres 2016 empfand SPD-Fraktionschef *Claus Schmiedel*, seines Zeichens Diesel-Fahrer, als eine feine Sache, denn *„ich kam völlig problemlos durch“*.[550] Er habe eine schwere Tasche zu tragen und eine Reihe von Terminen gehabt, die ohne Auto nur schwierig abzudecken gewesen seien,

---

[548] Vgl. Stimme, 22.09.2015, SPD-Fraktion übt scharfe Kritik an ihrem Chef Schmiedel, https://www.stimme.de/ueberregional/baden-wuerttemberg/nachrichten/pl/spd-fraktion-uebt-scharfe-kritik-an-ihrem-chef-schmiedel-art-3468872; Stuttgarter Zeitung, 21.09.2015.

[549] Vgl. Presseportal, 21.09.2015, RNZ: Seltsames Signal, https://www.presseportal.de/en/pm/66730/3127990

[550] Vgl. Stuttgarter Nachrichten, 20.01.2016, Schmiedel und der Feinstaub: SPD-Fraktionschef und Landtag fahren Diesel, https://www.stuttgarter-nachrichten.de/inhalt.schmiedel-und-der-feinstaub-spd-fraktionschef-und-landtag-fahren-diesel.9661bedd-7938-4c17-aa0b-cf297d7159ea.html; Pforzheimer Zeitung, 18.01.2016, Feinstaubalarm - SPD-Chef Schmiedel fährt trotzdem Auto, https://www.pz-news.de/baden-wuerttemberg_artikel,-Feinstaubalarm-SPD-Chef-Schmiedel-faehrt-trotzdem-Auto-_arid,1072724.html

rechtfertigte sich Schmiedel. Bei den Genossen kam der flotte Spruch nicht so gut an. „*Saublöd*“ sei die Bemerkung gewesen, urteilte *Martin Körner*, SPD-Fraktionschef im Stuttgarter Gemeinderat. „*Unsensibel, nicht witzig, er kennt wohl die Stimmungslage in Stuttgart nicht*“, befand ein anderer Genosse.

Rahmenbedingungen und Ausgangslage für die SPD vor der Landtagswahl am 13. März 2016

Trotz gelegentlichem Sand im koalitionsinternen Getriebe genoss die neue grün-rote Landesregierung in der Bevölkerung rasch eine hohe Anerkennung. Selbst bei den Anhängern anderer Parteien erfreute sich Grün-Rot einer großen Beliebtheit. Sogar bei den Vorlieben für künftige Koalitionsmodelle lag Grün-Rot vor Grün-Schwarz und Schwarz-Grün. In keiner der denkbaren Regierungskonstellationen war jedoch eine führende Rolle der SPD gewünscht, was den Chefstrategen in der SPD-Zentrale zu denken geben musste. Angst vor zu radikalen Veränderungen gab es freilich nicht, und Grün-Rot vermied auch jeden Anschein, dass solche angestrebt werden. Lange Zeit sah es so aus, als könnten Grüne und SPD ihr Regierungsbündnis nach 2016 fortsetzen. Das war zumindest auch das nach außen vermittelte Ziel, für die SPD natürlich verbunden mit der Absicht, die verhasste Juniorrolle abzustreifen und auf Rot-Grün umzustellen.

Die Betrachtung von Umfragewerten im Zeitraum von 2011 bis 2016 ergibt ein differenziertes Bild, allerdings mit der Kernbotschaft, dass die Regierung und Ministerpräsident Kretschmann ihre Beliebtheit kontinuierlich steigern konnten. Es ging nicht nur um einen vielschichtigen Persönlichkeitsfaktor, der von großer Glaubwürdigkeit und Sympathie quer durch alle Wählerschichten zeugte, sondern auch um einen strukturellen Mechanismus im Verhältnis von politischen Akteuren zur führenden Regierungspartei und zum Regierungschef. Mit dem Song von *ABBA* aus dem Jahr 1980 könnte man zuspitzend und vereinfachend sagen „*The Winner Takes It All*". Die SPD sackte hingegen immer mehr ab und erwies sich arithmetisch zuletzt als Hemmschuh für eine Fortsetzung der Koalition. Werfen wir dazu einen Blick auf wenige ausgewählte Umfragen und deren Werte.[551]

Zunächst sah es für die SPD gar nicht so übel aus. Bis September 2015 konnte sie Werte zwischen 18% und 22% erzielen, was zwar kein Aufschwung war, aber im Vergleich zum Abschneiden bei der Landtagswahl 2011 auch keinen Absturz bedeutete. Das änderte sich spätestens zum Jahreswechsel. Die SPD dümpelte dann bis zur Wahl 2016 nur noch mit Werten zwischen 12% und 16% dahin. Die Grünen enteilten der SPD im Laufe der Legislaturperiode in immer weitere Entfernung. Die Augenhöhe geriet da sehr schnell außer Augenweite. Die Grünen blieben auch nach 2011 stabil bei einem Resultat von über 22% mit – von einigen Löchern abgesehen – stetig steigender Tendenz, die in Richtung der Landtagswahl 2016 bereits auf bis 32% zusteuerte und die Hoffnung wie Chance befeuerte, vor der CDU auf Platz 1 zu landen. Was aber lief bei der rechtspopulistischen AfD? Bis zum Jahresende 2015 schien sich trotz anwachsender Flüchtlingszahlen und der damit verbundenen praktischen Probleme in den Kommunen keine größere Gefahr abzuzeichnen, denn die AfD verharrte bei mäßigen 5% bis 7%. Das änderte sich ab dem Jahr 2016 grundlegend: Die AfD erzielte nun bereits Zustimmungswerte von 10% bis 12%, und ließ Wahlforscher mutmaßen, dass sie sich gegen die SPD schon im Überholvorgang befand.

Vor der Landtagswahl im Jahr 2016 waren stolze 70% mit der Arbeit der grün-roten Koalition zufrieden. Das ist einer der besten Werte, der jemals für eine amtierende Landesregierung gemessen wurde. Und diese Zustimmung hatte ihre Wurzel in einem für die SPD bru-

---

[551] Vgl. die Zahlen aller Umfragen für die Landtagswahlen in Baden-Württemberg auf https://www.wahlrecht.de/umfragen/landtage/baden-wuerttemberg.htm

talen Personen- und Popularitätsfaktor, und der hieß *Winfried Kretschmann*, der schlicht überragende Zustimmung erzielte.[552] Er verkörperte den etwas urigen, krächzenden Landesvater, der für ein im Kern nach wie vor konservativ-liberales Land wie Baden-Württemberg mit *Hannah Arendt* philosophisch fundiert das technologisch Fortschrittliche mit dem ökologisch Bewahrenden glaubwürdig zu einer goldenen Mitte für sozialen Zusammenhalt verknüpfte. So kam es, dass Kretschmann bei der Frage nach der Direktwahl des Ministerpräsidenten mit sage und schreibe 75% zu 16% vor seinem in jeder Hinsicht blassen, überforderten CDU-Herausforderer *Guido Wolf* lag. Von allen Wählern glaubten gigantische 89%, dass Kretschmann ein guter Ministerpräsident sei, und mit 87% waren es selbst bei CDU-Wählern sensationell kaum weniger. Mit seiner Arbeit zufrieden waren am Ende der Legislaturperiode sagenhafte 84% der Wähler, mit der von SPD-Spitzenkandidat *Nils Schmid* nur noch, aber immerhin 46%, wohingegen CDU-Mann *Guido Wolf* bei mageren 24% hängen blieb.

Die SPD fuhr auf zentralen Politikfeldern ihres Markenkerns beträchtliche Verluste ein, so bei der Kompetenzzuschreibung in der Familienpolitik, bei sozialer Gerechtigkeit und Arbeitsplätzen, und dies trotz des Umstands, dass die zuständigen Ministerien in ihrer Hand waren. Typische Ansichten über die SPD in breiten Wählerschichten lauteten, der SPD fehle überzeugendes Spitzenpersonal, sie habe es zudem nicht geschafft, ihre Politik gegen die Grünen durchzusetzen und überhaupt wisse man gar nicht, wofür die Partei stehe.

---

[552] Vgl. zum Folgenden die Tabellen und Schaubilder von Infratest dimap auf https://www.tagesschau.de/wahl/archiv/2016-03-13-LT-DE-BW/umfrage-aktuelle-themen.shtml

Wahlentscheidende Themen waren für SPD-Wähler die soziale Gerechtigkeit (61%, aber eben ein schwammiger und deshalb breite Zustimmung erlangender Begriff), Wirtschaft und Arbeit (37%), Schule und Bildung (27%) und erst dann doch ziemlich abgeschlagen Flüchtlinge (21%). Das Vertrauen der Wähler in die Kompetenz der SPD bei der sozialen Gerechtigkeit sank zwischen 2001 und 2016 zwar von 47% auf 34%, verharrte aber auf einem durchaus noch hohen Niveau. Wie ausgerechnet eine Regierung auf Landesebene für soziale Gerechtigkeit sorgen kann, ist bislang freilich im politischen Nebel versunken geblieben, von Akzenten in der Kindergarten- und Schulpolitik vielleicht einmal abgesehen.

Aber ausgerechnet der Niedergang beim sozialdemokratischen Lieblingsgebiet der Bildungspolitik sah schon düsterer aus: Der Glaube an eine gute Politik stürzte hier von 40% im Jahr 2001 auf 22% im Jahr 2016 ab, wobei sogar die Grünen nun mit 25% vor der SPD lagen. Kurz vor der Landtagswahl 2016 zeigte sich die sich seit längerem abzeichnende historische Entwicklungslinie, der zufolge es der SPD über all die Jahre hinweg nicht gelungen ist, „*die Strukturnachteile für klassische Arbeitnehmerparteien in Baden-Württemberg durch eine Erschließung neuer Wählersegmente entscheidend auszugleichen*".[553]

SPD-Landesparteitage während der grün-roten Regierungszeit

Auf dem *Wahlparteitag* am *14./15. Oktober 2011* in *Offenburg* präsentierte sich die SPD als selbstbewusste Regierungspartei und fixierte zugleich ihren Kurs vor der Volksabstimmung zu S21. *Nils Schmid*, inzwischen Wirtschafts- und Finanzminister und stellvertretender

---

[553] Vgl. Ulrich Eith, *Baden-Württembergs Parteiensystem im Wandel*, in: Der Bürger im Staat, (hrsg. von der Landeszentrale für politische Bildung Baden-Württemberg), *Fünf Jahre Grün-Rot*, Heft 4-2015, S. 248-255, hier S. 253.

Ministerpräsident, stellte sich den Delegierten zur Wiederwahl als Landesvorsitzender. Mit 88,2% Zustimmung erzielte er zwar kein berauschendes, aber doch achtbares Ergebnis. Besser schnitt nur eine seiner Stellvertreterinnen ab, nämlich die Verdi-Gewerkschafterin *Leni Breymaier* mit 90%. Einen kleinen Nasenstüber bekam die neue Generalsekretärin *Katja Mast* verpasst, die zum Start auf bescheidene 76,3% kam. Die Beschlüsse zu S21 haben wir bereits in einem früheren, eigenen Kapitel verhandelt: nämlich die Absage an einen Mitgliederentscheid und das Nein zu einer eigenen, in der Sache Partei ergreifenden Kampagne zur Volksabstimmung über S21.[554]

Die Wahl zum Landesvorstand zeitigte ein hervorstechendes, beschämendes Resultat: Da wollte sich mit Schorndorfs Oberbürgermeister *Matthias Klopfer*, in der SPD wahrlich kein unbeschriebenes Blatt, ein modern und pragmatisch aufgestellter Spitzenmann aus der Kommunalpolitik mit einbringen – aber die Flügel und sonstigen Proporzgrüppchen ließen ihn durchfallen, weil er in kein Schema passte.

Der *SPD-Landesparteitag* am *29. September 2012* in *Wiesloch* stand ganz im Zeichen einer Zwischenbilanz von Grün-Rot nach einem guten Jahr Regierungsarbeit bzw. einem Jahr guter Regierungsarbeit.[555] Für SPD-Parteichef *Nils Schmid* gab es allerhand Gründe, *„mit Freude und mit Stolz auf das Erreichte zurückzublicken*“. Man habe das Land moderner, weltoffener gemacht und den schwarz-

---

554 Vgl. Stuttgarter Nachrichten, 17.10.2011, Die SPD hat genug vom Streit um Stuttgart 21, https://www.stuttgarter-nachrichten.de/inhalt.landesparteitag-die-spd-hat-genug-vom-streit-um-stuttgart-21.7aac825e-d78c-4250-9602-fdf36689925b.html; Schwäbische, 15.10.2011, SPD entschärft internen Streit um Stuttgart 21, https://www.schwaebische.de/regional/baden-wuerttemberg/spd-entschaerft-internen-streit-um-stuttgart-21-974394

555 Vgl. https://www.spd-bw.de/index.php?mod=content&page_id=17733

gelben Filz und die Erstarrung in Baden-Württemberg überwunden. Und die SPD habe dafür gesorgt, einen der schwierigsten gesellschaftlichen Konflikte der letzten Jahre mit einem mutigen Demokratieexperiment zu lösen: der Volksabstimmung. Schmid übertraf sich in seiner Selbstlobeshymne von Satz zu Satz immer mehr. Er sah die SPD in der Landesregierung als „*Schrittmacher und Ruhepol zugleich*“. Es habe sich gezeigt, dass die SPD in den Schlüsselressorts die entscheidenden Reformen „*beherzt, kompetent und solide*“ anpacke. Für den Landesvorsitzenden kam es nun darauf an, „*diese gute Sacharbeit nach außen deutlich zu machen*“. Und nicht zu vergessen: Die SPD habe es geschafft, Baden-Württemberg „*ein gutes Stück auf die Höhe der Zeit*“ zu bringen.

Zehn Punkte rückte die SPD für diese Leistung in den Vordergrund:[556] 1. Gute Wirtschaft braucht gute Arbeit, 2. Chancengerechtigkeit in der Bildung für alle, 3. Familie und Beruf vereinbaren, 4. Mehr Demokratie wagen, 5. Polizeireform stärkt Bürgernähe, 6. Schluss mit Holterdiepolter, 7. Frischer Wind für die Energiewende, 8. Konsolidierung des Landeshaushalts im Blick, 9. Integration mit neuem Stellenwert, 10. Ungleichbehandlung beendet. Für eine erkennbare Profilbildung war das allerdings viel zu viel Stoff.

Zu diesem Zeitpunkt schien für die grün-rote Landesregierung und auch die SPD noch eitel Sonnenschein zu herrschen. Bereits auf dem *Landesparteitag* am *18./19. Oktober 2013* in *Reutlingen* drehte sich der Wind, auch für Parteichef *Nils Schmid* persönlich. Bei seiner Wiederwahl musste er einen herben Rückschlag hinnehmen, denn nur noch bescheidene 71,4% (208 Ja, 57 Nein, 26 Enthaltungen) der

---

[556] Vgl. https://www.spd-bw.de/index.php?mod=content&menu=10201&page_id=17734

Delegierten wollten, dass er das Amt weiter ausführt. Schmid war aber in der engeren Parteiführung nicht der einzige, der sich von den Delegierten eine blutige Nase abholte. So bekam etwa Generalsekretärin *Katja Mast* 97 Gegenstimmen und Europaminister *Peter Friedrich* schnitt als neuer stellvertretender Landesvorsitzender mit 89 Neinstimmen kaum besser ab. Die gesamte Führungsspitze musste sich mit einer „*ruhmlosen Wahl*", treffender mit einem Denkzettel abfinden.[557] Die Gründe für das Abstrafen der gesamten Parteispitze wurzelten nicht in einem konkreten Anlass oder Thema, sondern waren eher Ausfluss einer diffusen Unzufriedenheit, wie es für die SPD im Land wie im Bund überhaupt so lief und vor allem weitergehen sollte.

Am *22. November 2014* veranstaltete die SPD in *Ludwigsburg* einen großen *Bildungskongress*.[558] Natürlich verfolgte er das Ziel, die Leistungen der SPD auf diesem Gebiet in ein günstiges Licht zu rücken und den Kurs für weitere Reformen abzustecken. Entgegen dem „*öffentlichen Zerrbild, das einzelne Interessenvertretungen gerne zeichnen*", seien zentrale Beschlüsse für ein gerechteres und zukunftsorientiertes Bildungssystem umgesetzt worden. Insgesamt käme der Bildung in den Jahren bis 2015 mehr als 1 Milliarde Euro

---

[557] Vgl. Stuttgarter Zeitung, 19.10.2013, SPD-Parteitag in Reutlingen: Das große Wundenlecken, https://www.stuttgarter-zeitung.de/inhalt.spd-parteitag-in-reutlingen-das-grosse-wundenlecken.adcd41a1-4faa-4a41-bce6-6134526bc5b3.html; Stuttgarter Zeitung, 18.10.2013, Kommentar zu SPD-Landesparteitag: Denkzettel für den Vorsitzenden, https://www.stuttgarter-zeitung.de/inhalt.kommentar-zu-spd-landesparteitag-denkzettel-fuer-den-vorsitzenden.dc3029d4-9bd6-4d62-9a10-9e91e9fa6140.html, Schwarzwälder Bote, 19.10.2013, Landesparteitag in Reutlingen: SPD-Basis erteilt Landesvorstand in Baden-Württemberg heftige Ohrfeige, https://www.schwarzwaelder-bote.de/inhalt.landesparteitag-in-reutlingen-spd-basis-erteilt-landesvorstand-in-baden-wuerttemberg-heftige-ohrfeige.18e0132a-8a66-4c61-ba96-808c38213c45.html

[558] Vgl. die Dokumentation auf https://www.spd-bw.de/index.php?mod=content&page_id=22423

zugute.[559] Das konnte sich echt sehen lassen. Überflüssig, ja schädlich war indessen der erneute Seitenhieb auf kritische Verbände.

Bereits am *14. März 2015* auf dem *SPD-Landesparteitag* in *Singen* wurde *Nils Schmid* mit einem überzeugenden Resultat erneut zum Spitzenkandidaten gekürt.[560] Der Wirtschafts- und Finanzminister erzielte fast 94% Zustimmung der Delegierten. Er warnte in seiner Rede vor einem Rückfall in alte CDU-Zeiten: „*Entweder unser Land geht mit uns weiter seinen Weg der Modernisierung und des Miteinander. Oder die Schwarzen drehen alles zurück, machen alle Errungenschaften der letzten vier Jahre kaputt*", rief Schmid damals enthusiastisch und mit Verve in den Saal. Er und andere SPD-Minister machten klar, dass man weiter mit den Grünen regieren wolle. Ein Führungsanspruch in einem künftigen Bündnis mit den Grünen wurde nur sehr verhalten formuliert. Schmid selbst umschiffte immer wieder eine klare Antwort auf die Frage, ob er Ministerpräsident werden wolle. Differenzen zu den Grünen sprach er nicht wirklich an. Viel wichtiger war ihm der Befund: „*Man spürt, dass die Partei gut in Form ist.*"[561]

Richtig ernst wurde es für Parteichef *Nils Schmid* dann auf dem *Wahlparteitag* am *9./10. Oktober 2015* in *Mannheim*. Aber er packte die bisherigen Hürden locker und landete völlig entspannt bei satten 91% Zustimmung bei der Wahl zum SPD-Landesvorsitzenden.

---

559 Vgl. das Flugblatt, das die einzelnen Posten akribisch Punkt für Punkt auflistet, https://www.spd-bw.de/index.php?mod=content&page_id=19355
560 Vgl. Stuttgarter Nachrichten, 14.03.2015, SPD-Chef Schmid ist Spitzenkandidat, https://www.stuttgarter-nachrichten.de/inhalt.baden-wuerttemberg-spd-chef-schmid-ist-spitzenkandidat.22289159-a0d3-4bac-bb3c-879fb16c14b0.html
561 Vgl. Die Welt, 16.03.2015, Der Eiertanz des neuen SPD-Spitzenkandidaten, https://www.welt.de/regionales/baden-wuerttemberg/article138445317/Der-Eiertanz-des-neuen-SPD-Spitzenkandidaten.html

In seiner Rede[562] kam Schmid sofort zur Sache und kündigte gleich im ersten Satz an, nicht lange um den heißen Brei herumreden zu wollen. Viele Genossinnen und Genossen seien verunsichert. Und viele fragten sich, „*wie wir bis März den Weg – und ob wir den Weg – aus dem Tief in den Umfragen finden können.*“ Schmid bezeichnete die letzten Umfragen als „*Schläge in die Magengrube*“, und er sprach damals von Werten zwischen 17% und 20%! Dann schaltete er um in den trotzigen Angriffsmodus: „*Ich will euch aber auch sagen, was diese Zahlen nicht sind: Diese Zahlen sind kein Schicksal, liebe Genossinnen und Genossen! Diese Zahlen sind nicht in Stein gemeißelt.*“ Und Schmid steigerte sich immer mehr hinein in eine Kampfesattitüde und rief all jenen, die die SPD bereits abgeschrieben hätten, siegesgewiss zu: „*Euch werden wir es zeigen!*“ All die Gegner und Skeptiker würden sich noch wundern, „*wozu diese SPD fähig ist, wenn sie zusammensteht, wenn sie fightet, wenn sie geschlossen in den Wahlkampf zieht.*“

Schließlich rutschte Schmid in seiner offenbar von einem echten Enthusiasten entworfenen Rede sogar noch ins überdreht Pathetische ab und versprach den versammelten Delegierten wie auch den Medienvertretern: „*Ich werde mich mit jeder Faser meines Körpers, mit jeder Unze meiner Kraft, mit jeder Sekunde meiner Zeit in diesen Kampf stürzen!*“ Der nicht für große Emotionalität bekannte SPD-Chef haute einen Nagel nach dem anderen rein und zog alle ihm zur Verfügung stehenden rhetorischen Register. Er zeigte sich „*aus tiefstem Herzen überzeugt, dass wir dieses Ding drehen werden. Gemeinsam.*“ Der in seinen Herzen berührte Parteitag geriet jubelnd in Wallung. Schmid gab für die Delegierten die Devise aus: „*Kopf hoch, Brust raus – und voller Selbstbewusstsein raus ins Leben!*“ Je näher

[562] Vgl. https://www.spd-bw.de/index.php?mod=content&page_id=23346

die Wahl rücke, desto mehr werde man erkennen, „*was wir Sozialdemokraten sind: Wir sind der Motor dieser Landesregierung!*“ Der sitzt aber bekanntlich im Maschinenraum und nicht auf der Brücke. Schmid bekannte sich dann noch zum Regieren mit den Grünen, wies aber auf den großen Unterschied hin, „*ob man sein Kreuz in Baden-Württemberg bei Rot oder bei Grün macht.*“ Als Beispiele nannte er die Abschaffung der Studiengebühren, das Bildungszeitgesetz, die „*Schwarze Null*“ bei den Finanzen über mehrere Jahre hinweg und den Kampf gegen Steuerhinterziehung. Nachdem Schmid noch die Leistungen der sozialdemokratischen Kabinettsmitglieder und einige spezifische SPD-Forderungen aufgezählt hatte, gab er zum Schluss seiner Rede „*allen Untergangspropheten*“ noch eine klare Botschaft mit: „*Die SPD lebt, die SPD kämpft, die SPD Baden-Württemberg lässt sich nicht einfach vom Hof jagen.*“ Ein solcher Duktus war jedoch bereits ein untrügliches Zeichen der politischen Schwäche und Angst – und der Redenschreiber litt vermutlich unter Bluthochdruck.

Die Aussagen Schmids wurden von Abschnitt zu Abschnitt seiner Rede immer kühner, theatralischer und zugleich weltfremder. Während sein Einstieg sich dazu bekannte, nichts schönzureden, gab er zum Schluss die Parole aus: „*Diese SPD wird kämpfen. Und diese SPD wird am 13. März die Wahl gewinnen!*“ Das war ein nach innen gerichtetes hochdosiertes Rauschmittel, das mit der Wirklichkeit und den sich abzeichnenden Trends nichts zu tun hatte. Nur wenige Wochen später ertranken solche Wunschvorstellungen in aktuellen Umfragen und in dem Wissen, das man schon vorher hatte. Aber die SPD-Mitglieder sehnten sich nach Brot und Spielen, und dieses Bedürfnis befriedigte der Mannheimer Parteitag geradezu perfekt.

Die Realität war hingegen dadurch geprägt, dass Kretschmann als Person und Regierungschef zugunsten seiner grünen Partei wirkte wie ein Schwamm: Er sog alle Erfolge der grün-roten Landesregierung auf und verbuchte sie auf seinem Konto. Die SPD lief trotz gutem Regierungshandwerk *„Gefahr, zerquetscht zu werden"*.[563] Gegen diesen strukturellen Wirkmechanismus war letztlich kein Kraut gewachsen. Da nutzte es auch nichts, dass die SPD-Landtagsfraktion zur Jahreswende 2014/2015 ihre Anstrengungen in der politischen Kommunikation für teures Geld massiv verstärkte. Doch der Berg kreißte und gebar eine Maus: nämlich einen Image-Film, wieder einmal eine Selbstdarstellungsbroschüre und sogar ein (Telefon-)Jingle, alles ergänzt um eine ästhetisch aufgehübschte Homepage, eine Stärkung der Social-Media-Aktivitäten (Erfolgsvorgabe: mehr Share Pics) und natürlich einen neuen, volksverbundenen Claim mit der Bezeichnung *„Gute Arbeit. Gutes Leben. Gutes Land"*.

Letztlich war das alles gut gemeint – bekanntlich das Gegenteil von gut –, aber auch bereits Ausdruck einer gewissen strategischen Verzweiflung. Denn welchen effektiven Hebel gab es gegen den allseits beliebten, präsidial regierenden grünen Landesvater, der in der Zustimmung selbst bei den CDU- und SPD-Wählern vor den jeweiligen eigenen Spitzenkandidaten Wolf und Schmid lag? Wobei man sich gelegentlich durchaus fragen konnte, was eigentlich die jenseits politischer Glaubwürdigkeit liegende Ausstrahlung von Kretschmann im Gegensatz zu Schmid eigentlich ausmachte und auszeichnete? Jedenfalls wirkte der SPD-Spitzenkandidat *„an der Seite Kretschmanns wie der klassische Juniorpartner"*.[564] Das zunehmend Landes-

---

[563] Vgl. taz, 13.02.2016, SPD in Baden-Württemberg: Die Gefahr, zerquetscht zu werden, https://taz.de/SPD-in-Baden-Wuerttemberg/!5273183/

[564] Vgl. zur folgenden Charakterisierung Stefan Hupka, *Die Spitzenkandidaten der*

väterliche, ja auch um das große Ganze besorgte Bedächtig-Philosophische konnte Schmid nicht mit Fakten- und Aktenkenntnis, Korrektheit, Kompetenz, Gelassenheit und auch nicht mit Courage ausgleichen. Er war zweifellos ein „*g'scheitr Kerle*", aber es mangelte ihm an der Lust auf Leutseligkeit, „*das Bad in der Menge, die spontane Debatte mit wildfremden Leuten oder hemdsärmelige Runden beim Bier*".

Auf dem *Landesparteitag* am *23. Januar 2016* in *Stuttgart* beschloss die SPD das Regierungsprogramm für die Jahre 2016 bis 2021.[565] Darin listete die SPD ihre Erfolge aus dem Regierungshandeln auf und proklamierte, der eingeschlagene Weg der Modernisierung und des Miteinanders müsse nun weiter gehen. Konkret bedeute dies für die kommende Legislaturperiode eine Ausbildungsgarantie für alle Jugendliche, eine Ganztagsgarantie für Kinder ab dem ersten Geburtstag bis zum letzten Schultag sowie die Beitragsfreiheit für Kindergärten. Einen großen Schwerpunkt bildete die Förderung von bezahlbarem Wohnraum. Natürlich nahm auch die Migrations- und Integrationspolitik breiten Raum ein. Die steigenden Flüchtlingszahlen auch in Baden-Württemberg stellten zweifellos eine Herausforderung dar, aber sie berge auch Chancen für die Gesellschaft. Für die SPD gab es eine ganz klare Richtschnur: „*Wir spielen die hier Lebenden nicht gegen jene aus, die bei uns Zuflucht suchen. Wir sind die Partei für gesellschaftlichen Zusammenhalt.*"

Landtagswahl 2016 und ihre Parteien, in: Der Bürger im Staat, (hrsg. von der Landeszentrale für politische Bildung Baden-Württemberg), *Fünf Jahre Grün-Rot*, Heft 4-2015, S. 256-261, hier S. 259.

[565] Vgl. Stuttgarter Zeitung, 23.01.2016, Landesparteitag in Stuttgart: SPD gibt sich kämpferisch, https://www.stuttgarter-zeitung.de/inhalt.landesparteitag-in-stuttgart-spd-gibt-sich-kaempferisch.811a316b-cbbd-4363-9475-5aa1d95675a3.html; Zusammenfassung auf
https://www.spd-bw.de/index.php?mod=content&page_id=23649

Der heiße Wahlkampf wurde geprägt durch drei Faktoren: *Erstens* der Dominanz von Kretschmann bei den Spitzenkandidaten und den in die Höhe schnellenden Umfragewerten für die Grünen; *zweitens* durch die Erschütterung der Themenagenda wie auch des Meinungsklimas infolge der Flüchtlingskrise und *drittens* durch den rasanten Aufstieg der rechtspopulistischen AfD, die von der aus der Bundespolitik ins Land schwappenden Auseinandersetzung über die Flüchtlingspolitik in starkem Maße profitierte, zumal die CDU mit ihrem Spitzenkandidaten *Guido Wolf* hier einen Schlingerkurs fuhr. Wie man bereits um die Jahreswende registrieren konnte, *„löste die Flüchtlingskrise einen für den Ausgang der Landtagswahl im März 2016 folgenreichen Stimmungsumschwung aus"*.[566]

Die Grünen wurden von diesem Virus am wenigsten infiziert, denn ihre gutsituierte, finanzkräftige und tolerante Wählerklientel konnte sich mit Merkels humanitärem „*Wir schaffen das*" gut anfreunden und Kretschmanns gigantische Popularität bildete einen zusätzlichen Immunschutz gegen flüchtlingsfeindliche Ansteckungsgefahr. Den einfachen und eingängigen Slogans der Grünen stand die politische Konkurrenz im Wettbewerb um die Führungsrolle hilf- und chancenlos gegenüber. Wer Kretschmann weiter als Regierungschef haben wollte, sollte bzw. musste Grün wählen. Und Grün passe auch gut zu Baden-Württemberg, so die Parole, welche neben der starken Personalisierung an einschlägige CDU-Kampagnen mit der Stilisierung als Baden-Württemberg-Partei erinnerte.[567] Schmid sah gegen den Regierungschef kein Land. Da erschien der Hinweis auf fehlen-

---

566 Vgl. Oscar W. Gabriel/Bernhard Kornelius: *Die baden-württembergische Landtagswahl vom 13. März 2016: Es grünt so grün"*, in: Zeitschrift für Parlamentsfragen (ZParl), 47. Jg. (2016), Heft 3, S. 497-518, hier S. 499; auch später mit Analysen und Einschätzungen zum Ausgang der Wahl.

567 Vgl. auch die Einschätzung von Gabriel/Kornelius 2016, S. 500.

des emotionales Charisma wie eine Petitesse. Denn die Gründe lagen tiefer. Wie auch immer: Der renommierte Wahlforscher *Dieter Roth* sagte in einem Szenario voraus, dass die SPD *„nicht über das zuletzt schlechteste Wahlergebnis in Baden-Württemberg überhaupt hinauskommen dürfte, denn auch sie leidet unter der AfD“*.[568]

Beim Blick auf die Umfragewerte zu Beginn des Jahres 2016 wussten die SPD-Wahlkampfstrategen, was die Stunde geschlagen hatte.[569] Sie sahen die Felle einer Fortsetzung der grün-roten Koalition zusehends davon schwimmen. SPD-Fraktionschef *Claus Schmiedel* ahnte bereits, dass es mit seinem Wiedereinzug in den Landtag eng werden könnte und am Wahlabend Anlass zum Zittern bieten würde.[570] Damals war freilich noch von etwa 16% für die SPD die Rede. Aber er setzte auf seine Prominenz: *„Die Leute kennen mich, und ich glaube, dass ich eine gewisse Wertschätzung genieße.“* Überdies halte er sich für *„politisch nicht ganz unbegabt“*. Und überhaupt: *„Leute, die mit dem Strom schwimmen, haben wir genug. Die Menschen sehnen sich nach Politikern, die authentisch sind.“* Gravierende Fehler in der Regierungsarbeit von Grün-Rot vermochte Schmiedel nicht zu erkennen. Weil alles von der Flüchtlingsthematik überlagert werde, nehme auch die SPD in Baden-Württemberg Schaden. Die Überschrift zu seinem eigenen politischen Wirken sollte einmal lauten: *„Der hält sein Wort“*.[571]

---

568 Vgl. Dieter Roth, *Landtagswahl 2016: Prognosen und Szenarien*, in: Der Bürger im Staat, (hrsg. von der Landeszentrale für politische Bildung Baden-Württemberg), *Fünf Jahre Grün-Rot*, Heft 4-2015, S. 262-273, hier S. 272.
569 Vgl. Zeit Online, 04.03.2016, Das ewige Scheitern der SPD, https://www.zeit.de/politik/deutschland/2016-03/spd-afd-baden-wuerttemberg
570 Vgl. das Porträt zu Schmiedel im Vorfeld der Wahl in Stuttgarter Nachrichten, 02.03.2016, Porträt zur Landtagswahl: Claus Schmiedel – Gegen den Strom, https://www.stuttgarter-nachrichten.de/inhalt.portraet-zur-landtagswahl-claus-schmiedel-gegen-den-strom.3d0320dd-1dc2-4fc7-8d89-598eee533de4.html
571 Vgl. Stuttgarter Nachrichten, 02.03.2016.

Landtagswahl am 13. März 2016, Absturz der SPD auf Allzeittief und Verlust der Funktion als Volkspartei

Das Ergebnis der Landtagswahl am 13. März 2016 kam – bei einer sichtbar gestiegenen Wahlbeteiligung von 70,4% – in mehrfacher Hinsicht einem politischen Erdbeben gleich: *Erstens* wurde die CDU zum ersten Mal in der Geschichte des Landes Baden-Württemberg mit nur noch 27,0% (minus 12,0%) nicht stärkste Partei. *Zweitens* überholten die Grünen die CDU mit 30,3% (plus 6,1%) und sicherten sich den Spitzenplatz (übrigens mit beträchtlichen Folgen für den parlamentarischen Betrieb, etwa die Wahl der grünen Politikerin *Muhterem Aras* zur Landtagspräsidentin). *Drittens* sackte die SPD mit nur noch 12,7% (minus 10,4%, also gleichsam halbiert) erneut auf ein niemals für möglich gehaltenes historisches Rekordtief ab. *Viertens* zog die AfD mit einem Traumergebnis von 15,1% in den Landtag ein und ließ damit sogar die SPD hinter sich. Und *fünftens* stand am Ende der Wahl das nächste Koalitionsexperiment, nämlich die Bildung einer grün-schwarzen Landesregierung. Kritik von Sozialdemokraten an diesem Bündnis konterten die Grünen verärgert mit dem Hinweis, schließlich sei die Schwäche der SPD schuld daran, dass Grün-Rot nicht fortgesetzt werden könne.

Überall in der SPD fiel man am Wahlabend bereits nach den ersten Hochrechnungen aus allen Wolken, um danach direkt in Schockstarre zu verfallen. Bisweilen kippte die Verbitterung über das Wahlergebnis auch um in deftige, aber verständliche Wählerbeschimpfung. Gerade von sozialdemokratischen Regierungsmitgliedern waren Frustsätze zu vernehmen wie „*Da reiße ich mir als Minister fünf Jahre lang den Arsch auf, damit am Ende ein Depp von der AfD im Wahlkreis vor mir liegt*“. Selbst Ministerpräsident *Winfried Kretschmann* äußerte gelegentlich mit Bedauern und Mitleid, dass die SPD in der grün-roten Koalition einen guten Job (er spricht das nicht „*Dschop*", sondern „*Schob*" aus) gemacht und diese herbe Niederlage nicht verdient habe.

Dass das Ergebnis einen erneuten Rückschlag zeitigen würde, damit hatten die Propheten gerechnet, aber doch nicht einen Absturz von über 10 Prozentpunkten, was mit besagten 12,7% zum schlechtesten, jemals in einem westdeutschen Bundesland erzielten Abschneiden der SPD führte. Die Folgen für die SPD im Parlament waren machtpolitisch wie finanziell erheblich. So sank die Zahl der Abgeordneten von 35 auf nur noch 19. Das bedeutete auch in der Fläche einen riesigen Verlust an Außendarstellung. Beinahe drei Viertel aller Landtagswahlkreise in Baden-Württemberg waren damit landespolitisch eine SPD-Abgeordnetenfreie Zone. Zugleich verpassten prominente Persönlichkeiten, wie etwa Fraktionschef *Claus Schmiedel* und Sozialministerin *Katrin Altpeter*, den Wiedereinzug in den Landtag.

Schmiedel stellte sich Anfang April 2016 einem Interview mit den beiden Stuttgarter Zeitungen zum Wahlausgang und gestand, dass ihn noch immer eine „*gewisse Traurigkeit*" heimsuche, er aber trotz der für die SPD deprimierenden Lage „*keine Depressionen*" habe und zudem – typisch Schmiedel eben – glaube, „*ich erhole mich schneller als die SPD.*"[572] Altpeter bekannte Monate später gegenüber der Süddeutschen Zeitung, dass diese Wahl sie umgehauen habe und sie „*einen Stich ins Herz*" verspüre.[573] Die Ex-Ministerin beklagte,

---

[572] Vgl. Stuttgarter Zeitung, 02.04.2016, Claus Schmiedel im Interview: „*Es ist eher eine gewisse Traurigkeit*", https://www.stuttgarter-zeitung.de/inhalt.claus-schmiedel-im-interview-es-ist-eher-eine-gewisse-traurigkeit.5411be3d-f4ea-49f4-bb8d-cda0696f9aae.html, ferner https://www.stuttgarter-nachrichten.de/inhalt.claus-schmiedel-im-interview-es-ist-eher-eine-gewisse-traurigkeit.5411be3d-f4ea-49f4-bb8d-cda0696f9aae.html

dass die SPD *„das Soziale“* erst entdeckt habe, als es mit den Umfragewerten bergab ging, vorher aber mit der *„Schwarzen Null“* bei der Staatsverschuldung glänzen wollte. Nun wurde von der Sozialministerin plötzlich verlangt, endlich Flagge zu zeigen, dabei hatte sie doch *„so viele Projekte angestoßen, dass ihr manchmal schwindelig wurde“*.

Der SPD gelang es nicht, aus der guten Bewertung der grün-roten Landesregierung Honig zu saugen und diese in Wählerzustimmung umzumünzen. Und SPD-Spitzenkandidat *Nils Schmid* mühte sich nach Kräften, konnte indessen der Sogwirkung von Kretschmann nichts Zählbares entgegensetzen. Selbst bei der Wählerklientel von CDU und SPD war Kretschmann beliebter als der jeweils eigene Spitzenkandidat. Hinzu kam die Flut von ganz unterschiedlich motivierten Protestwählern. In dieser Zange wurde die SPD zerrieben.[574]

Was aber war nun die Hauptursache für diesen Fall ins Bodenlose? Es war nicht die Flüchtlingskrise und auch nicht der Verlust von Stimmen an die AfD, obschon der natürlich wie bei allen anderen Parteien der demokratischen Mitte auch zu verzeichnen war. Von entscheidender Bedeutung war der *„Kretschmann-Faktor“* und das sich historisch schon länger abzeichnende Eindringen der Grünen in die Stammwählerschaft von SPD und CDU. Dies führte dazu, dass *„aus dem originär SPD-affinen Lager doppelt so viele Bürger wie 2011 die Grünen unterstützten“*.[575] Es waren vornehmlich letztmalige SPD-Wähler, die das Stimmenreservoir der Grünen massiv fütterten.

---

[573] Vgl. zum Folgenden Süddeutsche Zeitung, 29.07.2016, Nie wieder Wurstsalat, https://www.sueddeutsche.de/politik/baden-wuerttemberg-nie-wieder-wurstsalat-1.3100152

[574] Vgl. taz, 13.02.2016, SPD in Baden-Württemberg: Die Gefahr, zerquetscht zu werden, https://taz.de/SPD-in-Baden-Wuerttemberg/!5273183/

[575] Vgl. Oscar W. Gabriel/Bernhard Kornelius 2016, S. 503.

„*Fast jede fünfte grüne Stimme ging auf das Konto letztmaliger SPD-Wähler*", so der empirische Befund.[576] Für 60% der Wechselwähler von der SPD zu den Grünen war der Kandidat entscheidend, und nur für 39% das Programm.

Die SPD verlor auch ihr letztes Direktmandat im Wahlkreis Mannheim I. Bemerkenswert war, dass die AfD zwei Direktmandate gewann, nämlich genau dieses in Mannheim und zudem in Pforzheim, beides Wahlkreise, die sozialstrukturell noch stark von Industriearbeiterschaft geprägt sind und zugleich eine im landesweiten Vergleich hohe Arbeitslosigkeit aufweisen. Interessant ist auch der Sachverhalt, dass die SPD de facto eine *Partei der Rentner* ist. In dieser Gruppe und bei den 70-Jährigen und Älteren holte sie mit 17% noch ihr bestes Ergebnis.[577] Das ist im Bund kaum anders und sorgt für eine nicht gerade generationengerechte Ausrichtung der SPD-Programmatik und zugleich mit für einen robusten Schutzschirm für die Beamtenschaft, gegen den ein nur wachsweich verfolgtes Projekt wie die Bürgerversicherung für alle keine Chance besaß. Für Analytiker aus der vergleichenden Parteien- und Wahlforschung war jedenfalls klar, dass die SPD mit ihrer 12,7%-Klatsche und ihrem Rückstand sogar gegenüber der AfD endgültig ihren Status als Volkspartei eingebüßt hatte, und zwar sowohl bezüglich ihres Abschneidens bei Wahlen in quantitativer Hinsicht als auch bezüglich der Breite der soziodemographischen Verankerung. Dies verleihe der notorischen Schwäche der SPD in Baden-Württemberg „*eine neue Dimension*".[578]

---

[576] Vgl. Oscar W. Gabriel/Bernhard Kornelius 2016, S. 504.
[577] Vgl. die Umfragen zur SPD auf https://www.tagesschau.de/wahl/archiv/2016-03-13-LT-DE-BW/umfrage-spd.shtml
[578] Vgl. Oscar W. Gabriel/Bernhard Kornelius 2016, S. 517.

Schmid klebt am Stuhl, wähnt sich in „griechischer Tragödie", macht als Parteichef doch Platz für „Linksruck" mit Leni Breymaier, während Stoch die Fraktion führt

Das Ergebnis für die SPD bei der Landtagswahl 2016 war natürlich vor allem für den Spitzenkandidaten *Nils Schmid* ein deftiger Schlag in die Magengrube. Schließlich musste *er* am Wahlabend vor die Kameras treten und einige wenigstens ein bisschen einleuchtenden Worte finden. Für Schmid war sofort völlig klar, dass die beiden Wahlverlierer CDU und SPD nicht zusammen mit der FDP in Gespräche über die Bildung einer „*Deutschland-Koalition*" eintreten könnten. Kretschmann genoss das klare Vertrauen der Wähler und hatte einen Regierungsauftrag. Regierungsfähigkeit der SPD unter Beweis zu stellen, war das Eine, Glaubwürdigkeit und Demut aber das Andere. Zugleich ließ Schmid freilich zunächst keineswegs erkennen, dass er als SPD-Landesvorsitzender das Desaster allein auf seine Kappe zu nehmen bereit war und sofort zurücktreten wolle.

Er verschanzte sich lange hinter der Formel, dass er eine inhaltliche, organisatorische und strukturelle Erneuerung sicherstellen müsse und wolle. Erst danach käme – „*wo nötig*" – die personelle Erneuerung. Diese Sprachregelung galt als typische Erfindung der „*Netzwerker*". Intern ist auch vom „*Wurstsalat-Kreis*" die Rede, der solche Überschriften, aber auch die eine oder andere Gemeinheit gegen Mitstreiter ausheckte.[579] Außerdem wurde Schmid an der Ecke des Amtsverzichts sogar richtig emotional aufgewühlt und schmetterte in Richtung seiner Kritiker die Botschaft, er werfe den Landesvorsitz „*nicht weg wie ein Stück Dreck*".[580]

---

579 Vgl. Süddeutsche Zeitung, 29.07.2016.
580 Vgl. Eßlinger Zeitung, 14.04.2016, Schmid: „*Werfe mein Amt nicht weg wie ein Stück Dreck*", https://www.esslinger-zeitung.de/inhalt.schmid-bdquo-werfe-mein-

Schmid sah sich als Hauptrolle, ja gutmeinender, edler Held in einer *„griechischen Tragödie“*, die bekanntlich keine Schuldigen kennt, sondern nur Opfer von widrigen, unausweichlichen, eben tragischen Umständen, die das nahende Unheil nicht umschiffbar machen.[581] Und das waren im Fall der SPD bei der Landtagswahl 2016 zum einen die Flüchtlingskrise und das Erstarken der AfD und zum anderen die persönliche Dominanz, ja Alleinherrschaft von Kretschmann, gegen die niemand aus der SPD auch nur den Hauch einer Chance hatte. Falsch war an einer solchen Zuspitzung nichts. Der SPD-Chef hätte aber wissen müssen, dass das Spiel in der kleinen wie großen Politik etwas anders läuft: hier lobt der glorreiche Erfolg viele Väter und Mütter, während die tragische Niederlage nur einen Verantwortlichen ächtet. Insofern wäre es für Schmid ehrlicher, glaubwürdiger und für sich selbst menschlicher und bekömmlicher gewesen, noch am Wahlabend ohne Verhaftung von Mitschuldigen zu verkünden: *„Aus die Maus!“*

Denn ihm musste klar gewesen sein, dass er seine hinhaltende Taktik nicht lange würde durchhalten können und schon gar nicht mit einem *„happy end“*, das ihm das Amt als SPD-Landesvorsitzender gerettet hätte. An der Parteibasis rumorte und donnerte es gewaltig. Und wie beim Fußball wusste jeder SPD-Trainer besser, was nun zu tun ist. Auch mehr oder weniger prominente ehemalige Abgeordnete und jetzige Rathauschefs aus der zweiten Reihe trauten sich nun aus der Deckung und sahen sich genötigt, ein auf Rücktritt hinauslaufendes Schreiben zu verfassen und natürlich den Medien zur Ver-

amt-nicht-weg-wie-ein-st-uuml-ck-dreck-ldquo.e405a441-3f6c-4da1-b32c-233dfe8e5e81.html

[581] Vgl. Frankfurter Allgemeine, 06.06.2016, SPD in Baden-Württemberg: Später Abgang nach der Tragödie, https://www.faz.net/aktuell/politik/inland/nils-schmid-verzichtet-auf-vorsitz-der-suedwest-spd-14271228.html

fügung zu stellen.[582] Während Schmid personelle Entscheidungen weiter erst am Ende des Erneuerungsprozesses spruchreif sah, drehten seine nicht gerade als links geltenden Kritiker den Spieß um: „*Wir müssen neu anfangen, um bei der nächsten Wahl wieder eine Volkspartei zu werden. Und der Neuanfang beginnt beim Personal*", hieß es in dem Brief. Geradezu tödlich für Schmid war schließlich der Satz: „*Du bist zwar ein exzellenter Fachmann und integrer Mensch, aber kein Frontmann. Das kann man auch nicht lernen.*" Unterzeichner waren neben Ex-Finanzstaatssekretär *Ingo Rust* die „*Frontmänner*" und SPD-Rathauschefs *Walter Heiler* (Waghäusel), *Hans-Heribert Blättgen* (Bad Rappenau), *Christof Bolay* (Ostfildern) und *Jürgen Zieger* (Esslingen).

Medialen Niederschlag fand überdies auch ein Offener Brief von zwölf früheren Landtagsabgeordneten, darunter dem Friedrichshafener *Norbert Zeller* und dem Lahrer *Walter Caroli*, die Schmid und seine Generalsekretärin baten, „*die Verantwortung für das Wahldesaster zu übernehmen und von euren Ämtern zurückzutreten, um damit den Weg freizumachen für eine strukturelle, inhaltliche und personelle Erneuerung der Landes-SPD*".[583]

Wohin man auch schaute, es waren nur noch Erneuerer unterwegs. Die Achillesferse all der Rücktrittsforderer bestand darin, dass sie selbst keinerlei konkrete Idee für eine Modernisierung der SPD und eine strategische Neuausrichtung auf der Pfanne hatten und die Ur-

---

[582] Vgl. Stuttgarter Zeitung, 01.04.2016, Nach der Landtagswahl in Baden-Württemberg: Rücktrittsforderungen gegen Schmid und Mast, https://www.stuttgarter-zeitung.de/inhalt.nach-der-landtagswahl-in-baden-wuerttemberg-ruecktrittsforderungen-gegen-schmid-und-mast.fe980faa-d413-403f-bf5d-6b0cbd22e293.html
[583] Vgl. Südkurier, 16.04.2016, Es wird aufgearbeitet, https://www.suedkurier.de/baden-wuerttemberg/Es-wird-aufgearbeitet;art417930,8661950

sachenanalyse für die Wahlschlappe als schwieriger darstellten als sie es war. Unbeantwortet im Raum blieb zudem die Frage, welche charismatische und volkstümliche Rakete der SPD seit 1952 die Oberbürgermeister und Ex-Abgeordneten als Vorbild im Sinn hatten? Und welcher „*Frontmann*" das Zeug dazu gehabt hätte, es gegen Kretschmann besser zu machen als Schmid? Sein Kollege, ja Mitarbeiter und zeitweiser junger Hoffnungsträger *Ingo Rust* im Finanzministerium zog es bekanntlich vor, die grün-rote Landesregierung um die Jahreswende 2014/2015 lieber rechtzeitig zu verlassen und den Posten des Finanzbürgermeisters in Esslingen am Neckar zu ergattern, bekanntlich ein Traumjob. Schließlich war es aber zu Recht Allgemeingut, dass gegen Kretschmanns Beliebtheit nichts auszurichten war, wobei Schmids persönliche Werte 2011 und 2016 so schlecht gar nicht waren, - Bedürfnis nach einem Frontmann hin oder her.

Nach einer fast drei Monate andauernden Hängepartie mit allerhand Strippenziehereien im Hintergrund zog Parteichef *Nils Schmid* auf einer *Sitzung des SPD-Landesvorstands* zusammen mit den Kreisvorsitzenden am *4. Juni 2016* die Notbremse und gab doch bekannt, im Oktober auf dem regulären Parteitag nicht mehr für den Landesvorsitz zu kandidieren.[584] Schmid zeigte sich nun überzeugt, für die SPD sei ein Aufbruch in die Zukunft nur mit einer neuen Spitze möglich. Er war sich sogar nicht zu schade, den begrifflichen Zungenschlag seiner kommunalen Kritiker zu übernehmen, so als ob der das entscheidende Bewerbungskriterium für einen künftigen SPD-Landesvorsitzenden benannte: „*Es braucht im Rahmen der*

---

[584] Vgl. zum Folgenden Stuttgarter Nachrichten, 04.06.2016, Rückzug vom Posten des SPD-Landeschefs, https://www.stuttgarter-nachrichten.de/inhalt.nils-schmid-spd-landeschef-will-rueckzug-ankuendigen.ec2916f6-1849-4d5a-9395-300abfdc4246.html

Neuausrichtung einen neuen Frontmann oder eine neue Frontfrau, die diesen Aufbau auch verkörpert.“ Ihm falle dieser Schritt sehr schwer, sagte Schmid, aber er sei im Dienst der Partei absolut richtig. Schmid verwies noch einmal auf die Regierungsarbeit der SPD von 2011 bis 2016. Und auch hier richtet sich im Lichte dieser Studie der Blick auf die Wortwahl: „*Wir haben unser Land auf die Höhe der Zeit gebracht. Darauf können wir weiterhin stolz sein.*“ Der scheidende Parteichef der SPD Baden-Württemberg nannte unter anderem die Bildungsreformen sowie arbeitsmarkt- und wirtschaftspolitische Weichenstellungen.

Doch wer sollte Schmid eigentlich nachfolgen?[585] Vielleicht Schmid selbst, nur im Duo mit dem egozentrischen, politisch völlig unberechenbaren Porsche-Betriebsratschef *Uwe Hück*, der sich noch vor Schmids Rückzugsentscheidung für eine solche abstruse Lösung anbot? Hück definierte in der Aufgabenverteilung seine Rolle so: *„Ich schätze Nils Schmid über alles, er ist ein genialer Arbeiter, der aber kein guter Darsteller ist. Er braucht einen neben sich, der übersetzen kann“.*[586] Übersetzt hieß dies: also Hück selbst als Partner, der dem Chef in treuen Diensten laufend die Show stiehlt. Beifall in der baden-württembergischen SPD klatschte zu dieser Arbeitsteilung allerdings niemand von Bedeutung. Die für die Schmid-Nachfolge favorisierte *Leni Breymaier* kommentierte den Hück-Vorstoß humorvoll-schnippisch: „*Erst die Inhalte, dann die Personen. Aber warum nicht gleich drei Männer als Dreifachspitze?*“ In einschlägigen Kreisen nicht nur der Parteilinken galt die stellvertretende Landesvor-

---

585 Vgl. Stuttgarter Nachrichten, 04.06.2016.

586 Vgl. Frankfurter Allgemeine, 14.04.2016, Porsche-Betriebsratschef bringt sich für SPD-Spitze ins Gespräch, https://www.faz.net/aktuell/wirtschaft/porsche-betriebsratschef-uwe-hueck-bringt-sich-fuer-spd-doppelspitze-ins-gespraech-14178948.html

sitzende und führende Verdi-Gewerkschafterin als heiße Kandidatin. Ihr trauten viele Funktionäre am ehesten zu, die verbreitete Sehnsucht nach Besinnung auf alte linke Tugenden und nach klassischer sozialdemokratischer Politik glaubwürdig zu verkörpern und mit Schmackes nach außen zu den Menschen zu tragen.

Der frisch gebackene SPD-Fraktionsvorsitzende *Andreas Stoch* zählte ebenfalls zu den Aspiranten für den Landesvorsitz. Doch er nahm sich auf der wegweisenden Sitzung am 4. Juni 2016 selbst aus dem Rennen mit Sätzen, die man sich merken muss: *„Ich strebe keine Kandidatur für den Landesvorsitz an.“*[587] Er wolle auch eine *„Ämterhäufung“* vermeiden. Zu diesem Zeitpunkt war indessen längst klar, dass auch Stoch die Kandidatur von Breymaier unterstützte, ja mit in die Wege geleitet hatte. Vize-Parteichef und Ex-Europaminister *Peter Friedrich* war zum Schein unentschieden, wollte noch etwas warten und nachdenken, aber gerne Verantwortung für den Erneuerungsprozess der SPD Baden-Württemberg mit übernehmen.

Ausgerechnet der Landeschef der Jusos, *Leon Hahn,* brach dann noch eine Lanze für die Leistungen von Reformer Schmid. Der habe das Land verändert und sich unermüdlich für den sozialen Zusammenalt in der Gesellschaft eingesetzt. Und weiter mit einem wirklich merkwürdigen Duktus: *„Er hat nach der Landtagswahl Verantwortung übernommen und damit einen strukturellen und inhaltlichen Erneuerungsprozess in der SPD erst ermöglicht“*. Apropos: Papiere von allen möglichen Gremien und Gruppierungen über die organisatorische, strukturelle, inhaltliche, kommunikative, strategische und personelle Erneuerung der SPD füllen seit 1952 mit wachsendem Ausstoß ganze Bücherregale in den sozialdemokratischen Archiven – sofern über-

---

587 Vgl. Stuttgarter Nachrichten, 04.06.2016.

haupt vorhanden. Und das Verwunderliche dabei: die Antworten und Vorschläge ähneln sich mehr als es der wechselnde Zeitgeist vermuten lässt, – gleichsam der früher erwähnte *„rosa Faden“*.

Zu einem Zeitpunkt, als einige wenige hochrangige Strippenzieher, darunter Vize-Landeschef *Peter Friedrich* wie auch Fraktionschef *Andreas Stoch*, bereits dabei waren, die Kandidatur von *Leni Breymaier* für den Parteivorsitz einzutüten, warf plötzlich Ex-Sozialministerin *Katrin Altpeter* ihren Hut in den Ring. *„Ich stehe für die Wahl bereit“*, sagte sie am 9. Juni 2016 ihrem Heimatblatt, der *Waiblinger Kreiszeitung*, allerdings ohne irgendwelche durchsetzungsstarke innerparteiliche Truppen im Rücken.[588] Ihr Credo, wen wunderte es, lautete, die SPD müsse sich in Richtung Soziales neu ausrichten. Altpeter war sich offenbar der Größe der Aufgabe bewusst, denn sie befürchtete, *„reißen Sie mal einen Zwölf-Prozent-Laden wieder hoch“*. Breymaier zeigte sich überrascht, lobte aber Altpeter als *„eine großartige Frau“*. Sie schloss mehrere Kandidaten nicht aus, denn schließlich sei die SPD *„eine muntere Partei“*.

Nur wenige Tage später zog Altpeter ihre Bewerbung zurück. Denn es mache keinen Sinn, *„wenn zwei Frauen mit ähnlichem sozialem Profil gegeneinander antreten“*, teilte sie auf *Facebook* mit,[589] vermutlich wohl wissend, dass Breymaier die deutlich besseren Karten hatte und bezüglich Rhetorik, Schlagfertigkeit, Humor, Begeisterungsfähigkeit und inhaltlicher Profilierung klar die Nase vorne hatte. Breymaier hatte zu diesem Zeitpunkt nämlich im Landesvor-

---

588 Vgl. Eßlinger Zeitung, 09.06.2016, Katrin Altpeter will für SPD-Landesvorsitz kandidieren, https://www.esslinger-zeitung.de/inhalt.katrin-altpeter-will-f-uuml-r-spd-landesvorsitz-kandidieren-nbsp.a9cabdb1-7f4c-46a8-8c14-f03c933f2040.html

589 Vgl. Reutlinger General-Anzeiger, 13.06.2016, Altpeter will nicht für SPD-Landesvorsitz kandidieren, https://www.gea.de/welt/politik_artikel,-altpeter-will-nicht-f%C3%BCr-spd-landesvorsitz-kandidieren-_arid,4847522.html

stand am 12. Juni 2016 bereits offiziell erklärt, dass sie für eine Kandidatur als SPD-Landesvorsitzende bereitstehe. Altpeter gestand später, sie sei zu einer aussichtslosen Kandidatur ermuntert worden und dann im Landesvorstand in *„lauter offene Messer gelaufen"*. Es gilt in informierten Kreisen als ein offenes Geheimnis, dass Schmid nach seiner Entscheidung für den Verzicht es selbst war, der Altpeter in einem Telefonat zur Kandidatur drängte und anstachelte.[590] Sein Plan und der seiner machtbewussten *„Netzwerker"* soll es gewesen sein, die sozialpolitisch profilierte Ex-Ministerin vorzuschieben, um Breymaier, eine exponierte Parteilinke (oder was man dafür hält), zu verhindern, *„also zwei Frauen aufeinander loshetzen, um beide zu beschädigen."*

Der amtierende Kultusminister *Andreas Stoch* wurde auch erst am 12. April 2016 nach längerem internem Hängen und Würgen bei 17:2 Stimmen zum neuen Fraktionsvorsitzenden gewählt.[591] Man spürte über Wochen hinweg, wie tief dem kleinen Häuflein von nur noch 19 Abgeordneten der Frust in den Knochen steckte. Natürlich berappelte man sich allmählich und kam seinen parlamentarischen Verpflichtungen nach. Doch Wundenlecken war noch lange Zeit eine Hauptbeschäftigung. Erschwerend hinzu kam, dass nicht ohne Grund fatalistische Erklärungsmuster an der Tagesordnung waren. Wie bei der CDU hielten auch viele Genossinnen und Genossen den Absturz bei der Wahl für einen tragischen Betriebsunfall, ja schlimmer noch, schlicht für einen Irrtum der Geschichte. Der Irrtum in Partei und Fraktion der SPD bestand darin, dass man glaubte, tiefer

---

590 Vgl. Süddeutsche Zeitung, 29.07.2016.

591 Vgl. zum Folgenden Südkurier, 12.04.2016, Neuer Fraktionsvorsitzender: Andreas Stoch soll SPD aus dem Tal führen, https://www.suedkurier.de/baden-wuerttemberg/Neuer-Fraktionsvorsitzender-Andreas-Stoch-soll-SPD-aus-dem-Tal-fuehren;art417930,8652194

könne man nun wirklich nicht mehr sinken und werde relativ schnell gleichsam automatisch wieder Oberwasser gewinnen und zumindest auf historisch gewohntes Normalmaß aufsteigen. Es wurde übersehen, dass es auch für einstmals erfolgreiche Volksparteien – wie der europäische Vergleich lehrt – keine Überlebensgarantie gibt. Und der politische Wille allein noch keine demoskopischen Berge in zählbare Besserung versetzt.

Sein Oppositions- und Arbeitsverständnis beschrieb Stoch so: „*Wir wollen, wo es notwendig ist, die bessere Alternative aufzeigen und deutlich Paroli bieten, wo wir das Gefühl haben, dass Entwicklungen, die wir in unserer Regierungszeit begonnen haben, nicht weitergehen oder das Rad zurückgedreht werden soll.*“ Natürlich hatte er da vor allem Schulreformen aus seiner Zeit als Kultusminister im Auge. Und er mahnte für die SPD ein Gesellschaftsmodell an, das Modernität verkörpere und das Lebensgefühl der Menschen wirklich treffe. Für den neuen SPD-Fraktionschef war es zu einfach, „*sich als Partei des kleinen Mannes oder neue Kraft der Mitte positionieren zu wollen.*“ Welche strategische Ausrichtung er selbst im Auge hatte, blieb freilich im Dunkeln. Ein großer Selbstbetrug ist es, zu meinen, eine Partei oder Fraktion könne Kümmererpolitik für alle Menschen machen. Profilierung mit Profil für alle gibt es nicht, sie ist ein Widerspruch in sich.

Stoch verlangte in der politischen Außendarstellung der SPD mehr Emotionalität, transportiert von glaubwürdigen Personen. Das wurde verbreitet als kleiner Seitenhieb gegen Jurist Schmid ausgelegt, obwohl da Jurist Stoch selber im Glashaus saß. Da der neue Fraktionsvorsitzende noch bis Ende April 2016 Kultusminister war, übte er sein neues Amt nur in einer designierten Funktion aus. In der konstituierenden Sitzung der Landtagsfraktion nach der Wahl übernahm die Leitung zunächst ein Trio aus Fraktionsvize *Martin Rivoir*, dem Parlamentarischen Geschäftsführer *Stefan Fulst-Blei* und Landtagsvizepräsident *Wolfgang Drexler*.

Nach dem Rückzug Schmids geisterte alsbald ein Gespenst mit Drohgebärden durch die Gliederungen der baden-württembergischen SPD: der Linksruck. Fraktionschef *Andreas Stoch* versuchte ihm dadurch die Spitze zu nehmen, dass er den Linksruck nach einer Wahl von *Leni Breymaier* zur neuen SPD-Landesvorsitzenden nicht für „*zwangsläufig*" erklärte, demnach aber eben auch als unerwünscht einstufte. Woran konnte aber ein Linksruck politisch-inhaltlich eigentlich konkret festgemacht werden, und erst recht auf Landesebene? War der Linksruck nicht vielmehr bloß ein aufgeblasenes taktisches Wording diverser innerparteilicher Flügel und Kreise, um die Wahl von Breymaier in ein schlechtes Licht zu rücken, noch bevor sie erfolgt war? War mit einem Linksruck etwa allein deshalb zu rechnen, weil eine aktive Verdi-Gewerkschafterin an die Spitze der SPD kommen sollte? Und hängen Ausmaß und Art eines Linksrucks nicht auch entscheidend davon ab, wo man vorher verortet war? Vielleicht bedeutete der Linksruck auch nur eine Rückkehr zur Mitte und eine Besinnung auf klassisch sozialdemokratische Wurzeln, die etwas in Vergessenheit geraten waren? War es Bestandteil eines Linksrucks, wenn das Profil der SPD als Partei für soziale Gerechtigkeit stärker betont und herausgearbeitet werden sollte? Und war ein Linksruck zu beklagen, weil Breymaier die von vielen bislang bei Schmid so schmerzlich vermisste Emotionalität zum Ausdruck brachte, ergänzt durch klare Haltung und unverstellte Sprache statt Geschwurbel aus einerseits und andererseits wie Pudding an der Wand? Und überhaupt: wieso sollten sich Sozialdemokraten eigentlich nicht mehr als Linke definieren dürfen? Womöglich war da eher bei den Kritikern eines vermeintlich bevorstehenden Linksrucks etwas im politischen Koordinatensystem verrutscht.

Hier erscheint es angebracht, sich an das kleine Gedicht des österreichischen experimentellen Lyrikers *Ernst Jandl* zu erinnern:[592]

lichtung

manche meinen
lechts und rinks
kann man nicht velwechsern
werch ein illtum

Nachdem der mühsame Übergang von Schmid zu Breymaier zunächst flügelübergreifend in recht einvernehmlichen Bahnen verlaufen war, handelte sich die designierte Landesvorsitzende durch die Benennung von *Luisa Boos* als Generalsekretärin unnötigen Ärger im Vorfeld des Parteitags im Oktober 2016 ein.[593] Der früheren Juso-Vizechefin wurde vorgeworfen, sie habe sich vor einigen Jahren zu wenig von Beleidigungen gegen andere Parteimitglieder in einem sozialen Netzwerk distanziert, außerdem fehlten ihr Erfahrung und Kompetenz. Je stärker der Widerstand gegen die Nominierung von Boos in Teilen der Partei und vor allem in der Landtagsfraktion wurde, desto entschlossener und hartnäckiger hielt Breymaier an ihrer Wunschkandidatin fest. Selbst Fraktionschef Stoch war besorgt, dass mit Breymaier und Boos im Doppelpack ein zu stark linker Kurs gefahren werden solle, obwohl er doch wissen musste, dass landespolitisch die Musik wo ganz anders spielte, nämlich im Parlament und nicht in der SPD-Parteizentrale. Doch Stoch setzte Brey-

---

592 Vgl. https://de.wikipedia.org/wiki/Lichtung_(Gedicht)

593 Stuttgarter Zeitung, 24.09.2016, Umstrittene SPD-Personalie: Breymaier hält an Luisa Boos fest, https://www.stuttgarter-zeitung.de/inhalt.umstrittene-spd-personalie-breymaier-haelt-an-luisa-boos-fest.fe5d9ca8-1c84-4450-9e4a-a9877149eedb.html

maier öffentlich weiter unter Druck und verlangte, über die Frage der Generalsekretärin „*wird nochmal intensiv zu reden sein*“.[594] Insgesamt brach Stoch jedoch eine Lanze für Breymaier, weil die SPD wieder stärker eine gewisse Ausstrahlung bekommen müsse, und da sehe er „*jemanden wie Leni Breymaier – gerade weil sie unkonventionell ist – als gute Wahl.*“ Ob er da auch bereits einen Kontrast zwischen seinem eigenen Naturell und dem Auftreten von Breymaier beschrieb?

Von interessierter Seite gab es schon im Vorfeld des Wahlparteitags im Oktober 2016 Versuche, bei Breymaiers Kandidatur allerhand Haare in der Suppe zu erkennen. Dazu zählte auch die aufgeregte Intervention von Arbeiterführer, Porsche-Betriebsratschef und Großverdiener *Uwe Hück*, der in der SPD zwar Null Komma Null zu melden hatte, aber Zugang zu einschlägigen Medien besaß. „*Ich habe Angst, dass die Partei unter die Räder kommt und eine Kopie der Linkspartei wird*“, warnte Hück völlig daneben gegenüber der Nachrichtenagentur dpa.[595] Unter Breymaier deute sich ein „*Linksruck*“ in der Partei an, befürchtete der Uwe. Bei einer Partei sei es wie in einem Flugzeug: „*Wenn man nur den linken Flügel hat, kann man weder starten noch landen*“, was übrigens an dem Bild nicht ganz stimmt, denn ein guter Pilot kann zumindest mit einem Triebwerk starten, fliegen und landen. Hück hatte natürlich auch das altbekannte Patentrezept der Spöri-Mosdorf-SPD parat: „*Wenn die SPD in Baden-Württemberg wieder etwas werden möchte, dann muss sie*

---

[594] Schwäbische, 09.10.2016, Interview: „*Koalition hat die Öffentlichkeit getäuscht*“, https://www.schwaebische.de/regional/baden-wuerttemberg/koalition-hat-oeffentlichkeit-getaeuscht-542786

[595] Vgl. Stuttgarter Nachrichten, 21.10.2016, Uwe Hück kritisiert designierte SPD-Landeschefin, https://www.stuttgarter-nachrichten.de/inhalt.porsche-betriebsrat-uwe-hueck-kritisiert-designierte-spd-landeschefin.8ed73e9e-5c6b-4a45-9ba0-fbcc3742adfb.html

sich mehr im Mittelstand und in der Mittelschicht befinden, aber gleichzeitig auch den sozialen Ausgleich suchen." Breymaier warf er vor, sie bringe „*zu viele unangemessene Sprüche, mit denen die Alteingesessenen verärgert werden*", so ausgerechnet der doch am laufenden Band unangemessen wichtigtuerisch dröhnende Uwe Hück. Im unmittelbaren Vorfeld des *Parteitags* am *22. Oktober 2016* in *Heilbronn* wies Breymaier die Kritik an ihr und an der vorgeschlagenen Generalsekretärin *Luisa Boos* strikt zurück.[596] „*Ich habe kein Problem, als links bezeichnet zu werden. Ich hoffe, jeder in der SPD nimmt für sich in Anspruch, links zu sein*", so ihr Tenor im Gegenangriff. Spannend war die Frage, ob Breymaier ihren Personalvorschlag für den Posten der Generalsekretärin respektabel durchbekommen würde. Sie agierte bei dieser Personalie zwar konsequent und willensstark, aber auch taktisch unklug, weil keine Bereitschaft zu einer Konsenslösung signalisierend. Boos genoss weiter ihr volles Vertrauen. Doch der Schuss hätte auch krachend nach hinten losgehen und sie selbst treffen können. Fraktionschef *Andreas Stoch* sagte trotz alledem voraus, „*die SPD werde geschlossen aus dem Parteitag herausgehen.*"

In ihrer Bewerbungsrede auf dem *Heilbronner Parteitag* am *22. Oktober 2016* stellte *Leni Breymaier* überzeugend unter Beweis, dass sie in Sachen kampfeswilliger Emotionalität und ungekünstelter Direktheit entschlossen und fähig war, einen anderen Kaffee als Schmid auszuschenken. Sie forderte die Delegierten auf, – auch stets eine gute Masche – Flügelstreitereien hinter sich zu lassen.[597]

---

[596] Vgl. Eßlinger Zeitung, 22.10.2016, Breymaier weist Kritik zurück, https://www.esslinger-zeitung.de/inhalt.das-k-ouml-nnte-ein-hei-szlig-er-parteitag-werden-die-s-uuml-dwest-spd-will-einen-neuen-vorstand-w-auml-hlen-umstrittene-personalie-inklusive-wie-gehen-die-delegierten-damit-um-breymaier-weist-kritik-zur-uuml-ck-nbsp.d1c52373-8e8c-434d-b657-7ef5345686bc.html

[597] Vgl. Stuttgarter Nachrichten, 22.10.2016, Breymaier wirbt mit flammender Rede

Denn die spielten bei den Menschen an der SPD-Basis keine Rolle. Breymaier bekannte sich trotz aller Warnungen vor einem „*Linksruck*" zu „*SPD pur*" und linken Politikzielen: „*Links heißt für mich, mich dafür einzusetzen, dass diese Welt gerechter, friedlicher und nachhaltiger ist.*" Welcher Sozi wollte da noch widersprechen, nein, er erkannte endlich wieder, hey, ich bin ja auch links. Links sein bedeute, so Breymaier, für Menschen da zu sein, „*die nichts anderes zu verkaufen hätten als ihre Hände, ihren Kopf und vielleicht noch ihre Daten*". Und sie rief allen zu: „*Die Grundwerte der SPD lauten nicht: Geld, Macht und Sex, sondern Freiheit, Gerechtigkeit und Solidarität!*"[598] Spätestens zu diesem Zeitpunkt war der gesamte Parteitag mit seinen 320 Delegierten links.

Außerdem: So sehr links empfand sich Breymaier gar nicht, „*sie sei nur ihren Überzeugungen treu geblieben, derweil sich die Gesellschaft nach rechts bewegt habe.*"[599] Die Verdi-Landesbezirksleiterin befriedigte die inzwischen weit verbreitete Sehnsucht nach Authentizität, war sich aber darüber im Klaren, dass es Zeit brauchen werde, Vertrauenskapital anzuhäufen. „*Wird die SPD der künftigen Landesvorsitzenden diese Zeit gewähren?*", fragte damals fast schon hellseherisch der erkennbar am Niedergang der SPD leidende Politikredakteur *Reiner Ruf* in der *Stuttgarter Zeitung.*[600] Breymaier verteidigte auf dem Heilbronner Parteitag auch erneut ihren umstrittenen Plan,

---

für sich, https://www.stuttgarter-nachrichten.de/inhalt.designierte-spd-chefin-breymaier-wirbt-mit-flammender-rede-fuer-sich.40eafc7f-d809-41a2-9045-6f25840348ab.html

[598] Vgl. https://www.spd-bw.de/meldungen/101984-leni-breymaier-neue-spd-landesvorsitzende/

[599] Vgl. Stuttgarter Zeitung, 22.10.2016, SPD-Parteitag in Heilbronn: Nils Schmid geht – Leni Breymaier kommt, https://www.stuttgarter-zeitung.de/inhalt.spd-parteitag-in-heilbronn-nils-schmid-geht-leni-breymaier-kommt.10954cfb-3d31-4545-ae41-8856d47f8236.html

[600] Vgl. Stuttgarter Zeitung, 22.10.2016.

Luisa Boos zur Generalsekretärin zu machen. Boos sei nicht nur jung und weiblich und habe einen Migrationshintergrund, sondern sie kenne auch das Innenleben der Partei.

Leni Breymaier wurde schließlich zwar nicht glänzend, aber überzeugend mit knapp 85% Zustimmung zur neuen SPD-Landesvorsitzenden gewählt (264 Ja, 35 Nein, 12 Enthaltungen). Ihre Generalsekretärin *Luisa Boos* schrammte freilich beinahe an einer Klatsche vorbei: sie erzielte nur knapp 60% Unterstützung (187 Ja, 96 Nein, 30 Enthaltungen), was natürlich auch für Breymaier selbst gleich zum Start ein Schuss vor den Bug war. Von einem Durchmarsch von Parteilinken bei den weiteren Wahlen zum Landesvorstand konnte keine Rede sein. SPD-Fraktionschef *Andreas Stoch* kommentierte das Abschneiden Breymaiers bei der Wahl zur Landesvorsitzenden indessen vielsagend in gekonnt flüssigem Juristendeutsch: „*Das Ergebnis ist eine gute Ausgangsbasis und enthält einen Vertrauensbonus.*"[601] In der Zusammenarbeit zwischen der Landesvorsitzenden Breymaier und dem Fraktionsvorsitzenden Stoch sollte es danach rasch gelegentlich hörbar knistern, was nicht nur an völlig unterschiedlichen Naturellen lag, die da aufeinander prallten, sondern auch an der offenen Frage, wer denn in der SPD Baden-Württemberg die Nummer Eins ist.

Diese konfliktreichen innerparteilichen Vorgänge nähren erneut die hier mit Nachdruck verfochtene Hypothese, dass die SPD Baden-Württemberg *landespolitisch* am besten aufgestellt ist, wenn beide Chefpositionen in einer Hand liegen, also der Fraktionsvorsitzende immer auch das Heft in der Landespartei in der Hand hält.

---

[601] Vgl. Südkurier, 24.10.2016, Breymaier entflammt die SPD im Land, https://www.suedkurier.de/baden-wuerttemberg/Breymaier-entflammt-die-SPD-im-Land;art417930,8966122

Parlamentarische Initiativen der SPD von 2016 bis 2021

Neben viel Beschäftigung mit sich selber und mit den Gründen für den Niedergang kam die SPD-Landtagsfraktion aber auch ihrer angestammten parlamentarischen Arbeit nach. In der 16. Wahlperiode, die an ihrem Ende in starkem Maße von den Restriktionen durch die Corona-Pandemie[602] geprägt war, brachte die SPD-Fraktion eigenständig lediglich *sieben Gesetzentwurfe* in den Landtag ein.

Der *erste* begehrte eine Änderung des *Polizeigesetzes* zum besseren Schutz von Polizeivollzugsbeamten durch Bodycams. Der *zweite* betraf ebenfalls eine Änderung des Polizeigesetzes zur Einführung einer gebührenrechtlichen Ermächtigungsgrundlage für die Kostenerstattung von über das übliche Maß hinausgehenden polizeilichen Sicherheitsmaßnahmen. Der *dritte* wollte mit einer novellierten *Landeshaushaltsordnung* die Landesregierung beim Erreichen eines negativen Werts bei der zulässigen Kreditaufnahme zum Schuldenabbau verpflichten durch Tilgung von Kreditmarktschulden, Tätigung von Nettobauinvestitionen oder Ansparung von Geldvermögen zur Finanzierung künftiger Pensionsausgaben. Der *vierte* verlangte die Einführung des *inklusiven Wahlrechts* in Baden-Württemberg zu den Kommunalwahlen 2019. Mit einer Änderung des *Ministergesetzes* wollte der *fünfte* ein transparentes Verfahren schaffen, in dem Anzeigepflichten während und nach dem Amtsverhältnis sowie eine Untersagungsmöglichkeit der Beschäftigung nach Ende des Amtes innerhalb einer Karenzzeit eingeführt werden. Der *sechste* Gesetz-

[602] Die völlig neuen Extrembedingungen der Corona-Pandemie stellten auch den ganzen Parlamentsbetrieb ab Frühjahr 2020 auf den Kopf. Zum einen erzielten die Fraktionen Übereinstimmung, die Bürokratie nur mit politisch absolut Notwendigem zu behelligen, und zum anderen löste ja die Corona-Pandemie selbst beträchtlichen Regulierungsbedarf im Zuständigkeitsbereich jedes Ministeriums aus. Auch der Landtag machte schließlich Homeoffice und Sitzungen als Videoschalte.

entwurf hatte eine Änderung des *Tariftreue- und Mindestlohngesetzes* im Visier, die Tariftreue und ordentliche Bezahlung bei der Vergabe öffentlicher Aufträge stärker gewichten und Kontrollen zur Einhaltung der Regelungen verschärfen sollte. Der *siebte* und letzte Gesetzentwurf bereits Ende 2020 wollte ein *Lobbyregister* einführen mit „*Maßnahmen zur Harmonisierung der Vertretung von Interessen mit hohen Transparenzerfordernissen durch Schaffung eines Regelungsrahmens für das Miteinander von Politik, Wirtschaft und Zivilgesellschaft*".

Von 2016 bis 2021 stellte die SPD-Landtagsfraktion eigenständig *21 Große Anfragen*, davon aber alle außer einer, die das Krisenmanagement des Sozialministeriums im bisherigen Verlauf der Pandemie aufs Korn nahm, noch vor Beginn der Corona-Krise. Als die beiden Schwerpunkte stechen mit jeweils *fünf* Großen Anfragen die *Innere Sicherheit* (Evaluierung Polizeistrukturreform/EvaPol, Anti-Terror-Maßnahmen, Kriminalpolizei und Rechtsextremismus) und erneut das weite Feld der *Bildung* (Duale Hochschule, Berufliche Weiterbildung, Studieren in wirtschaftlicher und sozialer Hinsicht und Inklusion an Schulen) ins Auge. Der Bereich der *Sozialpolitik*, insbesondere die Zukunft der Pflege, kommt auf drei Anfragen. Der Rest sind verstreute Einzelinitiativen, etwa zum Wohnungsbestand von Land und Kommunen oder zur Ökologie und Fischerei am Bodensee.

In der 16. Wahlperiode setzte der Landtag auf Antrag der SPD bzw. mit ihren Stimmen drei Untersuchungsausschüsse ein: zu „*Rechtsterrorismus/NSU BW II*" (2016–2018), zu „*Zulagen Ludwigsburg*", der eine rechtswidrige Zulagengewährung für Lehrpersonal an der Hochschule für öffentliche Verwaltung und Finanzen und ein pflichtwidriges Aufsichtsverhalten von Wissenschaftsministerin

Theresia Bauer überprüfte, (2017–2019) und zu „*Abläufe in Zusammenhang mit der Beteiligung des Landes an der Weltausstellung 2020 (UsA Baden-Württemberg-Haus)*" (2020–2021).

In der 16. Wahlperiode von 2016 bis 2021 setzte der Landtag von Baden-Württemberg keine Enquetekommission ein. Der Antrag der AfD zur Einsetzung einer Enquete „*Bedrohung durch Islamismus, Scharia-Recht, organisierte Kriminalität und Einfluss fremder Staaten – Baden-Württemberg als freiheitliches, demokratisches und rechtsstaatliches Land bewahren*" fand erwartungsgemäß keine Mehrheit.

Am 13.09.2018 stellte die SPD-Landtagsfraktion gemeinsam mit der FDP einen *Antrag auf Entlassung von Wissenschaftsministerin Theresia Bauer*. Ihr wurde im Zusammenhang mit diversen Vorgängen an der Hochschule Ludwigsburg vorgeworfen, gegenüber den Hochschulgremien, der Öffentlichkeit und dem Parlament mehrfach die Unwahrheit gesagt und dem Landtag wissentlich Informationen vorenthalten zu haben.

Fraktion kommt nur langsam in die Gänge, Breymaier an Parteispitze auch, dann eröffnet der „Circus Castellucci“ mit Happy-End für Ruhestifter Andreas Stoch

Die SPD-Landtagsfraktion brauchte einige Zeit, um zu einem gewissen Normalmaß an parlamentarischer Arbeit zu gelangen. Zu sehr drückte der Absturz bei der Wahl 2016 und der durch ihn ausgelöste Schmerz auf die Stimmung. Überdies war er ja gepaart mit einer Neuaufstellung der drastisch verminderten SPD-Beteiligung an den Gremien des Landtags. Dies bedeutete natürlich auch geringeren Zugang für Abgeordnete der SPD zu Spitzenpositionen. Auf Ex-Kultusminister *Andreas Stoch* kam als neuer Fraktionsvorsitzender eine ganz neue Rolle zu, in die er erst hineinwachsen musste. Er stand vor der Aufgabe, nun zumindest oberflächlich auf allen Themenfeldern der Landespolitik zuhause zu sein und nicht mehr nur als Spezialist für Bildungspolitik zu glänzen. Dies warf auch die Frage auf, ob Stoch überhaupt noch als Widerpart der neuen Kultusministerin *Susanne Eisenmann* auftreten oder sich lieber auf anderen Gebieten profilieren sollte. Stoch lavierte in dieser Frage lange Zeit hin und her, bis die Entscheidung fiel, sich aus Schulthemen wegen ihrer hohen landespolitischen Relevanz keinesfalls ganz zu verabschieden. Ex-Innenminister *Reinhold Gall* beschloss für sich beispielsweise, von der Innenpolitik künftig die Finger zu lassen und sich lieber anderen Aufgaben wie der Agrarpolitik zuzuwenden.

Richtig Zoff gab es in der Fraktion Ende des Jahres 2017 um die Besetzung von Vorsitzendenposten in Landtagsausschüssen. Die SPD-Fraktion hatte zunächst mit *Gabi Rolland* (Umwelt), *Rainer Hinderer* (Soziales) und *Rainer Stickelberger* (Finanzen) drei Chefsessel inne. Da ihr aber rechnerisch nur noch zwei zustanden, war über lang oder kurz klar, dass die SPD wohl oder übel einen Sitz an die AfD abgeben musste. Obwohl es parlamentarischer Usus ist, dass die stärkste Oppositionsfraktion den Finanzausschuss übernimmt, also in diesem Fall die AfD, war dies innerhalb der SPD-Fraktion höchst umstritten. Schließlich wurde mehrheitlich beschlossen, den Finanzausschuss zu behalten und den Umweltausschuss zu opfern und der AfD anzubieten. Die Amtsinhaberin *Gabi Rolland* fand es *„schäbig, wie man in der Fraktion mit mir umgeht"*.[603] Sie warf Fraktionschef Stoch vor, nicht mit ihr über diese Pläne gesprochen zu haben. Vom stark menschelnden Procedere und von immer noch blank liegenden Nerven nach dem Wahldesaster einmal abgesehen, sprach in der Sache freilich viel dafür, den Umweltausschuss eben *nicht* abzugeben, denn in der Kombination Soziales und Umwelt hätte zumindest eine gewisse Chance auf fortschrittliche Außendarstellung bestanden, etwa auch für Kontakte mit den einschlägigen Verbänden und für öffentlichkeitswirksame Auftritte auf Kongressen, wohingegen der Finanzausschuss lediglich parlamentsintern formal einen hohen Status genoss, allerdings von der Beratung des Etats einmal abgesehen keinerlei repräsentativ relevante Rolle spielte.

Im Raum stand auch der bitterböse Verdacht, eine Clique älterer Männer (*„Old-Boys-Netzwerk"*) habe sich gegen Rolland verschworen, wobei in diesem Fall der Geschlechterproporz schlicht durch die Maschen fiel. Stoch wies die Anschuldigungen, ja Falschbehauptungen von Rolland empört zurück und verwies auf deren Einbindung von Beginn an wie auch auf einen demokratischen Fraktionsbeschluss, an dessen Umsetzung kein Weg vorbeiführe.[604]

---

[603] Vgl. Schwäbische, 01.12.2017, AfD an der Spitze des Umweltausschusses, https://www.schwaebische.de/regional/baden-wuerttemberg/spd-gibt-vorsitz-des-umweltausschusses-im-landtag-an-die-afd-fraktion-ab-407259

[604] Vgl. Stuttgarter Zeitung, 17.11.2018, Landesparteitag in Donaueschingen: Die SPD ringt schwer mit der Neuausrichtung, https://www.stuttgarter-zeitung.de/inhalt.landesparteitag-in-donaueschingen-die-spd-ringt-schwer-mit-der-neuausrich-

Rolland erklärte schließlich angesäuert erst zum 24. Januar 2018 ihren Verzicht auf den Vorsitz im Umweltausschuss. Und an Stoch klebte nichtsdestotrotz der Makel des ersten Managementfehlers.

Der neuen Parteichefin *Leni Breymaier* erging es nicht viel besser. Sie bekam einfach keine Ruhe in den Laden. Vielmehr flammten immer wieder Scharmützel der diversen innerparteilichen Gruppierungen auf. Doch ihre Unterstützer setzten darauf, dass Breymaier für ihre Herkulesaufgabe der Befriedung der Partei ausreichend Zeit bekommen würde, zumal als erst zweite Frau an der Spitze der baden-württembergischen SPD sogar mit einem gewissen Vertrauensvorschuss, was aber selbst ansonsten quotenzugewandten Männern plötzlich als naiv vorkam. Breymaier konnte nicht locker loslegen und auch mal ein Lob einheimsen. Von Anfang steckte in ihrem Vorsitz der Wurm drin, obwohl doch alles so clever eingetütet war. Sie litt unter demselben strukturellen Dilemma wie früher bereits *Alex Möller*, *Erhard Eppler* und *Ute Vogt*: Breymaier war zwar Landesvorsitzende, aber hauptberuflich Bundestagsabgeordnete mit einer entsprechenden Präsenz und Themenausrichtung, in ihrem Fall Rente, Steuern, Arbeit und Gleichstellung.

Landespolitisch war sie einfach zu weit vom Schuss, und die samstäglichen Sitzungen des SPD-Landesvorstands beschäftigten sich auch am liebsten mit den großen Herausforderungen der Bundes-, Europa- und Weltpolitik, während der gemeine Landtagsabgeordnete in seinem Wahlkreis am Wochenende von einem Fest zum nächsten Jubiläum hetzte und überall bemühte Bürgernähe demonstrierte. Die stark bundespolitische Ausrichtung der Landespartei konnte anfangs noch damit legitimiert werden, dass man einen

---

tung.eec9475c-378f-46e2-b421-4b38bcbefeed.html

kämpferischen Beitrag zur *Bundestagswahl 2017* und zu einem Erfolg des SPD-Kanzlerkandidaten *Martin Schulz* leisten wollte.[605]

Auf der Strecke zum *SPD-Landesparteitag* am *18. November 2017* in *Donaueschingen* gackerten die Hühner bereits im Vorfeld.[606] Über Breymaiers Regiment brauten sich erste dunkle Wolken zusammen. Der Vorwurf interessierter Kreise lautete, dass die organisatorische, strukturelle und inhaltliche Neuausrichtung der Partei nicht schnell und nicht konsequent genug vorankäme. Kritik musste auch erneut Generalsekretärin *Luisa Boos* einstecken, deren Entwurf für einen Leitantrag zu stark binnenorientiert ausfalle und die Niederlage bei der Landtagswahl 2016 nicht schonungslos genug aufarbeite. Antragsteller und Kritiker, darunter federführend Juso-Landeschef *Leon Hahn* und Parteivize *Frederick Brütting*, rangen bis tief in die Nacht um einen einvernehmlichen Beschlusstext, der dann in letzter Sekunde auch klappte. Zuvor hatten die Kritiker einen Alternativentwurf über die Medien angekündigt und dann auch vorgelegt. Parteichefin Breymaier war jedoch nicht eingeweiht und empfand das Vorgehen zu Recht als unsolidarisch und tadelte es als *„schade, dass wir so miteinander umgehen."* Eigentlich hätte das angeblich linke Gespann Breymeier/Boos genau nach dem Geschmack der Jungsozialisten sein müssen. Doch diese bildeten gerade in Baden-

---

[605] Vgl. zu Aufstieg und Fall von Martin Schulz das gnadenlos exzellente Enthüllungsbuch des Spiegel-Redakteurs Markus Feldenkirchen, *Die Schulz-Story. Ein Jahr zwischen Höhenflug und Absturz*, München 2018.

[606] Vgl. Stuttgarter Zeitung, 18.11.2017, Landesparteitag in Donaueschingen: SPD-Basis lässt mächtig Dampf ab, https://www.stuttgarter-zeitung.de/inhalt.landesparteitag-in-donaueschingen-spd-basis-laesst-maechtig-dampf-ab.21a0a81a-2f52-48e7-a480-14c1568714dd.html; Südkurier, 18.11.2017, Landesparteitag in Donaueschingen: Ende der Schonzeit - SPD-Chefin Breymaier muss jetzt liefern, https://www.suedkurier.de/ueberregional/politik/Landesparteitag-in-Donaueschingen-Ende-der-Schonzeit-SPD-Chefin-Breymaier-muss-jetzt-liefern;art410924,9502382

Württemberg schon lange keine linke Speerspitze mehr. Einig waren sich alle immerhin darin, dass die SPD nur mit einer neuen Geschlossenheit wieder auf die Beine kommen könne.[607]

Aber für Breymaier kam es noch dicker: Es fiel der Startschuss für den „*Circus Castellucci*"[608], eine herrlich treffsichere Bezeichnung der Ereignisse. Denn am 6. Oktober 2018 kündigte *Lars Castellucci*, einer ihrer Stellvertreter, für Migrationspolitik zuständiger Bundestagsabgeordneter, Professor für nachhaltiges Management an einer privaten Hochschule und bekennender Schwuler, für viele völlig überraschend an, auf dem Landesparteitag im November 2018 für den Landesvorsitz zu kandidieren. Eigentlich war trotz aller anhaltenden Konflikte und weiter konstatierten Defizite mit einer ruhigen, entspannten und sicheren Wiederwahl von Breymaier gerechnet worden.

Doch nun wurden die Karten neu gemischt und die Sozialdemokraten schon wieder auf Beschäftigung mit sich selbst zurückgeworfen, was häufig euphemistisch auch als gelungene Binnenmobilisierung tituliert wurde. Die Führung der SPD-Landespartei beschloss auf Vorschlag von Breymaier zügig einen Mitgliederentscheid, den auch Castellucci guthieß. In dessen Rahmen bot die SPD vier Regionalkonferenzen an, auf denen sich Breymaier und Castellucci vor jeweils vollem Haus mit ihren Vorstellungen präsentierten.

---

[607] Vgl. Kommentar in den Stuttgarter Nachrichten, 18.11.2017, Lust am Streit, https://www.stuttgarter-nachrichten.de/inhalt.kommentar-zum-spd-landesparteitag-lust-am-streit.51742a03-93ab-47f7-bb62-6a4a9056017d.html
[608] Vgl. Kontextwochenzeitung, Ausgabe 399, 21.11.2018, Circus Castellucci, https://www.kontextwochenzeitung.de/politik/399/circus-castellucci-5487.html

Castellucci begründete auf seiner Homepage in einem Statement, das kein für Fortschrittlichkeit stehendes Signalwort ausließ, sein Vorpreschen.[609] Er sah die SPD der Gefahr ausgesetzt, „*bedeutungslos zu werden*". Nun müsse man „*das Ruder herumreißen*". Castellucci wollte mithelfen, „*die SPD Baden-Württemberg wieder in die Offensive zu bringen*" und sie zu einer Landespartei zu machen, „*die strategisch und organisatorisch auf der Höhe der Zeit ist. Eine SPD, die inhaltlich ihrer Zeit sogar voraus ist.*" Castellucci definierte die SPD als „*die Partei des gesellschaftlichen Fortschritts*". Dass der Fortschritt ein Fortschritt für die Vielen, nicht für die Wenigen ist, das sei die Aufgabe der Sozialdemokratie. Was fehlte nun noch für einen großen Zukunftsentwurf? Natürlich musste sich die SPD in den Augen Castelluccis „*auch organisatorisch und kommunikativ neu aufstellen*" und zur „*modernsten Landespartei*" entwickeln. Nicht zu vergessen sein Schlussakkord: „*Ich will unsere Partei wieder strategie- und kampagnenfähig machen.*"

Mitstreiter und Gegner Castelluccis rieben sich verwundert die Augen. Wohin war denn dieser schlaue, so fortschrittsbewusste Reformer eigentlich die letzten 13 Jahre als stellvertretender Landesvorsitzender abgetaucht? Hatte er den Kurs der baden-württembergischen SPD irgendwie erkennbar beeinflusst und mitgestaltet? Fiel er jemals als „*attraktiver Leistungsträger*"[610] auf? Oder gehörte Castellucci nicht vielmehr zur Spezies der zweifelsohne klugen Intellektuellen und begabten Strippenzieher, die es souverän schaffen, jedes Bierzelt ruck zuck leer zu predigen? Castellucci betonte zwar immer wieder seine Unabhängigkeit von informellen politischen Gruppen, etwa von den beiden maßgeblichen im Bundestag,

---

609 Vgl. https://lars-castellucci.de/darum-will-ich-landesvorsitzender-der-spd-baden-wuerttemberg-werden/

610 Vgl. Kontextwochenzeitung, 21.11.2018.

aber ein Blinder konnte erkennen, dass er in der taktischen Aufstellung der Mann der „*Netzwerker*“ war, die seine Kandidatur innerparteilich mit Tarnen und Täuschen pushten.

Wie reagierte nun *Leni Breymaier* auf die Kampfansage? Nach außen hin fast schon unterkühlt, während es in ihrem Inneren gebrodelt haben dürfte. Castelluccis Kandidatur sei „*ehrlich*“. Jetzt habe man die Chance, „*auf offener Bühne vor und mit unseren Mitgliedern zu debattieren, wenn nötig auch zu streiten, welchen Weg wir mit unserer Landes-SPD einschlagen wollen*“.[611] In Wirklichkeit war Breymaier von Castellucci schwer genervt, zeigte sich irritiert über dessen Motive und erwog zeitweise, den Bettel gleich hinzuwerfen. Schließlich hatte sie sich nach dem zögerlichen Abgang von Schmid nie aufgedrängt, sondern wurde gebeten, als Retterin in der Not den Vorsitz zu übernehmen. Es nagte an Breymaiers gelassenem Gemüt, dass man sie nicht in Ruhe ihre Pläne umsetzen ließ. Stattdessen geisterte der Vorwurf herum, die Landes-SPD habe seit 2016 keine substanzielle Veränderung erfahren, keine Themen besetzt und kein Profil gezeigt.

Das klang dann doch arg billig und einseitig, denn schließlich trugen vornehmlich die Landtagsfraktion und ihr Vorsitzender die Verantwortung für landespolitische Akzente. Und im Übrigen ein gehöriges Stück Mitverantwortung für die anhaltend miesen Umfragewerte um die 11%, die zeitweise Gefahr liefen, auf eine einstellige Ziffer abzurutschen.

Breymaier hingegen war durchaus politisch profiliert und auch rhetorisch auf Zack. Und nicht nur ihre Anhänger konnten es sich auf der Zunge zergehen lassen: Sie war weit und breit die einzige baden-württembergische Politikerin, nicht nur der SPD, die es regelmäßig in die großen politischen Talkrunden der TV-Anstalten schaffte, dort stets eine gute, sympathische und überzeugende Figur machte und als Sozialdemokratin über Baden-Württemberg hinaus einen größeren Bekanntheitsgrad erzielte. Davon waren all die Maulhelden in der Heimat, die sich über ihren angeblich schroffen Führungsstil und anderes beschwerten, weit entfernt. Allerdings war das innerparteiliche Klima inzwischen so vergiftet, dass Breymaiers vor allem sozialpolitisch zugespitzte Fernsehauftritte von allen Widersachern, die an ihrem Chefsessel sägten, „*als Eitelkeit ausgelegt werden – und nicht etwa als Beitrag dazu, der SPD zu dem allseits gewünschten schärferen Profil zu verhelfen.*“[612] Dennoch: Das mit Breymaier hätte eigentlich etwas werden können, wenn alle Flügel und das Zentrum gleichermaßen respektiert hätten, dass nun sie als Landeschefin das Sagen hat und die gebotene „*Beinfreiheit*“ genießt.

In einem Streitgespräch mit der sozialdemokratischen Monatszeitung *Vorwärts*[613] erläuterten die beiden Kandidaten ihre Positionen. Breymaier pochte darauf, endlich aufzuhören, „*es immer allen recht machen zu wollen.*“ Die SPD dürfe „*zuspitzen, polarisieren und auch mal einen Teil der Leute vor den Kopf stoßen, wenn wir zum Ausdruck bringen, dass wir eine Haltung haben.*“ Castellucci legte Wert auf eine Perspektive, mit der die SPD als Volkspartei ein Angebot an die Breite der Gesellschaft mache: „*Wir müssen radikal auf Tuchfühlung mit dem Land gehen. Ich möchte eine Partei, die sich zuerst nach außen orientiert, anstatt sich mit sich selbst zu beschäftigen.*“ Gleichzeitig bekräftigte Castellucci seine Kritik an der Verschwendung von

---

611 Vgl. Frankfurter Allgemeine, 06.10.2018, Südwest-SPD steht vor Führungsstreit, https://www.faz.net/aktuell/politik/inland/lars-castellucci-will-spd-in-baden-wuerttemberg-fuehren-15824639.html

612 Vgl. Kontextwochenzeitung, Ausgabe 393, 10.10.2018, Rote Scheinriesen, https://www.kontextwochenzeitung.de/politik/393/rote-scheinriesen-5396.html

613 Vgl. zum Folgenden Vorwärts, 08.11.2018, Breymaier oder Castellucci? Ein Streitgespräch um den SPD-Landesvorsitz, https://vorwaerts.de/artikel/breymaier-castellucci-streitgespraech-um-spd-landesvorsitz

Kräften in den Parteiflügeln: „*Vielfalt ist gut, gleichzeitig brauchen wir mehr Zusammenhalt. Diese interne Aufspalterei zieht uns runter.*" Breymaier beklagte „*das fehlende Vertrauen in die SPD.*" Das könne man nur mit glaubwürdiger Politik zurückgewinnen und mit Personen, die dafür stehen. Darin sah Breymaier ihre Stärke, „*denn alles, was ich heute vertrete, habe ich auch gestern so vertreten.*"

Eine Achillesferse indessen war Breymaier nicht bereit zu schließen: nämlich die anhaltende Kritik an ihrer Generalsekretärin. „*Ich bin froh, dass ich sie habe und finde es nicht ok, wie seit zwei Jahren an ihr rumgemäkelt wird*", so Breymaiers Rückendeckung für *Luisa Boos*.[614] Sie hatte schließlich *Martin Horn* entdeckt, den neuen parteilosen Freiburger Oberbürgermeister, der mit Unterstützung der SPD im Frühjahr 2018 den grünen Amtsinhaber *Dieter Salomon* überraschend aus dem Amt gekippt hatte. Einer, dem zugetraut wurde, als Generalsekretär Partei und Fraktion stärker zu verzahnen, war *Sascha Binder*, der Geislinger Landtagsabgeordnete „*mit den blitzblauen Augen.*" Nach außen hielt er sich lange halbwegs bedeckt, doch intern scharrte er schon seit längerem vernehmbar mit den Hufen und bot sich Breymaier offen als Partner an, obschon ihr Verhältnis als frostig galt. Bereits Ende Oktober 2018 warf Binder seinen Hut offiziell in den Ring, bereit zur Kandidatur für den Posten des Generalsekretärs, entweder allein oder eben gegen Boos. Castellucci ergriff sofort die Chance, die Absichten von Binder für seine eigenen Zwecke zu nutzen, und freute sich auf der *Regionalkonferenz* am *27. Oktober 2018* in *Leinfelden-Echterdingen*, dass der Fraktionsvize „*die Nase rausgestreckt hat*".[615] Breymaier und Castellucci zeichneten ein völlig unterschiedliches

---

[614] Vgl. Südkurier, 18.10.2018, https://www.suedkurier.de/baden-wuerttemberg/Lebenszeichen-von-der-SPD-Kampfkandidatur-um-Landesvorsitz-soll-klaeren-wohin-die-Partei-inhaltlich-will;art417930,9930117

[615] Vgl. Stuttgarter Zeitung, 27.10.2018, Vor dem Mitgliedervotum: SPD-Duell mit harten Bandagen, https://www.stuttgarter-zeitung.de/inhalt.vor-dem-mitgliedervotum-spd-duell-mit-harten-bandagen.38de1ae5-52a7-470f-ba2d-964db4feb0f3.html

Bild der aktuellen Lage der Südwest-SPD, wobei man freilich den Eindruck gewinnen musste, dass Differenzen bei *konkreten* Themen gar keine herausragende Rolle spielten, sondern es eher um eine gefühlte Wirklichkeit, die Spielregeln der innerparteilichen Willensbildung und auch den feindseligen Umgangsstil untereinander ging. Bei Castellucci fiel die Bewertung des Zustands der SPD erwartungsgemäß deutlich negativer aus als bei Breymaier.[616] Doch das gehörte zu den üblichen Machtspielchen.

Der Herausforderer sprach viel von „*breiter aufstellen*", „*Zukunft*", natürlich am besten „*gemeinsam*", und von „*Visionen*", ja „*Träume verwirklichen*" und selbstverständlich von einer bislang fehlenden „*Strategie*". Er wollte der Partei einen „*Neuanfang*" verpassen und „*Lust auf Veränderung*" einimpfen. Außerdem müsse man genau „*hinschauen, wo die Partei in die Selbstverwaltung abgerutscht ist*". Und an dieser verhängnisvollen Tendenz war nun wirklich etwas dran. In Richtung Breymaier schoss Castellucci den giftigen Pfeil ab, dass sie „*es nicht schaffe, speziell mit der Landtagsfraktion an einem Strang zu ziehen.*"

Die attackierte Landeschefin sah die SPD Baden-Württemberg demgegenüber „*ganz gut aufgestellt*". Man habe angepackt, „*was man anpacken muss*", und genau das abgearbeitet, was man sich vorgenommen habe, lobte sich Breymaier. Zudem „*haben wir es echt hingekriegt, den Laden zusammenzuhalten*". Sie sei über die Zusammenarbeit mit der Fraktion „*nicht bekümmert*" und habe „*nicht das Gefühl eines Kommunikationsvakuums*". Auch SPD-Fraktionschef *Andreas Stoch* hatte erst vor kurzem „*von einer guten, vertrauensvollen Zusammenarbeit*" gesprochen, doch hinter vorgehaltener Hand waren auch ganz andere Töne zu vernehmen.

---

[616] Vgl. zum Folgenden Stuttgarter Zeitung, 27.10.2018.

In einem *Interview* mit dem *Reutlinger General-Anzeiger* am *26. Oktober 2018* redete Breymaier Tacheles.[617] Sie versprach künftig „*Breymaier pur*", was eine deutliche Sprache bedeute und „*nicht immer das typische Politiker-Abwägungs-Sprech.*" Insofern werde „*Breymaier pur*" auch der SPD guttun. Polarisieren wollte die SPD-Landesvorsitzende auf Gebieten, wo der Politik ohnehin mehr Glaubwürdigkeit guttäte. Bei der Rente zum Beispiel. Man müsse den Leuten schon darlegen, was das kostet und wer dafür bezahlen muss. Damit könne man auch manche verschrecken, „*aber dafür ist man ehrlich.*" Oder bei der Prostitution, bei der Deutschland „*das Bordell Europas*" sei. Nicht gut fand Breymaier auch, „*all hui die Führungsspitze auszuwechseln. Das gilt übrigens für den Bund und für das Land*", und sie lachte dabei. Der Sehnsucht bei vielen in der SPD nach Opposition im Bund erteilte sie eine klare Absage. Sie sehe auch nicht, „*dass uns die Oppositionstätigkeit etwa in Baden-Württemberg vorwärts bringt.*" War diese Einsicht nun besonders „*links*" oder nicht auch bei den „*Netzwerkern*" politisch anschlussfähig?

Castellucci beklagte in einem *Interview* am *7. Oktober 2018* mit der *Südwestpresse* Breymaiers Versäumnis „*dass es keine sichtbaren Schritte der Erneuerung gibt.*"[618] Er verwies auf seine Vorstellungen, wie man das besser machen kann. Die Menschen müssten „*endlich wieder spüren, dass wir uns um sie und um ihre Zukunft kümmern.*" Aber wollte Breymaier einem solchen volksnahen Anspruch widersprechen? Auch sie wollte doch mit ihren Plänen die lähmende Binnenbeschäftigung der SPD in Baden-Württemberg überwinden.

---

617 Vgl. Interview im Reutlinger General-Anzeiger, 26.10.2018, Leni Breymaier: „*Ich muss mir nichts schöntrinken*", https://events.gea.de/event-portal_artikel,-leni-breymaier-ich-muss-mir-nichts-sch%C3%B6ntrinken-_arid,6096938.html

618 Vgl. Südwestpresse, 07.10.2018, Auch Castellucci für Mitgliederentscheid um SPD-Landesvorsitz, https://www.swp.de/politik/auch-castellucci-fuer-mitgliederentscheid-um-spd-landesvorsitz-28075204.html

Beim Mitgliederentscheid waren rund 36.000 SPD-Mitglieder aufgefordert, sich für Breymaier oder für Castellucci auszusprechen. Politische Beobachter gingen davon aus, dass die amtierende Landesvorsitzende mit 70:30 oder zumindest mit 60:40 klar gewinnen dürfte, denn es war beim besten Willen nicht erkennbar, welche landespolitischen Akzente Castellucci anders setzen wollte. Doch dann kam es bei der Verkündung des Wahlergebnisses am 20. November 2018 zu einem bösen Erwachen, das die SPD Baden-Württemberg noch tiefer in innerparteiliche Wirren stürzte. Zunächst lag wohl Breymaier bei einer Wahlbeteiligung von etwa 64% mit ganz wenigen Stimmen hinter Castellucci. Erst nach einer weiteren, von der Zählkommission angeordneten Auszählung der Stimmen stand fest, dass die amtierende Vorsitzende mit 39 Stimmen doch noch die Nase knapp vorne hatte.[619]

Zu diesem Zeitpunkt hatte Breymaier aber bereits des nächtens für sich entschieden, die Flinte ins Korn zu werfen und auf eine Kandidatur auf dem Parteitag wenige Tage später zu verzichten. Denn ihr Abschneiden kam zweifelsohne einer veritablen Schlappe gleich. Castellucci schnitt demgegenüber deutlich besser ab, als er selbst und viele andere erwartet hatten. Aber was folgte daraus für seine Ambitionen auf den Parteivorsitz? Castellucci hatte zwar mit 39 Stimmen Rückstand letztlich verloren, hielt jedoch an seiner Bewerbung fest, was klar absprachewidrig war und seine Kritiker erzürnte.

Das Tohuwabohu in der Südwest-SPD nahm allmählich immer absonderlichere Züge an: Die Siegerin schmeißt frustriert hin, während der

---

[619] Vgl. Die Welt, 20.11.2018, Breymaier gewinnt SPD-Mitgliederentscheid zum Landesvorsitz, https://www.welt.de/regionales/baden-wuerttemberg/article184161394/Breymaier-gewinnt-SPD-Mitgliederentscheid-zum-Landesvorsitz.html

Unterlegene weitermacht und sich gar cool als Versöhner anpreist. Ursprünglich hatte ein Beschluss des Landesvorstands vorgesehen, dem Parteitag am 24. November 2018 den siegreichen Kandidaten zur Wahl vorzuschlagen. Für Breymaier jedoch waren „*weniger als 50 Prozent Zustimmung keine Basis, um diesen Landesverband zu führen.*“[620] Sie empfahl auch ihrem Herausforderer, jemand anderem den Vortritt für einen Neuanfang zu lassen, worauf dieser aber wenig zimperlich keinerlei Lust verspürte nach wochenlangem Gerackere. Nun sah Castellucci erst recht seine Chance. Er und seine Anhänger hielten es für legitim, in einer inzwischen „*neuen Konstellation*“ das Angebot an den Parteitag aufrechtzuerhalten.

Unterstützung für Castelluccis taktischen Kurs signalisierten in einer Erklärung immerhin 15 von 43 Kreisvorsitzenden[621], allerdings zumeist für ein derartig politisch sensibles Bekenntnis in keiner Weise basisdemokratisch mandatiert. Ein Rätsel blieb zudem, wieso Castellucci zu der Selbsteinschätzung gelangte, ausgerechnet er könne die heillos zerstrittene Partei wieder zusammenführen und nach vorne bringen. Viele Mitglieder wünschten sich ein neues Gesicht für die Überbrückung der Grabenkämpfe und nicht Castellucci, der Partei in den bisherigen Auseinandersetzungen gewesen war. Und was wäre das für ein Parteitag geworden, der einfach mal den im Basisvotum Unterlegenen durchwinkt? Konsequenzen aus den Abläufen zog auch Generalsekretärin *Luisa Boos*: Sie warf nach dem Rückzug ihrer Chefin Breymaier ebenfalls das Handtuch und erklärte ihren Verzicht auf eine erneute Kandidatur. Damit war der Weg frei für *Sascha Binder*.

---

[620] Vgl. taz, 21.11.2018, SPD in Baden-Württemberg: Tohuwabohu nach Votum der Basis, https://taz.de/SPD-in-Baden-Wuerttemberg/!5549845/

[621] Vgl. Focus Online, 22.11.2018, 15 SPD-Kreischefs sind für Castellucci, https://m.focus.de/regional/stuttgart/parteien-15-spd-kreischefs-sind-fuer-castellucci_id_9955591.html

Breymaier hätte im Falle ihrer Wiederwahl nach einem klaren Sieg beim Mitgliedervotum im Übrigen weiter die alten Probleme an der Backe gehabt und ein neues, durchaus schwerwiegendes zusätzlich: Ihre vorgesehenen neuen Stellvertreter zählten alle mehr oder weniger zum Castellucci-Lager. *Jasmina Hostert* aus Böblingen ging für Nordwürttemberg ins Rennen. Für Südbaden kämpfte *Gabi Rolland* um ihre Wiederwahl. Nordbaden würde durch den Karlsruher Kreischef *Parsa Marvi* vertreten und für Südwürttemberg käme neu *Dorothea Kliche-Behnke* aus Tübingen in das Führungsgremium der SPD.

Der Mitgliederentscheid offenbarte erneut die Ambivalenz direktdemokratischer Beteiligungsinstrumente. Zwar erzeugte auch dieses Basisvotum eine hohe innerparteiliche Mobilisierung und große mediale Aufmerksamkeit, aber zeigte dies wirklich, „*dass die Mitgliederbefragung die SPD Baden-Württemberg nach vorne bringen wird.*"?[622] Das war nun eine pflichtbewusst-kühne These aus der PR-Abteilung des Landesverbands. In Wirklichkeit sorgte die Urabstimmung nicht dafür, dass eine Klärung der Personal- und Richtungsfragen herbeigeführt wurde, und sie war auch kein Hebel für Streitschlichtung, Befriedung, Zusammenhalt und Geschlossenheit, sondern goss sogar Öl ins Feuer und verfestigte zunächst die Lager. Ein Kommentator im *Südkurier* fasste den Mitgliederentscheid, der ausging wie das Hornberger Schießen, so zusammen: „*Am Ende steht jetzt kein Aufbruch, sondern Chaos pur. Wofür die SPD steht, ist nicht zu erkennen.*"[623]

[622] Vgl. Stuttgarter Zeitung, 16.11.2018, Basisvotum: SPD freut sich über hohe Beteiligung, https://www.stuttgarter-zeitung.de/inhalt.spd-mitgliederentscheid-basisvotum-spd-freut-sich-ueber-hohe-beteiligung.cef12d7d-49e6-466a-8fab-0f41ad972160.html

[623] Vgl. Südkurier, 20.11.2018, Nach dem Mitgliederentscheid herrscht Chaos in der SPD, https://www.suedkurier.de/ueberregional/politik/Nach-dem-Mitgliederentscheid-herrscht-Chaos-in-der-SPD;art410924,9965349

In dieselbe Kerbe schlug *Reiner Ruf* von der *Stuttgarter Zeitung*. Er beobachtete die Partei nach dem Mitgliederentscheid beim *„Aufbruch ins Nirgendwo"*.[624] Und das als eine SPD, die *„nicht nur nicht weiß, wofür sie steht, sondern auch ratlos ist, wer für sie steht."* Und wenn Breymaier nicht mehr wolle und Castellucci eigentlich nicht sollte, müsse sich jeder andere fragen lassen, *„ob er nicht nur ein Landesvorsitzender aus Verlegenheit wäre."* Inhaltlich sah der Kommentator für die SPD völlig zu Recht nur eine Zukunft als Vollsortimenter, nicht als Nischenpartei.

Mit einem dezidierten Statement zur Irrfahrt der SPD mischte sich auch der Schorndorfer Oberbürgermeister *Matthias Klopfer* ein. Er legte den Finger in die Wunde mit seiner alten These: *„Wir haben kein Mitgliederproblem, wir haben ein Funktionärs- und Delegiertenproblem."*[625] Viele normale Sozialdemokraten, die vor Ort erfolgreich Politik für die Menschen machten, hätten *„keine Lust auf dieses Politiktheater"*. Klopfer sah auch keine Spaltung der Landes-SPD, sondern lediglich *„aktuell einen unsinnigen Streit der Funktionäre, den wir in den Kommunen, an der Basis nicht nachvollziehen können."* Der Schorndorfer Rathauschef brach indessen selbst noch einmal eine Lanze für Leni Breymaier *„als souveräner Vorsitzender, die den Übergang gestaltet, trotz aller verständlichen persönlichen Verletzung."* Klopfer brachte ein seit Jahren schwelendes Übel zwar auf den Punkt, übersah aber, dass auch große Teile der Basis von den Machtspielchen längst infiziert waren oder sich darin zumindest

---

[624] Vgl. Stuttgarter Zeitung, 20.11.2018, Aufbruch ins Nirgendwo für die Landes-SPD, https://www.stuttgarter-zeitung.de/inhalt.mitgliederbefragung-der-landes-spd-aufbruch-ins-nirgendwo.ccac508b-c3b6-499a-b6d8-55f61621df99.html

[625] Vgl. zum Folgenden ZVW Zeitungsverlag Waiblingen, 23.11.2018, Schorndorfs OB Matthias Klopfer platzt der Kragen, https://www.zvw.de/lokales/schorndorf/schorndorfs-ob-matthias-klopfer-platzt-der-kragen_arid-72763

einbringen wollten, wie auch die öffentliche Intervention zahlreicher SPD-Kreisvorsitzender zugunsten von Castellucci zeigte.

Ein Name wurde in der Manege des *Circus Castellucci* immer wieder gerufen: *Andreas Stoch*. Der Fraktionschef galt zwar schon vorher gleichsam als „*starker Mann*" zumindest der SPD-Landespolitik, hatte aber früher eine Bewerbung für den Landesvorsitz ausgeschlossen und sich auch gegen zu viel Machtfülle in einer Hand ausgesprochen. Er kam nun trotzdem gehörig unter Druck, die verfahrene Situation wie einen gordischen Knoten durchzuschlagen. Doch Stoch verhielt sich in der Notlage der baden-württembergischen SPD erst einmal nicht wie ein resoluter Spitzenmann, der sich mutig und beherzt ins kalte Wasser stürzt. Stattdessen zögerte und zauderte er, wie auch immer wohlabgewogen entsprechend seinem Naturell.

Schließlich gab Stoch immerhin bekannt, dass er eine Kandidatur erwäge, sich aber noch nicht entschieden habe, sondern das Pro und Contra in die Waagschale werfe.[626] Dafür sprach, dass er keiner innerparteilichen Strömung zugerechnet wurde und Einigkeit glaubwürdig verkörpern konnte. Dagegen standen Stochs frühere Aussagen, dass er keine „*One-Man-Show*" anstrebe. Eine Rolle als Übergangsvorsitzender lehnte er mit Blick auf die bevorstehenden Wahlen im Jahr 2019 und 2021 dezidiert ab. Stoch ließ auch offen, ob er sich auf eine knallharte Kampfkandidatur gegen den wild ent-

---

[626] Vgl. Stuttgarter Zeitung, 22.11.2018, Machtkampf bei der SPD Baden-Württemberg: Fraktionschef Stoch fordert eine einvernehmliche Lösung und lehnt einen Übergangsvorsitz ab, https://www.presseportal.de/pm/amp/48503/4122353; Stuttgarter Zeitung, 21.11.2018, SPD-Fraktionschef erwägt Kandidatur für Parteivorsitz, https://www.stuttgarter-zeitung.de/inhalt.andreas-stoch-spd-fraktionschef-erwaegt-kandidatur-fuer-parteivorsitz.dff9571c-2785-4ea6-b22b-fe62e155c79f.html; Schwäbische, 21.11.2018, SPD-Fraktionschef Andreas Stoch liebäugelt mit Landesvorsitz, https://www.schwaebische.de/regional/baden-wuerttemberg/spd-fraktionschef-stoch-liebaeugelt-mit-landesvorsitz-326639

schlossenen und sich seiner Hilfstruppen sicheren Landesvize Castellucci einlassen wollte oder quasi als Vorbedingung für eine neue Geschlossenheit dessen Verzicht erwartete.

Er machte indes deutlich, dass ein echter Neuanfang nicht mit der Fortsetzung der Grabenkämpfe beginnen könne. Castellucci bekam von Jurist Stoch noch einen kleinen Nasenstüber verpasst, denn wenn dieser antrete, obwohl er das Basisvotum verloren habe, gebe es *„einen gewissen Begründungszwang*". Der Fraktionschef hielt es für problematisch und *„in erhöhtem Maße erklärungsbedürftig*", zu verlieren, dann aber aus der Knappheit der Niederlage eine Legitimation für die weitere Kandidatur abzuleiten. Stoch erinnerte daran, dass die Bewerber der Basisbefragung sich verpflichtet hätten, als Unterlegene auf die Kandidatur beim Landesparteitag zu verzichten. Es war freilich wenig zu vernehmen, worin die besondere demokratische Legitimation seiner eigenen absehbaren Spontankandidatur bestand, vom Versöhnungsanspruch einmal abgesehen. Doch so lautete ja auch die Hauptbotschaft Castelluccis, dem hingegen inzwischen sowieso ein anderer Kopf gewachsen war.

Zur Kandidatur ermuntert wurde Stoch vor allem auch von Repräsentanten der kommunalen Ebene. Der Oberbürgermeister von Ostfildern, *Christoph Bolay*, sah in einer Wahl Stochs eine echte Chance für einen Neuanfang. Und Bolay hatte den zentralen Grundsatz einer strategischen Personalpolitik kapiert: *„Der Landesvorsitz der SPD gehört ins Land.*"[627] So ist es, und diese fundamentale Einsicht sollten sich alle SPD-Vorderen für künftige Personalkonflikte hinter

[627] Vgl. Stuttgarter Nachrichten, 22.11.2018, Machtkampf in der SPD: Stoch wagt das Duell mit Castellucci, https://www.stuttgarter-nachrichten.de/inhalt.machtkampf-in-der-spd-stoch-wagt-das-duell-mit-castellucci.71706b67-d09e-41b7-a8d8-0ac446df88c5.html_

die Ohren schreiben. Unterstützung bekam Stoch auch vom Karlsruher Oberbürgermeister *Frank Mentrup*.[628] Der SPD-Fraktionschef stelle in der verfahrenen Situation eine gute Alternative dar. Wenn man nach dem Verzicht von Breymaier den beim Mitgliedervotum unterlegenen Mitbewerber wähle, habe die SPD ein Glaubwürdigkeitsproblem. Castellucci zum Landesvorsitzenden zu küren, gehe also gar nicht, war Mentrup überzeugt.

Stochs Einlassungen sorgten natürlich nicht für Klarheit und nahmen auch keinen Druck aus dem brodelnden Kessel, im Gegenteil, sie riefen noch mehr Strippenzieher auf den Plan, die ihre Reviere innerparteilich absteckten. Und bis zu einem möglichen „*High Noon*" auf dem Parteitag lief die Uhr für Stoch allmählich herunter. Nur einen Tag später warf er schließlich seinen Hut fast widerwillig in den Ring, verbunden mit der Gefahr, nicht oder nur ganz knapp die Oberhand zu behalten und so einen Neuanfang mit dem alten Flügelschlagen zu belasten. Doch am Ende war der Zugzwang für Stoch einfach zu hoch.[629] Das Wort vom getriebenen Politiker machte in diesem Fall einmal wirklich Sinn, wohingegen andere mit ausgeprägterem Ego springen wollten, sich in der Regel aber bitten ließen.

Stoch begründete seine Entscheidung mit der dezidierten Ansage, „*dass wir in der SPD Baden-Württemberg einen wirklichen personellen Neuanfang brauchen.*"[630] Es gehe darum, die Partei zu einen und

---

[628] Vgl. Focus Online, 20.11.2018, SPD-Mitgliederbefragung: Mentrup sieht in Stoch Alternative, https://m.focus.de/regional/karlsruhe/parteien-spd-mitgliederbefragung-mentrup-sieht-in-stoch-alternative_id_9944590.html

[629] Im Interview am 08.12.2022 mit dem Verfasser sagte Stoch zu seiner Motivation: „*Ich galt als neutral und keinem Flügel zugehörig. Und als ich zahlreiche Anrufe von angesehenen Mitgliedern bekam, wurde mir klar: Jetzt musst du ins Risiko gehen!*"

[630] Vgl. Südwestpresse, 23.11.2018, Fraktionschef Stoch kandidiert für Landesvorsitz, https://www.swp.de/baden-wuerttemberg/fraktionschef-stoch-kandidiert-fuer-landesvorsitz-28414504.html

wieder in die Lage zu versetzen, Politik zu machen. Stoch beteuerte, er könne „*tatsächlich antreten mit der Aussage, dass ich noch keinem dieser Flügel oder Strömungen angehört habe*". Entgegen seiner früheren Haltung sah er nun plötzlich Vorteile, den Parteivorsitz und die Fraktionsführung in eine Hand zu legen, was erneut ein Beleg dafür ist, dass das Plädoyer für die Trennung oder Zusammenlegung der beiden Ämter vor allem taktischen Interessen gehorcht und nicht grundsätzlich begründet ist. Bei Stoch hatte sich nach fast zu langem Abwägen die Erkenntnis durchgesetzt, „*dass er jetzt Entschlusskraft und Stärke zeigen muss*".[631]

Castellucci wollte sich weiter dem Votum des Parteitags stellen, „*weil die Parteitagsdelegierten nun die Entscheidung treffen müssen, die das Mitgliedervotum nicht klar hervorgebracht hat*".[632] Er sei zu dem Schluss gekommen, „*dass es zu kurz greift, nach vielen Wochen des aufrechten Streitens um die richtige Sache im Hinterzimmer nach einem vermeintlichen Konsens- oder Übergangskandidaten zu suchen*", natürlich eine Spitze gegen die Entscheidungswege hin zu Stochs Bewerbung. Es gehörte zu Castelluccis Argumentationslinie, dass er für sich reklamierte, demokratische Verfahren zu stärken. Ein proporzdemokratisches Problem der Kandidatur Stochs bestand darin, dass er wie der für den Posten des Generalsekretärs antretende *Sascha Binder* ein Mann war, zudem ebenfalls Jurist und der Landtagsfraktion angehörig, und auch aus Nordwürttemberg kam. Es ging hier keineswegs um formale Kinkerlitzchen, sondern um Kriterien, für die trotz aller Unsinnigkeit die SPD gerne die Fahne hochhielt. Schon Breymaier hatte im Wettbewerb mit Castellucci beklagt, dass sie es blöd finde, wenn zwei Frauen durch zwei Männer

---

[631] Vgl. Stuttgarter Nachrichten, 22.11.2018.
[632] Vgl. Stuttgarter Nachrichten, 22.11.2018.

abgelöst werden. Am Ende kam es ja so, nur etwas anders, und historisch betrachtet ist es durchaus erschreckend, welches traurige Schicksal die beiden einzigen Frauen (Vogt und Breymaier) an der Spitze der SPD Baden-Württemberg seit 1952 letztlich erlitten haben.

Doch nun Bühne frei für den mit Spannung erwarteten *SPD-Landesparteitag* in *Sindelfingen* am *24. November 2018.* Stoch hatte in seiner Bewerbungsrede gesagt, die Südwest-SPD müsse einen Wandel schaffen – weg von einer Kultur des Misstrauens und des Vorwurfs hin zu einer Kultur der Wertschätzung und der Solidarität. Die Partei habe ihre Kraft in den vergangenen Jahren viel zu sehr darauf verwendet, sich mit sich selbst zu beschäftigen. Das sah freilich Castellucci kein bisschen anders. Und es war auch Tenor in zahlreichen Wortmeldungen der Delegierten. Castellucci hatte für sich geworben mit den Worten, er könne nicht tatenlos zusehen, wie die SPD zerbrösele. Jetzt sei die Zeit für Mut, für Überzeugung und für Tatkraft.

Es entbehrte nicht einer gewissen Situationskomik, dass ausgerechnet die beiden Hauptprotagonisten der Machtkämpfe und der Selbstbeschäftigung dafür warben, all diese Nabelschau hinter sich zu lassen und sich wieder um die Sorgen und Nöte der Menschen im Land zu kümmern und dadurch Vertrauen zurückzugewinnen. Etwas verwunderlich war auch, dass viel über Konfliktaustrag, Stil und Umgangsformen geredet wurde, aber nur wenig über konkrete landespolitische Projekte, an denen man gravierende Differenzen zwischen den beiden Kandidaten hätte festmachen können.

Nach zwei emotionalen, kämpferischen Bewerbungsreden und an die 40 Wortmeldungen von Delegierten in der Aussprache lag Stoch in der Wahl mit 159 Stimmen (50,64 Prozent) nur hauchdünn vor Castellucci, der mit 151 Stimmen (48,09 Prozent) erneut ein stattliches Resultat einfahren konnte.[633] Es schlugen vier Enthaltungen zu Buche.

Nach dem für ihn respektablen Kopf-an-Kopf-Rennen gestand Castellucci seine denkbar knappe Niederlage in souveräner Manier ein und rief alle Mitglieder der SPD Baden-Württemberg dazu auf, sich nun hinter dem frischgebackenen Landeschef *Andreas Stoch* zu versammeln. Dann fiel der Vorhang im *Circus Castellucci.*

---

[633] Vgl. Zeit Online, 24.11.2018, Stoch ist neuer Chef der Südwest-SPD, https://www.zeit.de/news/2018-11/24/stoch-ist-neuer-chef-der-suedwest-spd-181124-99-942302; ferner taz, 26.11.2018, Knapper Sieg für den Außenseiter, https://taz.de/!5550112/; mit Wortmeldungen der Delegierten vgl. Schwäbische, 24.11.2018, SPD sucht Einigkeit: Stoch ist der neue Chef im Süden, https://www.schwaebische.de/regional/baden-wuerttemberg/stoch-ist-neuer-chef-der-suedwest-spd-274974; mit weiteren Ergebnissen der Vorstandswahlen vgl. Stuttgarter Zeitung, 24.11.2018, Stoch ist neuer Chef - Ende der Grabenkämpfe?, https://www.stuttgarter-zeitung.de/inhalt.suedwest-spd-stoch-ist-neuer-chef-ende-der-grabenkaempfe.2ec80771-e718-40a0-a68b-205ed23456c3.html

Volksbegehren für beitragsfreie Kindertagesstätten: gute Idee, gut gemeint und doch nicht gut genug

Das erste große politische Projekt Stochs, mit dessen Hilfe die gebeutelte baden-württembergische SPD aus dem Tal der Tränen kommen sollte, war ein Volksbegehren für gebührenfreie Kindertagesstätten. Bereits auf dem Landesparteitag in Sindelfingen ließ der neue Vorsitzende durchblicken, dass er eine solche Abstimmung gleichsam als erste integrierende Großtat in Angriff nehmen wolle.[634]

Bereits Anfang Januar 2019 fiel der Startschuss für das Volksbegehren.[635] Sowohl auf dem Jahresauftakt der Partei mit Unterstützung durch die rheinland-pfälzische Ministerpräsidentin *Malu Dreyer* (deren Bundesland indessen nur beschränkt als makelloses Vorbild dienen konnte) als auch auf der Klausur der Landtagsfraktion ging es mit dem Sammeln von Unterschriften los. Um auch als oppositionelle Kraft ihren Gestaltungswillen unter Beweis zu stellen, war es eine erste wichtige Wegmarke im politischen Fahrplan für das Volksbegehren, die notwendigen 10.000 Unterschriften für den Zulassungsantrag baldmöglichst beim Innenministerium einzureichen. Für Kampagnenmanager und Generalsekretär *Sascha Binder* hieß dies „*schon im Februar*". Und in der Tat wurden im Innenministerium bereits am 12. Februar 2019 bei dem freundliche Miene zur Schau stellenden Staatssekretär *Wilfried Klenk* deutlich mehr als die erforderlichen 10.000 Un-

---

634 Vgl. Kontextwochenzeitung, Ausgabe 400, 28.11.2018, Per Volksbegehren aus dem Tal der Tränen, https://www.kontextwochenzeitung.de/politik/400/per-volksbegehren-aus-dem-tal-der-traenen-5519.html

635 Vgl. zum Folgenden Pressemitteilung der SPD Baden-Württemberg, 07.01.2019, SPD Baden-Württemberg startet Volksbegehren für gebührenfreie Kitas, https://www.spd-bw.de/meldungen/spd-baden-wuerttemberg-startet-volksbegehren-fuer-gebuehrenfreie-kitas/ vgl. auch Kontextwochenzeitung, Ausgabe 406, 09.01.2019, „Für uns hat auch niemand gezahlt", https://www.kontextwochenzeitung.de/politik/406/fuer-uns-hat-auch-niemand-gezahlt-5638.html

terschriften abgegeben. Eine ganz große Kunst war dieser hübsche Teilerfolg freilich nicht, denn die SPD Baden-Württemberg hatte ja immer noch annähernd 36.000 Mitglieder. Und diesen gingen alle Informationen zum Volksbegehren postalisch zu, um *„eine erste gemeinsame Mobilisierungswelle vor Ort"* noch vor der Kommunalwahl im Mai zu bewerkstelligen, wie es Stoch und Binder vorschwebte.

Stoch führte für gebührenfreie Kitas *„fünf gute Gründe"* ins Feld: *„Es geht darum, Familien zu entlasten, die Vereinbarkeit von Familie und Beruf voranzutreiben, mehr Bildungsgerechtigkeit und gleiche Lebensverhältnisse zu schaffen – und nicht zuletzt Kinderarmut zu bekämpfen."* Der Gesetzentwurf der SPD sah vor, dass das Land die Gemeinden und die weiteren Träger vor Ort beim Erlass von Elternbeiträgen entlastet – und zwar kostendeckend. Dies solle von der Geburt bis zur Einschulung des Kindes im Umfang von bis zu 35 Wochenstunden gelten. Diese so genannte Grundbetreuung umfasst dabei Kindergärten für die unter Dreijährigen, die Kitas für Kinder über drei Jahren sowie auch die Kindertagespflege. Das Kultusministerium ging von stattlichen Kosten in Höhe von insgesamt 529 Millionen Euro jährlich aus, die nach Auffassung der SPD durch Landesmittel geschultert werden könnten. Später wurden allerdings von den kommunalen Spitzenverbänden auch deutlich höhere Summen genannt.

Aus Sicht der SPD gestaltete sich der weitere Fahrplan so: Nach erfolgter Prüfung des Antrags im März 2019 wollte die Landespartei auf einer kommunalpolitischen Konferenz Anfang April die nächste Stufe für das Volksbegehren zünden. Nach dem ersten Schritt bestanden laut Volksabstimmungsgesetz sechs Monate Zeit, um Unterschriften für das Begehren zu sammeln. Dazu war ein Zehntel der Wahlberechtigten im Land notwendig. Das bedeutete circa 770.000

Menschen, was für das Anliegen schon eine deutlich höhere Hürde darstellte und die Frage aufwarf, ob es wirklich die Interessen einer breiten Masse berührte. Wäre das Volksbegehren bis im September erfolgreich, würde der Gesetzentwurf im Oktober dem Landtag vorgelegt. Bekäme er dort nicht die Zustimmung einer Parlamentsmehrheit, fände über den Gesetzentwurf im Dezember eine Volksabstimmung statt, und dafür galt dann ein Quorum von immerhin 20% der Wahlberechtigten, und das war noch einmal eine ganz andere Hausnummer. Aber es kam ja alles sowieso ganz anders. Doch der Reihe nach.

Der Vorstoß der SPD fand in Politik, Gesellschaft und Medien die angepeilte Rückendeckung. Das war für ihr Selbstbewusstsein enorm wichtig. Mal wieder *Reiner Ruf* von der *Stuttgarter Zeitung* bescheinigte den Sozialdemokraten, für den kommenden Kommunalwahlkampf ein Thema gefunden zu haben, *„das ihnen Kontur geben kann.“*[636] Besonders die Grünen würden daran noch zu knabbern haben. Denn sie hätten in der Vergangenheit zu viel über direkte Demokratie wie auch über Familien und Kinder geredet, als dass sie das SPD-Projekt jetzt *„nur als verzweifelte Zuckung einer abstiegsgefährdeten Partei abtun könnten.“* Das Finanzargument war für den Kommentator *„gewichtig – aber nicht tödlich für das Unterfangen.“* Nach der Lektüre dieses äußerst wohlwollenden Zwischenrufs sahen sich Stoch und Binder geradezu beflügelt voll auf Kurs.

Der Rückenwind für das Volksbegehren wurde noch durch einen anderen entscheidenden Faktor verstärkt: Immer mehr Verbände und

---

636 Vgl. Stuttgarter Zeitung, 06.01.2019, Volksbegehren für gebührenfreie Kitas: Die SPD prescht nach vorn, https://www.stuttgarter-zeitung.de/inhalt.volksbegehren-fuer-gebuehrenfrei-kitas-mehr-als-eine-petitesse.74ec1cb3-7cc0-4903-b088-72041eff4dfd.html

Initiativen aus dem Bildungs-, Kinder- und Jugendbereich schlossen sich dem Vorhaben an. Für die SPD war diese Bündnis-, ja Politikfähigkeit ein echter Triumph – und auch den neuen SPD-Parteichef *Andreas Stoch* beschlich das stolze Gefühl, gleich zum Start seiner Amtszeit auf das richtige Pferd gesetzt zu haben. Bereits am 7. Januar 2019 signalisierte die *Bildungsgewerkschaft GEW* mit ihren 50.000 Mitgliedern ihre Unterstützung für das Volksbegehren. „*Bildung muss gebührenfrei sein, egal ob in der Krippe oder an der Hochschule. Wichtig ist, dass gebührenfreie Kitas nicht auf Kosten der Qualität und auf dem Rücken der Beschäftigten eingeführt werden. Baden-Württemberg hat genug Steuereinnahmen, um sowohl die Gebühren abzuschaffen als auch die Qualität zu verbessern*", erklärte GEW-Chefin *Doro Moritz* in einer Pressemitteilung.[637]

Alles schien für das Volksbegehren gut zu laufen und die Zulassung durch das Innenministerium im Frühjahr 2019 nur eine Formsache zu sein.[638] Doch dann platzte gepaart mit reichlich grüner Gleichgültigkeit am 4. März 2019 das schwarze Stoppsignal in den SPD-Kampagnenplan: „*SPD-Antrag zu Volksbegehren für gebührenfreie Kitas ist rechtlich unzulässig*".[639] Für die beiden politisch in der SPD Verantwortlichen, nämlich Stoch und Binder, beide selbst Juristen, war dies eine kalte Dusche, mit der sie nicht gerechnet hatten. Dass das Innenministerium den Antrag ablehnt, hielt der Cheforganisator

---

[637] Vgl. Pressemitteilung der GEW, 07.01.2019, Gebührenfreie Kitas: GEW unterstützt SPD-Volksbegehren, https://www.gew-bw.de/presse/detailseite/gew-unterstuetzt-spd-volksbegehren

[638] Vgl. Stuttgarter Nachrichten, 06.02.2019, SPD zeigt Zuversicht bei Volksbegehren, https://www.stuttgarter-nachrichten.de/inhalt.gebuehrenfreie-kitas-spd-zeigt-zuversicht-fuer-volksbegehren.3f104b5a-d1ad-45ce-9ffc-7dbb8ac8eddf.html

[639] Vgl. zum Folgenden Pressemitteilung des Innenministeriums, 04.03.2019, https://im.baden-wuerttemberg.de/de/service/presse-und-oeffentlichkeitsarbeit/pressemitteilung/pid/spd-antrag-zu-volksbegehren-fuer-gebuehrenfreie-kitas-ist-rechtlich-unzulaessig/

der Kampagne, *Sascha Binder*, „*nicht für möglich*“, auch wegen der partiellen Befürwortung des Volksbegehrens durch CDU und Grüne an der kommunalen Basis. Innenminister Strobl habe zwar seine Defizite, aber in dieser Hinsicht sei er „*eher klug*“, zeigte sich der SPD-Generalsekretär zuversichtlich und selbstsicher.[640]

Doch gestützt auf hausinterne wie externe juristische Expertise kam das Innenministerium zum Ergebnis, dass der SPD-Antrag rechtlich nicht zulässig sei. Zur Begründung wurden vor allem drei Argumente ins Feld geführt. *Erstens* fänden nach der Landesverfassung keine Volksbegehren und Volksabstimmungen über das Staatshaushaltsgesetz statt. Die immensen Kosten, die der SPD-Gesetzentwurf im Fall einer Zustimmung bei einer Volksabstimmung verursachen könnte (529 Mio. bis 730 Mio. Euro), würden das Haushaltsgleichgewicht und die Budgethoheit des Parlaments wesentlich beeinflussen. *Zweitens* fänden nach der Landesverfassung auch über Abgabengesetze keine Volksbegehren und Volksabstimmungen statt. *Drittens* bestünden Zweifel daran, ob das Land Baden-Württemberg ein solches Gesetz überhaupt noch erlassen dürfe. Denn der Bund habe durch das „*Gute-KiTa-Gesetz*“ vom Dezember 2018 das Sozialgesetzbuch VIII geändert. Der neue § 90 SGB VIII enthalte eine Regelung, die öffentliche Träger verpflichtet, Kostenbeiträge zu staffeln, und auch die Kriterien dafür vorgibt. Dem Land fehle demnach die Gesetzgebungskompetenz für die diesbezügliche Regelung im SPD-Gesetzentwurf. Insgesamt betonte das Innenministerium, es sei nicht um politische Erwägungen gegangen, sondern ausschließlich um die Klärung einer Rechtsfrage.

---

[640] Vgl. Stuttgarter Nachrichten, 06.02.2019; ebenso Kontextwochenzeitung, Ausgabe 416, 20.03.2019, Sack und Esel, https://www.kontextwochenzeitung.de/politik/416/sack-und-esel-5789.html, in der deutliche Kritik laut wird, dass Kretschmann seinen Innenminister Strobl ohne Widerspruch gewähren ließ.

Die *Südwestpresse* bescheinigte Innenminister Strobl, dass seine Entscheidung wohl „*formal-juristisch korrekt*" sei.[641] Politisch indes habe die SPD mit ihrem Anliegen „*einen Nerv getroffen und Grüne wie CDU auf dem falschen Fuß erwischt*": Erstere schrieben sich gerne die Bürgerbeteiligung auf die Fahnen, letztere wolle als Familienpartei glänzen. Deshalb empfahl Kommentator *Roland Muschel* der Landesregierung, „*sich nicht auf der formalen Ablehnung des Antrags auszuruhen.*"

Die SPD griff nach dem vorläufigen Aus für ihr Kita-Volksbegehren vor allem Ministerpräsident *Winfried Kretschmann* an.[642] Das sei der „*Sündenfall*" des Regierungschefs, tadelte Stoch scharf. Kretschmanns „*wohlgepflegter Ruf als bürgernaher und glaubwürdiger Landesvater*" gehöre damit endgültig der Vergangenheit an. In der grün-schwarzen Landesregierung herrsche „*offensichtlich nackte Panik aus Angst vor dem Volk*". Die SPD-Spitze kündigte umgehend an, vor den Verfassungsgerichtshof des Landes zu ziehen. Ärgerlich war, dass durch die absehbare zeitliche Verzögerung die gebührenfreien Kitas als exklusives Thema für die Kommunalwahl 2019 weg waren. Nichtsdestotrotz kündigte Stoch an, dass die Gebührenfreiheit unabhängig vom Ausgang des Gerichtsverfahrens ganz oben auf der politischen Agenda der SPD bleibe und auch nicht gegen einen Ausbau der Kitaplätze und die Qualitätsentwicklung ausgespielt werden dürfe.

---

[641] Vgl. Südwestpresse, 04.03.2019, Die SPD hat einen Nerv getroffen, https://www.swp.de/lokales/spd-hat-nerv-getroffen-30206776.html

[642] Vgl. Spiegel, 04.03.2019, Kretschmann-Regierung stoppt Volksbegehren für kostenlose Kita, https://www.spiegel.de/politik/deutschland/baden-wuerttemberg-kretschmann-regierung-stoppt-volksbegehren-fuer-kostenlose-kita-a-1256218.html

Es dauerte mehr als ein Jahr, bis der baden-württembergische Verfassungsgerichtshof am 18. Mai 2020 seine Entscheidung bekanntgab – und diese zog dem SPD-Volksbegehren zu gebührenfreien Kitas endgültig den Stöpsel. Das Gericht stellte fest, dass die Vorlage Unklarheiten und Widersprüche enthalte. Sie sei damit nicht geeignet, „*den abstimmungsberechtigten Bürgern eine hinreichende Grundlage für eine sachgerechte und abgewogene Entscheidung zu bieten.*" Außerdem monierten die Richter, dass die finanziellen Folgen einer Gesetzesänderung völlig unklar blieben. Sie sahen deshalb einen Verstoß gegen den sogenannten Bestimmtheitsgrundsatz, demzufolge „*staatliches Handeln messbar und berechenbar*" sein müsse. Aus dem Gesetzentwurf der SPD könne nicht abgelesen werden, wie der Ausgleichsbetrag für den wegfallenden Elternbeitrag für die Kitas zu bemessen sei. Das Gericht sah deshalb einen Verstoß gegen den Abgabenvorbehalt. Die Landesverfassung sieht vor, dass über Abgabengesetze, Besoldungsgesetze und das Staatshaushaltsgesetz kein Volksbegehren stattfindet.

In der SPD-Führung zeigte man sich schwer enttäuscht, zumal man für das Volksbegehren einen beträchtlichen politischen, organisatorischen und ressourcenmäßigen Aufwand betrieben hatte. Stoch nannte das Urteil des Verfassungsgerichtshofs „*bedauerlich*".[643] Er teile nicht die Rechtsauffassung des Gerichts. Kaum ein Gesetzentwurf, der Volksgesetzgebung sein soll, würde den vom Verfassungsgericht formulierten Anforderungen genügen, befürchtete Stoch. Und dass es bei Volksbegehren in aller Regel auch ums Geld gehe, stand für ihn sowieso außer Frage. Er glaubte demnach, dass die di-

---

643 Vgl. Legal Tribune Online, 18.05.2020, VerfGH BaWü lehnt Antrag auf Volksbegehren ab: Kitas bleiben gebührenpflichtig, https://www.lto.de/recht/nachrichten/n/verfgh-baden-wuerttemberg-1-gr-24-19-kitas-bleiben-gebuehrenpflichtig-spd-volksbegehren-scheitert/

rekte Demokratie keinen guten Tag erlebt habe. Keinen guten Tag hatte auf jeden Fall die SPD zu verzeichnen.

Das bezog sich jedoch nur auf den konkreten juristischen Misserfolg des Volksbegehrens. Politisch konnte die SPD mit dem Projekt in dreierlei Hinsicht richtig gut punkten: *Erstens* versammelten sich alle bisherigen Flügel hinter einem absoluten Konsensthema aus dem Reservoir der sozialdemokratischen Herzensanliegen, das keinen Raum ließ für kleinkariertes Gemeckere über die neue Parteispitze. *Zweitens* stellte die SPD auch aus der Opposition heraus eine erhebliche öffentlichkeitswirksame Mobilisierungsfähigkeit zu einem bestimmten Thema unter Beweis. Und *drittens* gelang es der SPD seit langem wieder einmal, sich als führende politische Kraft eines breiten gesellschaftlichen Bündnisses in Szene zu setzen. So gesehen waren all die Mühen für das Volksbegehren zu den gebührenfreien Kitas keineswegs völlig für die Katz.

„Stoch packt's an": Abbau von Politikerverdrossenheit und Steigerung von Bekanntheit und Glaubwürdigkeit

Im Sommer 2019 startete der SPD-Fraktions- und -Landesvorsitzende Andreas Stoch die für einen längeren Zeitraum angelegte Aktion *„Stoch packt's an"*.[644] Worum ging es und was war ihre Zielsetzung? Stoch sollte für mehrere Stunden in eine bestimmte berufliche Rolle schlüpfen und so den Arbeitsalltag, die Ausbildung und Bezahlung wie auch die Belastungen in einem Beruf aus eigener Erfahrung näher kennenlernen, indem er den Job selber zeitweise übernahm. Für Stoch sollte das Image eines volksnahen, zupackenden Politikers aufgebaut werden, *„der weiß, wovon er spricht."* Außerdem sollte dem an den Terminen beteiligten Umfeld signalisiert werden: *„Ich bin hier, um zu lernen."* Und das mit dem Ziel, gewonnene Erkenntnisse in den politischen Meinungsbildungsprozess einzuspeisen.

Die Aktion erinnerte in ihrem ganzen Ansatz an die frühere Kampagne *„Rent a MdL"*, die 2008, 2010 und dann erneut 2012 von der SPD-Landtagsfraktion gefahren wurde.[645] Bürger, Vereine, Organisationen, Firmen, Geschäfte und Behörden konnten hier einen Wunsch-Abgeordneten für ehrenamtliche, soziale oder berufliche Zwecke buchen. Bereits in den Jahren 2008 und 2010 war sie mit insgesamt über 200 Terminen landesweit und einem durchweg positiven Medienecho ein großer Erfolg. *„Wir wollen damit unseren politischen Leitspruch „Nah bei den Menschen" auf völlig unkonventionelle Weise umsetzen, den direkten Bürgerdialog stärken und Poli-*

---

[644] Vgl. Projektskizze der SPD-Fraktion o. D., die dem Verfasser zugespielt wurde.
[645] Vgl. Pressemitteilung der SPD-Landtagsfraktion, 14.08.2012, Aktion „Rent a MdL" geht erneut an den Start, https://www.spd-landtag-bw.de/aktion-rent-a-mdl-geht-erneut-an-den-start/?doing_wp_cron=1698229435.5605061054229736328125

tikverdrossenheit abbauen", sagte damals ein Parlamentarische Geschäftsführer der SPD-Landtagsfraktion namens *Andreas Stoch*. Es kam bei „*Rent a MdL*" beispielsweise zur Teilnahme an einer Kinderfreizeit, zum Ausschank bei diversen Sommerfesten, zur Mitwirkung in einem Weltladen, an der Tour einer Pflegekraft, an einer Übung mit der Feuerwehr, an der Herstellung einer Schülerzeitschrift und zur Rollenübernahme in einem Theaterstück.

Für „*Stoch packt´s an*" wurden geringer Aufwand und sehr niedrige Kosten ins Feld geführt. Es ging um eine vernetzte politische Kommunikation zwischen sympathischen, positiven Bildbotschaften auf den Social-Media-Kanälen und dem klassischen, ebenfalls bebilderten Artikel in der jeweiligen Lokalzeitung.[646] Seit Juli 2019 war Stoch in über 50 verschiedenen Jobs tätig, etwa als Bäcker, Altenpfleger, Gebäudereiniger, Paketzusteller, Biergarten-Kellner, Bodensee-Fischer oder Fahrradkurier. Die mediale Resonanz der Aktion stellte so manches in den Schatten, was bemüht mit der alltäglichen Dazumeldung-Pressearbeit betrieben wurde. Nicht ohne Grund bekam Stoch im Herbst 2020 beim *Deutschen Preis für Onlinekommunikation* (DPOK) eine Auszeichnung für seine Social Media-Aktion „*Stoch packt´s an*". Die Online-Kampagne wurde mit dem bronzenen Branchen-Preis im Bereich „*Verbände & Politik*" prämiert.[647]

---

[646] Vgl. für die zahlreichen Zeitungsartikel online https://www.hwk-stuttgart.de/artikel/handwerks-praktikum-stoch-packts-an-67,0,2362.html; https://www.schwaebische.de/regional/allgaeu/leutkirch/andreas-stoch-schluepft-in-die-rolle-des-brauers-197556; https://www.schwaebische-post.de/ostalb/aalen/wasseralfingen/stoch-packt-an-beim-brezeln-backen-90310839.html; https://www.teckbote.de/nachrichten/lokalnachrichten-kirchheim_artikel,-stoch-serviert-spaghetti-_arid,249113.html
[647] Vgl. Pressemitteilung der SPD-Landtagsfraktion, 19.10.2020, Deutscher Preis für Onlinekommunikation: Stoch prämiert, https://www.spd-landtag-bw.de/deutscher-preis-fuer-onlinekommunikation-stoch-praemiert/

Den Preisverleihern war jedoch vermutlich entgangen, dass die Aktion ungefähr im September 2020 Knall auf Fall zu den Akten gelegt worden war. Zu diesem Zeitpunkt waren indessen noch nicht einmal alle 70 Landtagswahlkreise durch entsprechende Termine abgedeckt. Die Gründe für die Beerdigung der Aktion blieb das Geheimnis von nicht bekannten, aber offenbar einflussreichen PR-Strategen. Stoch selbst schrieb am 27. Februar 2021 auf seiner Homepage und auf Facebook mit wehmütigem Unterton „*Ich vermisse die Reihe #stochpacktsan wirklich sehr.*" Da reibt sich der Analytiker verwundert die Augen. Gab es eine höhere Macht, die ihm die Fortsetzung der Aktion untersagte? Oder warum machte der Chef als Chef nicht einfach die Ansage „*Ich will das unbedingt weitermachen*"?

Heute erinnern nur noch zahlreiche gelungene, oft auch lustige Videos im Netz an diese konzeptionell durchdachte und originell umgesetzte Aktion.[648] Wer eine Kurzzeitwirkung der Aktion auf Stochs Bekanntheitsgrad oder gar auf die Umfragewerte der SPD erhofft hatte, lag sowieso von Anfang an falsch und übersah, dass nur steter Tropfen den Stein höhlt.

---

648 Vgl. etwa https://www.youtube.com/playlist?list=PLbsSR9f3uCHeV_gBCkQ87S29qw92uC2yJ, wobei die Bandbreite der Aufrufe laut Angaben von YouTube zwischen 20 und 3.031 schwankte, also in jedem Fall doch überraschend bescheiden ausfiel. Allein die 19 Abgeordneten hätten jeweils diese Zahl und weit darüber hinaus generieren müssen. Aber zu den Defiziten der SPD in Baden-Württemberg gehört, dass sie es kampagnenmäßig nicht schafft, für gute PR-Projekte einen flächendeckenden Schneeballeffekt in Gang zu setzen. Dazu gehört auch, dass noch nicht einmal der Großteil der Abgeordneten das jeweils offiziell beschlossene Logo in den eigenen Medien einsetzt. Aber das ist ein weites Feld, auf dem der Verfasser ein bisschen befangen ist.

Kabinettsmitglieder der SPD Baden-Württemberg in den Großen Koalitionen im Bund von 2013 bis 2021

In den Merkel-Kabinetten der beiden Großen Koalitionen von 2013 bis 2017 und dann von 2018 bis 2021 war die SPD Baden-Württemberg mit keinem einzigen Minister vertreten, was ihre inzwischen marginale Rolle in der Bundespolitik unterstrich. Es reichte lediglich noch zu zwei Parlamentarischen Staatssekretären, nämlich *Rita Schwarzelühr-Sutter* für Umwelt-, Natur- und Klimaschutz und *Christian Lange* für Justiz und Verbraucherschutz.

Im Kabinett von Bundeskanzler *Olaf Scholz* ab 2021 war die SPD Baden-Württemberg dann nur noch mit *Rita Schwarzelühr-Sutter* als Parlamentarische Staatssekretärin für Inneres vertreten. Dies zeigte überdeutlich, dass die SPD Baden-Württemberg in Berlin inzwischen als Leichtgewicht galt und dies auch Ausdruck eines Personen-, ja Talenteproblems war.

Allerdings spielte die SPD Baden-Württemberg ja auf Parteiebene und damit auch im machtpolitischen Zentrum der Ampel-Koalition indirekt ganz oben mit, denn die im Jahr 2019 neben *Norbert Walter-Borjans* zur neuen Co-Vorsitzenden gewählte Bundestagsabgeordnete *Saskia Esken* stammte ja aus dem Wahlkreis Calw. Und man konnte verlässlich annehmen, dass Baden-Württembergs Parteichef Andreas Stoch ihre Handynummer gespeichert hatte. Ein kleiner Lichtblick war 2021 auch die Berufung der Pforzheimer Bundestagsabgeordneten und früheren Generalsekretärin *Katja Mast* zur Ersten Parlamentarischen Geschäftsführerin der SPD-Bundestagsfraktion.

Baden-Württembergs SPD-Fraktions- und Parteichef *Andreas Stoch* gelang es schon kurz nach seiner Wahl an die Spitze, auch in der

Bundespartei mitzumischen und für eine ihm in die Karten spielende höhere Vernetzung zu sorgen. Bereits im Jahr 2019 wurde er wie auch *Leni Breymaier* in den Parteivorstand gewählt und konnte diesen Erfolg im Jahr 2021 und dann auch 2023 wiederholen.

Am 7. Juni 2018 und dann erneut am 5. September 2022 wurde Stoch (wie allerdings Dutzende weitere Sozialdemokraten auch) in den Politischen Beirat des *Wirtschaftsforums* der SPD berufen. Er soll das Forum bei der Weiterentwicklung seiner wirtschaftspolitischen Positionen unterstützen und insbesondere dazu beitragen, den Dialog zwischen Politik und Wirtschaft zu intensivieren.[649]

Von der öffentlichen Wahrnehmung weitgehend unbemerkt blieb Stochs kleine Rolle bei der Vorbereitung der Ampel-Koalition Ende 2021: er fungierte auf SPD-Seite als Chef-Unterhändler für den Bereich Bildung, wofür er als ehemaliger Kultusminister durchaus prädestiniert war.

---

[649] Vgl. Pressemitteilung der SPD-Landtagsfraktion, 11.06.2018, https://www.spd-landtag-bw.de/spd-fraktionsvorsitzender-andreas-stoch-in-politischen-beirat-des-wirtschaftsforums-der-spd-berufen/; ferner https://www.spd-wirtschaftsforum.de/das-wirtschaftsforum-alt/politischer-beirat/

Ausgangslage für die Landtagswahl 2021: Politikbetrieb, Parlamentsarbeit und Wahlkampf unter dem Ausnahmezustand der Corona-Pandemie

Im Frühjahr 2020 machte sich in Windeseile die Corona-Pandemie breit. Niemand konnte eine derartige gesundheitliche Bedrohung für Millionen von Menschen auf der Rechnung haben. Und so war es auch kein Wunder, dass das politische Krisenmanagement landauf landab eher einem „*muddling through*" durch das Neuland glich. Zugleich schlug im Bund wie auch in den Ländern die Stunde der Exekutive mit Regelungen zum Infektionsschutzgesetz und dem Hetzen von einer Corona-Verordnung zur nächsten im Spagat zwischen Schließung und Lockerung.[650] Kritik an den gravierenden Einschränkungen individueller Grundrechte und an der Auslagerung politischer Entscheidungen zu einer Expertokratie wurde innerhalb der SPD (und von ihren Ministerpräsidenten) wenn überhaupt, dann nur sehr vorsichtig und zurückhaltend formuliert, zumal der führende SPD-Gesundheitsexperte *Karl Lauterbach*, selbst Epidemiologe, der Gattung der passionierten Schwarzseher angehörte und die mediale Präsenz der scheinbar mit unumstößlicher wissenschaftlicher Wahrheit ausgestatteten Professoren zum Verlauf der Pandemie mit beherrschte.

Unvergessen blieben den politischen Beobachtern die in immer kürzeren Abständen stattfindenden langatmigen Redebeiträge von Kanzlerin *Angela Merkel* und zwei Ministerpräsidenten aus den Ländern zu den in stundenlangen Beratungen jeweils erzielten neuen Regelungen zur Eindämmung der Corona-Pandemie. Niemand in

[650] Es ist hier nicht beabsichtigt, den Verlauf der Corona-Pandemie in Baden-Württemberg und all die politischen Reaktionen darauf nachzuzeichnen.

der Bevölkerung erwartete angesichts der unabsehbaren Entwicklung der Pandemie eine Profilierung der Opposition, sondern schon eher das entschlossene Ziehen an einem gemeinsamen Strang mit der Regierung. Und Ministerpräsident *Winfried Kretschmann* konnte zeigen, dass er als verantwortlicher Akteur ganz oben mitspielte.

Politisch wurden die Folgen der Corona-Krise auf breiter Front antizyklisch bearbeitet. Mit Haushaltskonsolidierung war nun erst einmal Schluss. Den betroffenen wirtschaftlichen Branchen – und das waren viele, vor allem kleine und mittlere Unternehmen, aber auch die Lufthansa, der innerstädtische Einzelhandel und das Gastronomie- und Hotelgewerbe – wie auch dem Kulturbetrieb wurde mit erheblichen finanziellen Mitteln unter die Arme gegriffen. Für ein gigantisches Konjunkturpaket holte der neue sozialdemokratische Bundeskanzler *Olaf Scholz* sogar seine „*Bazooka*" aus dem Instrumentenkasten und später gab es dann den „*Doppelwumms*" als Zugabe hinterher.

Der parlamentarische Arbeitsbetrieb blieb von Corona auch nicht verschont. Es wurden Kontaktbeschränkungen angeordnet, später dann Maskenpflicht, verschärfte Hygieneregeln, ständige Schnelltests und die Durchführung von Sitzungen als Video-Konferenzen. Für Mitarbeiter in den Fraktionen wie auch in der Landtagsverwaltung und in den Ministerien galt verbreitet die Pflicht zum Homeoffice. Hinzu kam die Flut von hilfesuchenden Anfragen aus allen Bereichen von Wirtschaft und Gesellschaft. Der Stress für alle war extrem hoch und steigerte sich noch, als erste Infektionen und mittelschwere Krankheitsverläufe auch bei Angehörigen des Parlaments bekannt wurden.

Das neuartige Virus löste schlicht Angst und Schrecken aus und die Vermeidung einer Ansteckung galt gleichsam als erste Bürgerpflicht.

Dazu erlaubte sich der Staat auch ganz erhebliche Eingriffe in Grundrechte, die immer wieder Gegenstand von heftigen Debatten waren und auch rasch die sogenannten *Querdenker* auf den Plan riefen. Zu Beginn des ersten Lockdown in Deutschland brannten sich Aufnahmen vom nächtlichen Abtransport von Särgen mit Corona-Toten in einem Militärkonvoi in Bergamo als Fanal ins kollektive Gedächtnis der Menschen rund um den Globus. Die Gefahr erschien durch die Macht der Bilder nun ganz nah und real. Jeder hatte mittlerweile begriffen, was die Stunde geschlagen hatte.

Welche Rolle die Pandemie für den Ausgang der Landtagswahl am 14. März 2021 spielen würde, konnte im Frühjahr 2020 noch niemand ernsthaft vorhersagen.[651] Und noch nicht einmal, unter welchen coronagerechten Bedingungen sie überhaupt würde durchgeführt werden können. Bekannt war freilich, dass die SPD bei Umfragen lediglich zwischen 10% und 12% herumdümpelte und im Vergleich zum Absturz bei der Wahl 2016 einfach nicht in die Puschen kam, ja sogar die FDP ihr immer dichter auf den Pelz rückte und die Grünen die CDU bei andauernder Corona-Krise zum Ende des Wahlkampfs um Längen abgehängt hatten.

Der Wahlkampf selbst verlagerte sich wie so vieles in dieser Zeit in den digitalen Raum. Das bereitete nicht jedem Landtagskandidaten gleichermaßen Vergnügen, denn klassische analog-dialogische Wahlkampfinstrumente wie Sprechstunden, Infostände, Hausbesuche oder Podiumsdiskussionen fielen den strengen Kontaktbeschränkungen häufig zum Opfer. Und so verschoben die Parteien ihre Außenwerbung verstärkt auf Plakatwände und Postwurfsen-

---

[651] Vgl. Ulrich Eith unter Mitarbeit von Thomas Waldvogel, *Die baden-württembergische Landtagswahl vom 14. März 2021: Grüne festigen Position vor CDU*, in: Zeitschrift für Parlamentsfragen (ZParl), 52. Jg. (2021), Heft 3, S. 500ff.

dungen, was indessen den Einsatz erheblicher finanzieller wie personeller Ressourcen erforderte. Hinzu kam natürlich die gesamte Klaviatur der diversen Social Media-Kanäle.

Beim ersten *hybriden SPD-Landesparteitag* in Baden Württemberg am *14. November 2020* wurde der Landesvorsitzende *Andreas Stoch* mit einem Wahlergebnis von fast 95% in seinem Amt glänzend bestätigt und zugleich zum Spitzenkandidaten für die Landtagswahl 2021 ernannt.[652] Über 1.000 Zuschauer verfolgten zusätzlich zu den 320 Delegierten den Parteitag über einen Live-Stream. Die Delegierten wurden per Webkonferenz zugeschaltet und konnten so nahezu in Echtzeit diskutieren. Stochs Akklamation als Spitzenkandidat fand durch Hochhalten von Schildern statt, welche die Delegierten während der Konferenz in die Kamera hielten. Die Landesvorstandswahlen und die Wahlen zur Schieds- und Kontrollkommission hingegen fanden an 20 Urnenstandorten im ganzen Land statt. Generalsekretär *Sascha Binder*, der mit knapp 85% ebenfalls in seinem Amt bestätigt wurde, zeigte sich sehr stolz auf den professionellen digitalen Parteitag. Die SPD Baden-Württemberg habe wieder einmal bewiesen, *„dass wir auf dem Platz sind, wenn es um innovative Formate und zukunftsorientierte Inhalte geht“*, frohlockte Binder.[653] Mit *„auf dem Platz sind“*, meinte der forsche Generalsekretär natürlich eigentlich geschichtsbewusst *„auf der Höhe der Zeit“*.

Programmatisch fand der Parteikonvent Anschluss an die Folgen, Herausforderungen und schweren Zeiten der Corona-Pandemie.

---

[652] Vgl. zu Beschlüssen, Wahlergebnissen, zum Wahlprogramm und zu weiteren Dokumenten https://www.spd-bw.de/digitaler-landesparteitag-am-14-november-2020/

[653] Vgl. zum hybriden SPD-Landesparteitag am 14.11.2020 https://www.spd-bw.de/meldungen/spd-baden-wuerttemberg-ernennt-andreas-stoch-zum-spitzenkandidaten-fuer-die-landtagswahl-2021/

Stoch verwies auf eine Renaissance des Staates, die man derzeit erlebe. Durch Corona sei wieder deutlich geworden, wie existenziell ein handlungsfähiger, aktiver Staat für Individuen, Gesellschaft und Wirtschaft geworden sei. Bei radikaleren Fans eines mit diesen Attributen ausgestatteten Staats kulminierte dies in der Begeisterung darüber, wie effektiv autoritär regierte Länder dem Corona-Virus Paroli boten. Der SPD-Landesvorsitzende rekurrierte in seinen eher gemäßigten programmatischen Aussagen ausdrücklich auf das Vermächtnis der am 19. Dezember 2019 verstorbenen SPD-Ikone *Erhard Eppler*, der in den letzten Jahren seines politischen Denkens auch den handlungsfähigen Staat ins Zentrum seines Schrifttums gerückt hatte.[654] Es wäre aufschlussreich gewesen, wie Eppler wohl auf die staatlichen Maßnahmen gegen die Pandemie reagiert hätte.

Die eindrucksvollen Wiederwahlergebnisse für Stoch und Binder zeigten, dass beide schon nach kürzester Zeit fest im Sattel saßen. Die Lust der Funktionäre auf Remmidemmi war einer Sehnsucht nach Geschlossenheit gewichen. Stoch verkörperte mit seinem ausgleichenden, stets abwägenden Naturell das neue Bedürfnis der Genossen nach Miteinander und Zusammenhalt geradezu perfekt. Damit war zwar in der Partei für Ruhe im Karton gesorgt, aber im politischen Wettbewerb mit den Gegnern noch kein einziger Blumentopf gewonnen.

---

[654] Vgl. dazu grundlegend Erhard Eppler, *Auslaufmodell Staat?*, Frankfurt/Main 2005; vorher schon Erhard Eppler, *Vom Gewaltmonopol zum Gewaltmarkt? Die Privatisierung und Kommerzialisierung der Gewalt*, Frankfurt/Main 2002; für eine soziologische Vermessung der Gegenwartsgesellschaft samt der Rolle des Staats darin vgl. Wolfgang Streeck, *Zwischen Globalismus und Demokratie. Politische Ökonomie im ausgehenden Neoliberalismus*, Berlin 2021; Steffen Mau/Thomas Lux/Linus Westheuser, Triggerpunkte. Konsens und Konflikt in der Gegenwartsgesellschaft, Berlin 2023; Richard Münch, *Polarisierte Gesellschaft. Die postmodernen Kämpfe um Identität und Teilhabe*, Frankfurt am Main 2023.

Generalsekretär *Sascha Binder* erledigte seinen Job derweil ganz im Selbstverständnis des früheren Amtsinhabers *Wolfgang Drexler*: Erstens knallharte Attacke auf Grüne und CDU, zur Not auch mal unter der Gürtellinie, zweitens geräuschlose Beseitigung von politischen Minen für den Chef und unauffälliges Legen von eigenen und drittens nachhaltige Förderung des Zusammenhalts im eigenen Laden, und sei es durch Zuckerbrot und Peitsche. Inwieweit Binders Neigung, sich auch ins Kleinklein des operativen Geschäfts einzumischen und strategisch wichtige Personalstellen mit seinen Leuten zu besetzen, gegenüber Stochs formalem Führungsanspruch Konfliktstoff heraufbeschwören würde, musste sich im Laufe der Zusammenarbeit des Gespanns erst noch erweisen. Jedenfalls bildete es nun in Partei und Fraktion ein kraftvolles, historisch gesehen einzigartiges Machtzentrum, das sich durch die Wahl Binders zum Parlamentarischen Geschäftsführer der SPD-Landtagsfraktion nach dem Urnengang 2021 noch verstärkte.

Man konnte sich nachgerade an das partnerschaftliche Kampfesmotto des Duos Spöri/Maurer „*Vier Fäuste für ein Halleluja*" erinnert fühlen. Es hatte nach außen den Anschein, dass zwischen Stoch und Binder, die beiden unangefochtenen Führungsfiguren, kein Blatt Papier passte. Und plötzlich war auch nirgendwo mehr ein proporzdemokratisches Murren darüber zu vernehmen, dass Stoch und Binder beide Männer, Juristen, Landtagsabgeordnete und Nordwürttemberger, besser Ostälbler waren. Aber wie man weiß, kann im Politikbetrieb ein kleiner Windstoß genügen, um ein austariertes Kartenhaus zum Einsturz zu bringen. Oft läuft der politische Wettbewerb zwischen Personen wie im Beamten-Mikado: „*Wer sich bewegt, verliert*". Für die machtpolitischen Ambitionen Stochs bildete jedenfalls Binders Loyalität die entscheidende Achillesferse, aber auch Rückversicherung.

Stoch betonte bereits im Wahlkampf, dass er die SPD aus der Opposition herausführen will in eine Neuauflage von Grün-Rot oder eben in eine Ampel aus Grünen, SPD und FDP. Beides erschien dem Landes- und Fraktionsvorsitzenden als *„eine sehr realistische Option"*.[655] Von einem eigenen Führungsanspruch war indessen nicht die Rede. Die SPD sah Stoch dabei als Motor einer Regierung, die das Land bei kostenfreier Bildung, bezahlbarem Wohnraum, besserem Klimaschutz und modernen Arbeitsplätzen voranbringt. Das böse Wort vom *„Juniorpartner"* wurde dabei geflissentlich vermieden. Der Druck, liefern zu müssen, war indessen angesichts der Lage der baden-württembergischen SPD und der seit der Landtagswahl 2016 stark geschrumpften Landtagsfraktion von Anfang an sehr hoch. Doch der erste Anlauf, nämlich das Streben nach einem spürbaren Aufwärtstrend bei der Landtagswahl am 14. März 2021, ging gleich einmal gehörig in die Hose.

[655] Vgl. Frankfurter Allgemeine, 14.11.2020, „Die CDU-Ministerin hat keinen Plan gehabt", https://www.faz.net/aktuell/politik/andreas-stoch-greift-corona-politik-der-regierung-in-baden-wuerttemberg-an-17052137.html; Zeit Online, 14.03.2021, SPD-Spitzenkandidat Stoch: Corona hat Wahl beeinflusst, https://www.zeit.de/news/2021-03/14/spd-spitzenkandidat-stoch-corona-hat-das-wahl-beeinflusst

Landtagswahl am 14. März 2021, SPD weiter auf Talfahrt und Weiter mit Grün-Schwarz statt Bildung einer Ampel

Die Landtagswahl am 14. März 2021 bescherte der SPD erneut ein Fiasko. Eigentlich waren alle Parteieliten davon überzeugt, dass es nach dem verheerenden Absturz im Jahr 2016 gleichsam naturgesetzgemäß nicht mehr weiter in den Keller gehen konnte. Doch weit gefehlt: Mit lediglich 11% (ein Minus von 1,7 Prozentpunkten) fuhr die SPD Baden-Württemberg schon wieder das historisch schlechteste Ergebnis ein. Da konnte es nicht groß trösten, dass die SPD wieder drittstärkste Kraft im Landtag wurde, zumal ihr die FDP mit 10,5% bereits dicht auf den Fersen war. Großer Wahlverlierer war die CDU mit ihrer Spitzenkandidatin *Susanne Eisenmann*, die nur noch 24,1% erzielte und damit weit hinter den Grünen mit 32,6% landete. Ministerpräsident *Winfried Kretschmann* erwies sich erneut als zugkräftige Wahlkampflokomotive. Insgesamt schien das Wahlergebnis auf einen sich verfestigenden strukturellen Wandel des Parteiengefüges in Baden-Württemberg hinzudeuten. Von „*Betriebsunfällen*“ konnte nun nicht mehr verharmlosend in der Hoffnung auf automatische Besserung gesprochen werden.[656]

Die Grünen stiegen schon kurz nach der Landtagswahl in Sondierungsgespräche mit CDU, SPD und FDP ein. Innerhalb der Grünen war eine Neuauflage von Grün-Schwarz durchaus umstritten. Sowohl bei den Grünen im Bund, die sich ein Signal für die bevorstehende Bundestagswahl erhofften, als auch bei Teilen im Landesvorstand der Grünen gab es eine starke Tendenz zur Bildung einer progressiv ausgerichteten Ampel-Regierung ohne die CDU als Bremsklotz.

[656] Vgl. Ulrich Eith unter Mitarbeit von Thomas Waldvogel 2021, S. 508.

Auch in der SPD hoffte man inständig, sich nach dem neuerlichen Wahldesaster als gestaltende Kraft in eine Ampel-Regierung flüchten und so lästigen Diskussionen über die eigene Lage und Zukunft erst einmal aus dem Weg gehen zu können. Das Buhlen um die Gunst der Grünen fiel bisweilen arg penetrant, ja geradezu untertänig aus. Stoch räumte ein, dass es der SPD in den vergangenen fünf Jahren nicht gelungen sei, „*Wind unter die Flügel zu bekommen*".[657] Die Corona-Krise habe freilich einen richtigen Wahlkampf fast unmöglich gemacht und außerdem Kretschmann und der Exekutive in die Hände gespielt. Stoch drehte das Wahlergebnis in erkennbarem Bemühen um Regierungsbeteiligung in einer Ampel-Koalition so hin, als ob nur die CDU verloren hätte und Grün-Schwarz abgewählt worden sei.

Das Ergebnis für die SPD bezeichnete Stoch als „*immerhin deutlich besser, als man es uns prophezeit hatte.*"[658] Wie er auf diesen Trugschluss kommen konnte, blieb sein Geheimnis, denn die Umfragewerte für die SPD blieben das ganze Jahr 2021 wie festgenagelt bei 10-12%[659] und sagten letztlich genau das Ergebnis voraus, das am Ende hinten herauskam. Auffällig war, dass es nach der erneuten Wahlniederlage praktisch keine Kritik an Stoch als verantwortlichem Spitzenkandidaten gab. Offenbar genoss er nach wie vor einen erheblichen Vertrauensvorschuss. Frühere Spitzenkandidaten der SPD verspürten da nach ihren Schlappen deutlich mehr Gegenwind. Überdies stand allerdings auch niemand in den Startlöchern, dem man eine raschere Erholung zutraute. In einer politikwissen-

[657] Vgl. Zeit Online, 14.03.2021.
[658] Vgl. Statement von SPD-Spitzenkandidat Andreas Stoch zum Ergebnis der Landtagswahl 2021 am 15.03.2021, https://www.spd-bw.de/meldungen/spd-spitzenkandidat-andreas-stoch-zum-ergebnis-der-landtagswahl-2021/
[659] Vgl. https://www.wahlrecht.de/umfragen/landtage/baden-wuerttemberg.htm

schaftlichen Analyse hieß es zum schwachen Abschneiden der SPD wenig greifbar und keineswegs handlungsleitend, es fehle ihr „*ein erkennbares Alleinstellungsmerkmal und ein politisch attraktiver Identifikationskern.*“[660]

Kretschmann ließ derweil sehr rasch erkennen, dass er gewillt war, an der grün-schwarzen Landesregierung festzuhalten. Er hatte dabei eine klare Mehrheit der Grünen-Anhänger auf seiner Seite. Nach einigen etwas härteren Auseinandersetzungen in den grünen Gremien von Partei und Fraktion setzte sich Kretschmann mit seinem Kurs gegen die Ampel-Anhänger durch. Grün-Schwarz konnte fortgesetzt werden. Am 12. Mai 2021 trat das neue Kabinett sein Amt an.

Der Erfolg der SPD bei der *Bundestagswahl* am *26. September 2021* bescherte auch den Sozialdemokraten in Baden-Württemberg einen kleinen Höhenflug, der aber nur von kurzer Dauer war. Die kurz nach der Bundestagswahl in Umfragen erzielten Werte um die 20% sackten im Laufe des Jahres 2022 immer weiter ab auf ein Niveau gerade noch um die 15%. Partei- und Fraktionschef *Andreas Stoch* war zuvor aber beflügelt durch den Berliner Rückenwind übermütig geworden und produzierte Schlagzeilen wie „*SPD-Landeschef Stoch will 2026 Ministerpräsident werden*“.[661] Er habe den Anspruch, „*um den Platz Eins mitzukämpfen. Es ist nicht so, dass ich auf Platz spiele bei der nächsten Landtagswahl.*“ Stoch konnte sehr wohl daran denken, „*dass es auch einen SPD-Ministerpräsidenten Andreas Stoch in Baden-Württemberg geben könnte*“.

---

[660] Vgl. Ulrich Eith unter Mitarbeit von Thomas Waldvogel 2021, S. 508.
[661] Vgl. Badische Neueste Nachrichten, 22.03.2022, SPD-Landeschef Stoch will 2026 Ministerpräsident werden, https://bnn.de/nachrichten/baden-wuerttemberg/spd-landeschef-stoch-will-2026-ministerpraesident-werden

Bereits kurz nach der Wahl im März 2021 hatten Stoch und Binder eine externe Auswertung des Ergebnisses in Auftrag gegeben. Das Autorenteam bestand aus *Horand Knaup*, Journalist und Sachbuchautor, *Ulrike Single*, Wissenschaftlerin, und *Michael Rüter*, Staatssekretär a.D.. Die Analyse mit dem Titel „*Neue Perspektiven – Wie die SPD Baden-Württemberg es packen kann*" liefert einige wichtige, bedenkenswerte, indessen auch nicht neue Einsichten, zudem aber auch allerhand schwer deutbares und einzuordnendes Wortgeklingel.[662] Man gewinnt den Eindruck, das alles in früheren Analysen schon zigmal gehört und gelesen zu haben.

Als Erklärungsfaktoren für das Ergebnis nennen die Autoren eine zuvor lange zerstrittene Partei, die Pandemie und eine fehlende Wechselstimmung. Zudem habe es an einem wirklichen strategischen Zentrum, an einer Zielgruppenanalyse, Konkurrenzbeobachtung und an einem umfassenden Community Management gefehlt. Obendrauf komme das Problem, dass vielen nicht klar war, wofür die SPD steht. Beim Versuch, möglichst vielen verschiedenen Milieus und Gruppierungen entgegen zu kommen, sei das Profil der Partei in den letzten Jahren verloren gegangen. Sie habe ihren „*Markenkern*" verloren. Was aber war denn früher der Markenkern und was zeichnete ihn aus? Mehr Demokratie wagen? Den Sozialstaat ausbauen? Benachteiligten Gruppen Gehör und Geld verschaffen? Vorreiter beim Umweltschutz und ökologischen Umbau sein? Die mittelständische Wirtschaft mit Subventionen füttern? Freiheits-

---

[662] Vgl. https://www.spd-bw.de/neue-perspektiven/ und https://www.spd-bw.de/dl/NeuePerspektiven_Auszug.pdf; es ist hier nicht der Platz für eine längere kritische Auseinandersetzung mit dem Text, obschon durchaus Anlass dafür bestünde, etwa das Schielen auf den abhanden gekommenen „*Markenkern*" und das „*strukturell konservative*" Baden-Württemberg. Wie schon früher in ähnlichen Konflikten geht es letztlich wieder um ein mehrheitsfähiges Austarieren von sozialer Gerechtigkeit mit wirtschaftlicher Leistungsstärke und ökologischer Modernität.

rechte des einzelnen verteidigen? Sicherheitsbedürfnisse des wehrhaften Staates hervorkehren? Der Markenkern der SPD war ein weites Feld für Kämpfe um seine Füllung.

Wenn es der SPD freilich gelinge, Kreativität, Leistungsfähigkeit und den Stolz der Baden-Württemberger aufzugreifen und mit Zukunft und sozialer Moderne zu verbinden, habe sie auch „*im strukturell konservativen Baden-Württemberg*" eine gute Chance, hieß es in der kleinen Studie weiter. Aufgabe war es demnach, diejenigen Stellschrauben in Richtung Wahlerfolge zu justieren, die man selbst in der Hand hatte. Auch wenn externe, nicht beeinflussbare Unwägbarkeiten die Suppe wieder versalzen sollten, so wollte man sich zumindest nicht vorwerfen lassen müssen, die eigenen Hausaufgaben nicht konsequent genug angepackt und erledigt zu haben.

Der *SPD-Landesparteitag* in *Friedrichshafen* am *19. November 2022* wurde für *Andreas Stoch* zu einer persönlichen Sternstunde. Er wurde mit 95,6% wiedergewählt und übertraf sein Ergebnis mit 94,8% zwei Jahre zuvor auf dem hybriden Parteikonvent. Das waren Traumwerte, die selbst *Ute Vogt* und *Nils Schmid* in ihren besten Zeiten nicht erreichten. Auch SPD-Generalsekretär *Sascha Binder* wurde ebenfalls überzeugend wiedergewählt. Er erhielt 85,0% der Stimmen und verbesserte sich nur geringfügig. Stoch und Binder waren nun seit 2018 im Amt. Noch nie in der Geschichte der baden-württembergischen SPD ballten sich so viele Machtbefugnisse auf lediglich zwei Personen zusammen (Landesvorsitz, Fraktionsvorsitz, PGF und Generalsekretär). Allmählich erwartete das Parteivolk freilich nachhaltige Erfolgsgeschichten. Noch verhielt es sich ruhig. Doch auch aus der Ampel-Koalition in Berlin war kein Rückenwind zu verspüren, was nicht nur an der Regierungskunst und Kommunikationsschwäche von Bundeskanzler *Olaf Scholz* lag, sondern auch an all den sich häufenden widrigen, unberechenbaren, schwer beherrschbaren nationalen wie internationalen Einflussfaktoren.

Für Stochs Ansprüche wäre es womöglich besser, die Messlatte für sich nicht zu hoch zu legen. Denn wer wollte glauben, dass die SPD im Jahr 2026 – von einem Niveau mit 11% kommend – den Ministerpräsidenten stellen könnte? Das klang sympathisch ehrgeizig, aber nicht glaubwürdig realistisch. Wer glaubte, die SPD könne mir nichts dir nichts wieder in Sphären über 20% oder gar 25% vorstoßen, übersah den strukturellen Wandel der Parteienlandschaft im Südwesten, für den bereits seit Epplers Wirken der Boden bereitet war – und die AfD kam nach der Episode mit den REP als neuer rechtsextremer Katalysator inzwischen noch hinzu. Aber Stoch dürfte natürlich mit ins Kalkül gezogen haben, dass die SPD auch mit nur 10% sich in eine Regierungsbeteiligung in einer Großen Koalition mit der CDU, einer Deutschland-Koalition auch mit der FDP oder doch einer Ampel schleichen könnte – aber eben in keiner Option als führende Kraft.

Für den Fall, dass der Anlauf auf den Sessel des Regierungschefs schief ging, war zu befürchten, dass der Druck auf Stoch für persönliche Konsequenzen ganz erheblich ausfallen würde. Da hätte das Backen kleinerer Brötchen etwa mit einer Perspektive „*15% plus x*“ wahrscheinlich bessere Aussichten für ein Erfolgserlebnis und natürlich auch für Stochs Jobgarantie als Partei- und Fraktionsvorsitzender der SPD Baden-Württemberg. Egal mit welchem Anspruch die SPD in Baden-Württemberg die Landtagswahl 2026 angehen sollte, dass Stoch erneut zum Spitzenkandidaten gewählt werden würde, stand zur Jahreswende 2022/2023 völlig außer Frage.

Stoch selbst führte allerdings noch die heutige schnelllebige Zeit ins Feld: „*Da ist nichts planbar.*" Aber er sah für die aus seinem Blickwinkel guten Chancen der SPD drei Faktoren von Gewicht: „*Erstens die bundespolitische Stimmung nach einer hoffentlich erfolgreichen Wiederwahl von Olaf Scholz im Jahr 2025, zweitens das Wegfallen des Amtsbonus von Regierungschef Kretschmann und drittens natürlich eine attraktive Verknüpfung von Person, Programm und Performance bei uns.*"[663] Noch blieb genügend Zeit, die Weichen dafür richtig zu stellen.

---

[663] So der SPD-Fraktionsvorsitzende *Andreas Stoch* im Interview mit dem Verfasser am 08.12.2022.

Festakt am 26. Oktober 2022 mit Bundestagspräsidentin Bärbel Bas: SPD-Landtagsfraktion würdigt ihre politischen Verdienste in 70 Jahren Baden-Württemberg

Am 26. Oktober 2022 würdigte die SPD-Landtagsfraktion in einer Feierstunde im Plenarsaal des Landtags ihre eigenen politischen Verdienste um das Land Baden-Württemberg seit seiner Gründung im Jahr 1952. Als prominente, hochrangige Gastrednerin trat Bundestagspräsidentin *Bärbel Bas* (SPD) auf.[664] Aber es gab auch Video-Einspieler, in denen verdiente Sozialdemokraten von *Ute Vogt* über *Wolfgang Drexler* und *Reinhold Gall* bis hin zu *Claus Schmiedel* und *Nils Schmid* in kurzen Interviews die Leistungen der SPD in Fraktion und Partei auf zentralen Politikfeldern seit 1952 würdigten. (Vgl. https://youtu.be/-LpwDFIU71Q)

Bundestagspräsidentin Bas bescheinigte der Südwest-SPD, an der Erfolgsgeschichte des Landes Baden-Württemberg *„sehr aktiv mitgearbeitet“* zu haben, nicht zuletzt in seinen Anfängen, als die SPD zu den entschiedensten Verfechtern des gemeinsamen Südweststaates gehörte, namentlich in Person von *Alex Möller*. Für den ersten SPD-Fraktionsvorsitzenden des neuen Bundeslandes habe festgestanden, *„dass Demokratie nicht nur ein System ist, um Politik zu organisieren.“* Für ihn hatte Demokratie den Charakter einer Weltanschauung. Demokraten hätten das Recht der Menschen auf Teilhabe und Mitsprache als Ausdruck ihrer universellen Würde im Blick. Und sie empfänden die Ungleichverteilung von Macht, Freiheit und Lebenschancen als Missstand. Demokraten sähen die Notwendigkeit, Konflikte gerecht und zivilisiert zu lösen. Bas beklagte,

[664] Vgl. Wortlaut der Rede von Bundestagspräsidentin Bärbel Bas bei der Feierstunde im Landtag am 26.10.2022 https://www.spd-landtag-bw.de/konsequente-streiterin-fuer-demokratie/?doing_wp_cron=1700045188.5418820381164550781250

dass Demokraten mit den Errungenschaften der Demokratie nicht pfleglich genug umgingen. Und so sei die liberale Demokratie weltweit in die Defensive geraten.

Die Bundestagspräsidentin lobte, dass sozialdemokratische Politiker in Baden-Württemberg *„immer wieder heiße Eisen angefasst und dicke Bretter gebohrt"* hätten, etwa mit der 1968 angestoßenen Verwaltungs- und Gebietsreform. In den 70 Jahren ihres Bestehens habe die SPD-Landtagsfraktion als *„eine konsequente Streiterin für unsere Demokratie"* gehandelt. Und Bas schloss mit den Worten: *„Auch hier in Baden-Württemberg waren Sozialdemokraten vor allem starke Demokraten: Mit Herz und Haltung, konstruktiv und kritisch, gleichermaßen selbst- und verantwortungsbewusst."*

Der SPD-Fraktions- und Landesvorsitzende *Andreas Stoch* hob in seiner Ansprache hervor, dass die SPD als *einzige* Partei in allen Landesteilen für die Bildung eines Südweststaats geworben und später auch als *einzige* Fraktion geschlossen der neuen Landesverfassung zugestimmt habe.[665] Stoch zählte die SPD-Landtagsfraktion zu den Taufpaten des neuen Bundeslands: *„Die SPD ist nicht DIE Baden-Württemberg-Partei. Aber sie ist EINE Baden-Württemberg-Partei."* Man sei nachgerade dankbar, *„unser Land schon so lange begleiten, mitgestalten und verändern zu dürfen."* Es dürfe dabei nicht in Vergessenheit geraten: *„Baden-Württemberg entstand aus Veränderung, und es entstand aus dem Willen zur Veränderung."*

---

[665] Vgl. Wortlaut der Rede von SPD-Fraktions- und Landeschef Andreas Stoch bei der Feierstunde im Landtag am 26.10.2022 https://www.spd-landtag-bw.de/unser-land-darf-es-nicht-verlernen-sich-zu-veraendern/?doing_wp_cron=1700061395.7774960994720458984375

Stoch erinnerte daran, dass eine Fraktion wie die SPD, die in 70 Jahren Baden-Württemberg die meiste Zeit in der Opposition war, gelernt habe, „*dass politische Teilhabe und sogar politische Gestaltung nicht nur in einer Regierungsbeteiligung möglich sind.*“ Das gehe auch aus der Opposition heraus, und das sei „*eine ungeheure Stärke des Parlamentarismus*“, betonte Stoch. Er rückte dann noch den Anspruch der SPD als „*eine Partei der Veränderung und der Reformen*“ in den Vordergrund. Gerade in diesen schwierigen Zeiten, in denen sich so vieles im Umbruch befinde, müsse man mit Mut zu Veränderungen reagieren. Stoch zeigte sich überzeugt, dass hier die Stunde der SPD als Reformpartei schlagen könne.

Die Bereitschaft zur ständigen Anpassung und Veränderung sei schließlich bis heute auch der Schlüssel zum großen Erfolg des Landes Baden-Württemberg gewesen, so sein Credo.

Zusammenfassung der zentralen Befunde

Zum guten Schluss sollen einige zentrale Befunde und Erkenntnisse dieser Studie noch einmal gebündelt und bisweilen zugespitzt in Erinnerung gerufen werden, natürlich wiederum ohne Anspruch auf Vollständigkeit. Es geht hier eher um den berühmten „*roten Faden*" und einige über 70 Jahre Politik von Landtagsfraktion und Landespartei der SPD Baden-Württemberg hinweg auffällige, vielleicht jedoch aus dem historischen Bewusstsein geratene Tendenzen, aus denen die verantwortlichen Akteure indes Handlungsorientierung ableiten könnten.

(1)
SPD geschlossen für neuen Südweststaat und Landesverfassung
Als einzige Partei hat die SPD in allen Landesteilen die Bildung eines einheitlichen Südweststaats unterstützt und vorangetrieben, obschon dies machtpolitisch nicht unbedingt geboten erschien. Als einzige Fraktion stimmten die Abgeordneten der SPD überdies für die Annahme der Verfassung des neuen Landes Baden-Württemberg.

(2)
Erst das Land, dann die Demokratie und erst dann die Partei
Für die SPD standen und stehen an erster Stelle immer die Interessen des Landes Baden-Württemberg und das Wohlergehen seiner Bürger sowie die Stabilität und Wehrhaftigkeit der repräsentativen parlamentarischen Demokratie. Erst dann wurden machttaktische Bedürfnisse der Partei mit ins Kalkül gezogen.

So verwundert es nicht, dass die SPD zweimal die Chance verstreichen ließ (1952 und 1966), selbst das Amt des Ministerpräsidenten für sich zu reklamieren und zu besetzen, und sich nicht ohne erhebliches politisches Risiko auf Große Koalitionen mal ohne, mal mit der CDU einließ. Zu politischer Führung gehört auch unter den modernen digitalen Mechanismen erweiterter demokratischer innerparteilicher Willensbildung, dem Spitzenpersonal politisch die nötige „*Beinfreiheit*" zu gewähren. Denn politisch verantwortungsbewusste Führung „*darf nicht als Erstes fragen, was die SPD verkraften kann, und darüber vergessen, was das Land braucht*".[666]

(3)
Führung durch Respekt und „Beinfreiheit" für die Spitzen

Politische Führung können nur Vorsitzende ausüben, denen trotz oder gerade wegen größerer innerparteilicher Partizipationschancen im digitalen Zeitalter ausreichend Respekt entgegengebracht wird und die eine größtmögliche „*Beinfreiheit*" (Peer Steinbrück) genießen. Daran hat es in Fraktion und Partei der SPD Baden-Württemberg seit 1952 gelegentlich ganz gehörig gemangelt. Bedenklich ist, dass insbesondere mit den Frauen an der Spitze trotz aller Gleichstellungsrhetorik nicht immer pfleglich und fair umgegangen wurde, wenngleich eigene Fehler und Versäumnisse noch hinzukamen. Es gab jedoch auch umgekehrte Phasen, in denen die reklamierte „*Beinfreiheit*" einen Absolutheitsanspruch entwickelte, der mit einer demokratischen Kultur der internen Willensbildung nicht mehr vereinbar war, - insbesondere am Ende der Ära Maurer in den 1990er Jahren.

Politische Führung ist mehr als die brave Umsetzung von Parteitags-

---

666 Vgl. Peer Steinbrück, *Unterm Strich*, Hamburg 2011, S. 449; für eine immer noch zielführende, prägnante und strategisch weitsichtige Reformagenda für eine Rundumerneuerung der SPD vgl. Peer Steinbrück, *Das Elend der Sozialdemokratie. Anmerkungen eines Genossen*, München 2018.

beschlüssen oder neuerdings von diversen Online-Befragungen und das Hineinspüren in die Stimmung an der „*Basis*". Sie erschöpft sich nicht „*im bloßen Dienen*" oder darin, „*als Sanitäter die Wunden der Fußtruppen' zu verbinden, als Animateure die Motivation der Basis zu heben oder als Boten über die jeweiligen Stimmungspegel zu berichten*". Führung muss es vielmehr gelingen, die Partei in einer offenen Personalrekrutierung als Bestenauslese und als „*Ideenbörse*" so attraktiv zu machen, dass sie Zustimmung gewinnt.[667]

(4)
SPD noch nie im Amt des Ministerpräsidenten

Es ist eine einfache und zugleich glasklar harte Wahrheit: In 70 Jahren Geschichte des Landes Baden-Württemberg hat die SPD noch nie den Ministerpräsidenten gestellt, - und das ist ein bitterer Makel. Es sieht im Jahr 2023 zudem nicht so aus, als ob absehbare oder prognostizierbare Wahlergebnisse im Jahr 2026 eine historische Sensation auslösen und dem Führungs- und Gestaltungsanspruch der SPD zum ersten Mal die überfällige Krone aufsetzen könnten. Nötig wäre dies eigentlich, um den Gründungsprozess für das Land Baden-Württemberg gleichsam symbolisch vollends abzuschließen.

(5)
SPD immerhin insgesamt 24 Jahre mit Regierungsbeteiligung

Es ist aber auch eine einfache und zugleich nicht gering zu schätzende Wahrheit: In den 70 Jahren Existenz des Landes Baden-Württemberg war die SPD immerhin 24 Jahre lang, also ein gutes Drittel seines Bestehens, an der Landesregierung beteiligt, allerdings – das für die SPD schlimme Unwort kommt einem fast nicht über die Lippen – jeweils auf dem Beifahrersitz in einer „*Juniorrolle*": Nämlich

---

[667] Peer Steinbrück 2011, S. 447-449.

im Kabinett Maier 1952/1953, in den CDU-geführten Kabinetten von 1953 bis 1960, von 1966 bis 1972 und dann von 1992 bis 1996 und nicht zuletzt im grün-roten Reformkabinett Kretschmann von 2011 bis 2016.

(6)
Wirtschaft und Inneres in 24 Jahren immer in SPD-Hand

Was ins Auge sticht: in den 24 Jahren ihrer Regierungsbeteiligung hat die SPD zwei Ministerien durchgängig in ihrer Hand gehabt, nämlich *Wirtschaft* (Hermann Veit, Hans-Otto Schwarz, Dieter Spöri, Nils Schmid) und *Inneres* (Viktor Renner, Fritz Ulrich, Walter Krause, Frieder Birzele, Reinhold Gall), nach landläufiger Meinung ja klassische CDU-Ressorts. Offenbar versteht die SPD doch allerhand von Wirtschaft und Innenpolitik – und ihr Regierungshandeln auf diesen Politikfeldern hat das auch überzeugend unter Beweis gestellt.

Das gilt selbstredend auch für den Politikbereich *Arbeit und Soziales*. Hier stand die SPD insgesamt immerhin 21 Jahre seit 1952 in gestaltender Verantwortung (Ermin Hohlwegler, Walter Hirrlinger, Helga Solinger, Katrin Altpeter).

(7)
Wahlergebnisse für die SPD seit 2006 immer weiter im Keller

Die SPD erzielte seit dem Jahr 1952 mal gute, mal weniger gute Ergebnisse bei den Landtagswahlen, aber in der Regel im Bereich von 30%. Dies sollte im Jahr 2001 bei Ute Vogts Sensationserfolg das letzte Mal der Fall sein. Danach – im Kern eigentlich schon 1996 – begann der kontinuierliche Sinkflug der SPD bei Wahlen, der im Jahr 2021 seinen absoluten Tiefstand erreichen sollte. Seit der Landtagswahl 2006 fuhr die SPD mal um mal ihr historisch schlechtestes Resultat in die Scheuer, im Jahr 2021 mit erschreckend schwachen

11%, was schlicht nicht mehr volksparteiwürdig ist. Eine Aufwärtstaste wie im Fahrstuhl steht leider nicht zur Verfügung. Aktuell im Jahr 2023 könnte eine noch so bescheidene, abgesicherte Trendwende bei der Landtagswahl im Jahr 2026 schon als sichtbarer Erfolg verbucht werden.

(8)
SPD in vielen Politikfeldern mit korporatistischem Ansatz

Die SPD verfolgte auf vielen Politikfeldern einen – politologisch gesprochen – korporatistischen Politikansatz, also die proaktive Einbindung gesellschaftlicher Gruppen und Verbände in staatliche Entscheidungsprozesse. Auf diese Weise sollen durch die förmliche Verabredung von auch finanziell bindenden Pakten, Verträgen, Vereinbarungen und dergleichen für beide Seiten Planungssicherheit geschaffen und die politische Stabilität des Systems erhöht werden. Das reichte von der Hochschulfinanzierung über den Sport und die Partnerschaft mit den Kommunen bis hin zur Beamtenbesoldung.

Demokratietheoretisch betrachtet sind solche Bündnisse allerdings nicht unproblematisch, denn sie verlagern die Legitimation der politischen Entscheidungsfindung ein Stück weit weg von Regierung und Parlament und orientieren sich zudem einseitig an einflussreichen Vetospielern. So gesehen trägt ein ausufernder Korporatismus sogar zur demokratischen Regression und zur Schwächung der repräsentativen Institutionen mit bei.

(9)
Pendelausschläge zwischen sozialem und wirtschaftlichem Profil

Die politstrategische Ausrichtung der SPD verzeichnet seit 1952 immer wieder Pendelausschläge, die sich im Kern zwischen sozialer Profilierung und Wirtschaftskompetenz bewegen, ergänzt seit den

1970er Jahren durch ökologische Farbtupfer. Eng damit verbunden ist die in regelmäßigen Abständen auftauchende Frage, was den „*Markenkern*" der SPD ausmachen und wie „*links*" sie sich aufstellen soll.

Kaum war die soziale Gerechtigkeit ins Zentrum gerückt worden, wurden Rufe laut, gerade in Baden-Württemberg müsse zwingend Wirtschaftskompetenz hinzukommen. Kaum war diese im Programm und im praktischen Handeln angemessen verankert und auch personell repräsentiert, hieß es, die SPD müsse doch besser knallhart ihr Profil als Partei der Gerechtigkeit schärfen und könne nicht als sozialpolitisch aufgeputzter Abklatsch der CDU reüssieren. Es gleicht einer Herkulesaufgabe, aus diesem klassischen Dilemma einen Ausweg für eine erfolgversprechende politische Planung zu finden. Und weisen wird diesen bestimmt keine schlaue Werbeagentur für Strategieberatung.

(10)
Orientierung an Minderheiten oder Leistungsträgern?

Durchgängig zeichnet die programmatischen Konflikte – und die ihnen zugrundeliegende Konfliktlinie („*cleavage*") – auch die Frage aus, ob die SPD ihr Glück durch eine konsequente Vertretung der Interessen von benachteiligten Minderheiten versuchen oder nicht besser vornehmlich politische Angebote an die Gruppen der sogenannten Mehrheitsgesellschaft machen soll. Schon *Uli Maurer* und *Dieter Spöri* tadelten in ihrem streitbaren Strategiepapier Ende der 1980er Jahre zu Recht die linke Lebenslüge, der schwäbische Facharbeiter und badische Ingenieur wähle die SPD allein wegen ihrer Bereitschaft zu sozialen Wohltaten. Zugespitzt formuliert: Allein mit dem Versprechen auf eine Erhöhung von Renten, Mindestlohn, Kinder- und Bürgergeld sowie Akzenten in der sogenannten Queerpolitik wird die SPD in

Baden-Württemberg keine Wahlen gewinnen können, zumal die entscheidenden Hebel dafür sowieso in der Bundespolitik lägen.

Ohne wie auch immer ausgestaltete attraktive und durchaus sozialverträgliche Politik für die oft zu Unrecht verächtlich gemachte „*Mitte*" der Gesellschaft von leistungsstarken Arbeitnehmern mit sicherem Job und gutem Einkommen wird die SPD ihren Volkspartei-Anspruch begraben müssen und endgültig zur Nischenpartei degenerieren. Die SPD braucht für ihre Regierungsfähigkeit im Bund und erst recht in einem Land wie Baden-Württemberg ein stabiles Standbein im „*produktivistischen Kern*" der Arbeitsgesellschaft, bei den „*Wissensarbeitern*" und bei den *technischen Eliten*, wie schon *Peter Glotz*, der wahrscheinlich klügste und kreativste Theoretiker der SPD in der zweiten Hälfte des 20. Jahrhunderts, der Partei bereits Anfang der 1980er Jahre ins Stammbuch geschrieben hat.[668]

(11)
Fraktions- und Parteivorsitz der SPD gehören in eine Hand

Eine zentrale Lektion aus 70 Jahren Partei und Fraktion der SPD in Baden-Württemberg lautet: Der Landes- und Fraktionsvorsitz muss zwingend in eine Hand. Und zwar immer. Das ist landespolitisch völlig funktional und auch mit strengen Maßstäben der innerparteilichen Demokratie vereinbar. Insofern wäre das Zustandekommen eines Duos Castellucci/Stoch im Jahr 2018 an der Spitze der SPD nach all dem Hickhack verheerend gewesen und hätte nur alten Missstimmungen und Differenzen zwischen den Lagern neuen Zunder gegeben.

---

[668] Vgl. beispielsweise Peter Glotz, *Die Arbeit der Zuspitzung. Über die Organisation einer regierungsfähigen Linken*, Berlin 1984, hier S. 123; ferner auch heute noch absolut anregend Peter Glotz, *Manifest für eine Neue Europäische Linke*, Berlin 1985; Peter Glotz, *Die Linke nach dem Sieg des Westens*, Stuttgart 1992; Peter Glotz, *Die beschleunigte Gesellschaft. Kulturkämpfe im digitalen Kapitalismus*, München 1999.

Nur wenn der Fraktionsvorsitzende auch die Spitze der Landespartei besetzt, kann die SPD nach außen erkennbar die erforderliche *landespolitische* Durchschlagskraft entfalten, im digitalen Medienzeitalter sowieso. Tandemlösungen aus Bundes- und Landespolitikern sind hingegen kontraproduktiver Unfug: sie beschädigen ein klares landespolitisches Profil der SPD und erzeugen tendenziell einen schleichenden Machtkampf um die unumgängliche Gretchenfrage, wer Nummer Eins der SPD in Baden-Württemberg sein soll. Zur Not ist gerade noch akzeptabel, wenn beide Ämter von Abgeordneten aus der SPD-Landtagsfraktion heraus besetzt werden, wie beispielsweise mit Nils Schmid und Claus Schmiedel von 2009 bis 2016.

(12)
Schul- und Bildungsreformen als Herzensangelegenheit der SPD

Die länderspezifische Ausgestaltung des Bildungssystems ist nicht nur das Herzstück der föderalen Staatsorganisation, sondern auch eine Herzensangelegenheit der SPD seit der hürdenreichen Klärung der „*Schulfrage*", also der Überwindung der konfessionsgebundenen Bekenntnisschule. Auf keinem anderen Politikfeld hat die SPD seit 1952 mehr Vorstöße für Reformen unternommen als in Angelegenheiten des Schul- und Bildungswesens. Im Vordergrund standen dabei immer eine gute Lehrer- bzw. Unterrichtsversorgung, der Ausbau schulischer Ganztagsangebote und die schulstrukturelle Durchbrechung des Zusammenhangs von sozialer Herkunft und Bildungserfolg.

Vor allem während der grün-roten Landesregierung von 2011 bis 2016 gelangen der SPD mit Kultusminister *Andreas Stoch* durchgreifende Schulreformen, die bis heute Bestand haben. Was der groß angelegte Bildungsaufbruch der SPD bei den Strukturen letztlich bewirkt hat, bleibt noch offen. Die SPD bewegte sich jedenfalls gegenüber ihren eigenen Ambitionen wie eine Palme im Wind. Um die Jahreswende 2022/2023 galt jedenfalls bereits das Versprechen einer Rückkehr zum G9 im Gymnasium als bürgernaher Fortschritt, war in Wirklichkeit aber auch schlicht eine politisch kleinlaute Anpassung an die Wünsche eines einkommens- und lautstarken Bildungsbürgertums. Die Reformdiskussion für das Bildungswesen war jedenfalls schon einmal mutiger und innovativer unterwegs – aber der Druck des nicht enden wollenden miesen, weit hinter den eigenen Ansprüchen zurückbleibenden Abschneidens Baden-Württembergs bei den Schulleistungsstudien kannte kein Pardon.

(13)
SPD als Motor von Strukturreformen für eine moderne Verwaltung

Die groß angelegte Gebiets- und Verwaltungsreform Anfang der 1970er Jahre bleibt untrennbar mit dem sozialdemokratischen Innenminister *Walter Krause* verbunden, der aus gutem Grund als „*Innenarchitekt*" des Landes Baden-Württemberg gewürdigt wurde. In der Großen Koalition von 1992 bis 1996 trieb Innenminister *Frieder Birzele* mit dem Sonderbehörden-Eingliederungsgesetz vom 12. Dezember 1994 die Funktionalreform der Verwaltung voran („*Kleine Verwaltungsreform*"). In den Jahren 2003 bis 2005 setzte sich die SPD-Landtagsfraktion in zahlreichen Veranstaltungen kritisch mit der aus ihrer Sicht kommunalfeindlichen Verwaltungsreform von Ministerpräsident *Erwin Teufel* auseinander. Zugleich unternahm sie selbst einen Vorstoß für die Bildung von Regionalkreisen und die Verlagerung von Aufgaben auf die Städte und Gemeinden. Zielsetzung waren dabei immer mehr Bürgernähe, höhere Transparenz und stärkere Effizienz. Verwaltungsreform hieß in Baden-Württemberg über die Jahre hinweg eigentlich immer auch, die SPD mit ins Boot zu holen oder am besten gleich ihr die Federführung zu überlassen.

(14)
Südwest-SPD als Vorreiter bei Atomausstieg und Energiewende

Beim Ausstieg aus der Atomkraft und bei der Einleitung einer Energiewende übte die SPD Baden-Württemberg bundesweit eine bemerkenswerte Vorreiter- und Schrittmacherrolle aus. Dies ist vor allem mit zwei Namen und Persönlichkeiten verbunden: *Erhard Eppler* und nicht zu vergessen *Hermann Scheer*. Eppler verordnete der Südwest-SPD als Landes- und Fraktionsvorsitzender im Rahmen der von ihm angestrebten „*Leitfunktion*" für die Bundespartei eine strikt atomkritische Haltung. Der Bundestagsabgeordnete *Hermann Scheer* aus Waiblingen ergriff im Bundestag zahlreiche Initiativen für eine Förderung der regenerativen Energien. Für sein Engagement speziell für die Solartechnik bekam er den sogenannten „*Alternativen Nobelpreis*" verliehen. Eppler und Scheer stehen bis heute für eine konsequente Abkehr der SPD von atomaren und fossilen Energien.

Zur Tragik dieser Positionierung gehört es allerdings, dass ausgerechnet in Baden-Württemberg mit dem am ökologischsten ausgerichteten SPD-Landesverband die Grünen bei der Landtagswahl 1980 zum ersten Mal in ein Landesparlament einzogen. Eppler und Scheer waren aber nicht die einzigen Sozialdemokraten im Südwesten, die gehörig Dampf machten für eine ökologische Modernisierung der Industriegesellschaft. Natürlich haben sich auf diesem konfliktreichen Politikfeld auch die Sozialdemokraten *Volker Hauff*, *Harald B. Schäfer* und *Ernst Ulrich von Weizsäcker* herausragende Verdienste erworben.

(15)
Verlässliche Kommunalfreundlichkeit bei Ressourcenverteilung

Partei und Fraktion der SPD Baden-Württemberg haben sich von Anfang an als verlässlicher und fairer Partner der Städte und Gemeinden verstanden, und zwar nicht nur in Sonntagsreden, sondern auch wenn es um die Zuweisung von finanziellen Mitteln auf einzelnen Politikfeldern ging, beispielsweise von den Kindertagesstätten über die Schulsozialarbeit bis hin zur Unterbringung von Flüchtlingen. Auch bei der Modernisierung kommunalrechtlicher Vorschriften und beim Aufbau der Verwaltung erwies sich die SPD immer wieder als Speerspitze zeitgemäßer Reformen – eben auf der Höhe der Zeit.

(16)
SPD mit Kompetenz für Gestaltung der sozialen Marktwirtschaft

Es gehört ins Reich der politischen Legenden, dass die SPD nichts von sozialer Marktwirtschaft versteht. Schon immer hat sie sich für eine dynamische, prinzipiell technologieoffene Wirtschaft, für eine aktive, und bei Bedarf interventionistische Industriepolitik und eine gezielte Mittelstandsförderung bei gleichzeitig soliden Staatsfinanzen stark gemacht. In den 24 Jahren ihrer Beteiligung an Landesregierungen in Baden-Württemberg hat die SPD offenbar nicht ohne Grund *immer* den Wirtschaftsminister gestellt.

(17)
Hohes internes Konfliktniveau mit vielen Kampfkandidaturen

Ins Auge sticht der hohe Intensitätsgrad der zahlreichen koalitionsinternen wie innerparteilichen Konflikte seit 1952, zu denen auch die auffällig vielen Kampfkandidaturen – vor allem in den späten 1990er Jahren – zu zählen sind.[669] Das Ausmaß der den Konflikten zugrundeliegenden Positionsdifferenzen korreliert dabei nicht immer mit der Heftigkeit des Konfliktaustrags. Auch der übliche, als normal eingestufte demokratische Wettbewerb scheint dabei dem

---

[669] Vgl. Tabelle S. 400.

vom wirkmächtigen Staatsrechtslehrer *Carl Schmitt* bereits im Jahr 1932 geprägten „*Begriff des Politischen*" zu gehorchen, demzufolge es „*die Unterscheidung von Freund und Feind*"[670] ist, auf die sich politische Handlungen und Motive im Kern zurückführen lassen. Die Freund-Feind-Unterscheidung hat dabei den Sinn, den jeweils äußersten Intensitätsgrad einer Verbindung oder Trennung zu bezeichnen. Und sie entwickelt damit eben ein für das Politische spezifisches Kriterium, das anderen selbständigen Gegensätzen wie Gut-Böse im Moralischen, Schön-Hässlich im Ästhetischen und Nützlich-Schädlich im Ökonomischen entspricht.

Was das spezifische Hauen und Stechen zwischen den Freunden und Feinden in der Politik anbelangt, liefert der das Geschehen des Politik- und Parlamentsbetriebs in Baden-Württemberg ins Visier nehmende „*Parlamentsroman*" von *Michael Haas* erschreckend realitätsnahe Einsichten.[671] Wenn auch Landespolitik Vertrauen und Glaubwürdigkeit zurückgewinnen will, müssen alle Akteure eine radikale Umkehr ihres Verhaltens und Stils in die Wege leiten. Nur auf diese Weise kann die viel beschworene Authentizität entstehen und wachsen.

[670] Vgl. Carl Schmitt, *Der Begriff des Politischen*, 9., korrigierte Auflage, Berlin 2015, S. 25/26. Schmitt stand bekanntlich den Nationalsozialisten nahe, ja war auch Mitglied der NSDAP, entfaltet allerdings als politischer Theoretiker bis heute in der Rezeption von Rechten wie Linken nachhaltigen Einfluss, was auch an der primitiven dichotomischen Ausrichtung der begrifflichen Substanz liegen mag.
[671] Vgl. Michael Haas, *Kritische Masse. Ein Parlamentsroman*, Gera 2021. Der ehemalige Pressesprecher der FDP-Landtagsfraktion – übrigens ein liebenswürdiger Kollege – kommt dabei, wenngleich etwas reduktionistisch, zum (fiktiven) Befund, dass es den politischen Akteuren vor allem um Macht, Status und Geld geht und dafür jedes noch so schäbige Instrument recht ist, bis am Ende der Intrigantenstadl wütet.

(18)
Fehlender langer Atem und defizitäre Projektumsetzung

Es gehört über die Jahre zu den großen Schwachstellen der Politik von Partei und Fraktion der SPD Baden-Württemberg, dass inhaltliche Projekte wie auch PR-Maßnahmen nicht mit dem nötigen langen Atem ausgestattet wurden. Viel zu oft wurde fälschlicherweise auf eine rasche Wirkung vermeintlich heilender politischer Strategien gesetzt, anstatt geduldig, beharrlich und mit transparentem Controlling bei einmal beschlossenen Überzeugungen am Ball zu bleiben. Ein Defizit ist in diesem Zusammenhang auch das Fehlen eines professionellen Wissensmanagements („*Wenn wir wüssten, was wir wissen*"). Noch nicht einmal klassische Archive mit der Dokumentation von gedruckten und digitalen Medien sind durchgängig verfügbar.

Gesellschaftliche Prozesse mögen sich in den letzten Jahrzehnten dramatisch beschleunigt haben, doch politischer Wandel, also auch Veränderungen des Parteiensystems, vollzieht sich nicht oder nur ganz selten in Erdrutschen. Zudem muss berücksichtigt werden, dass es in der politischen Zustimmung bergab viel schneller geht als wieder bergauf. Und überdies noch ein kleiner Seitenhieb: Gute Öffentlichkeitsarbeit kann weder schlechte Politik noch langweiliges Personal retten.[672] Auch dies zeigen die letzten 70 Jahre der SPD in Baden-Württemberg, in denen allzu oft die Kommunikation den schwarzen Peter zugeschoben bekam, - obschon es natürlich auch umgekehrte Effekte gibt, etwa dass schlechte oder gar fehlende Kommunikation gute Politik(er) beschädigen kann.

---

[672] Vgl. zu dieser politstrategischen Grundsatzfrage bereits Otfried Jarren, *Kann man mit Öffentlichkeitsarbeit die Politik „retten"? Überlegungen zum Öffentlichkeits-, Medien- und Politikwandel in der modernen Gesellschaft,* in: Zeitschrift für Parlamentsfragen (ZParl), 25. Jg. (1994), Heft 4, S. 653-673.

(19)
Sinkender Einfluss auf Bundesebene – Saskia Esken hin oder her

Die Geschichte des politischen Einflusses der SPD Baden-Württemberg auf Bundesebene verlief sehr wechselvoll. Gerade in den Anfangsjahren des neuen Landes seit 1952 war er ganz erheblich. Vor allem in den Bundesregierungen von *Willy Brandt* und *Helmut Schmidt* bekleideten Sozialdemokraten aus dem Südwesten zahlreiche wichtige Ministerposten mit großem politischen Gewicht, die relativ gesehen weit über die Stärke des Landesverbands hinausreichten. Das änderte sich im Laufe der Zeit, fast im Gleichklang mit den sinkenden Wahlergebnissen bei den Landtagswahlen, bis hinab zu einer nur noch marginalen Rolle. Schon in den Kabinetten von Bundeskanzlerin *Angela Merkel* seit 2013 stellte die SPD Baden-Württemberg keinen einzigen Minister. Auch seit der Ampel-Koalition im Jahr 2021 war mehr als ein Staatssekretärsposten für die SPD im Südwesten nicht drin.

Diese Entwicklung verweist nicht nur auf ein Machtproblem, sondern auch auf ein offenkundiges Talentedefizit und eine Schwachstelle bei der Rekrutierung von Führungspersonal. Allerdings wird diese Schwäche bis zu einem gewissen Grad ausgeglichen durch die Calwer Bundestagsabgeordnete *Saskia Esken*, immerhin seit dem Jahr 2019 Co-Vorsitzende der Bundes-SPD und damit potentielles Einfallstor für erfolgreiche Lobbyarbeit aus dem Südwesten.

(20)
Deliberative Politik in einer digital fragmentierten Öffentlichkeit

Landespolitische Themen spielen in der demokratischen, deliberativen Öffentlichkeit und in der medialen Berichterstattung kaum eine Rolle. Dies liegt zum einen am generell geringen Stellenwert von Politik in den Bundesländern im Föderalismus selbst, zum anderen aber auch am Funktionswandel der Medien in der digitalisierten Kommunikation mit ihren abgekapselten Blasen von „*Ich-Sendern*". Und hier sind vor allem die traditionellen Zeitungsverlage mit rückläufigem Konsum von Tageszeitungen weiter unter erheblichem wirtschaftlichem Druck, der weitere Konzentrationsprozesse und Verflachungstendenzen ausgelöst hat und den Qualitätsjournalismus vor große Herausforderungen stellt. Auch Landespolitik wird im Zeichen des Wettbewerbs um Klicks, Quote und Auflage immer stärker banalisiert, personalisiert und skandalisiert.

Es wird zu den Aufgaben von gestandenen, um sachorientierten Diskurs bemühten Politikern gehören, diese auch demokratiepolitisch schädlichen Prozesse nicht selbst in Richtung einer voranschreitenden Fragmentierung zu befeuern, sondern gezielt Kontrapunkte für eine deliberative Meinungsbildung im aufgeklärten demokratischen öffentlichen Raum zu setzen. Dazu wird aber auch gehören müssen, der eigenen populistischen Versuchung zur Simplifizierung, Banalisierung und Skandalisierung von Gegenständen politischer Entscheidungsprozesse konsequent zu widerstehen. Es geht letztlich darum, ein Fenster für fortschrittlichen demokratischen Konsens nach konstruktivem, aufgeklärtem Streit offenzuhalten.[673] Das würde der parlamentarischen Demokratie insgesamt nutzen und ihr wieder mehr Legitimation, ja auch Attraktivität verleihen.

[673] Vgl. zu den aktuellen Trends die Überlegungen in dem neuen Büchlein von Jürgen Habermas, *Ein neuer Strukturwandel der Öffentlichkeit und die deliberative Politik*, Berlin 2022.

Schluss

Mehr denn je ist der Weg in die Zukunft heutzutage zugepflastert mit Abgründen, Krisen, Unsicherheiten, ja kriegerischer Gewalt vielfältiger Akteure beim Kampf um die Neugestaltung der globalen Machtverhältnisse. Aber es gibt auch Lichtblicke, wenn die Sozialdemokratie mit anderen Kräften der demokratischen Mitte ihre Kräfte bündelt, Orientierung bietet und kämpft, – für die Bekräftigung eines universellen Verständnisses von Menschenrechten, für die Akzeptanz und Stärkung der freiheitlichen Demokratie, für eine starke, machtbewusste eigenständige Rolle Europas auf der weltpolitischen Bühne, für eine konsequent regelbasierte internationale Ordnung, ja für den globalen Klimaschutz und für ein das Überleben der Menschheit sicherndes neues Verständnis von Fortschritt.[674]

Und dieses wird – da beißt die Maus keinen Faden ab – Elemente von Anpassung, Verzicht und Verboten enthalten, ob uns vom ewigen Wachstum und Konsumrausch verwöhnten Wohlstandsbürgern das nun gefallen mag oder nicht.[675] Die Hoffnung auf radikalen Wandel – vor allem für den Klimaschutz, aber auch für die Ärmsten auf der Welt im Globalen Süden sowie für das Tierwohl – und zugleich auf Weiterleben wie bisher ist ein großer Selbstbetrug. Diese Per-

---

674 Vgl. zu einem faktenbasierten Verständnis von Fortschritt die grundlegende, wegweisende empirische Studie von Steven Pinker, *Aufklärung Jetzt. Für Vernunft, Wissenschaft, Humanismus und Fortschritt*, Frankfurt am Main 2023. Nach der Lektüre des Buchs wird Optimismus zur Pflicht!

675 Vgl. zu diesen bislang unterschätzten, unterbelichteten Aspekten Philipp Lepenies, *Verbot und Verzicht: Politik aus dem Geiste des Unterlassens*, Berlin 2022; Philipp Staab, *Anpassung: Leitmotiv der nächsten Gesellschaft*, Berlin 2022; zum Verhältnis von Sicherung der Demokratie und Schutz des Klimas jetzt auch Hedwig Richter/Bernd Ulrich, *Demokratie und Revolution. Wege aus der selbstverschuldeten ökologischen Unmündigkeit*, Köln 2024.

spektive für einen Paradigmenwechsel im Fortschrittsverständnis muss keine Fremdbestimmung durch die Hintertür auslösen und auch keineswegs zu überbordenden individuellen Freiheitseinbußen im alltäglichen Leben führen. Und schon gar nicht soll hier einem Druck das Wort geredet werden, *„die Menschen auf den rechten Pfad der eigentlichen Freiheit zu führen - selbstredend im Auftrag der Freiheit selbst."*[676]

Die Demokratie ist ein politischer Raum mit einem großen Versprechen für persönliche Freiheit und individuelle Selbstverwirklichung. Dieses auch einzulösen, gehört zu den wichtigsten Aufgaben dieser Zeit. Aber sie verlangt von den Bürgern auch die Bereitschaft, die *„Anderen"* und *„Fremden"* mit ihren abweichenden Meinungen, Interessen und Lebensstilen zu ertragen und auszuhalten. Nur auf diese Weise kann die Demokratie als Ordnung auch den notwendigen sozialen Zusammenhalt und ein solidarisches Miteinander entfalten. Dazu gehört auch, nicht das entlang einer antirassistischen Klassifizierung in Täter- und Opfergruppen vorgenommene Trennende, sondern das entlang demokratischer, freiheitlicher Werte erfolgende Verbindende zwischen all den verschiedenen Identitätsgruppen in den Vordergrund zu rücken. Nur so kann eine Gesellschaft mit einem Mindestmaß an Konsens und Solidarität organisiert werden.[677] Toleranz ist freilich das eine,

---

[676] Vgl. Michael Bröning, *Vom Ende der Freiheit. Wie ein gesellschaftliches Ideal aufs Spiel gesetzt wird*, Bonn 2021, S. 143.

[677] Vgl. dazu die inspirierenden Thesen von Sophie Schönberger, *Zumutung Demokratie. Ein Essay*, München 2023; aus der Flut an kritischer Literatur zur Woke-Ideologie sind besonders zu empfehlen Jan Feddersen/Philipp Gessler, *Kampf der Identitäten. Für eine Rückbesinnung auf linke Ideale*, Berlin 2021; John McWhorter, *Die Erwählten. Wie der neue Antirassismus die Gesellschaft spaltet*, Hamburg 2022; Helen Pluckrose/James Lindsay, *Zynische Theorien. Wie aktivistische Wissenschaft Race, Gender und Identität über alles stellt – und warum das niemandem nützt*, München 2022; Yascha Mounk, *Im Zeitalter der Identität. Der Aufstieg einer gefähr-*

Wehrhaftigkeit gegenüber den Feinden der Freiheit jedoch das andere. Das glühende Bekenntnis zu Aufklärung, Vernunft und deliberativem Diskurs bedeutet nicht, dass Demokraten im Wettbewerb der Ideen und Systeme naiv sind und sich ihr eigenes Grab schaufeln.

Aber wie kann nun dem sich breit machenden autoritären Populismus auch in Deutschland das Wasser abgegraben werden? Eine glänzende wissenschaftliche Studie zeigt auf, dass es neben sozioökonomischen (*Globalisierung*) und soziokulturellen (*Modernisierung*) Faktoren für den Aufstieg des autoritären Populismus auch genuin *politische* Ursachen ins Kalkül zu ziehen gilt.[678] Und diese liegen in einer mangelhaften Repräsentativität und selektiven Responsivität der parlamentarischen Demokratie selbst begründet, was den Aufschwung auch der AfD begünstigt hat und weiter begünstigt. Es gibt empirisch belegte Hinweise auf eine doppelte Entfremdung, die Erfolge des autoritären Populismus begünstigt: zum einen die Entfernung der realen politischen Entscheidungsprozesse von den demokratischen Idealen und zum anderen die Enttäuschung sich nicht ausreichend repräsentiert fühlender, kommunitaristisch ausgerichteter Wählergruppen über die Wirkungsweise

---

lichen Idee, Stuttgart 2024 und der für linke Liberale erschreckende Erfahrungsbericht Susanne Schröter, *Der neue Kulturkampf. Wie eine woke Linke Wissenschaft, Kultur und Gesellschaft bedroht*, Freiburg im Breisgau 2024; aus Sicht eines angesehenen SPD-Politikers vgl. den klug und differenziert argumentierenden Beitrag in der Frankfurter Allgemeinen Zeitung vom 22.02.2021 von Wolfgang Thierse, *„Wie viel Identität verträgt die Gesellschaft“*, https://www.thierse.de/startseite-meldungen/22-februar-2021/; zur unverständlich schroffen Reaktion der Parteispitze vgl. den anregenden Kommentar von Stephan-Andreas Casdorff, *Thierse und der Streit über Identitätspolitik. So schafft die Sozialdemokratie sich selbst ab*, in: Tagesspiegel, 03.03.2021, https://www.tagesspiegel.de/politik/so-schafft-die-sozialdemokratie-sich-selbst-ab-7750084.html

[678] Vgl. Armin Schäfer/Michael Zürn, *Die demokratische Regression. Die politischen Ursachen des autoritären Populismus*, Berlin 2021 – übrigens auch mit zahlreichen konkreten handlungsanleitenden Vorschlägen.

der demokratischen Institutionen. Aber welcher zugespitzte, praktikable Schluss folgt nunmehr politisch daraus? *„Die Verteidigung der Demokratie erfordert mehr Demokratie."*[679]

Wenn sich die SPD auf ihre geschichtlichen Wurzeln besinnt, wird sie etwa in ihrer Traditionsfahne von 1863 entdecken, dass Freiheit an erster Stelle steht – und nicht, wie man leise hinzufügen möchte, soziale Gerechtigkeit.[680] Die Wechselwirkung der sozialdemokratischen Grundwerte muss hier freilich nicht eigens hervorgekehrt und ausgebreitet werden. Bedenklich ist die heute offenkundige Notwendigkeit, darauf bestehen zu müssen, dass die SPD an erster Stelle als eine Freiheitspartei groß und stark geworden ist. *„Freiheit zuerst"*, so auch das Plädoyer im Rückgriff schon auf *Ferdinand Lassalle*, könnte sich also eine modernisierte, erneuerte und zugleich auf ihre programmatischen Wurzeln besinnende Sozialdemokratie im Land wie im Bund durchaus auf ihre Fahne schreiben – gerade in einer Zeit, in der die liberale Demokratie als Lebensstil, Werteordnung und Staatsform global unter massiven Druck geraten ist.

Aber leider wird in der politischen Linken einschließlich der SPD sehr fahrlässig mit ihrem doch traditionellen Grundwert der Freiheit umgegangen. Die Konsequenz aus dieser bedenklichen Geschichtsvergessenheit kann daher nur lauten: *„Auch die Sozialdemokratie sollte den Freiheitsbegriff deshalb nicht reflexhaft dem politischen Geg-*

---

679 Vgl. Armin Schäfer/Michael Zürn 2021, S. 222; Es bestehen große Zweifel, dass das sicherlich gut gemeinte Demokratiefördergesetz mit seiner rabiaten Einmischung in die Meinungs- und Willensbildung der Zivilgesellschaft dafür den richtigen Weg weist. Heute mehr Demokratie zu wagen, heißt für den Staat und seine Institutionen, sich zunächst an die eigene Nase zu fassen.

680 Vgl. Die Welt, 04.04.2013, Peer Steinbrück – Auftritt eines freien Geistes, https://www.welt.de/politik/deutschland/article115009254/Peer-Steinbrueck-Auftritt-eines-freien-Geistes.html

ner überlassen. Freiheit war immer auch ein linkes Ideal.“[681] Im Arbeiterlied der sozialdemokratischen Revolutionäre hieß es zu Beginn des 20. Jahrhunderts schließlich „*Brüder, zur Sonne, zur Freiheit*“. Und der politisch im freiheitlichen Sozialismus verankerte junge *Willy Brandt* gab seiner ersten Autobiographie doch aus gutem Grund den Titel „*Links und frei*“. Heute kommt es darauf an, die stolze, linke Tradition der Freiheit auf die Höhe der Zeit zu bringen und als SPD offensiv mit neuem Leben zu füllen. Weil aber Freiheitsrechte den Kern der Demokratie bilden, ist ihre Bewahrung auch wichtiger als ein handlungsfähiger, aktiver Staat, den die SPD in Baden-Württemberg neuerdings gerne hervorhebt.

Die SPD in Baden-Württemberg ist vor diesem Hintergrund trotz aller internen Streitereien und Abstürze bei Wahlen in den letzten 70 Jahren immer noch eine der Zukunft zugewandte sozialliberale Kraft. Und dass sie regieren und gestalten kann, hat sie in bislang insgesamt 24 Jahren an den Schalthebeln der Macht unter Beweis gestellt. Die Flinte ins Korn zu werfen, ist nicht ihr Ding. Dafür steht in Sachen Freiheit, Demokratie und sozialer Ausgleich zu viel auf dem Spiel. Schon eher brennt die Südwest-SPD für das Bestreben, mit eigenen neuen politischen Antworten auf der Höhe der Zeit zu sein. Und „*auf der Höhe der Zeit*“ ist ein durchaus schlüssiger reformpolitischer Anspruch, der sich wie ein „*roter Faden*“ durch 70 Jahre SPD in Baden-Württemberg zieht – auch wenn er als Selbstvergewisse-

---

[681] Vgl. Interview in der SPD-Monatszeitung Vorwärts mit dem Publizisten, Mitglied der SPD-Grundwertekommission und Leiter der Friedrich-Ebert-Stiftung in New York Michael Bröning, *Bedrohter SPD-Grundwert: „Freiheit war immer auch ein linkes Ideal.“*, https://vorwaerts.de/kultur/bedrohter-spd-grundwert-freiheit-war-immer-auch-ein-linkes-ideal, unverzichtbar dazu Michael Bröning 2021; vgl. zudem die Rezension auf https://www.deutschlandfunkkultur.de/broening-vom-ende-der-freiheit-100.html; in diesem Kontext relevant auch noch Oliver Schmolke, Zur Freiheit. Ein linksliberales Manifest, Berlin 2013.

rung manchmal ins Floskelhafte abrutscht und es nicht ganz schafft oder sogar darüber hinausschießt. Wie auch immer gut oder schlecht die äußeren und inneren Bedingungen in den nächsten Jahren ausfallen mögen, Partei und Fraktion der SPD in Baden-Württemberg werden auch künftig zuerst das Wohl des Landes und seiner Menschen im Blick haben, danach die dem Kompromiss verpflichtete Gemeinsamkeit der Demokraten in der Mitte pflegen und schließlich am Ende des Tages bei einer zukunftsweisenden politischen Weichenstellung mit Verlaub auch wieder selbst als SPD Erfolge bei Wahlen zum Landtag von Baden-Württemberg für sich verbuchen können.

Diese Hoffnung und Zuversicht darf und kann man auch nach 70 Jahren Politik von Partei und Fraktion der SPD Baden-Württemberg in sich tragen. Als neutraler politischer, journalistischer oder auch wissenschaftlicher Beobachter, – und als schon immer überzeugter Anhänger der Sozialdemokratie ohnehin.

Dank

Ein solches Werk schreibt man nicht einfach im luftleeren Raum herunter. Es ist eingebunden in verschiedene soziale Entstehungskontexte, in denen zahlreiche Personen zum Gelingen beigetragen haben.

Der Hauptdank gebührt zunächst *Nicole Matthöfer*, der damaligen hauptamtlichen Geschäftsführerin der SPD-Landtagsfraktion Baden-Württemberg. Von ihr kam letztlich der Impuls, die Ausarbeitung einer größeren historischen Studie in Angriff zu nehmen – und sie hielt dem Verfasser mit großer Geduld und mit viel Empathie für dessen auch gesundheitliche Befindlichkeiten intern den Rücken frei bei seinem monatelangen Treiben im Jahr 2022. Große Verdienste bei der Quellenbeschaffung, beim kritischen Lektorat einzelner Kapitel und für freundschaftliche, nie nachlassende Ermutigung haben sich *Anja Hof* und *Anni Betz* erworben.

Schließlich bleibt der große Bereich der Motivationsförderung auch bei Hängern im Recherchieren von Medien, im Verfassen des Textes und bei technischen Problemen. Hier geht ein Dankeschön für ganz unterschiedliche Formen der Unterstützung in ganz unterschiedlichen Phasen des Entstehungsprozesses an *Christiane Bahlcke, Ingrid Barth, Anni Betz, Tonja Brinks, Elisabeth Burry, Nicole Dengel, Michael C. Faulhaber, Helmut Hahn, Magdalene Heilig, Anja Hof, MdL Andreas Kenner, Jutta Kleffel, Nicole Matthöfer, Bernd Maurer, Malin Melbeck, Dr. med. Michael Natanzon, Sven Plank, Giovanna Santonocito, Sonja Schmolz, Claudia Seidl, Manuel Thiel, Albert Trettin, Max Yilmazel* und last but not least an meine Schwester und konstruktivste Kritikerin *Cornelia Herden*.

Für leckeren kulinarischen Beistand während der Formulierung des Manuskripts gibt's „*ein Prosit der Gemütlichkeit*" für die stets freundlichen und heiter gestimmten Teams vom *Gasthaus zum Fass*, vom Restaurant *Holz & Feuer* im Hotel Waldhorn und von der *Backstube Goll* in Kirchheim/Teck.

Martin Mendler
Kirchheim/Teck
im Juli 2024

Tabellen

Fraktions- und Landesvorsitzende der SPD Baden-Württemberg

Zeitraum	Partei	Fraktion
1952-1962	Erwin Schoettle	Alex Möller
1962-1964	Alex Möller	Veit / Krause
1964-1966	Alex Möller	Walter Krause
1966-1968	Walter Krause	Walter Hirrlinger
1968-1972	Heinz Bühringer	Heinz Bühringer
1972-1973	Heinz Bühringer	Walter Krause
1973-1976	Erhard Eppler	Rudi Schieler
1976-1980	Erhard Eppler	Erhard Eppler
1980-1981	Erhard Eppler	Ulrich Lang
1981-1987	Ulrich Lang	Ulrich Lang
1987-1988	Ulrich Maurer	Ulrich Lang
1988-1992	Ulrich Maurer	Dieter Spöri
1992-1996	Ulrich Maurer	Ulrich Maurer
1996-1999	Ulrich Maurer	Ulrich Maurer
1999-2001	Ute Vogt	Ulrich Maurer
2001-2006	Ute Vogt	Wolfgang Drexler
2006-2008	Ute Vogt	Ute Vogt
2008-2009	Ute Vogt	Claus Schmiedel
2009-2016	Nils Schmid	Claus Schmiedel
2016-2018	Leni Breymaier	Andreas Stoch
2018-2022	Andreas Stoch	Andreas Stoch

Kampfkandidaturen um Führungsämter 1952-2022

Wettbewerb bzw. Konflikte um die Besetzung des Generalsekretärs, des Parlamentarischen Geschäftsführers und des Landtagsvizepräsidenten werden nicht berücksichtigt. Die Gewinner der Kampfkandidaturen sind kursiv hervorgehoben.

Zeit	Konkurrenten	Funktion
1970	*Heinz Bühringer* / Peter Conradi	Landesvorsitz
1997	*Ulrich Maurer* / Robert Antretter	Landesvorsitz
1998	*Ulrich Maurer* / Dieter Puchta	Fraktionsvorsitz
1999	*Ute Vogt* / Wolfgang Drexler	Landesvorsitz
2000	*Ute Vogt* / Siegmar Mosdorf	Spitzenkandidat
2008	*Claus Schmiedel* / Nils Schmid	Fraktionsvorsitz
2009	*Nils Schmid*/Claus Schmiedel/ Hilde Mattheis	Landesvorsitz
2018	*Leni Breymaier* / Lars Castellucci	Landesvorsitz
2018	*Andreas Stoch* / Lars Castellucci	Landesvorsitz

Ausgewählte parlamentarische Initiativen der SPD-Fraktion

Die Anträge der SPD-Landtagsfraktion Baden-Württemberg werden hier auf eigenständige Gesetzentwürfe und Große Anfragen konzentriert. Erfasst werden diese erst ab 1984. Seit der 9. Wahlperiode stehen die Initiativen digital abruffähig in der Parlamentsdokumentation zur Verfügung. Es zeigt sich nicht wirklich ein Strukturprinzip für die Quantität der Initiativen, zu unterschiedlich waren die externen Einflussfaktoren. Ins Auge sticht freilich das hohe Niveau an parlamentarischen Initiativen in der Ära Drexler von 2001 bis 2006. Diese Phase gehört zweifelsohne zu den kreativsten in der Zeit der baden-württembergischen SPD seit 1952. Lediglich bei den Gesetzentwürfen gibt es einen der parlamentarischen Praxis geschuldeten erkennbaren Unterschied zwischen Opposition und Regierungsbeteiligung.

Zeit und Wahlperiode	Gesetzentwürfe	Große Anfragen
1984-1988, 9. WP Lang	11	17
1988-1992, 10. WP Spöri	25	16
1992-1996, 11. WP Maurer	9	34
1996-2001, 12. WP Maurer	22	18
2001-2006, 13. WP Drexler	24	23
2006-2011, 14. WP Vogt		
ab 2008, 14. WP Schmiedel	11	15
2011-2016, 15. WP Schmiedel	8	16
2016-2021, 16. WP Stoch	7	21

Literatur

An dieser Stelle sind nur in Printform abrufbare wissenschaftliche und historische Werke und Aufsätze erneut verzeichnet, jedoch keine anderen verstreuten Quellen wie Artikel in Zeitungen, Pressemitteilungen, Agenturmeldungen, Meinungsumfragen, Videos, Hörfunkmitschnitte und dergleichen.

Bachl, Marko/Brettschneider, Frank: *Das TV-Duell Mappus gegen Schmid – Wahrnehmung und Wirkungen*, in: Uwe Wagschal/Ulrich Eith/Michael Wehner (Hrsg.): *Der historische Machtwechsel: Grün-Rot in Baden-Württemberg*, Baden-Baden 2013, S. 93-118.

Bandau, Frank: *Arbeitsmarkt- und Sozialpolitik: Begrenzte Handlungsspielräume genutzt?*, in: Felix Hörisch/Stefan Wurster (Hrsg.): *Das grün-rote Experiment in Baden-Württemberg. Eine Bilanz der Landesregierung Kretschmann 2011-2016*, Wiesbaden 2017, S. 69-96.

Beyer, Jürgen: *Pfadabhängigkeit. Über institutionelle Kontinuität, anfällige Stabilität und fundamentalen Wandel*, Frankfurt am Main 2006.

Biege, Hans-Peter/Mann, Hans-Joachim/Wehling, Hans-Georg: *Landtagswahl vom 23. April 1972 in Baden-Württemberg*, in: Zeitschrift für Parlamentsfragen (ZParl), 3. Jg. (1972), Heft 3, S. 331-343.

Biege, Hans-Peter/Mann, Hans-Joachim/Wehling, Hans-Georg: *Landtagswahl vom 4. April 1976 in Baden-Württemberg*, in: Zeitschrift für Parlamentsfragen (ZParl), 7. Jg. (1976), Heft 3, S. 329-352.

Biege, Hans-Peter/Mann, Hans-Joachim/Wehling, Hans-Georg: *Die baden-württembergische Landtagswahl vom 16. März 1980. Spannung nur durch die Grünen?*, in: Zeitschrift für Parlamentsfragen (ZParl), 11. Jg. (1980), Heft 2, S. 211-222.

Brettschneider, Frank/Bachl, Marko: *Das TV-Duell vor der Landtagswahl 2011 – Wahrnehmungen und Wirkungen*, in: Der Bürger im Staat, (hrsg. von der Landeszentrale für politische Bildung Baden-Württemberg), *Der Machtwechsel. Das erste Jahr Grün-Rot*, Heft 3-2012, S. 141-147.

Bröning, Michael: *Vom Ende der Freiheit. Wie ein gesellschaftliches Ideal aufs Spiel gesetzt wird*, Bonn 2021.

Burkhart, Simone: *Der Einfluss der Bundespolitik auf Landtagswahlen*, in: Josef Schmid/Udo Zolleis (Hrsg.): *Wahlkampf im Südwesten. Parteien, Kampagnen und Landtagswahlen 2006 in Baden-Württemberg und Rheinland-Pfalz*, Berlin 2007, S. 191-207.

Busemeyer, Marius/Haastert, Susanne: *Bildungspolitik: Nicht alles anders, aber manches*, in: Felix Hörisch/Stefan Wurster (Hrsg.): *Das grün-rote Experiment in Baden-Württemberg. Eine Bilanz der Landesregierung Kretschmann 2011-2016*, Wiesbaden 2017, S. 125-158.

Debus, Marc: *Verrückte Verhältnisse? Wahlverhalten und Parteienwettbewerb in Baden-Württemberg zwischen 2011 und 2016*, in: Felix Hörisch/Stefan Wurster (Hrsg.): *Das grün-rote Experiment in Baden-Württemberg. Eine Bilanz der Landesregierung Kretschmann 2011-2016*, Wiesbaden 2017, S. 15-45.

Degner, Hanno/Kroll, Daniela Annette: *Viel Kontinuität und wenig Wandel: Die Außen- und Europapolitik des Landes Baden-Württemberg unter Grün-Rot*, in: Felix Hörisch/Stefan Wurster (Hrsg.), *Das grün-rote Experiment in Baden-Württemberg. Eine Bilanz der Landesregierung Kretschmann 2011-2016*, Wiesbaden 2017, S. 279-303.

Der Bürger im Staat, (hrsg. von der Landeszentrale für politische Bildung Baden-Württemberg), *Der Machtwechsel. Das erste Jahr Grün-Rot*, Heft 3-2012.

Der Bürger im Staat, (hrsg. von der Landeszentrale für politische Bildung Baden-Württemberg), *Fünf Jahre Grün-Rot*, Heft 4-2015.

Eilfort, Michael (Hrsg.): *Parteien in Baden-Württemberg*, Stuttgart 2004, (hrsg. von der Landeszentrale für politische Bildung Baden-Württemberg).

Eith, Ulrich: *Baden-Württembergs Parteiensystem im Wandel*, in: Der Bürger im Staat, (hrsg. von der Landeszentrale für politische Bildung Baden-Württemberg), *Fünf Jahre Grün-Rot*, Heft 4-2015, S. 248-255.

Eith, Ulrich unter Mitarbeit von Thomas Waldvogel: *Die baden-württembergische Landtagswahl vom 14. März 2021: Grüne festigen Position vor CDU*, in: Zeitschrift für Parlamentsfragen (ZParl), 52. Jg. (2021), Heft 3.

Eith, Ulrich/Mielke, Gerd: *Volksentscheide versus Parteiendemokratie? Das Lehrstück Stuttgart 21*, in: Der Bürger im Staat, (hrsg. von der Landeszentrale für politische Bildung Baden-Württemberg), *Der Machtwechsel. Das erste Jahr Grün-Rot*, Heft 3-2012, S. 188-193.

Eith, Ulrich/Mielke, Gerd: *Volksentscheide versus Parteiendemokratie? Das Lehrstück Stuttgart 21*, in: Uwe Wagschal/Ulrich Eith/Michael Wehner (Hrsg.), *Der historische Machtwechsel: Grün-Rot in Baden-Württemberg*, Baden-Baden 2013, S. 155-165.

Eppler, Erhard: *Komplettes Stückwerk. Erfahrungen aus fünfzig Jahren Politik*, Frankfurt am Main und Leipzig 1996.

Eppler, Erhard: *Vom Gewaltmonopol zum Gewaltmarkt? Die Privatisierung und Kommerzialisierung der Gewalt*, Frankfurt am Main 2002.

Eppler, Erhard: *Auslaufmodell Staat?*, Frankfurt am Main 2005.

Erler, Gernot: *1863 bis 2013: 150 Jahre SPD im Südwesten. Ein Redevorschlag*, vorgelegt zum Landesparteitag in Heilbronn am 2. März 2013.

Fatke, Matthias/Freitag, Markus: *Die direkte Demokratie in Baden-Württemberg und Stuttgart 21*, in: Der Bürger im Staat, (hrsg. von der Landeszentrale für politische Bildung Baden-Württemberg), *Der Machtwechsel. Das erste Jahr Grün-Rot*, Heft 3-2012, S. 174-181.

Fatke, Matthias/Freitag, Markus: *Zuhause statt oben bleiben. Stuttgart 21 und die direkte Demokratie in Baden-Württemberg*, in: Uwe Wagschal/Ulrich Eith/Michael Wehner (Hrsg.): *Der historische Machtwechsel: Grün-Rot in Baden-Württemberg*, Baden-Baden 2013, S. 207-228.

Feddersen, Jan/Gessler, Philipp: *Kampf der Identitäten. Für eine Rückbesinnung auf linke Ideale*, Berlin 2021.

Feldenkirchen, Markus: *Die Schulz-Story. Ein Jahr zwischen Höhenflug und Absturz*, München 2018.

Gabriel, Oscar W.: *Die baden-württembergische Landtagswahl vom 25. März 2001: Fehlschlag einer „Teufelsaustreibung*", in: Zeitschrift für Parlamentsfragen (ZParl), 33. Jg. (2002), Heft 1, S. 10-15.

Gabriel, Oscar W./Völkl, Kerstin: *Die baden-württembergische Landtagswahl vom 26. März 2006: Schwarzes Land mit bunten Tupfern*, in: Zeitschrift für Parlamentsfragen (ZParl), 38. Jg. (2007), Heft 1, S. 16-33.

Gabriel, Oscar W./Kornelius, Bernhard: *Die baden-württembergische Landtagswahl vom 27. März 2011: Zäsur und Zeitenwende?*, in: Zeitschrift für Parlamentsfragen (ZParl), 42. Jg. (2011), Heft 4, S. 784-804.

Gabriel, Oscar W./Kornelius, Bernhard: *Die baden-württembergische Landtagswahl vom 13. März 2016: Es grünt so grün*", in: Zeitschrift für Parlamentsfragen (ZParl), 47. Jg. (2016), Heft 3, S. 497-518.

Glotz, Peter: *Die Arbeit der Zuspitzung. Über die Organisation einer regierungsfähigen Linken*, Berlin 1984.

Glotz, Peter: *Manifest für eine Neue Europäische Linke*, Berlin 1985.

Glotz, Peter: *Die Linke nach dem Sieg des Westens*, Stuttgart 1992.

Glotz, Peter: *Die beschleunigte Gesellschaft. Kulturkämpfe im digitalen Kapitalismus*, München 1999.

Glück, Horst: *Die SPD*, in: Michael Eilfort (Hrsg.): *Parteien in Baden-Württemberg*, Stuttgart 2004, S. 75-104.

Glück, Horst: *Die Jungsozialisten*, in: Michael Eilfort (Hrsg.): *Parteien in Baden-Württemberg*, Stuttgart 2004a, S. 172-183.

Griese, Honza: *Wahlkampf im Wandel am Beispiel der baden-württembergischen SPD*, in: Josef Schmid/Honza Griese (Hrsg.): *Wahlkampf in Baden-Württemberg. Organisationsformen, Strategien und Ergebnisse der Landtagswahl vom 25. März 2001*, Opladen 2002, S. 99-113.

Große Hüttmann, Martin: *Eine Bilanz der Europapolitik der grün-roten Landesregierung*, in: Der Bürger im Staat, (hrsg. von der Landeszentrale für politische Bildung Baden-Württemberg), *Fünf Jahre Grün-Rot*, Heft 4-2015, S. 231-239.

Haas, Michael: *Kritische Masse. Ein Parlamentsroman*, Gera 2021.

Haase, Benedict/Heugel, Philipp: *10 Jahre Gemeinschaftsschule in Baden-Württemberg – ein Zwischenfazit*, Statistisches Monatsheft Baden-Württemberg 10/2022.

Habermas, Jürgen: *Ein neuer Strukturwandel der Öffentlichkeit und die deliberative Politik*, Berlin 2022.

Hahn, Roland: *Macht und Ohnmacht des Landtags von Baden-Württemberg. Die Rolle des Landtags von Baden-Württemberg im politischen Prozeß 1972-1981*, Kehl am Rhein u.a. 1987.

Hall, Peter A.: *Policy Paradigms, Social Learning, and the State: The Case of Economic Policymaking in Britain*, in: Comparative Politics, 1993, 25, S. 275-296.

Hofmann, Gunter: *Willy Brandt. Sozialist-Kanzler-Patriot. Eine Biographie*, München 2023.

Hörisch, Felix/Wurster, Stefan (Hrsg.): *Das grün-rote Experiment in Baden-Württemberg. Eine Bilanz der Landesregierung Kretschmann 2011-2016*, Wiesbaden 2017.

Hörisch, Felix: *Mehr Industrie wagen? Die Finanz- und Wirtschaftspolitik der ersten grün-roten Landesregierung*, in: Der Bürger im Staat, (hrsg. von der Landeszentrale für politische Bildung Baden-Württemberg), *Fünf Jahre Grün-Rot*, Heft 4-2015, S. 207-213.

Hörisch, Felix: *Finanz- und Wirtschaftspolitik unter dem Eindruck der Finanzkrise*, in: Felix Hörisch/Stefan Wurster (Hg.): *Das grün-rote Experiment in Baden-Württemberg. Eine Bilanz der Landesregierung Kretschmann 2011-2016*, Wiesbaden 2017, S. 47-68.

Hupka, Stefan: *Die Spitzenkandidaten der Landtagswahl 2016 und ihre Parteien*, in: Der Bürger im Staat, (hrsg. von der Landeszentrale für politische Bildung Baden-Württemberg), *Fünf Jahre Grün-Rot*, Heft 4-2015, S. 256-261.

Jarren, Otfried: *Kann man mit Öffentlichkeitsarbeit die Politik „retten"? Überlegungen zum Öffentlichkeits-, Medien- und Politikwandel in der modernen Gesellschaft*, in: Zeitschrift für Parlamentsfragen (ZParl), 25 Jg. (1994), Heft 4, S. 653-673.

Jun, Uwe/Höhne, Benjamin: *Erfolgreiche Personalisierung und missglückte Themenorientierung: Die SPD-Wahlkämpfe in Rheinland-Pfalz und Baden-Württemberg 2006*, in: Josef Schmid/Udo Zolleis (Hrsg.): *Wahlkampf im Südwesten. Parteien, Kampagnen und Landtagswahlen 2006 in Baden-Württemberg und Rheinland-Pfalz*, Berlin 2007, S. 88-115.

Kevenhörster, Paul: *Fraktion*, in: Uwe Andersen/Jörg Bogumil/Stefan Marschall/Wichard Woyke: *Handwörterbuch des politischen Systems der Bundesrepublik Deutschland*, 8. überarbeitete und erweiterte Auflage, Wiesbaden 2021, S. 312-315.

Kostner, Sandra: *Integrationspolitik: Neuausrichtung und/oder Kontinuität*, in: Der Bürger im Staat, (hrsg. von der Landeszentrale für politische Bildung Baden-Württemberg), *Fünf Jahre Grün-Rot*, Heft 4-2015, S. 214-222.

Kostner, Sandra: *Asyl und Integration: Aufbrüche in stürmischen Zeiten*, in: Felix Hörisch/Stefan Wurster (Hrsg.): *Das grün-rote Experiment in Baden-Württemberg. Eine Bilanz der Landesregierung Kretschmann 2011-2016*, Wiesbaden 2017, S. 185-222.

Küppers, Anne: *Urwahlen auf Landesebene. Ursachen und Konsequenzen der Demokratisierung innerparteilicher Willensbildung bei SPD und CDU*, Baden-Baden 2021.

Landeszentrale für politische Bildung Baden-Württemberg (Hrsg.): *Baden-Württemberg. Eine kleine politische Landeskunde*, Stuttgart 2008.

Lepenies, Philipp: *Verbot und Verzicht: Politik aus dem Geiste des Unterlassens*, Berlin 2022.

Mängel, Annett: *Hamburger Bildungskampf*, in: Blätter für deutsche und internationale Politik, Juli 2010, S. 13-16.

Mann, Hans-Joachim: *Die SPD in Baden-Württemberg von 1952 bis zur Gegenwart – Politik, innere Entwicklung, Organisation*, in: Jörg Schadt/Wolfgang Schmierer: *Die SPD in Baden-Württemberg und ihre Geschichte. Von den Anfängen der Arbeiterbewegung bis heute*, Stuttgart 1979, (hrsg. von der Landeszentrale für politische Bildung Baden-Württemberg).

Matz, Klaus-Jürgen: *Grundlagen und Anfänge von Baden-Württemberg 1948-1960*, in: Hansmartin Schwarzmaier/Meinrad Schaab (Hrsg.): *Handbuch der baden-württembergischen Geschichte, Vierter Band, Die Länder seit 1918*, Stuttgart 2003, S. 519-590.

Mau, Steffen/Lux, Thomas/Westheuser, Linus: *Triggerpunkte. Konsens und Konflikt in der Gegenwartsgesellschaft*, Berlin 2023.

Maurer, Ulrich: *Wars das? Ein Nachruf auf die SPD*, Hamburg 2018.

McWhorter, John: *Die Erwählten. Wie der neue Antirassismus die Gesellschaft spaltet*, Hamburg 2022.

Merkelbach, Valentin: *Schulreform im Südwesten: Ein Beitrag zum Schulfrieden in Baden-Württemberg?*, in: bildungsklick 20.02.2012.

Mounk, Yascha: *Im Zeitalter der Identität. Der Aufstieg einer gefährlichen Idee*, Stuttgart 2024.

Müller, Georg: *Walter Krause und die baden-württembergische Landespolitik in der Nachkriegszeit*, Historisches Institut, Abteilung für Landesgeschichte der Universität Stuttgart, Dissertation 2001.

Müller, Georg: *Walter Krause. Ein Mannheimer für Baden-Württemberg*, verlag regionalkultur 2003, herausgegeben vom Stadtarchiv Mannheim in Verbindung mit der SPD-Landtagsfraktion.

Müller-Rommel, Ferdinand: *Innerparteiliche Gruppierungen in der SPD. Eine empirische Studie über informell-organisierte Gruppierungen von 1969-1980*, Opladen 1982.

Münch, Richard: *Polarisierte Gesellschaft. Die postmodernen Kämpfe um Identität und Teilhabe*, Frankfurt am Main 2023.

Pinker, Steven: *Aufklärung Jetzt. Für Vernunft, Wissenschaft, Humanismus und Fortschritt*, Frankfurt am Main 2023.

Pluckrose, Helen/Lindsay, James: *Zynische Theorien. Wie aktivistische Wissenschaft Race, Gender und Identität über alles stellt – und warum das niemandem nützt*, München 2022.

Richter, Hedwig/Ulrich, Bernd: *Demokratie und Revolution. Wege aus der selbstverschuldeten ökologischen Unmündigkeit*, Köln 2024.

Roth, Dieter: *Was entschied die Wahl?*, in Der Bürger im Staat, (hrsg. von der Landeszentrale für politische Bildung Baden-Württemberg), *Der Machtwechsel. Das erste Jahr Grün-Rot*, Heft 3-2012, S. 109-116.

Roth, Dieter: *Baden-Württemberg 2011: Was entschied die Wahl?*, in: Uwe Wagschal/Ulrich Eith/Michael Wehner: *Der historische Machtwechsel: Grün-Rot in Baden-Württemberg*, Baden-Baden 2013, S. 15-29.

Roth, Dieter: *Landtagswahl 2016: Prognosen und Szenarien*, in: Der Bürger im Staat, (hrsg. von der Landeszentrale für politische Bildung Baden-Württemberg), *Fünf Jahre Grün-Rot*, Heft 4-2015, S. 262-273.

Schadt, Jörg/Schmierer, Wolfgang: *Die SPD in Baden-Württemberg und ihre Geschichte. Von den Anfängen der Arbeiterbewegung bis heute*, Stuttgart 1979, (hrsg. von der Landeszentrale für politische Bildung Baden-Württemberg).

Schäfer, Armin/Zürn, Michael: *Die demokratische Regression. Die politischen Ursachen des autoritären Populismus*, Berlin 2021.

Schmid, Josef/Griese, Honza (Hrsg.): *Wahlkampf in Baden-Württemberg. Organisationsformen, Strategien und Ergebnisse der Landtagswahl vom 25. März 2001*, Opladen 2002.

Schmid, Josef/Zolleis, Udo (Hrsg.): *Wahlkampf im Südwesten. Parteien, Kampagnen und Landtagswahlen 2006 in Baden-Württemberg und Rheinland-Pfalz*, Berlin 2007.

Schmid, Josef/Zolleis, Udo/Buhr, Daniel: *Der Wahlkampf der Landesparteien 2011*, in: Uwe Wagschal/Ulrich Eith/Michael Wehner (Hrsg.), *Der historische Machtwechsel: Grün-Rot in Baden-Württemberg*, Baden-Baden 2013, S. 77-92.

Schmidt, Manfred G./Ostheim, Tobias: *Die Lehre von der Parteiendifferenz*, in: Manfred G. Schmidt/Tobias Ostheim/Nico A. Siegel/Reimut Zohlnhöfer (Hrsg.), *Der Wohlfahrtsstaat. Eine Einführung in den historischen und internationalen Vergleich*, Wiesbaden 2007, S. 51-62.

Schmitt, Carl: *Der Begriff des Politischen*, 9. korrigierte Auflage, Berlin 2015, Duncker & Humblot.

Schmolke, Oliver: *Zur Freiheit. Ein linksliberales Manifest*, Berlin 2013.

Schnabel, Thomas: *Geschichte von Baden-Württemberg 1952-2002*, Hrsg. vom Haus der Geschichte, Stuttgart u.a. 2001.

Schönberger, Sophie: *Zumutung Demokratie. Ein Essay*, München 2023.

Schöne, Helmar/Immerfall, Stefan: *Grün-Rote Bildungspolitik in Baden-Württemberg*, in: Der Bürger im Staat, (hrsg. von der Landeszentrale für politische Bildung Baden-Württemberg), *Fünf Jahre Grün-Rot*, Heft 4-2015, S. 186-194.

Schröter, Susanne: *Der neue Kulturkampf. Wie eine woke Linke Wissenschaft, Kultur und Gesellschaft bedroht*, Freiburg im Breisgau 2024.

Schwarzmaier, Hansmartin/Schaab, Meinrad (Hrsg.): *Handbuch der baden-württembergischen Geschichte, Vierter Band, Die Länder seit 1918*, Stuttgart 2003.

Sepaintner, Fred: *Baden-Württemberg 1960-1992*, in: Hansmartin Schwarzmaier/Meinrad Schaab (Hrsg.): *Handbuch der baden-württembergischen Geschichte, Vierter Band, Die Länder seit 1918*, Stuttgart 2003, S. 591-863.

Soldt, Rüdiger: *Die Innen- und Rechtspolitik der grün-roten Regierung*, in: Der Bürger im Staat, (hrsg. von der Landeszentrale für politische Bildung Baden-Württemberg), *Fünf Jahre Grün-Rot*, Heft 4-2015, S. 203-206.

SPD-Landesverband Baden-Württemberg (Hrsg.): *Avantgarde und Volkspartei. Die Sozialdemokratie im deutschen Südwesten von ihren Anfängen bis heute*, Stuttgart 2013.

SPD-Landtagsfraktion Baden-Württemberg (Hrsg.): *Zukunft der Schule. Bildungspolitische Perspektiven zwischen Reformbedarf und Sparzwang*, Anstöße. Beiträge zur Landespolitik, Heft 3, Stuttgart 1995.

Staab, Philipp: *Anpassung: Leitmotiv der nächsten Gesellschaft*, Berlin 2022.

Staff, Helge/Wenzelburger: Georg: *Innere Sicherheit und Justiz: Zwischen Großreform und Kontinuität*, in: Felix Hörisch/Stefan Wurster (Hrsg.): *Das grün-rote Experiment in Baden-Württemberg. Eine Bilanz der Landesregierung Kretschmann 2011-2016*, Wiesbaden 2017, S. 97-123.

Steinbrück, Peer: *Unterm Strich*, Hamburg 2011.

Steinbrück, Peer: *Das Elend der Sozialdemokratie. Anmerkungen eines Genossen*, München 2018.

Streeck, Wolfgang: *Zwischen Globalismus und Demokratie. Politische Ökonomie im ausgehenden Neoliberalismus*, Berlin 2021.

Sturm, Roland: *Die baden-württembergische Landtagswahl vom 5. April 1992: Rechtsruck oder Protestwahl?*, in: Zeitschrift für Parlamentsfragen (ZParl), 23. Jg. (1992), Heft 4, S. 622-639.

Sturm, Roland: *Die baden-württembergische Landtagswahl vom 24. März 1996: Normalisierung oder kleinster gemeinsamer Nenner?*, in: Zeitschrift für Parlamentsfragen (ZParl), 27. Jg. (1996), Heft 4, S. 602-616.

Tillmann, Klaus-Jürgen: *Das Sekundarschulsystem auf dem Weg in die Zweigliedrigkeit. Historische Linien und aktuelle Verwirrungen*, Bundeszentrale für politische Bildung, 16.11.2015.

Wagschal, Uwe/Eith, Ulrich/Wehner, Michael (Hrsg.): *Der historische Machtwechsel: Grün-Rot in Baden-Württemberg*, Baden-Baden 2013.

Wagschal, Uwe: *Machtwechsel oder Politikwechsel? Eine Analyse zentraler Politikfelder nach einem Jahr Grün-Rot in Baden-Württemberg*, in: Der Bürger im Staat, (hrsg. von der Landeszentrale für politische Bildung Baden-Württemberg), *Der Machtwechsel. Das erste Jahr Grün-Rot*, Heft 3-2012, S. 194-201.

Wagschal, Uwe: *Die Volksabstimmung zu Stuttgart 21: Zwischen parteipolitischer Polarisierung und „Spätzlegraben"*, in: Der Bürger im Staat, (hrsg. von der Landeszentrale für politische Bildung Baden-Württemberg), *Der Machtwechsel. Das erste Jahr Grün-Rot*, Heft 3-2012, S. 168-173.

Wagschal, Uwe: *Politikwechsel nach dem Machtwechsel: Die Regierungstätigkeit von Grün-Rot in Baden-Württemberg*, in: Uwe Wagschal/Ulrich Eith/Michael Wehner (Hrsg.), *Der historische Machtwechsel: Grün-Rot in Baden-Württemberg*, Baden-Baden 2013, S. 247-267.

Wagschal, Uwe: *Die Volksabstimmung zu Stuttgart 21 – ein direktdemokratisches Lehrstück?*, in: Uwe Wagschal/Ulrich Eith/Michael Wehner (Hrsg.), *Der historische Machtwechsel: Grün-Rot in Baden-Württemberg*, Baden-Baden 2013, S. 181-205.

Weber, Reinhold/Wehling, Hans-Georg: *Geschichte Baden-Württembergs*, München 2007.

Wehner, Michael: *Die historische Niederlage der CDU – Ursachen für das Scheitern*, in: Der Bürger im Staat, (hrsg. von der Landeszentrale für politische Bildung Baden-Württemberg), *Der Machtwechsel. Das erste Jahr Grün-Rot*, Heft 3-2012, S. 148-155.

Wehner, Michael: *Die historische Niederlage der CDU – Ursachen für das Scheitern*, in: Uwe Wagschal/Ulrich Eith/Michael Wehner: *Der historische Machtwechsel: Grün-Rot in Baden-Württemberg*, Baden-Baden 2013, S. 119-141.

Geballte SPD-Prominenz bei der Feierstunde zu „70 Jahre SPD-Landtagsfraktion“ im Plenarsaal des Landtags von Baden-Württemberg am 26. Oktober 2022 (v.r.n.l.): Ex-Fraktionschef Claus Schmiedel, der aktuelle Landes- und Fraktionsvorsitzende Andreas Stoch, Bundestagspräsidentin Bärbel Bas, Co-Parteichefin Saskia Esken, Ex-Fraktionschef Wolfgang Drexler, Ex-Landes- und Fraktionsvorsitzende Ute Vogt, Generalsekretär Sascha Binder und Landtagsvizepräsident Daniel Born.

Stelldichein von drei ehemaligen SPD-Fraktionsvorsitzenden beim Empfang zum 80sten Geburtstag von Heinz Bühringer (Mitte) im Mai 2007. Links daneben Erhard Eppler, rechts Rudi Schieler.

Der ehemalige SPD-Fraktionsvorsitzende und frühere Justizminister Rudi Schieler im Gespräch mit Ex-Innenminister Frieder Birzele (l.).

Die damalige SPD-Landes- und Fraktionsvorsitzende Ute Vogt gratuliert Heinz Bühringer beim Empfang zu seinem 80sten Geburtstag im Mai 2007.

Die SPD-Landes- und Fraktionsvorsitzende Ute Vogt beim Fraktionsempfang am 20. Juni 2007 in Berlin mit dem Regierenden Bürgermeister Klaus Wowereit (Mitte) und Landtagsvizepräsident Wolfgang Drexler (r.).

Ministerpräsident Oettinger (l.), Landtagsvizepräsident Drexler (Mitte) und der ehemalige Innenminister Birzele (r.) finden im November 2009 im Plenarsaal des Landtags irgendwas lustig.

Zum Abschied des früheren Innenministers und langjährigen Göppinger Abgeordneten Frieder Birzele gibt sich am 19. Juni 2006 der frühere SPD-Partei- und Fraktionsvorsitzende Hans-Jochen Vogel die Ehre.

Zum 80sten Geburtstag des langjährigen Aalener Landtagsabgeordneten und 16 Jahre als Landtagsvizepräsident amtierenden Alfred Geisel (Mitte) gratulieren am 29. Juni 2011 der amtierende Landtagspräsident Willi Stächele (CDU) und der SPD-Fraktionsvorsitzende Claus Schmiedel (l.).

Geburtstagsempfang zum 70sten für Ex-Sozialministerin Helga Solinger und Ex-Innenminister Frieder Birzele – in der Mitte GEW-Chef Rainer Dahlem.

Die Landtagsfraktion 2016: (v.l.n.r.) Kenner, Born, Rolland, Stoch, Wölfle, Gall, Binder, Gruber, (2. Reihe) Hofelich, Hinderer, Fulst-Blei, Kopp, Stickelberger, Rivoir, Nelius, Weirauch, Kleinböck, Drexler (es fehlt Schmid).

SPD-Fraktionschef Wolfgang Drexler mit neuem Kurzhaarschnitt beim Sommerinterview mit der SPD-Monatszeitung „Vorwärts" im August 2004.

Abschiedsempfang am 6. November 2007 für Wolf Argo, den langjährigen Cheffahrer von zahlreichen Fraktionsvorsitzenden. Hier im Gedankenaustausch Dieter Spöri, Erhard Eppler, Rudi Schieler und Ulrich Lang (v.l.n.r.).

Die SPD-Landes- und Fraktionsvorsitzende Ute Vogt verleiht dem langjährigen Cheffahrer Wolf Argo am 6. November 2007 beim Abschiedsempfang im Stuttgarter Haus der Abgeordneten Urkunde und Medaille.

Empfang in Esslingen zum 60sten Geburtstag von SPD-Fraktionschef Wolfgang Drexler am 30. März 2006 kurz nach der Landtagswahl mit Ministerpräsident Oettinger und dem ehemaligen Bundesminister und Esslinger Wahlkreisabgeordneten Volker Hauff.

Der SPD-Fraktionsvorsitzende Wolfgang Drexler übt am 19. Dezember 2001 Kritik am Haushaltsentwurf der schwarzgelben Landesregierung.

Der SPD-Fraktionsvorsitzende Claus Schmiedel gibt am 16. Mai 2012 in seinem Büro im Haus der Abgeordneten in Stuttgart ein Interview.

Ministerpräsident Winfried Kretschmann am 16. April 2013 zu Gast in der Fraktionssitzung seines Koalitionspartners: Es gibt was zu besprechen, fanden auch SPD-Minister Schmid (l.) und SPD-Fraktionschef Schmiedel (r.).

Klausurtagung der SPD-Landtagsfraktion in Berlin: Andreas Stoch begrüßt am 27. Juni 2017 die damalige Arbeits- und Sozialministerin Andrea Nahles.

SPD-Fraktionschef Andreas Stoch überreicht dem Kandidaten für das Amt des Bundespräsidenten, Frank-Walter Steinmeier, nach seiner Vorstellungsrede im baden-württembergischen Landtag am 20. Januar 2017 ein Geschenk.

Auftritt im Landtag am 20. Januar 2017: Der Bewerber um das Amt des Bundespräsidenten, Frank-Walter Steinmeier, im Gespräch mit SPD-Fraktionschef Andreas Stoch und der SPD-Landesvorsitzenden Leni Breymaier.

Der Verfasser dieser Studie im Gespräch mit dem SPD-Kandidaten für das Amt des Bundespräsidenten, Frank-Walter Steinmeier, kurz vor seiner Vorstellungsrede am 20. Januar 2017 im Landtag von Baden-Württemberg.

SPD-Fraktionschef Wolfgang Drexler und die SPD-Landesvorsitzende Ute Vogt eröffnen das Sommerfest am 1. August 2005.

Der frisch gebackene SPD-Fraktionsvorstand im Mai 2011 (v.l.n.r.): Martin Rivoir, Claus Schmiedel, Rita Haller-Haid, Wolfgang Drexler, Rosa Grünstein, Geschäftsführer Martin Körner und Andreas Stoch.

Die SPD-Landesvorsitzende Ute Vogt erklimmt am 8. Juli 2000 beim Tag der offenen Tür im Landtag auf einer Kletterwand den Gipfel. SPD-Fraktionschef Uli Maurer ist unten für alle Fälle auffangbereit.

Die beiden Fraktionschefs der grün-roten Regierungskoalition, Edith Sitzmann und Claus Schmiedel, bei einer kleinen Feierstunde im März 2014 aus Anlass des dreijährigen Jubiläums. Schmiedel weist kulinarisch den Weg.

Wenn der Abgeordnete Walter Heiler am Klavier in die Tasten haute, ging es bei so mancher SPD-Klausurtagung nach getaner Arbeit sehr lustig zu. Hier gemeinsames Singen auf einer Konferenz in Brüssel im Juli 2014.

Beim Sommerfest der SPD-Landtagsfraktion im Juli 2014 war die Stimmung bei Größen von Grün-Rot blendend (v.r.n.l.): SPD-Fraktionschef Schmiedel, die grüne Fraktionschefin Sitzmann, Ministerpräsident Kretschmann und Landtagsvizepräsident Drexler.

Beim Tag der offenen Tür im Landtag am 24. Juli 2010 ging es bisweilen auch zünftig zu: Der SPD-Landesvorsitzende Nils Schmid (2.v.r.) reiht sich ein in die Stauferländer Alphornbläser – und hatte zuvor fleißig geübt.

Beim Sommerfest der SPD-Landtagsfraktion am 16. Juli 2013 demonstrierte Fraktionschef Claus Schmiedel seine ausgeprägte musikalische Ader und schmetterte als Leadsänger mit der Band „zwei! zu dritt" einen Blues.

Sommerfest der SPD-Landtagsfraktion am 12. Juli 2011: Gelegenheit für Fraktionschef Claus Schmiedel (r.), einmal entspannt mit seinem CDU-Kollegen Peter Hauk zu plaudern.

Große Begeisterung zu Beginn der grün-roten Regierung: Ministerpräsident Winfried Kretschmann am 29. März 2011 zu Gast im Alex-Möller-Saal der SPD-Landtagsfraktion. Beifall gibt´s von Claus Schmiedel und Nils Schmid.

SPD-Minister Nils Schmid trifft bei einer Konferenz am 15. Februar 2013 in Stuttgart den SPD-Kanzlerkandidaten Peer Steinbrück.

Ernste Mienen bei Wirtschaftsminister Nils Schmid und bei SPD-Fraktionschef Claus Schmiedel beim Vortrag des damaligen EnBW-Chefs Frank Mastiaux zur Energiewende am 26. Februar 2013 in der Landtagsfraktion.

Ganz entspannt gönnt sich SPD-Fraktionschef Claus Schmiedel am 28. Juni 2013 in der SPD-Fraktionsgeschäftsstelle zusammen mit der BUND-Landesvorsitzenden und S21-Gegnerin Brigitte Dahlbender ein Dessert.

Der Führungswechsel ist am 10. Januar 2008 auf der Klausurtagung der SPD-Landtagsfraktion in Mannheim perfekt: Ute Vogt übergibt den Stab des Fraktionsvorsitzes an Claus Schmiedel.

Die Abgeordneten jubeln nach einem Tor der deutschen Fußballnationalmannschaft bei der Europameisterschaft 2004. Verhindert hat die Begeisterung das Ausscheiden bereits in der Vorrunde nicht.

Beim Tag der offenen Tür im Landtag am 8. Juli 2000 präsentierte die SPD-Fraktion unter dem Motto „Dressed to win" eine Modenschau mit Unterstützung von Galeria Kaufhof. Hier sieht man die Abgeordneten Carla Bregenzer, Christine Rudolf, Rainer Brechtken und Peter Wintruff (v.l.n.r.) im Infostand-Look. Es folgten noch Businesskleidung und Festaktgarderobe.

Zur Bundestagswahl 2002 brachte die Brauerei Kaiser aus Geislingen an der Steige Bierflaschen mit dem Konterfei aller Spitzenkandidaten heraus. Bei der Wahlparty der SPD-Fraktion im Landtag am 22. September 2002 wurde natürlich ausschließlich Schröder ausgeschenkt und getrunken – am späten Abend dann an allen Ständen der Fraktionen.

Der Verfasser zeigt mal kurz, wer alles von 1952 bis heute als Chef an der Spitze der SPD-Landtagsfraktion Baden-Württemberg stand.

ISBN 978-3-7598-7013-1
9 783759 870131 00001
www.epubli.com